高等法律职业教育系列教材
审定委员会

高等法律职业教育系列教材

法律文书

FALÜ WENSHU

（活页式）

主　编 ○ 盛舒弘　刘树桥

副主编 ○ 张　瑶　张凯星

撰稿人 ○（以撰写章节先后为序）

张　蓉　盛舒弘　刘树桥　谢素珺

张　瑶　刘嘉铭　谭有发　林铭春

龚国艳　卢俊君　张凯星　游少驹

王　涛　黄国斌　詹瑞雄　沈军初

朱宏亮　徐　涛　杨　涛　谢京杰

中国政法大学出版社

2024 · 北京

图书在版编目（CIP）数据

法律文书 / 盛舒弘, 刘树桥主编. -- 北京 ：中国
政法大学出版社, 2024. 6. -- ISBN 978-7-5764-1521-6

Ⅰ. D926.13

中国国家版本馆 CIP 数据核字第 2024P8B320 号

出 版 者　　中国政法大学出版社

地　　址　　北京市海淀区西土城路 25 号

邮　　箱　　fadapress@163.com

网　　址　　http://www.cuplpress.com (网络实名：中国政法大学出版社)

电　　话　　010-58908435(第一编辑部) 58908334(邮购部)

承　　印　　北京中科印刷有限公司

开　　本　　787mm×1092mm　1/16

印　　张　　24

字　　数　　511 千字

版　　次　　2024 年 6 月第 1 版

印　　次　　2024 年 6 月第 1 次印刷

印　　数　　1~3000 册

定　　价　　72.00 元

总 序

Preface

　　高等法律职业化教育已成为社会的广泛共识。2008 年，由中央政法委等 15 部委联合启动的全国政法干警招录体制改革试点工作，更成为中国法律职业化教育发展的里程碑。这也必将带来高等法律职业教育人才培养机制的深层次变革。顺应时代法治发展需要，培养高素质、技能型的法律职业人才，是高等法律职业教育亟待破解的重大实践课题。

　　目前，受高等职业教育大趋势的牵引、拉动，我国高等法律职业教育开始了教育观念和人才培养模式的重塑。改革传统的理论灌输型学科教学模式，吸收、内化"校企合作、工学结合"的高等职业教育办学理念，从办学"基因"——专业建设、课程设置上"颠覆"教学模式："校警合作"办专业，以"工作过程导向"为基点，设计开发课程，探索出了富有成效的法律职业化教学之路。为积累教学经验、深化教学改革、凝塑教育成果，我们着手推出"基于工作过程导向系统化"的法律职业系列教材。

　　《国家（2010~2020 年）中长期教育改革和发展规划纲要》明确指出，高等教育要注重知行统一，坚持教育教学与生产劳动、社会实践相结合。该系列教材的一个重要出发点就是尝试为高等法律职业教育在"知"与"行"之间搭建平台，努力对法律教育如何职业化这一教育课题进行研究、破解。在编排形式上，打破了传统篇、章、节的体例，以司法行政工作的法律应用过程为学习单元设计体例，以职业岗位的真实任务为基础，突出职业核心技能的培养；在内容设计上，改变传统历史、原则、概念的理论型解读，采取"教、学、练、训"一体化的编写模式。以案例等导出问题，根据内容设计相应的情境训练，将相关原理与实操训练有机地结合，围绕关键知识点引入相关实例，归纳总结理论，分析判断解决问题的途径，充分展现法律职业活动的演进过程和应用法律的流程。

法律的生命不在于逻辑，而在于实践。法律职业化教育之舟只有驶入法律实践的海洋当中，才能激发出勃勃生机。在以高等职业教育实践性教学改革为平台进行法律职业化教育改革的路径探索过程中，有一个不容忽视的现实问题：高等职业教育人才培养模式主要适用于机械工程制造等以"物"作为工作对象的职业领域，而法律职业教育主要针对的是司法机关、行政机关等以"人"作为工作对象的职业领域，这就要求在法律职业教育中对高等职业教育人才培养模式进行"辩证"地吸纳与深化，而不是简单、盲目地照搬照抄。我们所培养的人才不应是"无生命"的执法机器，而是有法律智慧、正义良知、训练有素的有生命的法律职业人员。但愿这套系列教材能为我国高等法律职业化教育改革作出有益的探索，为法律职业人才的培养提供宝贵的经验、借鉴。

2016 年 6 月

前言
Foreword

　　党的二十大报告指出，"我们要坚持走中国特色社会主义法治道路，建设中国特色社会主义法治体系、建设社会主义法治国家，围绕保障和促进社会公平正义，坚持依法治国、依法执政、依法行政共同推进，坚持法治国家、法治政府、法治社会一体建设，全面推进科学立法、严格执法、公正司法、全民守法，全面推进国家各方面工作法治化。"法律文书在推进法治建设中扮演着至关重要的角色，它们是法治原则和精神的具体体现，也是法律实施和司法公正的重要保障。在法律实践中，法律文书的格式、结构和内容必须严谨规范，以确保法律的公正性和权威性。法律文书教材的建设，通过制定统一的标准和规范，使得法律文书的质量得到显著提高。这样的教材不仅为学生提供了学习的模板，也为法律专业人士提供了实践的指导，确保法律文书的严谨性和规范性。根据党的二十大报告"深化教育领域综合改革，加强教材建设和管理""推进教育数字化"的要求，本书由行业单位与学校共同参与，结合现代化的数字化资源，使教材更加适合以实践教学为主的职业教育，更加贴合产教融合的教学模式，有助于实现学校的培养目标和满足行业单位的用人需求。

　　本书针对职业学院学生的特点和未来就业方向，结合法律文书的应用实践，介绍了公安机关、人民检察院、人民法院、监狱机关、隔离戒毒机关、律师事务所、公证机构、仲裁机构常用的法律文书，对制作各种文书的法律基础知识作了阐述，全面讲解了各种文书的概念、格式、范例、制作要求及注意事项，深入浅出，通俗易懂，便于学生理论结合实际地进行学习。

　　本书从实际应用出发，以常用法律文书的写作为实训任务，以公安部、最高人民检察院、最高人民法院、司法部、国务院最新出台的法律文书格式（样本）为指导，并以任务驱动方式组织实训内容。每个项目包含若干个实训任务，充分体现高职高专实训课程的特色。本书作者团队与多个单位合作开发课程内容，实践案例大多源于执法、司法、法律服务机构真实案例，实训内容贴近工作实际，具有可操作性和实用性。本书适合作为公安与司法大类专业学生的法律文书实训教材；职业学院（高职高专）各专业学生作为教学用书，综合学习法律文书的理论知识，掌握法律文书的写作技能；同时也可作为公、检、法、监狱、戒毒机关、律师事务所、公证机构、仲裁机构培训的教材和参考用书。

　　本书在编写过程中，参考了有关业务部门的资料，并得到有关同志的大力支持。在此，向被选编入本书相关资料的编著者和有关同志，表示衷心的感谢！

　　本书由盛舒弘、刘树桥任主编，张瑶、张凯星任副主编。

　　具体分工为：

单元一　法律文书概述

张　蓉　广东司法警官职业学院教师

盛舒弘　广东司法警官职业学院教师

单元二　公安机关刑事法律文书

刘树桥　广东司法警官职业学院法律系主任

盛舒弘　广东司法警官职业学院教师

单元三　人民检察院刑事诉讼法律文书

盛舒弘　广东司法警官职业学院教师

谢素珺　广东司法警官职业学院教师

单元四　人民法院裁判文书

项目一　人民法院刑事裁判文书（含该部分实训任务）

张　瑶　广东司法警官职业学院教师

项目二　人民法院民事裁判文书（含该部分实训任务）

刘嘉铭　广州市白云区人民法院执行局法官助理

项目三　人民法院行政裁判文书（含该部分实训任务）

谭有发　广东司法警官职业学院教师

林铭春　龙岩市中级人民法院法官助理

单元五　监狱执法文书

龚国艳　广东省女子监狱一级警长

卢俊君　广东省阳江监狱刑罚执行科一级警长

单元六　强制隔离戒毒执法文书

张凯星　广东省三水强制隔离戒毒所政治处三级警长

游少驹　广东省第二强制隔离戒毒所政治处主任、四级高级警长

王　涛　广东省三水戒毒康复管理所所党委委员、政治处主任、三级
高级警长

黄国斌　广东省三水强制隔离戒毒所所政管理室三级警长

詹瑞雄　广东省三水强制隔离戒毒所第二分所分所长、四级高级警长

沈军初　广东省三水强制隔离戒毒所所党委委员、副所长、二级高级
警长

单元七　律师实务文书

朱宏亮　广东金轮律师事务所合伙人、律师

单元八　仲裁文书

徐　涛　广东司法警官职业学院教师

杨　涛　深圳国际仲裁院副院长

单元九　公证文书

谢京杰　深圳市公证协会副会长，广东省深圳市前海公证处副主任

由于时间仓促，书中难免有疏漏和不足之处，望读者和同行不吝赐教！

编　者

2023 年 10 月

目录
Contents

单元一　法律文书概述 ………………………………………………………… 1

　　任务一　认识法律文书 ……………………………………………………… 1

　　任务二　了解法律文书的作用 ……………………………………………… 2

　　任务三　准确把握法律文书制作的基本要求 ……………………………… 3

单元二　公安机关刑事法律文书 ……………………………………………… 6

　　任务一　认识公安机关刑事法律文书 ……………………………………… 6

　　任务二　制作受案登记表 …………………………………………………… 9

　　任务三　制作呈请立案报告书 …………………………………………… 10

　　任务四　制作呈请拘留报告书 …………………………………………… 13

　　任务五　制作提请批准逮捕书 …………………………………………… 16

　　任务六　制作呈请侦查终结报告书 ……………………………………… 19

　　任务七　制作起诉意见书 ………………………………………………… 24

单元三　人民检察院刑事诉讼法律文书 …………………………………… 31

　　任务一　认识人民检察院刑事诉讼法律文书 …………………………… 31

　　任务二　制作起诉书 ……………………………………………………… 32

　　任务三　制作不起诉决定书 ……………………………………………… 40

　　任务四　制作刑事抗诉书 ………………………………………………… 46

单元四　人民法院裁判文书 ………………………………………………… 54

项目一　人民法院刑事裁判文书 …………………………………………… 55

　　任务一　认识人民法院刑事裁判文书 …………………………………… 55

任务二　制作第一审刑事判决书 ································· 56

任务三　制作第二审刑事判决书 ································· 60

任务四　制作刑事附带民事判决书 ····························· 64

任务五　制作再审刑事判决书 ································· 70

任务六　制作刑事裁定书 ····································· 75

项目二　人民法院民事裁判文书 ································· 80

任务一　认识人民法院民事裁判文书 ··························· 80

任务二　制作第一审民事判决书 ································· 80

任务三　制作第二审民事判决书 ································· 84

任务四　制作再审民事判决书 ································· 90

任务五　制作特别程序民事裁判文书 ··························· 96

任务六　制作法院民事裁定书 ································· 106

任务七　制作民事调解书 ···································· 111

任务八　制作法院民事执行文书 ································ 113

项目三　人民法院行政裁判文书 ································ 115

任务一　认识人民法院行政裁判文书 ·························· 115

任务二　制作第一审行政判决书 ································ 116

任务三　制作第二审行政判决书 ································ 122

任务四　制作再审行政判决书 ································· 126

任务五　制作行政裁定书 ···································· 131

任务六　制作行政赔偿调解书 ································· 143

单元五　监狱执法文书 ······································· 163

任务一　认识监狱执法文书 ·································· 163

任务二　制作罪犯入监登记表 ································· 165

任务三　制作对罪犯刑事判决提请处理意见书 ·················· 167

任务四　制作罪犯奖惩审批表 ································· 168

任务五　制作使用戒具审批表 ································· 171

任务六　制作监狱起诉意见书 ································· 173

任务七　制作提请减刑、假释建议书 ·························· 176

任务八　制作暂予监外执行审批表、决定书、收监决定书 ·········· 180

任务九　制作罪犯出监鉴定表、释放证明书 ···················· 186

单元六　强制隔离戒毒执法文书 ································ 193

任务一　认识强制隔离戒毒执法文书 ·························· 194

任务二 制作新入所戒毒人员基本信息登记表 ·············· 195

任务三 制作强制隔离戒毒人员特别奖励审批表 ·············· 197

任务四 制作强制隔离戒毒人员（奖/罚）审批表 ·············· 199

任务五 制作警械具使用呈批表 ·············· 201

任务六 制作单独管理及保护性约束措施审批表 ·············· 203

任务七 制作强制隔离戒毒诊断评估手册 ·············· 206

任务八 制作解除强制隔离戒毒证明书 ·············· 215

任务九 制作解除强制隔离戒毒通知书 ·············· 217

任务十 制作所外就医审批表、证明书、通知书 ·············· 218

任务十一 制作变更社区戒毒审批表 ·············· 223

单元七 律师实务文书 ·············· 249

项目一 制作民事案件律师代书文书 ·············· 250

任务一 制作民事起诉状 ·············· 250

任务二 制作民事反诉状 ·············· 255

任务三 制作民事上诉状 ·············· 258

任务四 制作民事答辩状 ·············· 262

任务五 制作民事再审申请书 ·············· 265

项目二 制作刑事案件律师代书文书 ·············· 270

任务一 制作刑事自诉状 ·············· 270

任务二 制作刑事附带民事起诉状 ·············· 272

任务三 制作刑事上诉状 ·············· 274

项目三 制作行政案件律师代书文书 ·············· 276

任务一 制作行政起诉状 ·············· 276

任务二 制作行政上诉状 ·············· 279

项目四 制作律师工作文书 ·············· 283

任务一 制作代理词 ·············· 283

任务二 制作辩护词 ·············· 286

任务三 制作法律意见书 ·············· 289

任务四 制作律师函 ·············· 293

任务五 制作授权委托书 ·············· 296

项目五 制作申请书 ·············· 298

任务一 制作变更强制措施申请书 ·············· 298

任务二 制作羁押必要性审查申请书 ·············· 300

任务三 制作诉讼保全申请书 ·············· 303

任务四　制作强制执行申请书 ································· 305

单元八　仲裁文书 ·· 310

任务一　认识仲裁文书 ··· 310

任务二　制作仲裁协议 ··· 311

任务三　制作仲裁申请书 ··· 313

任务四　制作仲裁答辩书 ··· 315

任务五　制作仲裁调解书 ··· 317

任务六　制作仲裁裁决书 ··· 319

单元九　公证文书 ·· 324

项目一　认识公证文书 ··· 325

项目二　制作涉外民事类公证文书 ··································· 333

任务一　制作出生公证文书 ··· 333

任务二　制作亲属关系公证文书 ······································· 334

任务三　制作婚姻状况公证文书 ······································· 336

任务四　制作学历（学位）公证文书 ··································· 339

任务五　制作经历公证文书 ··· 340

任务六　制作有（无）犯罪记录公证文书 ······························· 342

项目三　制作国内民事类公证文书 ··································· 344

任务一　制作继承权公证文书 ··· 344

任务二　制作遗嘱公证文书 ··· 349

任务三　制作遗赠扶养协议公证文书 ··································· 351

任务四　制作赠与公证文书 ··· 353

任务五　委托公证 ··· 355

项目四　制作国内经济类公证文书 ··································· 357

任务一　制作有强制执行效力债权文书公证文书 ························· 357

任务二　制作保全证据公证文书 ······································· 363

单 元 一
法律文书概述

知识结构图

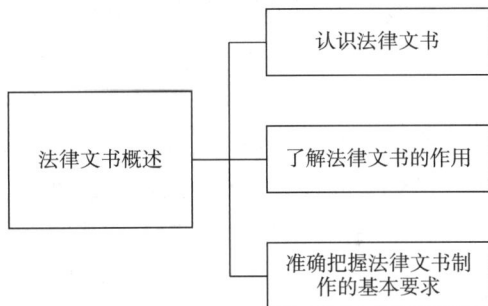

学习目标

知识目标：认识法律文书，了解法律文书的作用，熟悉法律文书制作的基本要求。

能力目标：能够准确把握法律文书制作的基本要求。

任务一 认识法律文书

法律文书有广义与狭义之分。

广义的法律文书包括规范性文件与狭义的法律文书。

狭义的法律文书，是指司法机关、司法行政机关、公证机构、仲裁机构以及当事人及其代理人，在进行诉讼和与诉讼有联系的非诉讼活动中，依照法定程序，就具体案件或法律事务适用法律、法规而制作的具有法律效力或法律意义的非规范性法律文件的总称。本书所说的法律文书是狭义的法律文书。

法律文书具有以下四个主要特点：

第一，法律文书必须依法制作。法律文书的制作必须依据实体法与程序法的相关规定进行。

第二，法律文书的适用范围只限于诉讼和与诉讼有联系的非诉讼活动。诉讼活动是在国家司法机关的主持下，查明案件事实，分清是非曲直，解决诉辩双方争议的活动。非诉讼活动是与民事诉讼有一定联系的，依法对非诉案件所进行的仲裁活动和公证活动。超出上述特定范围所制作的文书，则不具有法律文书的属性。

第三，法律文书是具有法律效力或法律意义的文书。在依法办理诉讼案件或非诉案件的过程中，法律文书是一种必要的工具，也是具体实施法律、实现权利义务的结果，必然会产生法律上的实际效用。与一般的实用文书不同，它有着特定的法律效力或法律意义。如法院的判决书、裁定书等，都是具有法律效力的法律文书，一经依法作出并生效后，当事人就必须执行，否则要承担相应的法律后果。有些法律文书如起诉状、上诉状、答辩状、代理词、辩护词、行政机关的强制执行申请书等，一旦制作并递交给法院，有约束法院或引起诉讼活动、推动法院审理和裁决的作用。有些法律文书则是对某一法律行为的如实反映与确认，并能引起一定的法律后果，如庭审笔录，公证文书等。

第四，法律文书具有制作的时效性。办案贵在及时，办案有时限，反映在法律文书上也有时效问题，必须严格遵守法律有关时效的规定。如不服法院一审未生效判决，必须在法定的上诉期限内，提交上诉状，逾期提出的，判决已发生法律效力，上诉不能成立，上诉状归于无效。有些法律文书虽然法律没有作出明确的时限规定，但同样存在时效问题，也必须要遵守法律对诉讼阶段的严格时限规定。

任务二　了解法律文书的作用

法律文书是对法律实施过程和结论的客观书面实录。它不是孤立存在的，而是伴随着法律活动的进行而发挥作用，实现其客观价值。概括起来，主要表现在以下几个方面：

第一，法律文书是保证国家法律正确实施的有效工具。法律文书制作是法律施行的有效工具。如公安、司法机关的职能活动，必须通过法律文书这种形式才能得到完整切实的实现。如法院实现其审判职能的每一道程序，都要凭借法律文书（裁判文书）这个工具展开工作。

第二，法律文书是法律活动的忠实记录，具有历史档案作用。法律文书是诉讼活动和非诉讼活动的必然产物。按照法律规定，从立案、侦查、起诉、审判到生效判决、裁定执行的每个诉讼程序和环节，都离不开相应法律文书的制作和使用，所有这些文书都要完整保存、归档，形成完整的诉讼案卷。因为它忠实地记载了办理案件的全过程，所以，透过法律文书所反映的情况，可以清楚地了解具体案件事实是否清楚，证据认定是否确实充分，法律适用是否正确以及判决的执行情况；还可以检验办案程序是否合法，手续是否齐备。因此，已经结案的司法文书，是检验办案质量高低的尺度，也是对案件进行复查的重要法律依据。党的二十大报告强调，要"规范司法权力运行，健全公安机关、检察机关、审判机关、司法行政机关各司其职、相互配合、相互制约的体制机制。"这种制约机制的有效运转，离不开法律文书。[1]除此之外，还有各种笔录，在整个办案程序中反映和记载各项活动的情景和进程。至于仲裁文书、公证文书，则是从非诉争议方面，忠实地记载了仲裁活动和公证活动，包含着一定数量的相关法律信息。在案件的审查处理中，所有这些文书都起着推动法律活动深入的作用，同时又具有重要的历史档案作用，为今后总结经验、检验法律实施情况，完善和修订法律，准确公正地执法提供了重要的档案材料。当然，一定时期的法律文书，也从一个侧面反映了一定历史进程的社会、政治、经济、文化状况和特点，法律在社会生活中的作用、法律文书本身的发展沿革等同样具有重要的历史档案资料作用。

第三，法律文书是调整国家、集体、个人之间法律关系的法律之手。法律文书判断是非，调处纠纷，依法确认诉讼当事人之间的权利义务关系，或监督纠正公权力行使，或惩治违法犯罪行为，从而调整国家，集体、个人之间的法律关系，维护社会稳定。

第四，法律文书是进行法制宣传教育的重要教材。依据事实和法律制作的各种法律文书，是处理各类案件生动具体的写照，是对法律形象生动的宣传。它告诫人们哪些是违法行为，哪些构成犯罪，哪些是人们不应该做的，哪些是可以做的，是非分明，使人们从中受到深刻的法治教育。特别是公开的法律文书，不仅可以增长人们的法律意识，教育人们自觉遵守法律法规，避免实施违法违规行为，启发学法、知法、守法的自觉性；而且还有利于提高人们同各种违法犯罪行为作斗争的主动性和积极性。对公安、司法机关来讲，通过对法律文书的制作，可以受到公正司法、执法方面的教育。对整个社会则可以起到营造法律氛围，推进依法治国方略实现的作用。

任务三　准确把握法律文书制作的基本要求

要想写好法律文书，必须从下面几个方面着手：

一、准确适用法律

制作法律文书，必须准确适用法律，不论是实体问题还是程序问题，法律文书都必须严格依法制作，充分体现法律性。

二、客观真实，叙事清楚

法律文书最基本、最重要的要求就是如实认定事实。案件的事实材料是案件的基

---

〔1〕《习近平：高举中国特色社会主义伟大旗帜　为全面建设社会主义现代化国家而团结奋斗——在中国共产党第二十次全国代表大会上的报告》，载 https://www.chinacourt.org/article/detail/2022/10/id/6979112.shtml，最后访问日期：2024 年 3 月 26 日。

本依据，包括案件的发生、发展、结果等要素。法律文书只有通过对案件事实的分析，才能明辨是非，判断有无法律责任或责任的大小。具体要求如下：

1. 叙事简明有序。法律文书要求叙述事实简明有序，一目了然。

2. 写清事实的基本要素。事实是由许多基本要素构成的，各类案件在叙述事实上反映的要素是不同的，刑事案件与民事、行政案件有细微的区别。刑事案件的事实要素，主要是指案犯作案的事实要素，包括作案的时间、地点、动机目的、手段、过程、结果、涉及的人和事、事后的态度八个要素，以及必要的证据等。民事、行政案件的事实要素比较接近，主要围绕其权益纠纷来叙写，包括权益纠纷发生的时间、地点、关涉的人物（原告、被告、第三人），纠纷产生的原因、过程、结果，各方争执的意见和理由以及必要的证据等。这些事实基本要素在叙写时要用文字把它们连缀起来，不能采取填表式的方式逐项填出，并从中反映事实的原委和来龙去脉，使人能从中看清事实发展的过程，进而从有关的事实要素中判明是非正误、违法与合法等。

3. 重点写清关键情节。在写清事实基本要素的基础上，还必须按照法定要求，重点写清关键情节，即有关定性的事实情节、涉及有无法律责任的情节以及关系问题严重程度的情节。

4. 因果关系要交待清楚。法律十分重视事件的因果关系，写清因果关系对表述法律行为的意义非常重要，某一行为的目的，行为本身以及行为产生的后果之间有无因果联系，是法律判断正误、衡量是非的根据，在叙述法律行为事实时应当予以高度重视，如实准确地记叙清楚。

5. 抓准记清争执焦点。无论哪一类案件，当事人之间，当事人与司法、执法机关之间，乃至于司法、执法机关之间，都可能产生各种分歧和争执。对于这些争执，在法律文书制作过程中，一定要抓准记清，不要舍本逐末，在一些枝节问题上纠缠不清；要在保持"原意"的前提下，用精当的语言予以记述，而不宜过多引用芜杂的原话，以免湮没其核心内容。

此外，还要注意对案件材料的甄别筛选。写入法律文书的事实，必须是与案件的定性裁判有关的。虚妄不实的、与案件无关的事实，应予以舍弃。文书中事实涉及财物的名称、数量要记叙确切，否则会造成认定事实不清，处理结论难以执行和兑现。

三、说理充分、有理有据

理由是法律文书的灵魂，说理充分、透彻的法律文书是成功进行法律工作的必然要求，也有助于提升司法、执法的公正性和裁判公信力。它特别要求论据的充足和论证过程的充分、严谨、层次分明、步步推进、丝丝入扣，符合法理和逻辑推理事理，理由必须与事实证据、结论高度统一、协调一致，并且要写出每起案件的个性。否则，千案一面、千篇一律，将会降低法律文书的公信力。

四、格式标准、规范

　　法律文书属于程式化文书，法定格式是其外在形式，也是其重要的构成部分。法律文书的格式是否规范、标准，关系到法律活动的程序是否正确、合法和实体问题的裁决是否公正。因此，必须遵循相应的格式来制作法律文书。法律文书的格式规范主要表现在结构的模式化和用语的固定化两个方面，具体包括法定的行款、结构、各部分必须写明的事项要素以及某些法定的称谓和格式化用语等。结构模式化是指法律文书的首部、正文、尾部三大部分，各部分都有大致统一的内容事项，特别是文字叙述式法律文书表现得尤为鲜明。用语固定化，在表格式文书中，表现为大部分文字是事先统一印制的，如单位、姓名、事实、理由和法律依据等，使用时根据案件的实际情况填写即可；在文字叙述式文书中，案由、案件来源等的表述，案件来源和事实、理由等部分之间的过渡，都有固定的词语，不得随意增删更改。这样，就可以增强法律文书的严肃性和权威性，也有利于适应电脑运用、储存和检索的需要。

五、语言精确、庄重朴实

　　法律文书是贯彻实施国家法律的重要载体之一，本身具有严肃、庄重的色彩。因此，制作法律文书所使用的语言是一种较严肃的书面语言，属于公文语体。它要求表意准确，解释单一，文字精炼，言简意赅，以避免给理解和执行带来问题，并要准确使用法言法语，尽量不使用或少使用生活用语，尤其不能使用文学的描写性语言。其语言风格庄重朴实，严谨无华，与文学作品语言的委婉含蓄或激扬华丽截然不同。但并不意味着法律文书的语言呆板枯燥乏味，它也讲究修辞，只是讲究消极修辞，注重词语的锤炼、语言的调配、句式的选择，从而做到文理畅顺，表意清楚，通俗易懂。作为规范化的书面语，法律文书的语言力求合乎现代汉语的用词造句规则，句子完整，成分齐全，不能随便省略。同时还要合乎逻辑思维规律，否则会造成含义不清、概念混乱甚至内容自相矛盾，最终导致判断失误。

☞ ［**你我身边的法律人**］

单 元 二

公安机关刑事法律文书

知识结构图

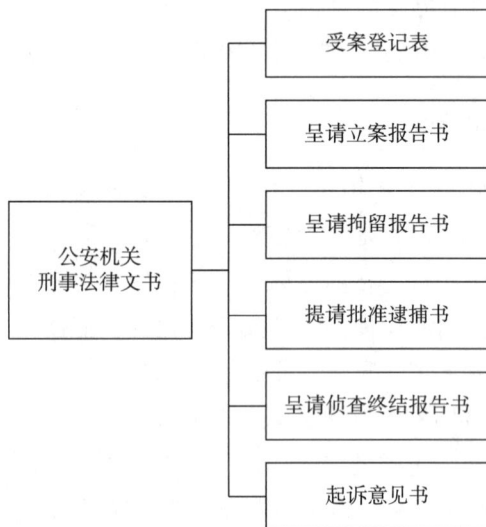

学习目标

知识目标：认识公安机关刑事法律文书。

能力目标：学会制作受案登记表、呈请拘留报告书、起诉意见书。

任务一　认识公安机关刑事法律文书

一、公安机关刑事法律文书概述

公安机关刑事法律文书，是指公安机关依据《中华人民共和国刑事诉讼法》规定的程序，在处置刑事案件过程中制作或认可的具有法律效力或法律意义的文书。

近年来，公安部对公安机关法律文书的制作非常重视，颁行了大量相关规定。2012年 12 月 19 日，公安部关于印发《公安机关刑事法律文书式样（2012 版）》的通知中规定，公安机关刑事法律文书式样共 8 大类 97 种，其中，强制措施文书 30 种，侦查取证文书 37 种。2014 年 3 月，公安部会同最高人民法院、最高人民检察院印发的《最高人民法院、最高人民检察院、公安部关于羁押犯罪嫌疑人、被告人实行换押和羁押期限变更通知制度的通知》废止了《换押证》《延长侦查羁押期限通知书》《计算/重新计算侦查羁押期限通知书》这三种强制措施文书，新增《变更羁押期限通知书》。2020 年 8 月 21 日，公安部下发《公安部办公厅关于修改和补充部分刑事法律文书式样的通知》（公法制〔2020〕1009 号），对 7 个法律文书式样进行了修改、完善，新增了《准许被取保候审人离开所居市县决定书》《准予补充鉴定/重新鉴定决定书》《不准予补充鉴定/重新鉴定决定书》3 个法律文书式样。这些格式样本的实施，对于规范公安机关法律文书写作，提高公安机关法律文书的制作质量，发挥了重要作用。

二、公安机关刑事法律文书的特点

公安机关刑事法律文书作为一种司法文书，具有鲜明的特点：

1. 法律的约束性。公安机关刑事法律文书的制作，受到法律法规的制约，文书的内容、格式、制作流程都受到相关法律法规的约束；公安机关刑事法律文书对侦办案件和监管工作起到制约作用，公安机关刑事法律文书一旦发生法律效力，就应当严格遵照执行，非经法定程序不得随意变更或撤销；公安机关刑事法律文书对办案人员起到制约作用，是提醒和监督办案人员依照法定程序处置刑事案件的有效手段。

2. 制作的规范性。公安机关刑事法律文书的规范性体现在法律文书的类型、格式、项目、内容、程序和要求都具有全国统一的标准。只有按照法律程序和规范制作的公安刑事法律文书，才具有法律效力和法律意义。因此，制作公安机关刑事法律文书必须严格按照公安部规定的格式和要求进行，不能有任何随意性。

3. 语言的准确性。公安机关刑事法律文书是十分庄重严肃的法律文书，在语言文字的运用上，要求十分严格。它要求用词准确、简练、解释单一无歧义；造句符合汉语规范，结构完整；文风朴实平易。

4. 效力的排他性。公安机关刑事法律文书一经宣布，非经法定程序不得变更或撤销，也不得由其他文书取代；公安机关刑事法律文书仅对其所办理的案件涉及的单位和个人产生法律效力或具有法律意义，而不具有普遍的法律约束力。

三、公安机关刑事法律文书的作用

公安机关刑事法律文书是为整个诉讼活动服务的，它的根本作用在于保证法律的具体实施，具体包括三个方面：

1. 是行使侦查权及监管权的表现形式。

2. 是办理刑事司法活动的真实记录。

3. 是合法性审查的重要依据。

四、公安机关刑事法律文书的分类

公安机关刑事法律文书，可以分为侦查类文书和执行类文书。

1. 侦查类文书。按照侦办案件诉讼程序进行分类，可以将侦查类文书分为以下几种类型：

（1）立案类。包括受案登记表、受案回执、呈请立案报告、立案决定书、不予立案通知书、不立案理由说明书、呈请移送案件报告书、移送案件通知书、呈请指定管辖报告书、指定管辖决定书、呈请驳回申请回避报告书、回避/驳回申请回避决定书。

（2）律师介入类。包括提供法律援助通知书、会见犯罪嫌疑人申请表、准予会见犯罪嫌疑人决定书/通知书、不准予会见犯罪嫌疑人决定书。

（3）强制措施类。包括呈请拘传报告书、拘传证、呈请延长拘传时限报告书、传讯通知书、呈请取保候审报告书、取保候审决定书/执行通知书、被取保候审人义务告知书、取保候审保证书、准许被取保候审人离开居所市县决定书、收取保证金通知书、保存证件清单、退还保证金决定书/通知书、呈请没收保证金报告书、没收保证金决定书/通知书、呈请对保证人罚款报告书、对保证人罚款决定书/通知书、呈请责令具结悔过报告书、责令具结悔过决定书、呈请解除取保候审报告书、解除取保候审决定书/通知书、监视居住决定书/执行通知书、拘留证、拘留通知书、提请批准逮捕书、逮捕证、逮捕通知书、呈请变更逮捕措施报告书、不予释放/变更强制措施通知书、变更羁押期限通知书等。

（4）侦查取证类。包括传唤证、提讯提解证、讯问笔录、犯罪嫌疑人诉讼权利义务告知书、亲笔供词、询问通知书、询问笔录、被害人诉讼权利义务告知书、现场勘验笔录、电子数据现场提取笔录、网络在线提取笔录、图片记录表、呈请搜查报告书、搜查证、呈请查询财产报告书、协助查询财产通知书、电信网络新型违法犯罪涉案资金流向表、呈请侦查实验报告书、鉴定书（检验报告）、解剖尸体通知书、悬赏通告、呈请采取技术侦查措施报告书、采取技术侦查措施决定书、执行技术侦查措施通知书、补充侦查报告书等。

（5）侦查终结类。包括呈请侦查终结报告书、起诉意见书、呈请撤销案件报告书、撤销案件决定书、释放证明书、随案移送清单、呈请终止侦查报告书、终止侦查决定书、强制医疗意见书等。

2. 执行文书。包括减刑/假释建议书、假释证明书、暂予监外执行决定书、收监执行通知书、准许拘役罪犯回家决定书、刑满释放证明书。

五、制作要求及注意事项

任务二　制作受案登记表

一、受案登记表的概念

受案登记表，即受理刑事案件登记表，是指公安机关在接受立案材料后对刑事案件最初情况进行记录而制作的法律文书。它是公安机关接受刑事案件的法定证明文书，也是进一步审查确定是否立案的依据之一。

二、范例（行政刑事通用）

受案登记表

广州市公安局××分局刑侦大队（印）　　　　　　　　　×公（刑）受案字〔2023〕×号

案件来源		□110指令　□工作中发现　☑报案　□投案　□移送　□扭送　□其他						
报案人	姓名	王××	性别	男	出生日期	1998年×月×日		
	身份证件种类	身份证	证件号码	440××××××××××××××				
	工作单位	××制衣厂	联系方式	135×××××××				
	现住址	广州市××区××街××号						
移送单位			移送人			联系方式		
接报民警		刘×、裴×	接报时间	2023年3月5日20时20分		接报地点		分局刑侦大队

简要案情或者报案记录（发案时间、地点、简要过程、涉案人基本情况、受害情况等）以及是否接受证据：

2023年3月5日20时许，王××到我大队报称，当日18时左右，其下班回到家中，发现家中被盗，丢失现金人民币3000元及价值2万元的相机一部。

续表

受案 意见	□属本单位管辖的行政案件，建议及时调查处理 ☑属本单位管辖的刑事案件，建议及时立案侦查 □不属于本单位管辖，建议移送_____处理 □不属于公安机关职责范围，不予调查处理并当场书面告知当事人 □其他 受案民警：刘×、裴×　　　　　　　　　　2023 年 3 月 5 日
受案 审批	同意立案侦查 受案部门负责人：宋×　　　　　　　　　　2023 年 3 月 5 日

附：一式两份，一份留存，一份附卷。

三、制作要求及注意事项

任务三　制作呈请立案报告书

一、呈请立案报告书的概念

呈请立案报告书，是指公安机关侦查部门对符合立案条件的刑事案件，报请领导审批的书面报告。

二、呈请立案报告书的格式

领导批示	<div align="right">××× ××××年×月×日</div>
审核意见	<div align="right">××× ××××年×月×日</div>

续表

办案单位意见	
	××× ××××年×月×日

呈请立案报告书

犯罪嫌疑人基本情况。如尚未确定犯罪嫌疑人，写明案件基本情况（如被害人基本情况、受侵害情况等）。"现将有关情况报告如下："

一、受案情况（根据案情，简要叙述受案的时间、地点、报案、控告、举报、扭送、自首以及现场抓捕经过等。）

二、立案根据。主要写明能够证明犯罪事实已经发生的证据情况（通过现场勘查、现场访问、检验、鉴定等情况予以说明），以及被侵害的人身、财产受损情况。

三、分析判断。（认定事实的判断、作案时间地点的判断、犯罪对象的刻画等。如犯罪嫌疑人确定，甚至已抓获，犯罪事实清楚，可以省略此部分。）

四、立案依据。"综上所述，"犯罪事实已经发生，"应当追究刑事责任，且案件属于本单位管辖。根据《中华人民共和国刑事诉讼法》第一百一十二条之规定，拟对犯罪嫌疑人涉嫌××一案（或拟对被害人××被××一案）立案侦查。"（如案件由侦查机关在工作中发现，适用《中华人民共和国刑事诉讼法》第一百零九条，如来源于移送、报案、控告、举报和自首，则适用《中华人民共和国刑事诉讼法》第一百一十二条。）

五、工作部署。写明侦查计划（主要包括侦查方向、应查明的问题和线索、侦查措施等内容，非重特大刑事案件可以省略此部分。）

妥否，请批示。

××公安分局刑侦支队（印）

办案人员签名（不得少于两人）

××××年××月××日

三、范例[1]

领导批示	同意。 ××× 2023 年 4 月 15 日

---

[1] 改编自范海赞：《浅议呈请报告书的结构》，载《河南警察学院学报》2011 年第 3 期。

续表

审核意见	经审核，拟立案，请局领导审批。 <div align="right">×××</div><div align="right">2023 年 4 月 15 日</div>
办案单位 意见	提议立案侦查，呈领导批准。 <div align="right">×××</div><div align="right">2023 年 4 月 15 日</div>

呈请立案报告书

××大厦一楼中国银行储蓄抢劫杀人案，由黄河路派出所于 2023 年 4 月 15 日下午 2 时 58 分移送至我支队。接报后，支队立即组织侦技人员赶赴现场开展工作，根据初步调查情况，杀人抢劫的犯罪事实已经发生，符合立案条件，现将有关情况报告如下：

一、受案情况

2023 年 4 月 15 日下午 2 时 50 分，××公司出纳员王××向黄河路派出所报案，当天下午 2 时左右，王××（女，25 岁，住××公司家属楼 3 号楼 23 号，电话×××××××）到××大厦一楼中国银行储蓄所提款时，发现两名营业员被杀害于营业室内。接到报案后，派出所已派人保护现场。

二、立案根据

经勘验，现场位于××路××大厦一楼中国银行储蓄所营业室内。死者王×，男，20 岁，死者李×，女，22 岁，二人均系该储蓄所工作人员。王×卧于地上，李×半靠于门口正对的墙上，致命伤均在头部，各中一弹，经查，是六四式手枪所发射。法医测定，两人死亡时间为中午 12 时半至下午 1 时左右。室内办公用具摆放整齐，无搏斗痕迹，营业室内保险柜被打开，里面 156 万元现金已丢失，营业室内与外相通的门未打开，无撬压损坏痕迹，只在柜台上方的铁栏杆上发现一处陈旧血迹，已取样。

据报案人王××称，她到储蓄所时，附近未见他人。据储蓄所左邻、居民齐×称，当天中午 12 时至下午 2 时 30 分，他正午休，未听见异常声音。据储蓄所右邻、居民郑×称，当天中午 12 时至下午 2 时 30 分，他在看电视，未听见异常声音。经询问在距现场不足 20 米处十字路口值勤的交警于×，于×称他在值勤期间，在现场附近未发现可疑车辆。

三、分析判断

根据以上情况分析认为，此案为持枪杀人抢劫；两名被害人头部各中一弹，系致命伤，说明犯罪嫌疑人对枪支使用熟练；现场物品摆放整齐，未留下蛛丝马迹，作案干净利索，可能是有丰富作案经验的惯犯所为；犯罪嫌疑人至少为两人，且有交通工具；从案发时间看，犯罪嫌疑人熟悉现场地理和周围环境，不排除银行内部人员作案的可能。

四、立案依据

综上所述，持枪杀人抢劫的犯罪事实已经发生，应当追究刑事责任，且案件发生地属我刑侦支队管辖。根据《中华人民共和国刑事诉讼法》第一百一十二条之规定，拟对黄河路持枪杀人抢劫一案立为特大抢劫杀人案侦查。

五、工作部署

（一）立即封锁本市各交通要道机场、铁路、公路等，盘查可疑人。防止犯罪嫌疑人逃窜。（二）立即印发协查通报，请各地公安机关和有关部门协查赃款下落。（三）在本市各辖区内发动群众，并派出专案组成员查访，对有前科人员排查摸底，查找疑点和嫌疑人，同时清查外来人口。（四）对该储蓄所所有工作人员进行认真调查。

妥否，请批示。

×× 公安分局刑侦支队（印）

宋×× 陈××

二〇二三年四月十五日

四、制作要求及注意事项

任务四　制作呈请拘留报告书

一、呈请刑事拘留报告书的概念

呈请刑事拘留报告书，是指公安机关提请县级以上公安机关负责人批准对现行犯或重大嫌疑分子采取拘留措施时所制作的文书。

二、呈请刑事拘留报告书的格式

领导批示	
	××× ××××年×月×日

13

续表

审核意见	××× ××××年×月×日
办案单位 意见	××× ××××年×月×日

呈请拘留报告书

犯罪嫌疑人×××，男（女），××××年出生，公民身份号码××××××××××××××××××，×族，文化程度，职业，××省××县人，住××省××县××街××号。××××年××月因犯××罪被××法院判处有期徒刑××年，××××年××月刑满释放。

……（拘留的理由。首先，把已经查清的被拘留人的犯罪事实或重大嫌疑的事实叙述清楚，包括犯罪的时间、地点、手段、经过、危害后果等。如果被拘留人是重大嫌疑人，要将认定嫌疑的事实根据叙述清楚，嫌疑应当具有一定的根据，不能是无根据的推断。其次，概括叙述经侦查获取的证明犯罪事实发生和证明案件事实与犯罪嫌疑人相关的证据情况。）

综上所述，犯罪嫌疑人×××的行为触犯了《中华人民共和国刑法》第××条，涉嫌××罪，如不对其采取拘留措施，难以控制其×××，无法保障侦查和诉讼工作的顺利进行。根据《中华人民共和国刑事诉讼法》第××条之规定，呈请对犯罪嫌疑人×××刑事拘留。

妥否，请批示。

承办单位（印）

承办人：×××　×××（亲笔签名）

××××年××月××日

三、范例[1]

领导批示	同意刑事拘留。 ××× 202×年×月×日

---

〔1〕 盛永彬、徐涛主编：《法律文书》，暨南大学出版社2006年版，第29～30页。

续表

审核意见	经审查，符合拘留条件，建议拘留。 　　　　　　　　　　　　　　　　　××× 　　　　　　　　　　　　　　　202×年×月×日
办案单位 意见	呈请拘留犯罪嫌疑人黄××、范××。 　　　　　　　　　　　　　　　　　××× 　　　　　　　　　　　　　　　202×年×月×日

呈请拘留报告书

　　犯罪嫌疑人黄××，男，1996 年生，公民身份号码×××××1996×××××××，汉族，高中，××农药厂工人，××省××县人，住××省××县城关镇××街 10 号。2016 年 9 月因犯有盗窃罪被××人民法院判处有期徒刑 5 年，2021 年 6 月刑满释放。

　　犯罪嫌疑人范××，男，1996 年生，公民身份号码×××××1996×××××××，汉族，初中，××农药厂工人，××省××县人，住在××县第五中学宿舍 2 单元 5 号。

　　现呈请对犯罪嫌疑人黄××、范××刑事拘留，理由如下：

　　犯罪嫌疑人黄××、范××于 2022 年 8 月 10 日深夜 12 时许，流窜到××省××县东沟镇，由黄××放哨，范××翻墙进入××宾馆内，盗走 DVD 机 1 台、摩托车 3 辆、雨衣 3 件以及现金 13 200 元，离开现场时被值班人员发现。值班人员拨打 110 报案。××公安局××分局刑侦大队接到指挥中心指令后立即赶到现场，开展堵截追捕。8 月 11 日凌晨 2 时许，黄、范 2 名犯罪嫌疑人驾车逃至××县伏岭山区，在××路口被拦截抓获。

　　上述事实，有报案记录、证人证言、现场勘验笔录、视听资料（宾馆内监控）、物证（赃物 DVD 机 1 台、摩托车 3 辆、雨衣 3 件以及现金 13 200 元）、黄××、范××的供述相印证。

　　综上所述，犯罪嫌疑人黄××、范××的行为触犯了《中华人民共和国刑法》第二百六十四条之规定，涉嫌盗窃罪，如不对其采取拘留措施，难以控制其继续逃窜或销毁证据，无法保障侦查和诉讼工作的顺利进行。根据《中华人民共和国刑事诉讼法》第八十二条第（一）项、第（四）项之规定，呈请对犯罪嫌疑人×××刑事拘留。

　　妥否，请批示。

　　　　　　　　　　　　　　　　　　　　××公安局××分局刑侦大队（印）

　　　　　　　　　　　　　　　　　　　　　　承办人　×××　×××

　　　　　　　　　　　　　　　　　　　　　　二〇二二年八月十一日

四、制作要求及注意事项

任务五　制作提请批准逮捕书

一、提请批准逮捕书的概念

提请批准逮捕书，是指公安机关对有证据证明有犯罪事实且有逮捕必要的犯罪嫌疑人，提请同级人民检察院审查批准逮捕时制作的法律文书。

根据《中华人民共和国刑事诉讼法》第81条，对有证据证明有犯罪事实，可能判处徒刑以上刑罚的犯罪嫌疑人、被告人，采取取保候审尚不足以防止发生下列社会危险性的，应当予以逮捕：（一）可能实施新的犯罪的；（二）有危害国家安全、公共安全或者社会秩序的现实危险的；（三）可能毁灭、伪造证据，干扰证人作证或者串供的；（四）可能对被害人、举报人、控告人实施打击报复的；（五）企图自杀或者逃跑的。批准或者决定逮捕，应当将犯罪嫌疑人、被告人涉嫌犯罪的性质、情节，认罪认罚等情况，作为是否可能发生社会危险性的考虑因素。对有证据证明有犯罪事实，可能判处十年有期徒刑以上刑罚的，或者有证据证明有犯罪事实，可能判处徒刑以上刑罚，曾经故意犯罪或者身份不明的，应当予以逮捕。被取保候审、监视居住的犯罪嫌疑人、被告人违反取保候审、监视居住规定，情节严重的，可以予以逮捕。根据第87条规定，公安机关要求逮捕犯罪嫌疑人的时候，应当写出提请批准逮捕书，连同案卷材料、证据，一并移送同级人民检察院审查批准……这是制作提请批准逮捕书的法律依据。

二、提请批准逮捕书的格式[1]

×××公安局
提请批准逮捕书

×公（×）提捕字〔××××〕××号

犯罪嫌疑人×××〔犯罪嫌疑人姓名（别名、曾用名、绰号等），性别，出生日期，

---

〔1〕《公安机关刑事法律文书式样（2012版）》，载 https://www.mps.gov.cn/n6557558/c4202651/content html，最后访问日期：2024年1月24日。

出生地，身份证件种类及号码，民族，文化程度，职业或工作单位及职务，居住地（包括户籍所在地、经常居住地、暂住地），政治面貌（如是人大代表、政协委员，一并写明具体级、届代表、委员），违法犯罪经历以及因本案被采取强制措施的情况（时间、种类及执行场所）。案件有多名犯罪嫌疑人的，应逐一写明。]

辩护律师×××……（如有辩护律师，写明其姓名，所在律师事务所或者法律援助机构名称，律师执业证编号。）

犯罪嫌疑人涉嫌×××（罪名）一案，由×××举报（控告、移送）至我局（写明案由和案件来源，具体为单位或者公民举报、控告、上级交办、有关部门移送、本局其他部门移交以及工作中发现等）。简要写明案件侦查过程中的各个法律程序开始的时间，如接受案件、立案的时间。具体写明犯罪嫌疑人归案情况。

经依法侦查查明：……（应当根据具体案件情况，详细叙述经侦查认定的犯罪事实，并说明应当逮捕理由。）

（对于只有一个犯罪嫌疑人的案件，犯罪嫌疑人实施多次犯罪的犯罪事实应逐一列举；同时触犯数个罪名的犯罪嫌疑人的犯罪事实应该按照主次顺序分别列举；

对于共同犯罪的案件，写明犯罪嫌疑人的共同犯罪事实及各自在共同犯罪中的地位和作用后，按照犯罪嫌疑人的主次顺序，分别叙述各个犯罪嫌疑人的单独犯罪事实。）

认定上述事实的证据如下：

……（分列相关证据，并说明证据与犯罪事实的关系。）

综上所述，犯罪嫌疑人×××……（根据犯罪构成简要说明罪状），其行为已触犯《中华人民共和国刑法》第××条之规定，涉嫌×××罪，符合逮捕条件。依照《中华人民共和国刑事诉讼法》第××条、第××条之规定，特提请批准逮捕。

此致
×××人民检察院

公安局（印）
××××年××月××日

附：本案卷宗×卷×页

三、范例

×××公安局
提请批准逮捕书[1]

×公（刑）提捕字〔2023〕31 号

犯罪嫌疑人金×，男，1998 年 4 月 20 日生，公民身份号码×××××19980420××××，出生地××省××县，汉族，初中文化，××省××市××县××乡××村农民，户籍所在地××省××市××县××乡××村。2023 年 4 月 27 日因涉嫌故意杀人罪被×××公安局刑事拘留。

辩护律师孙××，××律师事务所律师，执业证号。

犯罪嫌疑人涉嫌故意杀人一案，由发现人巴××报案至我局。我局经审查，于 2023 年 4 月 22 日立案侦查，犯罪嫌疑人金×于 2023 年 4 月 27 日被抓获归案。

经依法侦查查明：2023 年 4 月 21 日晚 11 时许，金×在本村村民李××家里同巴××、李××、徐××、张××（被害人）等人用扑克牌进行赌博。张××因钱输光，遂向金×借 20 元，金×不同意。张××举拳打金×面部数下，后被他人劝开。金×被打后，产生报复心理，在回家路上，乘被害人张××不备，拿出随身携带的杀猪刀朝张××背部猛刺一刀。张××被刺后逃走，金×仍穷追不舍，又朝张××前胸连刺数刀。张××倒地后，金×恐其不死，又朝其后背、前胸连刺数刀，并割开张××的脖子，致张××当场死亡。

金×将张××杀死后，逃往××县其姑家。

认定上述事实的证据如下：

1. 报案人巴××的报案记录及询问笔录，李××、徐××的询问笔录，可证实有犯罪事实发生以及发现案件的经过。

2. 现场勘验笔录、图、照片、提取痕迹物品清单，可证实有犯罪事实发生和犯罪结果，以及作案现场的地点等。

3. 尸体检验报告，可证实犯罪嫌疑人的作案手段、方法，以及被害人的特征、身份信息等。

4. 现场提取的检材及检验报告、鉴定书等，可证实被害人、犯罪嫌疑人的生物信息以及犯罪嫌疑人到过案发现场。

5. 作案用的杀猪刀，可证实犯罪嫌疑人作案手段的特征及杀人心态。

6. 犯罪嫌疑人金×对作案经过的供述，可证实其实施了故意杀人的犯罪事实。

综上所述，犯罪嫌疑人金×采取暴力手段，故意剥夺他人生命的行为触犯了《中华人民共和国刑法》第二百三十二条，涉嫌故意杀人罪，可能判处十年以上有期徒刑、无期徒刑或死刑，符合逮捕条件。为防止其逃跑等情况发生，根据《中华人民共和国

---

〔1〕 盛永彬、徐涛主编：《法律文书》，暨南大学出版社 2006 年版，第 34 页。

刑事诉讼法》第八十一条、第八十七条之规定，特提请批准逮捕。

此致

××市人民检察院

×××公安局（印）

二〇二三年五月四日

附：1. 本案卷宗×卷××页，提票×张

2. 犯罪嫌疑人金×现羁押在××看守所

四、注意事项

任务六 制作呈请侦查终结报告书

一、呈请侦查终结报告书的概念

呈请侦查终结报告书，是指公安机关经过侦查，认为事实已经调查清楚，证据已确实、充分，制作总结性侦破案件材料，报请县级以上公安机关负责人批准的法律文书。该报告书一经批准，就成为制作起诉意见书或撤销案件决定书等法律文书的依据和基础。

根据《公安机关办理刑事案件程序规定》第285条的规定，侦查终结的案件，侦查人员应当制作结案报告。结案报告应当包括以下内容：（一）犯罪嫌疑人的基本情况；（二）是否采取了强制措施及其理由；（三）案件的事实和证据；（四）法律依据和处理意见。

二、呈请侦查终结报告书的格式

领导批示	××× ××××年×月×日
审核意见	××× ××××年×月×日

办案单位意见	
	××× ××××年×月×日

呈请侦查终结报告书

×××涉嫌××一案（案件名称为主要犯罪嫌疑人姓名+侦查涉及的罪名），由×××公安局于××××年×月×日立案侦查，××××年×月×日破案，犯罪嫌疑人于××××年×月×日（自动/批准逮捕）归案，通过侦查和讯问，已侦查终结，现将案件情况报告如下：

一、犯罪嫌疑人基本情况

犯罪嫌疑人×××基本信息。

犯罪嫌疑人×××简历及主要违法犯罪经历。

辩护律师×××。

二、案件来源及侦破经过（主要叙述采取侦查措施获取哪些证据指向犯罪嫌疑人）

犯罪嫌疑人×××涉嫌××一案，由×××举报（控告、移送、自首）至我局（大队），经领导决定，由×队（或×中队、×大组）负责侦查。我们根据举报（控告、移送、自首）、现场勘查、现场访问、摸底排查（深入调查）情况，采取了……（侦查措施），获取了××证据，确定系犯罪嫌疑人×××所为。运用……（抓获措施、抓获方式）于××××年×月×日在××地将×××抓获。

刑拘后（逮捕后）……，审讯采取了××策略和技巧，获取了××成果。主动交代的犯罪的简要情况。

三、涉嫌的主要犯罪事实

经审讯和调查，查明犯罪嫌疑人×××……（经侦查认定的犯罪事实）

犯罪嫌疑人×××……（具体写明是否有立功、自首、未成年、累犯等影响量刑的从轻、减轻或从重等相关条件）

四、认定犯罪事实的主要证据及分析

认定上述犯罪（案件）事实的证据如下：

（一）证实犯罪事实发生的证据确实、充分

1. 被害人××陈述或者目击案发情况的证人证言证实情况。

2. 经××（单位）现场勘查……（现场的方位、勘查的结果）

3. 经××（单位）鉴定……（鉴定部门和结果）

（二）证实犯罪嫌疑人犯罪（指涉嫌本案）的事实的证据确实、充分

1. 犯罪嫌疑人（拒绝）供述。

2. 证人××证实：……

3. 经××辨认或搜查……

4. 其他证据：

上述犯罪事实清楚，证据确实、充分，足以认定犯罪嫌疑人×××涉嫌××罪。

五、需要说明的问题

该案在侦查和预审中出现的问题，一并说明如下：

1. 已构成犯罪尚未到案犯罪嫌疑人的原因，拟采取的工作措施；

2. 拘、捕的犯罪事实和罪名经预审的变化情况；

3. 拒供的案件认定犯罪的依据；

4. 不能认定犯罪的理由和根据；

5. 证据存在矛盾经工作无法排除的原因；

6. 应获取的证据未获取的情况；

7. 转出犯罪线索以及查证的情况；

8. 需附带民事诉讼的情况；

9. 其他执法、办案工作需要说明的情况。

（如果案件中不存在或者不需要向领导说明问题的，可以不列此项）

六、对案件的处理意见

综上所述，犯罪嫌疑人×××……（犯罪嫌疑人犯罪的高度概述）其行为已触犯《中华人民共和国刑法》第×条之规定，涉嫌××罪。根据《中华人民共和国刑事诉讼法》第×××条之规定，呈请侦查终结，移送××人民检察院审查起诉（或释放犯罪嫌疑人、撤销案件）。

妥否，请批示。

×××公安局刑侦支队××大队

×××　×××（两名以上侦查员亲笔签名）

××××年×月×日

三、范例

领导批示	同意侦查终结移送起诉。 　　　　　　　　　　　　　　　××× 　　　　　　　　　　　　202×年×月×日
审核意见	符合侦查终结条件，建议侦查终结移送起诉，请审批。 　　　　　　　　　　　　　　　××× 　　　　　　　　　　　　202×年×月×日

续表

办案单位意见	呈请案件侦查终结移送起诉，请审批。
	××× 202×年×月×日

呈请侦查终结报告书[1]

犯罪嫌疑人李×立涉嫌故意杀人一案，由×××公安局××分局于202×年3月7日立案侦查，同年3月14日破案，3月28日犯罪嫌疑人被批准逮捕后移交我支队预审。在202×年3月28日至6月28日期间，先后开展讯问9次，获取证据12份，查实了犯罪嫌疑人李×立涉嫌故意杀人罪的犯罪事实。现将案件有关情况报告如下：

一、犯罪嫌疑人基本情况

犯罪嫌疑人李×立，男，19××年4月18日出生，公民身份号码×××××19××0418××××，××市××区人，汉族，本科毕业，××学校教员。住××市××区××学校教研楼103室。

李×立于202×本科毕业后到××市××区××学校担任教员至今。因本案于2023年3月18日被×××公安局××分局拘留，经××人民检察院批准，于同年4月2日执行逮捕。

辩护律师×××，法律援助机构，律师执业证编号。

二、案件来源及侦破经过

202×年3月7下午1时35分，×××公安局××分局刑侦大队接到××市××区××学校保卫科长刘××的电话报案："××学校学生宿舍楼南侧小树林内发现一麻袋上有血迹，疑为杀人案"。经领导决定，由××分局刑侦大队负责侦查。××分局刑侦大队立即派员赶赴现场。经现场勘查，确定麻袋中为一具无头无左手的人体躯干。尸体东侧有大量血迹，在尸体周围发现菜刀一把，上有血迹，在尸体底下发现足迹一枚。经进一步勘查搜索，在该校西食堂北侧污水井中发现一颗女性人头。经调查访问、比对户籍信息，确认死者为王×，××市第六皮件厂女工，其男友李×立为××市××区××学校教员。侦查人员在李×立宿舍中发现一双鞋底沾有血迹的男士皮鞋，经法医鉴定，鞋底血迹与死者血迹一致。遂确定李×立有重大作案嫌疑。202×年3月28日在××市××区李×立父母家中，将李×立抓获。

李×立被拘留后，对杀人分尸的犯罪事实供认不讳。

三、涉嫌的主要犯罪事实

经审讯和调查，查明犯罪嫌疑人李×立涉嫌故意杀人罪：

犯罪嫌疑人李×立与被害人王×于一年前（202×年5月）建立恋爱关系。不久，王×便几次提出分手，李×立不同意，遂产生报复杀人念头。202×年3月6日上午8时，

---

[1] 盛永彬、徐涛主编：《法律文书》，暨南大学出版社2006年版，第26~27页。

李×立将在家中休息的王×约到自己工作的学校并带到了××市××区××学校学生宿舍楼南侧的树林里谈话，当王×再次提出中止恋爱关系时，李×立试图挽回，王×坚决不同意，李×立从后裤腰皮带上抽出事先别好的菜刀砍向王×头部，在王×倒地后，李×立又砍王×颈部数刀，王×因颅脑损伤合并失血性休克死亡。李×立将王×头颅割下，扔在了学生食堂北侧的污水井中。又将王×的左手砍下扔在学校阶梯教室旁的化粪池内，将躯干装入事先带来的麻袋中丢弃于学校小树林，随后逃跑。

四、认定犯罪事实的主要证据及分析

认定上述犯罪（案件）事实的证据如下：

1. 经××市刑侦局刑侦科现场勘查：202×年3月7日碎尸现场位于××市××区××学校学生宿舍楼南侧的树林内，一具无头女尸装于麻袋内，左手不见，右手被砍断，左脚穿一只黑色丝袜，右脚赤足穿有一只黑色胶底布鞋，尸体东侧有大量血迹，在尸体周围发现菜刀一把，上有血迹，在尸体底下发现足迹一枚。××学校食堂北侧的污水井中打捞出一个头颅，学校阶梯教室旁的化粪池内打捞出一只左手。

2. 经××市公安局刑事科学技术研究所鉴定，××学校食堂北侧的污水井中打捞出的头颅，学校阶梯教室旁的化粪池内打捞出的左手，与尸体为同一体，死者系王×。案发现场发现的菜刀及李×立宿舍内鞋底上沾有的血迹为王×所有。王×系被他人用利器砍伤头部及颈部后，因颅脑损伤合并失血性休克死亡，死后被分尸。菜刀上的指纹为李×立所留。

3. 证人朱××（××市××区××学校校长）、刘××（××市××区××学校保卫科科长）、锡××（××市第六皮件厂厂长）、陈××（××市第六皮件厂车间主任刘××）证实：被害人王×为××市第六皮件厂工人，与犯罪嫌疑人李×立为恋爱关系。202×年3月7日下午1时许，刘××带队在××市××区××学校学生宿舍楼南侧巡逻时，发现装尸体的麻袋后报案。

4. 本案获取的相关物证有：现场提取麻袋1条、足迹1个、菜刀1把，菜刀上提取指纹2枚；李×立宿舍提取皮鞋1双。

5. 犯罪嫌疑人对故意杀人的犯罪事实供认不讳。

五、处理意见

综上所述，犯罪嫌疑人李×立故意剥夺他人生命，并将实体肢解、抛弃，手段残忍。其行为触犯了《中华人民共和国刑法》第二百三十二条之规定，涉嫌故意杀人罪。根据《中华人民共和国刑事诉讼法》第一百六十二条之规定，呈请侦查终结，移送××人民检察院审查起诉。

妥否，请批示。

×××公安局刑侦总队××支队（印）

侦查员：宋××　林××

二〇二×年六月三十日

四、制作要求及注意事项

任务七　制作起诉意见书

一、起诉意见书的概念

起诉意见书，是指公安机关对侦查终结的案件，认为犯罪事实清楚，证据确实充分，应追究犯罪嫌疑人刑事责任的，向同级人民检察院移送审查起诉时所制作的文书。

二、起诉意见书的格式[1]

×××公安局
起诉意见书

×公（×）诉字〔××××〕××号

犯罪嫌疑人×××……［犯罪嫌疑人姓名（别名、曾用名、绰号等），性别，出生日期，出生地，身份证件种类及号码，民族，文化程度，职业或工作单位及职务，居住地（包括户籍所在地、经常居住地、暂住地），政治面貌，违法犯罪经历以及因本案被采取强制措施的情况（时间、种类及执行场所）。案件有多名犯罪嫌疑人的，应逐一写明。］

辩护律师×××……［如有辩护律师，写明其姓名，所在律师事务所或者法律援助机构名称，律师执业证编号。］

犯罪嫌疑人涉嫌×××（罪名）一案，由×××举报（控告、移送）至我局（写明案由和案件来源，具体为单位或者公民举报、控告、上级交办、有关部门移送或工作中发现等）。简要写明案件侦查过程中的各个法律程序开始的时间，如接受案件、立案的时间。具体写明犯罪嫌疑人归案情况。最后写明犯罪嫌疑人×××涉嫌×××案，现已侦查终结。

经依法侦查查明：……（详细叙述经侦查认定的犯罪事实，包括犯罪时间、地点、经过、手段、目的、动机、危害后果等与定罪有关的事实要素。应当根据具体案件情况，围绕刑法规定的该罪构成要件，进行叙述。）

---

［1］《公安机关刑事法律文书式样（2012版）》，载 http://www.nps.gov.cn/n6557558/c4202651/content.html，最后访问日期：2024年1月24日。

（对于只有一个犯罪嫌疑人的案件，犯罪嫌疑人实施多次犯罪的犯罪事实应逐一列举；同时触犯数个罪名的犯罪嫌疑人的犯罪事实应该按照主次顺序分别列举；

对于共同犯罪的案件，写明犯罪嫌疑人的共同犯罪事实及各自在共同犯罪中的地位和作用后，按照犯罪嫌疑人的主次顺序，分别叙述各个犯罪嫌疑人的单独犯罪事实。）

认定上述事实的证据如下：

……（分列相关证据，并说明证据与案件事实的关系）

上述犯罪事实清楚，证据确实、充分，足以认定。

犯罪嫌疑人×××……（具体写明是否有累犯、立功、自首、和解等影响量刑的从重、从轻、减轻等犯罪情节）

综上所述，犯罪嫌疑人×××……（根据犯罪构成简要说明罪状），其行为已触犯《中华人民共和国刑法》第××条之规定，涉嫌×××罪。依照《中华人民共和国刑事诉讼法》第一百六十条之规定，现将此案移送审查起诉。（当事人和解的公诉案件，应当写明双方当事人已自愿达成和解协议以及履行情况，同时可以提出从宽处理的建议）。

此致
×××人民检察院

公安局（印）

××××年××月××日

附：1. 本案卷宗××卷××页。
　　2. 随案移交物品××件。

三、范例

××公安局
起诉意见书[1]

×公（刑）诉字〔2023〕29 号

犯罪嫌疑人李×立，男，19××年 4 月 18 日出生，公民身份号码×××××19××0418××××，××市××区人，汉族，本科毕业，××学校教员。住××市××区××学校教研楼 103 室。因本案于 2023 年 3 月 18 日被×××公安局××分局拘留，经××人民检察院批准，于同年 4 月 2 日执行逮捕。

辩护律师×××，法律援助机构，律师执业证编号。

犯罪嫌疑人李×立涉嫌故意杀人一案，由发现人刘××报案到×××公安局××分局刑侦大队。经审查于当日立案侦查。2023 年 3 月 18 日，犯罪嫌疑人李×立因涉嫌故意杀人

---

〔1〕　盛永彬、徐涛主编：《法律文书》，暨南大学出版社 2006 年版，第 26~27 页。

罪被刑事拘留，经××人民检察院批准，于同年4月2日执行逮捕。犯罪嫌疑人李×立涉嫌故意杀人一案，现已侦查终结。

经依法侦查查明：犯罪嫌疑人李×立与被害人王×于一年前（2022年5月）建立恋爱关系。不久，王×便几次提出分手，李×不同意，遂产生报复杀人念头。2023年3月6日上午8时，李×立将在家中休息的王×约到自己工作的学校并带到了××市××区××学校学生宿舍楼南侧的树林里谈话，当王×再次提出中止恋爱关系时，李×立试图挽回，王×坚决不同意，李×立从后裤腰皮带上抽出事先别好的菜刀砍向王×头部，在王×倒地后，李×立又砍王×颈部数刀，王×因颅脑损伤合并失血性休克死亡。李×立将王×头颅割下，扔在了学生食堂北侧的污水井中。又将王×的左手砍下扔在学校阶梯教室旁的化粪池内，将躯干装入事先带来的麻袋中丢弃于学校小树林，随后逃跑。

认定上述犯罪（案件）事实的证据如下：

1. 发现人刘××的报案记录及询问笔录，可证实有犯罪事实发生。

2. 证人朱××（××市××区××学校校长）、刘××（××市××区××学校保卫科科长）、锡××（××市第六皮件厂厂长）、陈××（××市第六皮件厂车间主任刘××）等证人证言，可证实被害人王×为××市第六皮件厂工人，与犯罪嫌疑人李×立为恋爱关系。

3. 现场勘验笔录、尸块、菜刀、案发现场足迹，李×立宿舍内鞋底上沾有的血迹，可证实现场及提取痕迹物证的情况。

4. 肢解的尸块及DNA鉴定书，可证实犯罪嫌疑人的作案手段、方法，以及被害人的特征、身份信息等。

5. 犯罪嫌疑人李×立对犯罪事实的供述，可证实其实施了故意杀人的犯罪事实。

上述犯罪事实清楚，证据确实、充分，足以认定。

犯罪嫌疑人李×立对上述事实供认不讳，愿意接受法律的惩处。

综上所述，犯罪嫌疑人李×立故意剥夺他人生命，并将尸体肢解、抛弃，手段残忍。其行为触犯了《中华人民共和国刑法》第二百三十二条之规定，涉嫌故意杀人罪。根据《中华人民共和国刑事诉讼法》第一百六十二条之规定，现将此案移送审查起诉。

此致
××市人民检察院

××市公安局（印）

二〇二三年七月二日

附：1. 本案卷宗×卷××页。

2. 随案移送物品×件，详见随案移送清单。

3. 犯罪嫌疑人现羁押于××看守所。

四、制作要求及注意事项

实训任务清单

案情：[1]202×年7月13日早上6时许，受害人马××陪同张×一起到××市公安局××分局××派出所自首。犯罪嫌疑人张×于多年前与马××认识，后两人以夫妻名义同居并生下小孩马×。202×年以来，马××一直怀疑张×有外遇，经常与张×发生争吵甚至殴打张×，使两人关系紧张。202×年7月12日18时30分，二人在××市××区××园6栋504房的住所内因家庭琐事发生争吵，马××殴打了张×。张×报警。××派出所民警将二人带回派出所处理。因张×没有明显外伤，且二人系事实上的夫妻关系，派出所民警对二人进行了调解。二人接受民警的调解后离开派出所，共同前往餐厅吃饭喝酒，并于7月13日凌晨12时回到家中。回到住所后，马××又继续辱骂张×，张×便萌发与马××同归于尽的念头。13日凌晨3时许，张×见马××已熟睡，便持一把剪刀朝马××颈部捅刺，想刺死马××后自杀。马××被刺后惊醒躲避，张×又持剪刀朝马××左手臂刺去，马××手臂受伤流血。张×见状立即停止行凶，扔下剪刀准备送马××去医院接受治疗，然后到公安机关自首，马××见伤势不严重便陪张×一起到××派出所自首。民警依法对张×进行了讯问，并送马××到医院接受治疗。马××从医院出来后，于13日11时许到公安机关指控了张×故意杀人的犯罪事实，办案民警依法制作了询问笔录。经鉴定，马××所受损伤为轻微伤。202×年7月29日，张×因涉嫌故意杀人罪被刑事拘留，同年8月10日经××市××区检察院批准执行逮捕。

犯罪嫌疑人张×，女，汉族，19××年8月23日出生，出生地××省××县，公民身份号码×××××19××08230021，初中文化，群众，打工者，户籍所在地：××省××市××乡××村6组，案发前暂住××市××区××园6栋504房。

认定上述事实的证据如下：

1. 马××的报案记录及询问笔录。

2. 202×年7月12日19时许，××派出所的出警记录、马××、张×的询问笔录、调解协议书。

3. 邻居万××、李××等的证人证言。

---

[1]　周水清编：《公安机关刑事法律文书制作与使用（2021版）》，中国民主法制出版社2021年版，第781~783页。

4. 现场勘验笔录、床上剪刀、床单上、枕头上血迹。

5. ××市人民医院急救科医护人员胡××、鲍××的证人证言。

6. 人身检查笔录及照片、被害人人身伤害法医学鉴定。

7. 马××对作案工具剪刀的辨认笔录及照片。

8. ××派出所出具的"张×到案经过"。

9. 犯罪嫌疑人张×的供述。

10. 马××亲笔书写的"请求对张×免除处罚"的书证。

实训任务 1：根据上述案情制作受案登记表（行政刑事通用）。

受案登记表

（受案单位名称和印章）　　　　　　　　　×公（×）受案字〔××××〕××号

案件来源	□110 指令　□工作中发现　□报案　□投案　□移送　□扭送　□其他				
报案人	姓名		性别	出生日期	
	身份证件种类		证件号码		
	工作单位		联系方式		
	现住址				
移送单位		移送人		联系方式	
接报民警		接报时间	年　月　日 时　分	接报地点	
简要案情或者报案记录（发案时间、地点、简要过程、涉案人基本情况、受害情况等）以及是否接受证据：					
受案意见	□属本单位管辖的行政案件，建议及时调查处理 □属本单位管辖的刑事案件，建议及时立案侦查 □不属于本单位管辖，建议移送处理 □不属于公安机关职责范围，不予调查处理并当场书面告知当事人 □其他 受案民警：　　　　　　　　　　　　　　　　　　　　　年　月　日				
受案审批	受案部门负责人：　　　　　　　　　　　　　　　　　　　年　月　日				

附：一式两份，一份留存，一份附卷。

领导批示	
	年　月　日
审核意见	
	年　月　日
办案单位意见	
	年　月　日

实训任务 2：根据上述案情制作呈请拘留报告书。

呈请拘留报告书

实训任务 3：根据上述案情制作起诉意见书。

×××公安局
起诉意见书

×公（　　）诉字〔　　〕　　号

☞［参考答案］

☞［你我身边的法律人］

单元三

人民检察院刑事诉讼法律文书

知识结构图

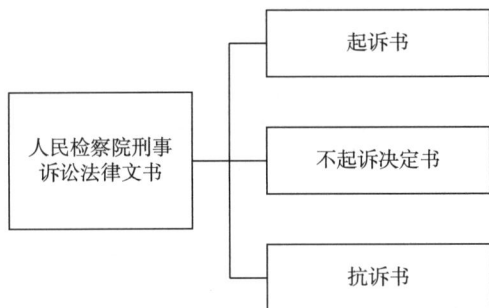

学习目标

知识目标：认识人民检察院刑事诉讼法律文书。

能力目标：学会制作起诉书、不起诉决定书、抗诉书。

任务一　认识人民检察院刑事诉讼法律文书

一、人民检察院法律文书的概念

人民检察院刑事诉讼法律文书，简称为检察文书，是指各级人民检察院为实现检察职能，在刑事诉讼活动中依法制作的具有法律效力和法律意义的文书。

人民检察院刑事诉讼法律文书，是各级人民检察院行使检察权的重要文字凭证，是保证检察机关依法履行职责、进行诉讼活动必不可少的法律工具，是检察机关办理案件的客观记录，是办案质量的重要反映，是总结经验和复查案件的重要依据，也是宣传法制的重要材料。准确制作人民检察院刑事诉讼法律文书，对于依法行使职权、保障司法公正、保护公民合法权益、打击与惩治犯罪、维护法律秩序具有重要意义。

31

为保证检察机关正确贯彻《中华人民共和国刑事诉讼法》，最高人民检察院对《人民检察院刑事诉讼规则》进行了全面修订。在修订过程中，最高人民检察院对人民检察院刑事诉讼法律文书格式样本同步开展了修改完善工作，并于 2020 年发布了《人民检察院刑事诉讼法律文书格式样本（2020 版）》。修订后的刑事诉讼法律文书共 333 份，结合人民检察院办理刑事诉讼案件流程，分为立案、回避、辩护与代理、证据、强制措施、侦查、公诉、执行监督、特别程序、申诉、通用和其他文书几个部分。

二、文书制作要求

任务二　制作起诉书

一、起诉书的概念

起诉书，是指人民检察院对于公安机关侦查终结、移送审查起诉的刑事案件或由本院自行侦查终结的刑事案件，经审查，认为犯罪嫌疑人的犯罪事实清楚，证据确实、充分，应当追究刑事责任的，依照法定的诉讼程序代表国家向人民法院对犯罪嫌疑人提起公诉的文书。对于审查起诉的对象，审查阶段称"犯罪嫌疑人"，起诉阶段称"被告人"。

二、起诉书的格式

起诉书格式（样本）一：自然人犯罪案件普通程序适用。

××××人民检察院
起诉书

××检××刑诉〔××××〕×号

被告人……（写明姓名、性别、出生年月日、公民身份号码、民族、文化程度、职业或者工作单位及职务、是否系人大代表或政协委员、户籍地、住址、曾受到刑事处罚以及与本案定罪量刑相关的行政处罚的情况和因本案采取强制措施的情况等）

本案由（监察/侦查机关）调查/侦查终结，以被告人×××涉嫌×××罪，于（受理日期）向本院移送起诉。本院受理后，于××××年××月××日已告知被告人有权委托辩护人，××××年××月××日已告知被害人及其法定代理人（近亲属）、附带民事诉讼的当事人及其法定代理人有权委托诉讼代理人，依法讯问了被告人，听取了辩护人、被害人及其诉讼代理人的意见，审查了全部案件材料。本院于（一次退查日期、二次退查日期）退回侦查机关补充侦查，侦查机关于（一次重报日期、二次重报日期）补充侦查完毕移送起诉。本院于（一次延长日期、二次延长日期、三次延长日期）延长审查起诉期限15日。

经依法审查查明：

……（写明经检察机关审查认定的犯罪事实包括犯罪时间、地点、经过、手段、目的、动机、危害后果等与定罪、量刑有关的事实要素。应当根据具体案件情况，围绕刑法规定的该罪的构成要件叙写。）

认定上述事实的证据如下：

1. 物证：……；2. 书证：……；3. 证人证言：证人×××的证言；4. 被害人陈述：被害人×××的陈述；5. 被告人供述和辩解：被告人×××的供述和辩解；6. 鉴定意见：……；7. 勘验、检查、辨认、侦查实验等笔录：……；8. 视听资料、电子数据：……。

本院认为，被告人……（概述被告人行为的性质、危害程度、情节轻重），其行为触犯了《中华人民共和国刑法》第××条（引用罪状、法定刑条款），犯罪事实清楚，证据确实、充分，应当以××罪追究其刑事责任。根据《中华人民共和国刑事诉讼法》第一百七十六条的规定，提起公诉，请依法判处。

此致

××××人民法院

检　察　官　×××

检察官助理　×××

××××年×月×日

（院印）

附：1. 被告人现在处所：具体包括在押被告人的羁押场所或监视居住、取保候审的处所

2. 案卷材料和证据××册

3. 证人、鉴定人、需要出庭的有专门知识的人的名单，需要保护的被害人、证人、鉴定人的名单

4. 有关涉案款物情况

5. 被害人（单位）附带民事诉讼情况

6. 其他需要附注的事项

起诉书格式（样本）二：自然人犯罪案件认罪认罚适用。

××××人民检察院
起诉书

××检××刑诉〔20××〕×号

被告人……（写明姓名、性别、出生年月日、公民身份号码、民族、文化程度、职业或者工作单位及职务、是否系人大代表或政协委员、户籍地、住址、曾受到刑事处罚以及与本案定罪量刑相关的行政处罚的情况和因本案采取强制措施的情况等）

本案由（监察/侦查机关）调查/侦查终结，以被告人×××涉嫌×××罪，于（受理日期）向本院移送起诉。本院受理后，于××××年××月××日已告知被告人有权委托辩护人和认罪认罚可能导致的法律后果，××××年××月××日已告知被害人及其法定代理人（近亲属）、附带民事诉讼的当事人及其法定代理人有权委托诉讼代理人，依法讯问了被告人，听取了被告人及其辩护人（值班律师）、被害人及其诉讼代理人的意见，审查了全部案件材料……（写明退回补充调查/侦查、延长审查起诉期限等情况）。被告人同意本案适用速裁/简易/普通程序审理。

经依法审查查明：

……（写明经检察机关审查认定的犯罪事实包括犯罪时间、地点、经过、手段、目的、动机、危害后果，以及被告人到案后自愿如实供述自己的罪行，与被害人达成和解协议或者赔偿被害人损失，取得被害人谅解等与定罪、量刑有关的事实要素。应当根据具体案件情况，围绕刑法规定的该罪的构成要件叙写）

（对于只有一个犯罪嫌疑人的案件，犯罪嫌疑人实施多次犯罪的，犯罪事实应逐一列举；同时触犯数个罪名的犯罪嫌疑人的犯罪事实应该按照主次顺序分类列举。对于共同犯罪的案件，写明犯罪嫌疑人的共同犯罪事实及各自在共同犯罪中的地位和作用后，按照犯罪嫌疑人的主次顺序，分别叙明各个犯罪嫌疑人的单独犯罪事实）

认定上述事实的证据如下：

……（针对上述犯罪事实，列举证据，包括犯罪事实证据和量刑情节证据）

上述证据收集程序合法，内容客观真实，足以认定指控事实。被告人×××对指控的犯罪事实和证据没有异议，并自愿认罪认罚。

本院认为，被告人……（概述被告人行为的性质、危害程度、情节轻重），其行为触犯了《中华人民共和国刑法》第××条（引用罪状、法定刑条款），犯罪事实清楚，证据确实、充分，应当以××罪追究其刑事责任。被告人××认罪认罚，依据《中华人民共和国刑事诉讼法》第十五条的规定，可以从宽处理。……（阐述认定的法定、酌定量刑情节，并引用相关法律条款），建议判处被告人×××……（阐述具体量刑建议，包括主刑、附加刑的刑种、刑期，以及刑罚执行方式；建议判处财产刑的，写明确定的数额。也可以单独附量刑建议书，量刑建议不在起诉书中表述）。根据《中华人民共和国刑事诉讼法》第一百七十六条的规定，提起公诉，请依法判处。

此致

××××人民法院

检　察　官　×××

检察官助理　×××

××××年×月×日

（院印）

附：1. 被告人现在处所：具体包括在押被告人的羁押场所或监视居住、取保候审
　　　 的处所

2. 案卷材料和证据××册

3.《认罪认罚具结书》一份

4.《量刑建议书》一份（单独制作量刑建议书时移送）

5. 有关涉案款物情况

6. 被害人（单位）附带民事诉讼情况

7. 其他需要附注的事项

起诉书格式（样本）三：单位犯罪案件普通程序适用。

××××人民检察院
起诉书

××检××刑诉〔××××〕×号

被告单位……（写明单位名称、组织机构代码、住所地、法定代表人姓名、职务等）

诉讼代表人……（写明姓名、性别、出生日期、工作单位、职务）

被告人……（写明直接负责的主管人员、其他直接责任人员的姓名、性别、出生年月日、公民身份号码、民族、文化程度、职业或者工作单位及职务、户籍地、住址、曾受到刑事处罚以及与本案定罪量刑相关的行政处罚的情况和因本案采取强制措施的情况等）

本案由××××调查/侦查终结，以被告单位×××涉嫌××罪、被告人×××涉嫌××罪，于××××年××月××日向本院移送起诉。本院受理后，于××××年××月××日已告知被告单位和被告人有权委托辩护人，××××年××月××日已告知被害人及其法定代理人（近亲属）（被害单位及其诉讼代表人）、附带民事诉讼的当事人及其法定代理人有权委托诉讼代理人，依法讯问了被告人，听取了被告单位的辩护人、被告人的辩护人、被害人及其诉讼代理人的意见，审查了全部案件材料。……（写明退回补充侦查、延长审查起诉期限等情况）。

经依法审查查明：

……（写明经检察机关审查认定的犯罪事实包括犯罪时间、地点、经过、手段、

目的、动机、危害后果等与定罪、量刑有关的事实要素。应当根据具体案件情况，围绕刑法规定的该罪的构成要件叙写。）

认定上述事实的证据如下：

1. 物证：……；2. 书证：……；3. 证人证言：证人×××、×××的证言；4. 被害人陈述：被害人×××的陈述；5. 被告人供述和辩解：被告人×××（如多个被告人，则分别提取各被告人的姓名自动生成）的供述与辩解；6. 鉴定意见：……；7. 勘验、检查、辨认、侦查实验等笔录：现场勘验笔录，×××的辨认笔录等；8. 视听资料、电子数据：……

本院认为，……（分别概述被告单位、被告人行为的性质、危害程度、情节轻重），其行为触犯了《中华人民共和国刑法》第××条，犯罪事实清楚，证据确实、充分，应当以××罪追究其刑事责任。根据《中华人民共和国刑事诉讼法》第一百七十六条的规定，提起公诉，请依法判处。

此致
××××人民法院

检　察　官　×××

检察官助理　×××

××××年×月×日

（院印）

附：1. 被告人现在处所：具体包括在押被告人的羁押场所或监视居住、取保候审的处所

2. 案卷材料和证据

3. 证人、鉴定人、需要出庭的有专门知识的人的名单，需要保护的被害人、证人、鉴定人的名单

4. 有关涉案款物情况

5. 被害人（单位）附带民事诉讼情况

6. 其他需要附注的事项

起诉书格式（样本）四：单位犯罪案件认罪认罚适用。

××××人民检察院
起诉书

××检××刑诉〔××××〕×号

被告单位……（写明单位名称、组织机构代码、住所地、法定代表人姓名、职务等）

诉讼代表人……（写明姓名、性别、出生日期、工作单位、职务）

被告人……（写明直接负责的主管人员、其他直接责任人员的姓名、性别、出生

年月日、公民身份号码、民族、文化程度、职业或者工作单位及职务、户籍地、住址、曾受到刑事处罚以及与本案定罪量刑相关的行政处罚的情况和因本案采取强制措施的情况等）

本案由××××调查/侦查终结，以被告单位×××涉嫌××罪、被告人×××涉嫌××罪，于××××年××月××日向本院移送起诉。本院受理后，于××××年××月××日已告知被告单位和被告人有权委托辩护人和认罪认罚可能导致的法律后果，××××年××月××日已告知被害人及其法定代理人（近亲属）（被害单位及其诉讼代表人）、附带民事诉讼的当事人及其法定代理人有权委托诉讼代理人，依法讯问了被告人，听取了被告单位的辩护人（值班律师）、被告人的辩护人（值班律师）、被害人及其诉讼代理人的意见，审查了全部案件材料。……（写明退回补充侦查、延长审查起诉期限等情况）。被告单位、被告人同意本案适用速裁/简易/普通程序审理。

经依法审查查明：

……（写明经检察机关审查认定的犯罪事实包括犯罪时间、地点、经过、手段、目的、动机、危害后果，以及被告人到案后自愿如实供述自己的罪行，与被害人达成和解协议或者赔偿被害人损失，取得被害人谅解等与定罪、量刑有关的事实要素。应当根据具体案件情况，围绕刑法规定的该罪的构成要件叙写。）

认定上述事实的证据如下：

……（针对上述犯罪事实，列举证据，包括犯罪事实证据和量刑情节证据）

上述证据收集程序合法，内容客观真实，足以认定指控事实。被告人×××对指控的犯罪事实和证据没有异议，并自愿认罪认罚。

本院认为，……（分别概述被告单位、被告人行为的性质、危害程度、情节轻重），其行为触犯了《中华人民共和国刑法》第××条（引用罪状、法定刑条款），犯罪事实清楚，证据确实、充分，应当以××罪追究其刑事责任。被告单位×××、被告人×××认罪认罚，依据《中华人民共和国刑事诉讼法》第十五条的规定，可以从宽处理。……（阐述认定的法定、酌定量刑情节，并引用相关法律条款），建议判处被告单位、被告人……（阐述具体量刑建议）。根据《中华人民共和国刑事诉讼法》第一百七十六条的规定，提起公诉，请依法判处。

此致

××××人民法院

检　察　官　×××

检察官助理　×××

××××年×月×日

（院印）

附：1. 被告人现在处所，具体包括在押被告人的羁押场所或监视居住、取保候审的处所

2. 案卷材料和证据××册××页

3. 有关涉案款物情况

4. 被害人（单位）附带民事诉讼情况

5. 《认罪认罚具结书》一份

6. 其他需要附注的事项

起诉书格式（样本）五：附带民事诉讼案件适用。

××××人民检察院
刑事附带民事起诉书

××检××刑附民诉〔××××〕×号

被告人……（写明姓名、性别、出生日期、民族、文化程度、职业、工作单位及职务、户籍地、住址、是否刑事案件被告人等）

（对于被告单位，写明单位名称、住所地、是否刑事案件被告单位、法定代表人姓名、职务等）

被害单位……（写明单位名称、所有制性质、住所地、法定代表人姓名、职务等）

诉讼请求：

……（写明具体的诉讼请求）

事实证据和理由：

……（写明检察机关审查认定的导致国家、集体财产损失的犯罪事实及有关证据）

本院认为，……（概述被告人应承担民事责任的理由），根据……（引用被告人应承担民事责任的法律条款）的规定，应承担赔偿责任。因被告人×××的上述行为构成××罪，依法应当追究刑事责任，本院已于×年×月×日以××号起诉书向你院提起公诉。现根据《中华人民共和国刑事诉讼法》第一百零一条第二款的规定，提起附带民事诉讼，请依法裁判。

此致

××××人民法院

检察官　×××

检察官助理　×××

××××年×月×日

（院印）

附：1. 刑事附带民事起诉书副本一式×份

2. 其他需要附注的事项

三、范例

××市人民检察院
起诉书[1]

××检公诉刑诉〔2020〕18 号

被告人张××，女，1986 年××月××日出生，公民身份号码 1302061986××××××××，初中文化程度，案发前系中国××有限公司××职工，出生地河北省，户籍所在地河北省唐山市开平区××镇××村××楼××号，现住该地址。因涉嫌故意伤害罪，于 2019 年 12 月 28 日被××铁路公安局××公安处刑事拘留，2020 年 1 月 10 日经××铁路运输检察院批准，于同日被××铁路公安局××公安处逮捕。

本案由××铁路公安局××公安处侦查终结，以被告人张××涉嫌故意杀人罪，于 2020 年 3 月 9 日向××铁路运输检察院移送审查起诉。××铁路运输检察院于同年 4 月 9 日报送本院审查起诉。本院受理后，于 2020 年 4 月 9 日已告知被告人有权委托辩护人，于 2020 年 4 月 10 日已告知被害人近亲属有权委托诉讼代理人，依法讯问了被告人，听取了辩护人、被害人近亲属的意见，审查了全部案件材料。其间，因部分事实不清、证据不足退回侦查机关补充侦查一次（自 2020 年 5 月 22 日至 2020 年 6 月 22 日）；因案情重大、复杂延长审查起诉期限两次（自 2020 年 5 月 10 日至 2020 年 5 月 22 日、自 2020 年 7 月 23 日至 2020 年 8 月 6 日）。

经依法审查查明：

2019 年 12 月 27 日 15 时许，被告人张××在河北省唐山市××营业部××货运网点内，与被害人李××（男，殁年 41 岁）因故发生争执。在李××离开货运网点办公区域后，张××驾驶白色奥迪 A3 汽车撞击李××，将李××撞倒于××货运网点站台之下，致使李××因抢救无效于当日死亡。经鉴定，李××系被具有较大作用面的物体以暴力作用致胸部严重损伤引起呼吸、循环衰竭死亡。

被告人张××于案发当日被抓获，汽车等涉案物品已被依法扣押。

认定上述事实的证据如下：

1. 物证：白色奥迪 A3 汽车、小树的照片；2. 书证：户籍证明信、唐山市急救中心××医院分站医师出诊记录、唐山市××医院急诊诊断证明书、居民死亡医学证明（推断）书等；3. 证人证言：韩××、刘某甲、赵××、李××、刘某乙、刘某丙、吴××等 20 人的证言；4. 被告人供述和辩解：张××的供述和辩解；5. 鉴定意见：××铁路公安局××公安处物证鉴定所法医学尸体检验鉴定书、唐山××司法鉴定所司法鉴定意见书；6. 勘验、

---

〔1〕 改编自 12309 中国检察网，载 https://www.12309.gov.cn/12309/gj/bj/bjdsfy/zjxflws/202207/t20220728_11884564.shtml，最后访问日期：2023 年 6 月 3 日。

辨认笔录：现场勘验笔录、王××等人的辨认笔录；7. 视听资料：××货运网点监控视频、现场指认录像；8. 其他证明材料：到案经过、情况说明等。

本院认为，被告人张××故意驾驶汽车撞击他人，致他人死亡，其行为触犯了《中华人民共和国刑法》第二百三十二条，犯罪事实清楚，证据确实、充分，应当以故意杀人罪追究其刑事责任。根据《中华人民共和国刑事诉讼法》第一百七十六条的规定，提起公诉，请依法判处。

此致
××市中级人民法院

检 察 员 ××

检察官助理 ××

2020 年 8 月 6 日

附：1. 被告人张××现羁押于××市公安局监所管理总队女子看守所

　　2. 案卷材料和证据 4 册

　　3. 证人（鉴定人）名单 1 份

　　4. 涉案物品随案移送

四、制作要求及注意事项

任务三 制作不起诉决定书

一、不起诉决定书的概念

不起诉决定书，是指人民检察院在审查完移送起诉的案件后，发现被告人没有犯罪事实，或犯罪情节轻微应免予追究刑事责任，或因证据不足、不符合起诉条件，或符合《中华人民共和国刑事诉讼法》第 16 条规定的不起诉情形之一，作出不起诉决定时制作和使用的决定性法律文书。

依据制作不起诉决定书的事由不同，可以将不起诉决定书分为以下几类：

1. 法定不起诉。《中华人民共和国刑事诉讼法》第 177 条第 1 款规定："犯罪嫌疑人没有犯罪事实，或者有本法第十六条规定的情形之一的，人民检察院应当作出不起诉决定。"第 16 条规定："有下列情形之一的，不追究刑事责任，已经追究的，应当撤销案件，或者不起诉，或者终止审理，或者宣告无罪：（一）情节显著轻微、危害不大，不认为是犯罪的；（二）犯罪已过追诉时效期限的；（三）经特赦令免除刑罚的；（四）依照刑法告诉才处理的犯罪，没有告诉或者撤回告诉的；（五）犯罪嫌疑人、被告人死亡的；（六）其他法律规定免予追究刑事责任的。"

2. 存疑不起诉。《中华人民共和国刑事诉讼法》第 175 条第 4 款规定："对于二次补充侦查的案件，人民检察院仍然认为证据不足，不符合起诉条件的，应当作出不起诉的决定。"

3. 相对不起诉。《中华人民共和国刑事诉讼法》第 177 条第 2 款规定："对于犯罪情节轻微，依照刑法规定不需要判处刑罚或者免除刑罚的，人民检察院可以作出不起诉决定。"

此外，《中华人民共和国刑事诉讼法》第 182 条第 1 款规定："犯罪嫌疑人自愿如实供述涉嫌犯罪的事实，有重大立功或者案件涉及国家重大利益的，经最高人民检察院核准，公安机关可以撤销案件，人民检察院可以作出不起诉决定，也可以对涉嫌数罪中的一项或者多项不起诉。"《中华人民共和国刑事诉讼法》第 282 条第 1 款规定："对于未成年人涉嫌刑法分则第四章、第五章、第六章规定的犯罪，可能判处一年有期徒刑以下刑罚，符合起诉条件，但有悔罪表现的，人民检察院可以作出附条件不起诉的决定……"

二、不起诉决定书的格式

不起诉决定书格式（法定不起诉样本）根据《中华人民共和国刑事诉讼法》第 177 条第 1 款规定决定不起诉时适用。

××××人民检察院
不起诉决定书

××检××刑不诉〔××××〕×号

被不起诉人……［写明姓名、性别、出生年月日、公民身份号码、民族、文化程度、职业或工作单位及职务（国家机关工作人员利用职权实施的犯罪，应当写明犯罪期间在何单位任何职）、户籍地、住址（被不起诉人住址写居住地，如果户籍所在地与暂住地不一致的，应当写明户籍所在地和暂住地），是否受过刑事处罚，采取强制措施的种类、时间、决定机关等。］

（如系被不起诉单位，则应写明名称、住所地等）

辩护人……（写姓名、单位）。

本案由×××（监察/侦查机关名称）调查/侦查终结，以被不起诉人×××涉嫌××罪，于×年×月×日向本院移送起诉。

（如果是自侦案件，此处写"被不起诉人×××涉嫌××一案，由本院侦查终结，于×

年×月×日移送起诉或不起诉"。如果案件是其他人民检察院移送的，此处应当将指定管辖、移送单位以及移送时间等写清楚。）

（如果案件曾经退回补充调查/侦查，应当写明退回补充调查/侦查的日期、次数以及再次移送起诉时间。）

经本院依法审查查明：

[如果是根据《中华人民共和国刑事诉讼法》第十六条第（一）项即监察/侦查机关移送起诉认为行为构成犯罪，经检察机关审查后认定行为情节显著轻微、危害不大，不认为是犯罪而决定不起诉的，则不起诉决定书应当先概述监察/侦查机关移送起诉意见书认定的犯罪事实（如果是检察机关的自侦案件，则这部分不写），然后叙写检察机关审查认定的事实及证据，重点反映显著轻微的情节和危害程度较小的结果。如果是行为已构成犯罪，本应当追究刑事责任，但审查过程中有《中华人民共和国刑事诉讼法》第十六条第（二）项至第（六）项法定不追究刑事责任的情形，因而决定不起诉的，应当重点叙明符合法定不追究刑事责任的事实和证据，充分反映出法律规定的内容。如果是根据《中华人民共和国刑事诉讼法》第一百七十七条第一款中的没有犯罪事实而决定不起诉的，应当重点叙明不存在犯罪事实或者犯罪事实并非被不起诉人所为。]

本院认为，×××（被不起诉人的姓名）的上述行为，情节显著轻微、危害不大，不构成犯罪。依照《中华人民共和国刑事诉讼法》第十六条第（一）项和第一百七十七条第一款的规定，决定对×××（被不起诉人的姓名）不起诉。

（如果是根据《中华人民共和国刑事诉讼法》第十六条第（二）项至第（六）项法定不追究刑事责任的情形而决定的不起诉，重点阐明不追究被不起诉人刑事责任的理由及法律依据，最后写不起诉的法律依据。如果是根据《中华人民共和国刑事诉讼法》第一百七十七条第一款中的没有犯罪事实而决定不起诉的，指出被不起诉人没有犯罪事实，再写不起诉的法律依据。）

查封、扣押、冻结的涉案款物的处理情况。

被害人如果不服本决定，可以自收到本决定书后七日以内向×××人民检察院申诉，请求提起公诉；也可以不经申诉，直接向×××人民法院提起自诉。

×××人民检察院

20××年×月×日

（院印）

不起诉决定书格式（存疑不起诉样本）根据《中华人民共和国刑事诉讼法》第175条第4款规定决定不起诉时适用。

××××人民检察院
不起诉决定书

××检××刑不诉〔××××〕×号

被不起诉人……［写明姓名、性别、出生年月日、公民身份号码、民族、文化程度、职业或工作单位及职务（国家机关工作人员利用职权实施的犯罪，应当写明犯罪期间在何单位任何职）、户籍地、住址（被不起诉人住址写居住地，如果户籍所在地与暂住地不一致的，应当写明户籍所在地和暂住地），是否受过刑事处罚，采取强制措施的种类、时间、决定机关等。］

（如系被不起诉单位，则应写明名称、住所地等）

辩护人……（写姓名、单位）。

本案由×××（监察/侦查机关名称）调查/侦查终结，以被不起诉人×××涉嫌××罪，于×年×月×日向本院移送起诉。

（如果是自侦案件，此处写"被不起诉人×××涉嫌××一案，由本院侦查终结，于×年×月×日移送起诉或不起诉"。如果案件是其他人民检察院移送的，此处应当将指定管辖、移送单位以及移送时间等写清楚。）

（如果案件曾经退回补充调查/侦查，应当写明退回补充调查/侦查的日期、次数以及再次移送起诉时间。）

×××（侦查机关名称）移送起诉认定……（概括叙述监察/侦查机关认定的事实），经本院审查并退回补充调查/侦查，本院仍然认为×××（监察/侦查机关名称）认定的犯罪事实不清、证据不足（或本案证据不足）（应当概括写明事实不清、证据不足的具体情况），不符合起诉条件。依照《中华人民共和国刑事诉讼法》第一百七十五条第四款的规定，决定对×××（被不起诉人的姓名）不起诉。

（如系检察机关直接受理案件，则写为：本案经本院侦查终结后，在审查起诉期间，经两次补充侦查，本院仍认为本案证据不足，不符合起诉条件。依照《中华人民共和国刑事诉讼法》第一百七十五条第四款的规定，决定对×××不起诉）

查封、扣押、冻结的涉案款物的处理情况。

被害人如果不服本决定，可以自收到本决定书后七日以内向×××人民检察院申诉，请求提起公诉；也可以不经申诉，直接向×××人民法院提起自诉。

×××人民检察院
20××年×月×日
（院印）

不起诉决定书格式（相对不起诉样本）根据《中华人民共和国刑事诉讼法》第177条第2款规定决定不起诉时适用。

××××人民检察院
不起诉决定书

××检××刑不诉〔20××〕×号

被不起诉人……［写明姓名、性别、出生年月日、公民身份号码、民族、文化程度、职业或工作单位及职务（国家机关工作人员利用职权实施的犯罪，应当写明犯罪期间在何单位任何职）、户籍地、住址（被不起诉人住址写居住地，如果户籍所在地与暂住地不一致的，应当写明户籍所在地和暂住地），是否受过刑事处罚，采取强制措施的种类、时间、决定机关等］

（如系被不起诉单位，则应写明名称、住所地等）

辩护人……（写姓名、单位）。

本案由×××（监察/侦查机关名称）调查/侦查终结，以被不起诉人×××涉嫌××罪，于×年×月×日向本院移送起诉。

（如果是自侦案件，此处写"被不起诉人×××涉嫌××一案，由本院侦查终结，于×年×月×日移送起诉或不起诉"。如果案件是其他人民检察院移送的，此处应当将指定管辖、移送单位以及移送时间等写清楚。）

（如果案件曾经退回补充调查/侦查，应当写明退回补充调查/侦查的日期、次数以及再次移送起诉时间。）

经本院依法审查查明：

……

（概括叙写案件事实，其重点内容是有关被不起诉人具有的法定情节和检察机关酌情作出不起诉决定的具体理由的事实。要将检察机关审查后认定的事实和证据写清楚，不必叙写调查/侦查机关移送审查时认定的事实和证据。对于证据不足的事实，不能写入不起诉决定书中。在事实部分中表述犯罪情节时应当以犯罪构成要件为标准，还要将体现其情节轻微的事实及符合不起诉条件的特征叙述清楚。叙述事实之后，应当将证明"犯罪情节"的各项证据一一列举，以阐明犯罪情节如何轻微。）

本院认为，×××实施了《中华人民共和国刑法》第××条规定的行为，但犯罪情节轻微，具有×××情节（此处写明认罪认罚、从轻、减轻或者免除刑事处罚具体情节的表现），根据《中华人民共和国刑法》第××条的规定，不需要判处刑罚（或者免除刑罚）。依据《中华人民共和国刑事诉讼法》第一百七十七条第二款的规定，决定对×××（被不起诉人的姓名）不起诉。

查封、扣押、冻结的涉案款物的处理情况。

被不起诉人如不服本决定，可以自收到本决定书后七日内向本院申诉。

被害人如果不服本决定，可以自收到本决定书后七日以内向×××人民检察院申诉，请求提起公诉；也可以不经申诉，直接向×××人民法院提起自诉。

××××人民检察院

20××年×月×日

（院印）

三、范例

××市××区人民检察院

不起诉决定书[1]

××检刑不诉〔2023〕4 号

被不起诉人蒲××，男，1993 年××月××日出生，公民身份号码 5105221993×××××××××，汉族，初中文化程度，案发前系中国中铁××公司××项目部××，户籍所在地四川省合江县××镇××街××号附××号。因涉嫌盗窃罪，于 2021 年 11 月 29 日被××市公安局××分局刑事拘留，同年 12 月 30 日被××市公安局××分局取保候审，2023 年 1 月 6 日被本院决定取保候审。

本案由××市公安局××分局侦查终结，以被不起诉人蒲××涉嫌盗窃罪，于 2023 年 1 月 4 日向本院移送审查起诉。

经本院依法审查查明：

2021 年 11 月 28 日 22 时许，被不起诉人蒲××伙同王××在本市××区丰台火车站主体大楼地下一层，窃取电缆 10 根。被盗电缆的进货价为人民币 2600 余元。

被不起诉人蒲××于案发当日被××市公安局××分局××派出所民警查获。被盗电缆已起获并发还被害单位。

认定上述事实的证据如下：

1. 书证：110 接报警单、接处警记录、电缆买卖合同、价目表等；2. 证人证言：证人王××、胡××、冯××、张××、罗××、徐××的证言；3. 被不起诉人的供述与辩解：被不起诉人蒲××的供述与辩解；4. 视听资料：出警视频；5. 勘验、检查、辨认等笔录：检查笔录；6. 其他证明材料：破案报告、到案经过、证据保全决定书、发还清单等。

本院认为，被不起诉人蒲××实施了《中华人民共和国刑法》第二百六十四条之规定的行为，但犯罪情节较轻，社会危害不大，自愿认罪认罚，被盗财物已起获并发还被害单位，根据《中华人民共和国刑法》第三十七条的规定，可以免除处罚。依据《中华人民共和国刑事诉讼法》第一百七十七条第二款的规定，决定对蒲××不起诉。

被不起诉人如不服本决定，可以自收到本决定书后七日内向本院申诉。

---

〔1〕　改编自 12309 中国检察网，载 https://www.12309.gov.cn/12309/gj/bj/bjsftq/zjxflws/202305/t20230511_12053231.shtml，最后访问日期：2023 年 5 月 17 日。

被害单位如不服本决定，可以自收到本决定书后七日内向北京市人民检察院第二分院申诉，请求提起公诉；也可以不经申诉，直接向北京市丰台区人民法院提起自诉。

××市××区人民检察院

2023 年 1 月 11 日

四、注意事项

任务四　制作刑事抗诉书

一、抗诉书的概念

抗诉书，是指人民检察院认为人民法院的刑事判决或裁定确有错误时制作的，按照法定程序向人民法院提出抗诉的司法文书。

按制作的法律依据不同，抗诉文书可分为两种：

1. 按照诉讼程序的规定制作的抗诉文书，通常称为第二审程序的抗诉书。《中华人民共和国刑事诉讼法》第 228 条规定："地方各级人民检察院认为本级人民法院第一审的判决、裁定确有错误的时候，应当向上一级人民法院提出抗诉。"

2. 按照审判监督程序的规定制作的抗诉书。《中华人民共和国刑事诉讼法》第 254 条第 3 款规定："最高人民检察院对各级人民法院已经发生法律效力的判决和裁定，上级人民检察院对下级人民法院已经发生法律效力的判决和裁定，如果发现确有错误，有权按照审判监督程序向同级人民法院提出抗诉。"

二、刑事抗诉书的格式

刑事抗诉书（二审程序适用）。

××××人民检察院

刑事抗诉书

（二审程序适用）

××检××诉刑抗［20××］×号

×××人民法院以××号刑事判决（裁定）书对被告人×××（姓名）××（案由）一案

判决（裁定）……（判决、裁定结果）。本院依法审查后认为（如果是被害人及其法定代理人不服地方各级人民法院第一审的判决而请求人民检察院提出抗诉的，应当写明这一程序，然后再写"本院依法审查后认为"），该判决（裁定）确有错误（包括认定事实有误、适用法律不当、审判程序严重违法），理由如下：

　　……（根据不同情况，理由从认定事实错误、适用法律不当和审判程序严重违法等几个方面阐述。）

　　综上所述……（概括上述理由），为维护司法公正，准确惩治犯罪，依照《中华人民共和国刑事诉讼法》第二百二十八条的规定，特提出抗诉，请依法判处。

　　此致
××××人民法院

××××人民检察院
20××年×月×日
（院印）

附：1. 被告人×××现羁押于×××（或者现住×××）
　　2. 其他有关材料

刑事抗诉书（审判监督程序适用）。

××××人民检察院
刑事抗诉书
（审判监督程序适用）

××检××审刑抗〔20××〕×号

　　原审被告人……（依次写明姓名、性别、出生年月日、民族、职业、单位及职务、住址、服刑情况。有数名被告人的，依犯罪事实情节由重至轻的顺序分别列出）

　　×××人民法院以×××号刑事判决书（裁定书）对被告人×××（姓名）×××（案由）一案判决（裁定）……（写明生效的一审判决、裁定或者一审及二审判决、裁定情况）。经依法审查（如果是被告人及其法定代理人不服地方各级人民法院的生效判决、裁定而请求人民检察院提出抗诉的，或者有关人民检察院提请抗诉的，应当写明这一程序，然后再写"经依法审查"），本案的事实如下：

　　……（概括叙述检察机关认定的事实、情节。应当根据具体案件事实、证据情况，围绕刑法规定该罪构成要件特别是争议问题，简明扼要地叙述案件事实、情节。一般应当具备时间、地点、动机、目的、关键行为情节、数额、危害结果、作案后表现等有关定罪量刑的事实、情节要素。一案有数罪、各罪有数次作案的，应当依由重至轻或者时间顺序叙述。）

本院认为，该判决（裁定）确有错误（包括认定事实有误、适用法律不当、审判程序严重违法），理由如下：

……（根据情况，理由可以从认定事实错误、适用法律不当和审判程序严重违法等几方面分别论述。）

综上所述……（概括上述理由），为维护司法公正。准确惩治犯罪，依照《中华人民共和国刑事诉讼法》第二百五十四条第三款的规定，对×××法院×××号刑事判决（裁定）书，提出抗诉，请依法判处。

此致
××××人民法院

××××人民检察院
20××年×月×日
（院印）

附：1. 被告人×××现服刑于×××（或者现住×××）
　　2. 其他有关材料

（二审程序适用的刑事抗诉书与审判监督程序适用的刑事抗诉书文书写作上的区别通过加粗及下划线显示。）

三、范例

刑事抗诉书（二审程序适用）。

××××区人民检察院
刑事抗诉书[1]

××检公诉刑抗〔2022〕××号

××××区人民法院以（2022）赣××××刑初××号刑事判决书对被告人蔡××容留他人吸毒、被告人胡×甲贩卖毒品一案判决被告人胡×甲犯贩卖毒品罪，判处有期徒刑二年，并处罚金人民币 8000 元。本院依法审查后认为，该判决确有错误，理由如下：

一、认定事实、证据错误

本院指控被告人胡×甲 2021 年 7 月 21 日向蔡某某贩卖毒品，有证人占××的证言、被告人蔡××的供述以及占××、蔡××、胡×甲的微信转账记录等证据予以证明。根据胡×甲的微信转账记录，胡×甲 2021 年 7 月 20 日向其上线胡×乙（已追捕，未到案）转账

---

〔1〕 改编自 12309 中国检察网，载 https://www.12309.gov.cn/12309/gj/jx/ncs/ncjjjskfq/zjxflws/202305/t20230504_12049448.shtml，最后访问日期：2023 年 5 月 26 日。

500 元购买毒品（胡×甲 2021 年 7 月 16 日向胡×乙转账 500 元、2021 年 8 月 1 日向胡×乙转账 700 元均为毒资）。根据占××的证言、被告人蔡××的供述和占××、蔡××的微信转账记录，2021 年 7 月 21 日在××××区××小区"××烧菜馆"，占××转账 500 元给蔡××购买毒品，蔡××用现金向胡×甲购买了 500 元钱的毒品，随后蔡××和占××一起到其办公室吸食了上述毒品。除被告人胡×甲本人拒不承认外，上述证据之间关于本次毒品交易的时间、地点、毒品、毒资及支付方式等均能相互印证，形成完整的证据锁链。一审法院以胡×甲本次贩卖毒品仅有被告人蔡某某的供述、证据不足为由不予认定，属于认定事实错误。另外，一审法院判决书中认定"被告人蔡××当庭供认 2021 年 11 月 17 日向胡×甲支付的现金 500 元并不是毒资，而是还胡×甲的钱"，此供述与 2021 年 7 月 21 日胡×甲向蔡××贩卖毒品的事实不具有关联性，不应作为不予认定此次贩卖毒品事实的证据，属于证据认定错误。

二、违反认罪认罚程序规定，适用法律错误

被告人胡×甲自侦查阶段至审查起诉阶段，仅供认 2021 年 7 月 16 日、2021 年 8 月 1 日二次向蔡××贩卖毒品的犯罪事实，对 2021 年 7 月 21 日向蔡××贩卖毒品的犯罪事实一直未如实供述，且其在审查起诉阶段未做认罪认罚。一审法院违反《中华人民共和国刑事诉讼法》第二百零一条关于认罪认罚程序的规定，认定胡×甲在审查起诉阶段自愿认罪认罚，属于适用法律错误，导致对胡×甲的量刑从宽幅度不当提高。

三、量刑畸轻

被告人胡×甲三次向他人贩卖毒品，根据《中华人民共和国刑法》第三百四十七条第一款、第四款的规定，属于"情节严重"情形，其法定刑在三年以上七年以下。本案中胡×甲不具有法定减轻处罚情节，在审查起诉阶段未做认罪认罚，且有二次犯罪前科和一次吸毒违法劣迹，构成一般累犯和毒品再犯，预测刑期为有期徒刑三年八个月，法院对其判处有期徒刑二年的刑罚，属于量刑畸轻。

综上所述，本院认为一审判决认定事实、证据错误，违反认罪认罚程序规定，适用法律错误，导致量刑畸轻。为维护司法公正，准确惩治犯罪，依照《中华人民共和国刑事诉讼法》第二百二十八条的规定，特提出抗诉，请依法判处。

此致

××市中级人民法院

××××人民检察院

2022 年 6 月 23 日

（院印）

四、注意事项

实训任务清单

实训任务 1：根据案情制作起诉书（被告人为黄××）。[1]

案情：2003 年 7 月 27 日凌晨 12 时许，被害人雷××在××市××区××街道××村××酒后在××中心卡拉 OK 厅追逐女孩子，引起在××中心看场的被告人黄××不满，与被害人雷××发生争执，并挥拳殴打被害人雷××。同案犯钟××以及吴××、陈××（均另案处理）见状，即上前围殴被害人雷××。被告人黄××以及吴××、陈××对被害人雷××拳打脚踢，钟××持木棍对被害人雷××殴打。之后，四人逃离现场。被害人雷××经抢救无效死亡。经法医鉴定：死者雷××系因被他人用钝器打击头颈部致重度闭合性颅脑损伤死亡。被告人黄××一直逃亡，2016 年因犯贩卖毒品罪被××市××区人民法院判处有期徒刑一年八个月，其故意伤害行为期间未被发现。一直到 2020 年 6 月 5 日，才因涉嫌 2003 年的故意伤害罪，而被××市公安局××分局刑事拘留；同年 7 月 8 日经××市人民检察院批准，于同日被执行逮捕。现押于××市××看守所。

认定犯罪事实的证据如下：

1. 书证：受案登记表、立案报告表、抓获经过、被告人身份证明材料、被害人身份证明材料、刑事判决书、情况说明；2. 证人证言：证人钟××、陈××等 12 名证人的证言；3. 被告人供述和辩解：被告人黄小兵的供述和辩解；4. 鉴定意见：法医学尸体检验鉴定书；5. 勘验、检查、辨认、侦查实验等笔录：现场勘查笔录。

被告人黄××，男，1980 年××月××日出生，公民身份号码 4452241980××××××××，汉族，小学文化程度，务工，户籍所在地广东省揭阳市惠来县××镇××区××巷××号，暂住××市××区××街道××街××号××房。

本案由××市公安局××分局侦查终结，以被告人黄××涉嫌故意伤害案，于 2020 年 8 月 28 日向检察院移送起诉。××市人民检察院于 2020 年 8 月 31 日已告知被告人有权委托辩护人和认罪认罚可能导致的法律后果，2020 年 8 月 28 日已告知被害人近亲属有权委托诉讼代理人。

被告人对指控的犯罪事实和证据没有异议，并自愿认罪认罚。

---

〔1〕 改编自 12309 中国检察网，载 https://www.12309.gov.cn/12309/gj/gd/szs/zjxflws/202209/t20220929_11932919.shtml，最后访问日期：2023 年 6 月 3 日。

×××人民检察院
起诉书

检刑诉〔　　〕　　号

_____

_____

_____

_____

_____

_____

_____

实训任务 2：根据案情制作不起诉决定书。[1]

2022 年 4 月 30 日，被不起诉人梁××饮酒后驾驶粤 QG××××号小型轿车沿××市××区安宁路由东往西方向行驶，于当天 3 时 16 分许行驶至安宁路与石湾路交叉路口。停车等候交通信号灯时，梁××将车停在安宁路机动车道上在车上睡着了，后被执勤民警查获。经使用呼气式酒精检测仪对梁××进行检测，测试结果为 128mg/100mL，民警遂抽取梁××的血液送广东省××市公安司法鉴定中心检验，2022 年 5 月 6 日，经广东省××市公安司法鉴定中心检验，梁××血液中的乙醇含量为 130.6mg/100mL，梁××涉嫌危险驾驶罪。

2022 年 5 月 7 日，被不起诉人梁××接办案民警电话通知自行到公安机关接受处理。

认定上述犯罪事实的证据有：受案登记表、立案决定书、现场照片、到案经过、鉴定意见、被不起诉人供述与辩解等。

被不起诉人梁××，男，1983 年××月××日出生，公民身份号码：4417021983××××××××，汉族，大专文化，群众，现在××日用品有限公司工作，户籍所在地：广东省××市××区××巷××号之一，现住址：广东省××市××区××路××巷××号。因本案于 2022 年 5 月 7 日被取保候审。本案由××市公安局侦查终结，以被不起诉人梁××涉嫌危险驾驶罪，于 2022 年 6 月 9 日向××市××区人民检察院移送起诉。

被不起诉人梁××犯罪情节轻微，具有自首、认罪认罚的情节。

_____

〔1〕　改编自 12309 中国检察网，载 https://www.12309.gov.cn/12309/gj/gd/yjs/yjsjcq/zjxflws/202304/t20230411_12033234.shtml，最后访问日期：2023 年 6 月 3 日。

×××人民检察院
不起诉决定书

检刑不诉〔　　　〕　　号

_____

_____

_____

_____

_____

_____

_____

实训任务3：根据案情制作抗诉书。[1]

××县人民法院以（2022）赣××××刑初××号刑事判决书对被告人宁××涉嫌贩卖毒品一案判决被告人犯贩卖毒品罪，判处有期徒刑十五年并处罚金十万元。检察院依法审查后认为，该判决认定罪名准确，但对被告人宁××附加刑判处罚金十万元，属于适用刑种错误。

根据《中华人民共和国刑法》第三百四十七条第二款的规定，走私、贩卖、运输、制造毒品，有下列情形之一的，处十五年有期徒刑、无期徒刑或者死刑，并处没收财产。

被告人宁××现羁押于××县看守所。

刑事抗诉书××份。

×××人民检察院
刑事抗诉书

检公诉刑抗〔　　　〕　　号

_____

_____

_____

_____

_____

_____

_____

_____

---

[1]　改编自12309中国检察网，载 https://www.12309.gov.cn/12309/gj/jx/ycs/wzx/zjxflws/202209/t20220929_11933308.shtml，最后访问日期：2023年6月3日。

☞ ［参考答案］

☞ ［你我身边的法律人］

—— 单 元 四 ——

人民法院裁判文书

📝 **知识结构图**

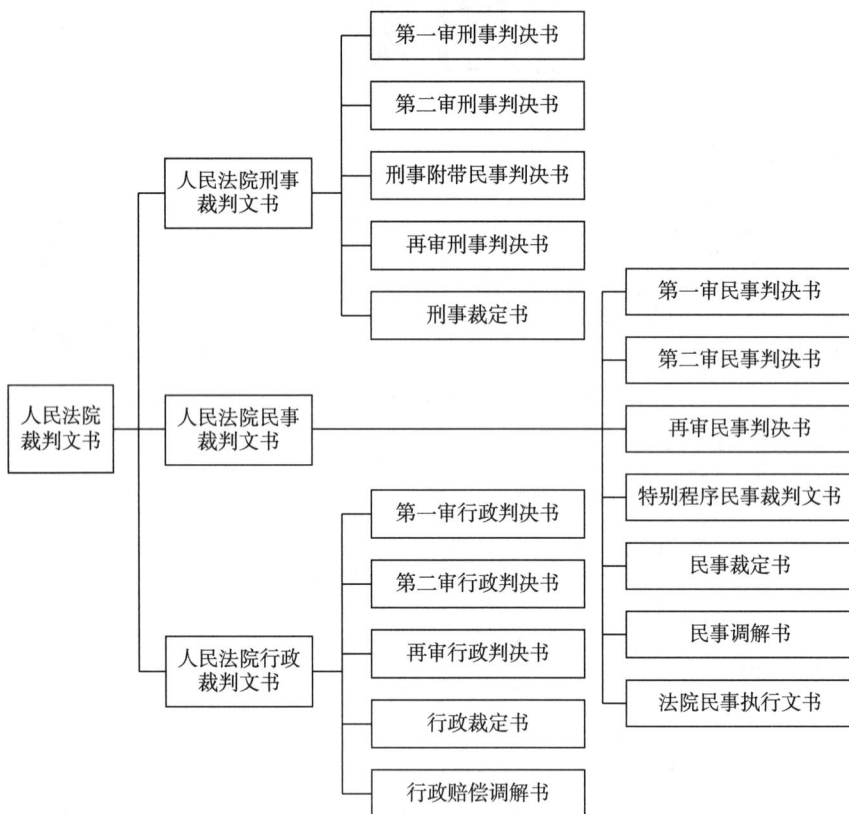

✦ **学习目标**

知识目标：认识人民法院刑事、民事、行政裁判文书。

能力目标：学会制作第一审刑事判决书、第二审刑事判决书、刑事附带民事判决书、再审刑事判决书、刑事裁定书、第一审民事判决书、民事裁定书、民事调解书、执行裁定书、第二审行政判决书。

人民法院裁判文书主要是指人民法院在办理案件过程中依法制作和使用的具有法律效力的文书，主要分为刑事审判法律文书、民事审判法律文书和行政审判法律文书三大类。法院裁判文书的改革作为人民法院司法改革的重要组成部分之一，近年来，随着各类实体法律及诉讼程序法律的删改、废止、修订颁布及实施，裁判文书的制作也适时进行改革。为进一步规范和统一法院裁判文书的制作标准，最高人民法院先后印发了《法院刑事诉讼文书样式》（样本）（1999 年）、《行政诉讼文书样式（试行）》（2015 年）、《民事诉讼文书样式》（2016 年）、《公益诉讼文书样式（试行）》（2020 年）、《最高人民法院关于印发人民法院特赦案件法律文书样式的通知》（2019 年）、《民事诉讼程序繁简分流改革试点相关诉讼文书样式》（2020 年）等，这些制作规范或样式文本的制定更有利于提升法官及其他审判人员裁判文书的制作能力，提高诉讼文书写作质效，对减少诉讼文书制作瑕疵和疏漏发挥重要作用。

☞ ［**法院裁判文书制作及印制规范**］

项目一　人民法院刑事裁判文书

任务一　认识人民法院刑事裁判文书

一、刑事裁判文书的概念

刑事裁判文书，是指人民法院依照《中华人民共和国刑事诉讼法》规定的程序，在刑事案件的审理过程中就案件的实体问题和程序问题依法制作的具有法律效力的文书。刑事裁判文书，是刑事诉讼文书的主要组成部分。

刑事裁判文书适用于人民法院受理的刑事案件，包括公诉案件、刑事自诉案件和刑事附带民事案件。它既是人民法院行使审判权、适用刑事法律、保护人民、惩罚犯罪的有力武器，又是宣传法制、教育公民遵守法律的生动教材。制作刑事裁判文书是人民法院刑事审判工作的重要组成部分，也是刑事审判人员的一项重要任务。

二、刑事裁判文书的种类

人民法院的刑事裁判文书，主要指刑事判决书和裁定书。

1. 刑事判决书。按照内容的不同可分为有罪判决书和无罪判决书，而有罪判决书又可分为科刑的刑事判决书和免刑的刑事判决书。按照审判程序的不同，刑事判决书还可分为第一审刑事判决书（包括适用简易程序的刑事判决书）、第二审刑事判决书、再审刑事判决书和刑事附带民事判决书。

2. 刑事裁定书。按照审判程序不同，可分为第一审刑事裁定书、第二审刑事裁定书、再审刑事裁定书。按照内容的不同，可分为死刑复核刑事裁定书、核准法定刑以下判处刑罚的刑事裁定书、减刑假释裁定书、减免罚金裁定书和中止、终止审理裁定书等。

任务二　制作第一审刑事判决书

一、第一审刑事判决书的概念

判决是人民法院代表国家行使审判权，依法对审理终结的案件所作出的处理决定，而判决书是这个决定的书面表现形式。

第一审刑事判决书，是指人民法院依照《中华人民共和国刑事诉讼法》规定的第一审程序，对审理终结的刑事案件，根据已经查明的事实、证据和有关法律规定，确认被告人是否构成犯罪，构成何种罪，适用何种刑罚、免除刑罚或者宣告无罪等实体问题作出判决时所制作的法律文书。

第一审刑事判决书是第一审人民法院行使审判权的具体体现，其制作意味着第一审审判程序的终结。按照《中华人民共和国刑事诉讼法》规定的第一审程序，人民法院对第一审刑事案件进行审理后，所制作的第一审刑事判决书可分为：第一审公诉案件刑事判决书；第一审公诉案件刑事附带民事诉讼判决书；第一审自诉刑事案件判决书；第一审自诉案件刑事附带民事诉讼判决书；第一审自诉、反诉并案审理刑事判决书；第一审自诉、反诉并案审理刑事附带民事诉讼判决书；对严重扰乱法庭秩序和拒不执行判决、裁定的人的刑事判决书。

《中华人民共和国刑事诉讼法》第200条规定："在被告人最后陈述后，审判长宣布休庭，合议庭进行评议，根据已经查明的事实、证据和有关的法律规定，分别作出以下判决：（一）案件事实清楚，证据确实、充分，依据法律认定被告人有罪的，应当作出有罪判决；（二）依据法律认定被告人无罪的，应当作出无罪判决；（三）证据不足，不能认定被告人有罪的，应当作出证据不足、指控的犯罪不能成立的无罪判决。"

按照上述法律规定，第一审刑事判决书适用于定罪处罚、定罪免刑和宣告无罪三种类型。

二、第一审刑事判决书的格式

×××人民法院
刑事判决书
（一审公诉案件普通程序用）

（××××）××刑初××号

公诉机关×××人民检察院。

被告人……（写明姓名、性别、出生年月日、民族、出生地、文化程度、职业或者工作单位和职务、住址和因本案所受强制措施情况等、现羁押处所，因涉嫌罪名，何年何月何日被取保候审）。

辩护人……（写明姓名、工作单位和职务）。

×××人民检察院以×检×诉〔××××〕××号起诉书指控被告人×××犯××罪，于××××年××月××日向本院提起公诉。本院依法组成合议庭，公开（或者不公开）开庭审理了本案。×××人民检察院指派检察员×××出庭支持公诉，被害人×××及其法定代理人×××、诉讼代理人×××，被告人×××及其法定代理人×××、辩护人×××，证人×××，鉴定人××××，翻译人员×××等到庭参加诉讼。现已审理终结。

×××人民检察院指控，……（概述人民检察院指控被告人犯罪的事实、证据和适用法律的意见）。

被告人×××辩称，……（概述被告人对指控的犯罪事实予以供述、辩解、自行辩护的意见和有关证据）。辩护人×××提出的辩护意见是……（概述辩护人的辩护意见和有关证据）。

经审理查明，……（首先写明经庭审查明的事实；其次写明经举证、质证定案的证据及其来源；最后对控辩双方有异议的事实、证据进行分析、认证）。

本院认为，……〔根据查证属实的事实、证据和有关法律规定，论证公诉机关指控的犯罪是否成立，被告人的行为是否构成犯罪，犯的什么罪（一案多人的还应分清各被告人的地位、作用和刑事责任），应否从轻、减轻、免除处罚或者从重处罚。对于控辩双方关于适用法律方面的意见，应当有分析地表示是否予以采纳，并阐明理由〕。依照……（写明判决的法律依据）的规定，判决如下：

……〔写明判决结果。分三种情况：

第一，定罪判刑的，表述为：

"一、被告人×××犯××罪，判处……（写明主刑、附加刑）。（刑期从判决执行之日起计算。判决执行以前先行羁押的，羁押一日折抵刑期一日，即自××××年××月××日起至××××年××月××日止）。

二、被告人×××……（写明决定追缴、退赔或者发还被害人、没收财物的名称、种类和数额）。"

第二，定罪免刑的，表述为：

"被告人×××犯××罪，免予刑事处罚（如有追缴、退赔或者没收财物的，续写第二项）。"

第三，宣告无罪的，无论是适用《中华人民共和国刑事诉讼法》第二百条第（二）项还是第（三）项，均应表述为："被告人×××无罪"。]

如不服本判决，可在接到判决书的第二日起十日内，通过本院或者直接向×××人民法院提出上诉。书面上诉的，应当提交上诉状正本一份，副本×份。

审　判　长　×××

审　判　员　×××

审　判　员　×××

××××年××月××日

（院印）

书　记　员　×××

三、范例[1]

××省××市××区人民法院
刑事判决书

（2022）××刑初××号

公诉机关××市××区人民检察院。

被告人翁××，女，1967 年 9 月 19 日出生，汉族，××省××市人，文化程度初中，户籍地××省××市。因本案于 2021 年 9 月 12 日被羁押，同日被刑事拘留，同年 10 月 18 日被逮捕。现被羁押于××市××区看守所。

指定辩护人区××，××××律师事务所律师。

××市××区人民检察院以××检刑诉〔2022〕89 号起诉书指控被告人翁××犯诈骗罪，于 2022 年 2 月 24 日向本院提起公诉，并建议本案适用简易程序审理。本院依法转为普通程序，组成合议庭，公开开庭审理了本案。××市××区人民检察院指派检察员朱××、李××出庭支持公诉，被告人翁××及其辩护人区××均到庭参加诉讼，现已审理终结。

经审理查明：

一、2007 年 12 月 7 日 16 时许，被告人翁××伙同同案人梁×、农×、韦×（均已判

---

〔1〕 改编自中国裁判文书网，载 https://wenshu.court.gov.cn/website/wenshu/181107ANFZ0BXSK4/index.html，最后访问日期：2023 年 6 月 6 日。

决）等人，在本市××区××镇××花园门口，以购买玉手镯可以消灾保平安的方式，骗得被害人陈×的人民币11元和中国邮政储蓄卡及密码，后持卡提取人民币7200元。

二、2007年12月13日11时许，被告人翁××伙同同案人梁×、农×、韦×到本市××区市场门口，以上述方法骗得被害人冯×的人民币500元和中国邮政储蓄存折及密码，后持该存折提取人民币26 050元。

三、2007年12月13日11时许，被告人翁××伙同同案人梁×、农×、韦×到本市××区，以上述方法骗得被害人李×的人民币500元和中国邮政储蓄存折、农村信用合作社存折各1本及密码，后持上述存折提取人民币共计87 280元。

另查明，诈骗金额已在同案人梁×、农×、韦×诈骗案中被追缴并已发还给被害人陈×、冯×、李×。

上述事实，有受理刑事案件登记表、指定管辖决定书、立案决定书、抓获经过、侦查报告、搜查证、搜查笔录、刑事案件现场指认笔录、翁××的户籍材料、情况说明、作案工具照片、涉案银行存折明细单复印件、涉案物价格鉴定结论书、同案人梁×、农×、韦×的刑事判决书、被害人陈×、冯×、李×的陈述及辨认笔录、同案人梁×、韦×、农×的供述及辨认笔录、被告人翁××的供述等证据予以证实，被告人翁××在开庭审理过程中亦无异议，足以认定。

案件审查起诉及庭审阶段，被告人翁××表示自愿认罪认罚，并签署认罪认罚具结书。

辩护人认为被告人翁××属于从犯，且到案后如实供述自己的罪行应从轻处罚。

本院认为，被告人翁××无视国家法律，以非法占有为目的，伙同同案人诈骗他人财物，数额巨大，其行为已构成诈骗罪，依法应予惩处。对于辩护人认为被告人翁××属于从犯的辩护意见，经查，根据被害人的陈述及同案人的供述，可以证实被告人翁××与同案人分工合作，相互配合，共同实施了本案的三宗诈骗犯罪。被告人翁××在共同犯罪中并非起次要或辅助作用，依法不应认定为从犯。惟被告人翁××如实供述自己的罪行，依法可以从轻处罚。辩护人据此请求对被告人从轻处罚的相关辩护意见有理，本院予以采纳。被告人翁××自愿认罪认罚，本院依法适用认罪认罚从宽制度，对公诉机关的精准量刑建议有期徒刑三年六个月予以采纳。依照《中华人民共和国刑法》第二百六十六条、第六十七条第三款、第六十四条及《最高人民法院、最高人民检察院关于办理诈骗刑事案件具体应用法律若干问题的解释》第一条之规定，判决如下：

被告人翁××犯诈骗罪，判处有期徒刑三年六个月（刑期从判决执行之日起计算；判决执行以前先行羁押的，羁押一日折抵刑期一日，即自2021年9月12日起至2025年3月11日止），并处罚金人民币三万元（罚金在本判决发生法律效力之次日内向本院一次性缴纳）。

如不服本判决，可在接到判决书的第二日起十日内，通过本院或者直接向××省××

市中级人民法院提出上诉。书面上诉的，应当提交上诉状正本一份、副本二份。

审　判　长　　陈　×

人民陪审员　　王××

人民陪审员　　任××

二〇二二年六月二十九日

（院印）

书　记　员　　伍××

四、制作要求及注意事项

任务三　制作第二审刑事判决书

一、第二审刑事判决书概念

第二审刑事判决书，是指第二审人民法院根据当事人或者人民检察院对第一审人民法院作出的尚未发生法律效力的判决所提出的上诉或者抗诉案件，针对实体问题，依照《中华人民共和国刑事诉讼法》规定的第二审程序作出判决时所制作的法律文书。至于按照第二审程序审理的刑事再审案件所制作的判决书，则不在此列。

☞ ［相关法律规定］

第二审人民法院对上诉、抗诉案件，应当就第一审判决认定事实是否清楚，适用法律是否正确，诉讼程序是否合法，进行全面审查，不受上诉或者抗诉范围的限制，并依法作出判决或者裁定。这样可以有效地纠正一审刑事判决所发生的错误，以期达到准确适用法律，惩罚犯罪，保护无辜的目的。第二审人民法院通过制作第二审刑事判决书，可以及时有效地纠正第一审刑事判决可能发生的轻罪重判、重罪轻判，或者将无罪定为有罪、将有罪定为无罪等错误，从而有利于准确地惩罚犯罪分子，保证人民法院正确行使审判权，有效地保护被告人的合法权益，使无罪的人不受刑事处罚，轻罪的人不受重罚，有利于上级人民法院对下级人民法院的刑事审判工作进行有效的监督和指导，进一步提高办案质量。

二、第二审刑事判决书的格式

××××人民法院
刑事判决书
（二审改判用）

（××××）××刑终××号

原公诉机关××××人民检察院（或抗诉机关）。

上诉人（或原审被告人）……（写明姓名、性别、出生年月日、民族、籍贯、职业或工作单位和职务、住址和因本案所受强制措施情况等，现羁押处所）。

辩护人……（写明姓名、性别、工作单位和职务）。

××××人民法院审理××××人民检察院指控原审被告人……（写明姓名和案由）一案，于××××年××月××日作出（××××）××刑初××号刑事判决。原审被告人×××不服，提出上诉。本院依法组成合议庭，公开（或不公开）开庭审理了本案。××××人民检察院派检察长（或员）×××出庭支持公诉，上诉人（原审被告人）×××及其辩护人×××、证人×××等到庭参加诉讼（未开庭的写："本院依法组成合议庭审理了本案，经过阅卷、讯问被告人，听取其他当事人、辩护人、诉讼代理人的意见，认为事实清楚，决定不开庭审理。"）本案现已审理终结。

……（首先概述原判决认定的基本内容，其次写明上诉、辩护的主要意见，最后写明人民检察院在二审中提出的新意见）。

经审理查明，……（写明经二审审理查明的事实；写明二审据以定案的证据；针对上诉理由中与原判认定的事实、证据有异议的问题进行分析、认证）。

本院认为，……[根据二审确认的事实、证据和有关法律规定，论证原审被告人是否犯罪，犯什么罪（一案多人的还应分清各被告人的地位、作用和刑事责任），应否从宽或从严处理。指出原判决的定罪量刑哪些正确、哪些错误，或者全部错误。对于上诉人、辩护人或者出庭履行职务的检察人员等在适用法律、定罪量刑方面的意见和理由，应当有分析地表示采纳或者予以批驳并阐明理由]。依照……（写明判决所依据的法律条款项）的规定，判决如下：

……[写明判决结果。分两种情况：

第一、全部改判的，表述为：

"一、撤销××××人民法院（××××）××刑初××号刑事判决；

二、上诉人（原审被告人）×××……（写明改判的具体内容）。（刑期从……）"

第二、部分改判的，表述为：

"一、维持××××人民法院（××××）××刑初××号刑事判决的第×项，即……（写明维持的具体内容）；

二、撤销××××人民法院（××××）××刑初××号刑事判决的第×项，即……（写明撤销的具体内容）；

三、上诉人（原审被告人）×××……（写明部分改判的内容）。（刑期从……）〕

本判决为终审判决。

审　判　长　×××

审　判　员　×××

审　判　员　×××

××××年××月××日

（院印）

书　记　员　×××

三、范例[1]

××省××市中级人民法院
刑事判决书

（2023）×01 刑终 103 号

原公诉机关××市××区人民检察院。

上诉人（原审被告人）丁××，男，1976 年 4 月 5 日出生于××省××市，汉族，大学文化，户籍所在地××市××区。因涉嫌犯诈骗罪于 2022 年 6 月 16 日投案，次日被刑事拘留，同年 7 月 25 日被逮捕。现羁押于××市××区看守所。

辩护人孙×、吴××，××××律师事务所律师。

××市××区人民法院审理××市××区人民检察院指控原审被告人丁××诈骗罪一案，于 2022 年 11 月 30 日作出（2022）×0102 刑初 634 号刑事判决。宣判后，原审被告人丁××不服原判提出上诉。本院受理后，依法组成合议庭，由审判员贾××担任审判长，审判员魏××、范×参加评议，于 2023 年 4 月 17 日公开开庭进行了审理。××市人民检察院指派检察员范××、聂××出庭支持公诉，被害人句×，被告人丁××及辩护人孙×、吴××到庭参加诉讼。现已审理终结。

原审判决认定，2018 年至 2022 年 5 月期间，被告人丁××谎称其经营的××市××区

---

〔1〕 改编自中国裁判文书网，载 https://wenshu.court.gov.cn/website/wenshu/181107ANFZ0BXSK4/index.html，最后访问日期：2023 年 6 月 6 日。

某某汽车维修美容会所与中国人民财产保险股份有限公司××分公司有项目合作，并伪造了授权保证金合同书，以合作需要交纳保证金为由，以高额返利给被害人为诱饵，多次骗取被害人×某在××市××区家中等地转款共计 4 139 415 元人民币（案发前已返还 1 675 687 元人民币），用于非法网络期货投资及偿还个人债务。

2022 年 6 月 16 日，被告人丁××投案。

上述事实，有原公诉机关提交，并经一审庭审质证、认证的被害人句×的陈述，书证授权保证金合同书、保险公司情况说明、银行流水、案件来源、抓捕经过以及被告人丁××的供述等证据证实。

原审法院认为，被告人丁××以非法占有为目的，虚构事实骗取他人财物，数额特别巨大，其行为已经构成诈骗罪。公诉机关指控成立。被告人丁××主动投案并如实供述犯罪事实，系自首，可依法从轻处罚。依照《中华人民共和国刑法》第二百六十六条、第六十七条第一款、第六十四条、第五十三条之规定，判决被告人丁××犯诈骗罪，判处有期徒刑十一年，并处罚金人民币五十万元；责令被告人丁××退赔被害人句×人民币 2 463 728 元。

上诉人丁××的上诉理由及辩护人的辩护意见是：上诉人丁××因自主创业经商亏损，后又被网络期货投资所骗而无法偿还被害人钱款，并主动投案、认罪认罚，主观恶性较小，同时，被告人亲属积极筹措资金偿还被害人句×，请求二审法院减轻处罚。

经审理查明，上诉人丁××诈骗犯罪的事实、证据与原审判决认定相同，在本院审理过程中未发生变化，本院依法均予以确认。

另查，本院审理期间，上诉人丁××积极退赔被害人句×经济损失，被害人句×对上诉人丁××诈骗犯罪表示谅解，同意法院对其减轻处罚。

本院认为，上诉人丁××以非法占有为目的，虚构事实、隐瞒真相，骗取他人财物，数额特别巨大，其行为已经构成诈骗罪。上诉人丁××主动投案，如实供述犯罪事实，系自首，且在本院审理期间，上诉人丁××积极退赔被害人句×经济损失，并取得被害人谅解，依法可减轻处罚。辩护人的相关辩护意见，本院予以采纳。综上，根据上诉人丁××诈骗犯罪的事实、性质和情节，依照《中华人民共和国刑事诉讼法》第二百三十六条第一款第（二）项和《中华人民共和国刑法》第二百六十六条、第六十七条第一款、第六十四条、第五十三条之规定，判决如下：

一、维持××市××区人民法院（2022）×0102 刑初 634 号刑事判决第一项对被告人丁××的定罪部分，即"被告人丁××犯诈骗罪"；

二、撤销××市××区人民法院（2022）×0102 刑初 634 号刑事判决第一项对被告人丁××的量刑部分及第二项，即"判处有期徒刑十一年，并处罚金人民币五十万元，依法上缴国库；责令被告人丁××退赔被害人句×人民币 2 463 728 元"；

三、判处上诉人丁××有期徒刑七年，并处罚金人民币三十万元；

（刑期从判决执行之日起计算。判决执行以前先行羁押的，羁押一日折抵刑期一日。即自 2022 年 6 月 16 日起至 2029 年 6 月 15 日止。罚金于判决发生法律效力第二日起三个月内一次性向本院缴纳。）

四、责令上诉人丁××退赔被害人句×人民币 2 163 728 元。

本判决为终审判决。

审 判 长 贾××

审 判 员 魏××

审 判 员 范 ×

二〇二三年四月十九日

（院印）

法官助理 李××

书 记 员 贾××

四、制作要求及注意事项

任务四　制作刑事附带民事判决书

一、刑事附带民事诉讼判决书的概念

刑事附带民事诉讼判决书，是人民法院依照《中华人民共和国刑事诉讼法》《中华人民共和国民事诉讼法》规定的有关程序，对审理终结的刑事附带民事案件，就被告人的行为是否构成犯罪及是否应当承担民事赔偿责任所作出的书面决定。具体是指在刑事诉讼过程中，由于被告人的犯罪行为使国家、集体或个人财产遭受损失，经受害单位、个人或人民检察院提起附带民事诉讼，追究被告人侵权的民事责任，由人民法院审理该刑事案件的同一审判组织一并审理终结后所制作的作出判决结论的司法文书。

根据我国《中华人民共和国刑事诉讼法》第 101 条、第 102 条和第 104 条规定，提起附带民事诉讼的根据，必须是由于刑事被告人的犯罪行为，使被害人遭受物质损失，或者是国家财产和集体财产遭受损失。被害人遭受物质损失，由被害人提起；被害人死亡或者丧失行为能力的，由其法定代理人、近亲属提起；公有财产遭受损失的，可以由人民检察院提起。提起附带民事诉讼的时间必须是在刑事诉讼过程中；附带民事诉讼应当同刑事案件一并审判，只有为了防止刑事案件的过分迟延，才可以在刑事案件审判后，由同一审判组织继续审理。对于刑事附带民事诉讼案件，按照第一审程序审理后所制作的判决书，是一审刑事附带民事判决书，可以上诉、抗诉；按照第二审程序审理后所制作的判决书，是二审刑事附带民事判决书，是终审判决书。

顾名思义，刑事附带民事判决书，包含有两个方面的内容，即刑事判决和民事判决，因此本文书实际上是把刑事判决书和民事判决书合二为一。在制作时，一方面，应理清这两种判决的记写层次，做到条理清楚；另一方面，内容上应以刑事判决为主，民事判决为辅，正确处理好两者之间的详略关系。

二、刑事附带民事判决书的格式

××××人民法院
刑事附带民事判决书

（××××）　××刑初××号

公诉机关××××人民检察院。

附带民事诉讼原告人……（写明姓名、性别、出生年月日、民族、出生地、文化程度、职业或工作单位和职务、住址等）。

被告人……（写明姓名、性别、出生年月日、民族、出生地、文化程度、职业或者工作单位和职务、住址、因本案采取的强制措施情况、现羁押住所等）。

附带民事诉讼代理人……（写明姓名、工作单位和职务）

××××人民检察院以×检×刑诉〔××××〕×号起诉书指控被告人×××犯××罪，向本院提起公诉。在诉讼过程中，附带民事诉讼原告人向本院提起附带民事诉讼。本院依法组成合议庭，公开（或者不公开）开庭进行了合并审理。××××人民检察院指派检察员×××出庭支持公诉，附带民事诉讼原告人×××及其法定代理人×××、诉讼代理人×××，被告人×××及其法定代理人×××、辩护人×××，证人×××，鉴定人×××，翻译人员×××等到庭参加诉讼。现已审理终结。

××××人民检察院指控……（概述人民检察院指控被告人犯罪的事实、证据和适用法律的意见）。

附带民事诉讼原告人诉称……（概述附带民事诉讼原告人的诉讼请求和有关证据）。

被告人×××辩称……（概述被告人对指控的犯罪事实和附带民事诉讼原告人的诉讼请求予以供述、辩解、自行辩护的意见和有关证据）。辩护人×××提出的辩护意见是……（概述辩护人的辩护意见和有关证据）。

经审理查明，……（首先写明经庭审查明的事实。事实中要写明经法庭查明的全部犯罪事实，同时写明由于被告人的犯罪行为使被害人遭受经济损失的事实；其次写明经举证、质证定案的证据及其来源；最后对控辩双方有异议的事实、证据进行分析、认证）。

本院认为，……（根据查证属实的事实、证据和有关法律规定，论证公诉机关指控的犯罪是否成立，被告人的行为是否构成犯罪，犯的什么罪，应否追究刑事责任；论证被害人是否因为被告人的犯罪行为而遭受经济损失，被告人对被害人的经济损失应否承担民事赔偿责任；应否从轻、减轻、免除处罚或者从重处罚。对于控辩双方关于适用法律方面的意见，应当有分析地表示是否予以采纳，并阐明理由）。依照……（写明判决的法律依据）的规定，判决如下：

（写明判决结果，分四种情况）

第一，定罪判刑并赔偿经济损失的，表述为：

一、被告人×××犯××罪，判处……（写明主刑、附加刑）。（刑期从判决执行之日起计算。判决执行以前先行羁押的，羁押一日折抵刑期一日，即自××××年×月×日起至××××年×月×日止）。

二、被告人×××赔偿附带民事诉讼原告人×××……（写明受偿人的姓名、赔偿的金额和支付的日期）。

第二，定罪免刑并赔偿经济损失的，表述为：

一、被告人×××犯××罪，免予刑事处罚。

二、被告人×××赔偿附带民事诉讼原告人×××……（写明受偿人的姓名、赔偿的金额和支付的日期）。

第三，宣告无罪但应当赔偿经济损失的，表述为：

一、被告人×××无罪。

二、被告人×××赔偿附带民事诉讼原告人×××……（写明受偿人的姓名、赔偿的金额和支付的日期）。

第四，宣告无罪且无需赔偿经济损失的，表述为：

一、被告人×××无罪。

二、被告人×××不承担民事赔偿责任。

如不服本判决，可在接到判决书的第二日起十日内，通过本院或者直接向××××人民法院提出上诉。书面上诉的，应当提交上诉状正本一份、副本×份。

审 判 长 ×××

审 判 员 ×××

审 判 员 ×××

××××年×月×日

（院印）

法 官 助 理 ×××

书 记 员 ×××

三、范例[1]

×× 省 ×× 市 ×× 区 人 民 法 院
刑事附带民事判决书

（2020）××刑初××号

公诉机关××省××市××区人民检察院。

附带民事诉讼原告人王××，男，1937 年 6 月 29 日出生，汉族，无职业，住××市××区××街××号，系被害人父亲。

附带民事诉讼原告人曹××，男，1984 年 3 月 15 日出生，汉族，××市××区××局干部，住××市××区××街××号，系被害人丈夫。

附带民事诉讼原告人曹×，男，2011 年 8 月 4 日出生，汉族，××市××小学学生，住××市××区××街××号，系被害人之子。

法定代理人：曹××，男，1984 年 3 月 15 日出生，汉族，××市××区××局干部，住××市××区××街××号，系曹×之父。

被告人孙××，男，1981 年 10 月 11 日出生，××市人，汉族，高中文化程度，个体工商户，住××市××区××大街××号 6 幢 321 室。因本案于 2020 年 4 月 30 日被××市公安局××区公安分局刑事拘留，同年 5 月 15 日被依法逮捕。现羁押于××市第一看守所。

辩护人暨诉讼代理人李××、任××，××律师事务所律师。

附带民事诉讼被告人中国××财产保险股份有限公司××分公司，住所地××市××新区 CBD××大厦 1 号楼。

负责人李××，系该公司法定代表人。

诉讼代理人郭××，××律师事务所律师。

××市××区人民检察院以××检刑诉（2020）692 号起诉书指控被告人孙××犯交通肇事罪，于 2020 年 6 月 29 日向本院提起公诉，并建议适用简易程序审理本案。经本院审查，因有不宜适用简易程序审理的情形，本案于 2020 年 7 月 15 日转为普通程序审理。在审理期间，附带民事诉讼原告人王××、曹××、曹×向本院提起附带民事诉讼。本院依法组成合议庭，公开开庭进行了合并审理。××市××区人民检察院指派检察员刘××出庭支持公诉，附带民事诉讼原告人王××、曹××、曹×，被告人孙××及其辩护人李××、任××，附带民事诉讼被告人中国××财产保险股份有限公司××分公司代理人李××、郭××到庭参加诉讼。本案经依法延长审理期限，现已审理终结。

××省××市××区人民检察院指控，2020 年 4 月 29 日 11 时 50 分许，被告人孙××驾驶×A63×××号"五菱"牌小型普通客车沿××路由东向西行至××路××街交叉口东约 150

---

[1] 李向珍、杜雨桐主编：《实用法律文书写作》，中国人民大学出版社 2021 年版，第 87～89 页。

米处时，与由北向南步行过××路的王×相撞，致使王×受伤，经医院抢救无效死亡，造成交通事故。经××市公安局交通巡逻警察支队××区交警大队认定，孙××负事故的全部责任，王×不负事故责任。

针对上述指控，公诉机关提供了被告人的供述、证人证言等证据，认为被告人孙××违反交通运输管理法规，因而造成重大事故，致一人死亡，其行为触犯了《中华人民共和国刑法》第一百三十三条之规定，提请以交通肇事罪予以惩处。

附带民事诉讼原告人王××、曹××、曹×请求判令被告人死亡赔偿金、误工费、交通费、住宿费、丧葬费、精神损失费等共计人民币401 572.14元。

被告人孙××对起诉书指控其交通肇事罪的事实无异议。对民事部分表示愿意在法定的范围内赔偿，其辩护人提出如下辩护意见：被告人孙××应负事故的主要责任；案发后孙××赔偿被害人家属20 000元，认罪态度较好。请求对其从轻处罚。

经审理查明：

2020年4月29日11时50分许，被告人孙××驾驶×A63×××号"五菱"牌小客车沿××市××区××路由东向西行至××路与××街交叉口东约150米处时，与由北向南步行过马路的被害人王×（女，1985年2月3日出生，住××市××区××大街2号A103号）相撞，造成交通事故，致使王×受伤后经抢救无效死亡。经××市公安局交通事故鉴定所鉴定，被害人王×死于颅脑损伤。经××市公安局交通巡逻警察支队××区交警大队认定，此事故因孙××驾驶机动车遇有行人横过马路未按规定避让造成，孙××负事故的全部责任。

另查明：

1. 2020年3月1日，×A63×××号"五菱"牌小型普通客车在中国××保险股份有限公司××分公司购买第三者责任险，保险限额为人民币300 000元，保险期间为2020年3月3日至2021年3月2日。

2. 2020年2月21日×A63×××号"五菱"牌小型普通客车在中国××财产××分公司购买机动车交通事故险，保险额为人民币112 000元，保险期间为2020年2月22日至2021年2月21日。

3. ×A63×××号小客车车主为孙××。

4. 案发后，被害人王×经抢救花费医疗费3498.64元，需死亡赔偿金90 975元，住宿费18 975元，餐费5310元，交通费11 275元，财产损失713元，误工费29 508.70元，上述费用共计人民币160 255.34元。案发后，被告人家属已赔偿被害人丧葬费20 000元。

上述事实，有下列证据证实：

1. 证人朱×、林×证言，对2020年4月29日11时50分许，孙××驾驶的×A63×××号"五菱"牌面包车沿××市××区××路由东向西行驶时撞到被害人的事实予以证明。

2. ××市公安局交通巡逻警察支队××区交警大队出具的道路交通事故认定书和道路交通事故现场勘查笔录证实，此事故因孙×驾驶机动车遇有行人横过马路未按规定避让造成，孙××负事故的全部责任。

3. ××市公安局出具的法医学尸体检验意见书证实，被害人王×死于颅脑损伤。

4. 被告人孙××对犯罪事实予以供认，且与上述证据能相互印证。

5. 附带民事诉讼部分有附带民事诉讼原告人提供的医疗费、误工费、交通费票据予以证实。

上述证据均由控方及附带民事起诉方提供，且经当庭举证、质证，查明属实，予以确认。本案事实清楚，证据确实充分，足以认定。

本院认为，被告人孙××违反交通运输管理法规，因而发生重大事故，致一人死亡，公诉机关指控被告人孙××犯交通肇事罪罪名成立。

被告人孙××的犯罪行为给附带民事诉讼原告人王××、曹××、曹×等人造成的经济损失应予赔偿。对其要求的合理部分予以支持，但附带民事诉讼原告人王××、曹××、曹×等人请求被告人孙××赔偿其精神损失费的要求，于法无据，不予支持。

关于辩护人提出被告人孙××案发后主动赔偿被害人家丧葬费 20 000 元，认罪态度较好，请求对其从轻处罚的辩护意见，经查属实，予以采纳。

根据被告人的犯罪事实、性质、情节和对社会的危害程度，依照《中华人民共和国刑法》第一百三十三条、第六十七条第三款、第六十一条、第三十六条第一款及《中华人民共和国民法典》第一千一百七十九条和《最高人民法院关于审理人身损害赔偿案件适用法律若干问题的解释》第十七条第一款、第十九条、第二十条之规定，判决如下：

一、被告人孙××犯交通肇事罪，判处有期徒刑一年零二个月。

二、附带民事诉讼原告人王××、曹××、曹×的各项经济损失共计人民币 160 255.34（不含被告人已支付的 20 000 元），由附带民事诉讼被告人中国××财产保险股份有限公司××分公司在交强险限额内赔偿医疗费、死亡赔偿金、交通费、财产损失共计人民币 106 255.34；剩余的经济损失共计人民币 54 000 元由中国××保险有限责任公司××分公司在商业险限额内进行赔偿，均于判决生效后十日内支付。

如不服本判决，可在接到判决书的第二日起十日内，通过本院或者直接向××省××市中级人民法院提出上诉。书面上诉的，应当提交上诉状正本一份，副本两份。

审　判　长　曹××

审　判　员　赵××

代理审判员　卜××

二〇二一年一月二十三日

（院印）

书　记　员　常××

四、制作要求及注意事项

任务五　制作再审刑事判决书

一、再审刑事判决书的概念

再审刑事判决书，是指人民法院对于已经发生法律效力的刑事判决和裁定，发现在认定事实上或者在适用法律上确有错误，按照审判监督程序重新审判，在审理终结后所制作的结论性司法文书。

根据《中华人民共和国刑事诉讼法》第 254 条的规定，对于原来生效裁定确有错误的案件，经重新审理后，只制作裁定，不制作判决。但在若干特殊情况下，对确有错误的生效裁定重新审理后，仍需制作再审刑事判决书。再审刑事判决书，如果是依照第一审程序审理后制作，可以上诉、抗诉；如果是依照第二审程序审理后制作的，是终审判决。

二、再审刑事判决书的格式

××××人民法院

刑事判决书

（二审程序再审改判用）

（××××）　××刑再终××号

原公诉机关××××人民检察院。

原审被告人（原审经过上诉的应括注"原审上诉人"。下同……（写明姓名、性别、出生年月日、民族、籍贯、文化程度、职业或工作单位和职务、住址等，现在何处）。

　　辩护人……（写明姓名、性别、工作单位和职务）。

　　原审被告人……（写明姓名和案由）一案，××××人民法院于××××年××月××日作出（××××）××刑初××号刑事判决，……（此处写明对原判的上诉、抗诉和本院二审作出的裁定或判决及其年月日和字号。按审判监督程序提审的原一审案件无此段），已经发生法律效力。……（此处简写提起再审程序的经过）。本院依法（另行）组成合议庭，公开（或不公开）开庭审理了本案。××××人民检察院检察长（或员）×××出庭执行职务，原审被告人×××及其辩护人×××等到庭参加诉讼。本案现已审理终结［未开庭的改为"本院依法（另行）组成合议庭审理了本案，现已审理终结"］。

……（首先概述原审有效判决的基本内容，其次写明提起再审的主要根据和理由。如果检察院在再审中提出新的意见，应一并写明）。

经再审查明，……（写明原判决认定的事实、情节，哪些是正确的或者全部是正确的，有哪些证据足以证明；哪些是错误的或者全部是错误的，否定的理由有哪些。如果对事实、情节方面有异议，应当抓住要点，予以分析答复）。

本院认为，……［根据再审确认的事实、情节和当时的法律政策，论述被告人是否犯罪，犯什么罪（一案多人的还应分清各被告人的地位、作用和刑事责任），应否从宽或从严处理。指出原判的定罪量刑，哪些是正确的，哪些是错误的，或者全部是错误的。对于申诉人及有关各方关于定罪量刑方面的主要意见和理由，应当有分析地表示采纳或予以批驳］。依照……（写明判决所依据的法律条款项）的规定，判决如下：

……［写明判决结果。分六种情况：

第一，原系一审结案，提审后全部改判的，表述为：

"一、撤销××××人民法院（××××）××刑初××号刑事判决；

二、被告人×××……（写明改判的内容）。"

第二，原系一审结案，提审后部分改判的，表述为：

"一、维持××××人民法院（××××）××刑初××号刑事判决的第×项，即……（写明维持的具体内容）；

二、撤销××××人民法院（××××）××刑初××号刑事判决的第×项，即……（写明撤销的具体内容）；

三、被告人×××……（写明部分改判的内容）。"

第三，原系二审维持原判结案，再审后全部改判的，表述为：

"一、撤销××××人民法院（××××）××刑初××号刑事判决和本院（××××）×刑终字第××号与刑事裁定；

二、被告人×××……（写明改判的内容）。"

第四，原系二审维持原判结案，再审后部分改判的，表述为：

"一、维持××××人民法院（××××）××刑初××号刑事判决的第×项和本院（××××）××刑终××号刑事裁定的第×项，即……（写明维持的具体内容）；

二、撤销××××人民法院（××××）××刑初××号刑事判决的第×项和本院（××××）××刑终××号刑事裁定的第×项，即……（写明撤销的具体内容）；

三、被告人×××……（写明部分改判的内容）。"

第五，原系二审改判结案，再审后全部改判的，表述为：

"一、撤销本院（××××）××刑终××号刑事判决；

二、被告人×××……（写明改判的内容）。"

第六，原系二审改判结案，再审后部分改判的，表述为：

"一、维持本院（××××）××刑终××号刑事判决的第×项，即……（写明维持的具体内容）；

二、撤销本院（××××）××刑终××号刑事判决的第×项，即……（写明撤销的具体内容）；

三、被告人×××……（写明改判的内容）。"］

本判决为终审判决。

审　判　长　×××

审　判　员　×××

审　判　员　×××

××××年××月××日

（院印）

书　记　员　×××

三、范例[1]

××省××市××区人民法院
刑事判决书

（2019）×14××刑再3号

原公诉机关××市××区人民检察院。

原审被告人杨××，男，1992年1月1日出生，回族，大专毕业，无业，住××省××市。因涉嫌故意伤害，于2017年11月4日被××市公安局××分局行政拘留十日；因涉嫌故意伤害罪，同年11月14日被××市公安局××分局刑拘，同年11月18日被取保候审。2018年11月28日因犯故意伤害罪被本院判处免予刑事处罚。2020年1月9日，被本院取保候审。

辩护人×××，××××律师事务所律师。

被害人杨×，男，1996年5月26日出生，回族，住××省××市。

委托代理人杨××，男，1969年9月5日出生，回族，住××省××市。

××市××区人民检察院以×检刑诉〔2018〕××号起诉书指控原审被告人杨××犯故意

---

[1] 改编自中国裁判文书网，载 https://wenshu.court.gov.cn/website/wenshu/181107ANFZ0BXSK4/index.html，最后访问日期：2024年4月1日。

伤害罪，于 2018 年 11 月 1 日向本院提起公诉。本院于 2018 年 11 月 28 日作出（2018）×14××刑初 686 号刑事判决，以故意伤害罪判处其免予刑事处罚。判决发生效力后，原审被害人杨×向本院提出申诉，本院审查后于 2019 年 11 月 20 日作出（2019）×14××刑申 3 号再审决定，再审本案。本院依法另行组成合议庭，于 2020 年 4 月 30 日公开开庭审理了本案。××市××区人民检察院指派检察员贺××出庭履行原审职务。原审被告人杨××及其辩护人管××、被害人杨×的委托代理人杨××到庭参加诉讼。本案现已审理终结。

原审审理查明：2017 年 11 月 4 日 7 时许，在××市××区锦绣路"马四"水煎包店内，被害人杨×（患轻度精神病）因怀疑被告人杨××说其坏话，殴打杨××及妻子张××（均系轻微伤）后逃出店内，被告人杨××打电话报警并追上杨×不让其走，双方继续发生厮打，杨××将杨×打伤。经鉴定，被害人杨×身体所受损伤已构成轻伤二级。

原审判决认为，被告人杨××故意伤害他人身体，致人轻伤，其行为已构成故意伤害罪。公诉机关指控罪名成立。关于被告人杨××及其辩护人提出的杨××的行为属正当防卫，不应负刑事责任的辩解、辩护意见，经查，被害人杨×患有幻想症类精神病，无端怀疑他人说其坏话，是一种病理症状，对此被告人杨××并不知情，面对突发的不法侵害，被告人杨××对杨×的防卫及报警后阻止其逃离现场的行为具有其正当性。杨×对杨××的不法侵害行为虽有间断，仍处于一种持续状态，被告人杨××的行为应属正当防卫，但从当时的案发环境及不法侵害的程度，被告人杨××的防卫行为造成杨×轻伤的后果，明显超过必要的限度，应属防卫过当，依法应减轻或免除处罚。案发后被告人杨××主动打电话报警，并如实供述事实经过，应认定有自首情节，依法应从轻处罚。综上，被告人杨××的行为属防卫过当，应负刑事责任，但考虑到其犯罪情节轻微，且有自首情节，本院依法对其免予刑事处罚。依照《中华人民共和国刑法》第二百三十四条第一款、第二十条第二款、第六十七条、第三十七条之规定，判决如下：被告人杨××犯故意伤害罪，免予刑事处罚。

被告人杨××辩称，是他先用脚踹我，然后踹我的媳妇，后又用凳子砸我，我不认识他，我认为我是正当防卫。

辩护人意见，被告人杨××的行为属正当防卫，被害人的伤不能排除合理怀疑，不能认为是被告人杨××致伤，不能认定被告人杨××犯故意伤害罪，应对被告人杨××的行为认定为正当防卫，宣判无罪。

被害人杨×述称，原审认定事实错误，定性不准，原审判决不足以认定被告人杨××防卫过当，适用法律错误，应予撤销，改判被告人杨××有期徒刑。

经再审查明，被害人杨×患有精神分裂症 5 年（慢性病），主要表现为关系妄想、评论性幻听等。2017 年 11 月 4 日 7 时许，在××市××区锦绣路"马四"水煎包店内，被害人杨×因怀疑原审被告人杨××说其坏话，殴打杨××及其妻子张××（均系轻微伤）后逃出店内，原审被告人杨××打电话报警并追上已骑上电动三轮车的被害人杨×不让其走，杨×下车与被告人继续发生厮打，被告人杨××将被害人杨×打伤。经鉴定，被害人杨×身体所受损伤已构成轻伤二级。

另查明，在原审判决后，被害人杨×另行就民事部分向本院提起了诉讼，2019年8月3日本院作出（2019）×14××民初914号民事判决，以超出防卫的必要限度的范围大小、过错程度确定被告应承担原告损失的20%。判决赔偿杨×23860.60元。原审被告人杨××已履行完毕。

上述事实，有控方提供的原审被告人杨××的供述、被害人杨×的陈述、证人张××等人的证言、鉴定意见、监控录像及有关书证等证据证实。并经当庭示证、质证，查证属实，确实、充分，足以认定。

本院再审认为，原审被告人杨××故意伤害他人身体，致人轻伤，其行为已构成故意伤害罪。公诉机关指控罪名成立。关于原审被告人杨××及其辩护人提出的杨××的行为属正当防卫，不应负刑事责任的辩解、辩护意见。经查，被害人杨×对被告人杨××在包子店实施侵害后，准备驾驶电动三轮车逃离现场时，原审被告人杨××打电话报警并追上被害人杨×将其打伤。经鉴定，被害人杨×身体所受损伤已构成轻伤二级。《中华人民共和国刑法》第二十条第一款、第二款规定，为了使国家、公共利益、本人或者他人的人身、财产和其他权利免受正在进行的不法侵害，而采取的制止不法侵害的行为，对不法侵害人造成损害的，属于正当防卫，不负刑事责任。正当防卫明显超过必要限度造成重大损害的，应当负刑事责任，但是应当减轻或者免除处罚。本案在包子店内被害人杨×对原审被告人杨××实施侵害后逃离现场，被害人杨×患有精神分裂症，无端怀疑他人说其坏话，是一种病理症状，对此原审被告人杨××并不知情，杨××电话报警并追上被害人杨×所骑的电动三轮车，阻止其逃离，杨×下车又对杨××实施侵害，双方发生厮打，致杨×轻伤。面对突发的不法侵害，原审被告人杨××对杨×的防卫及报警后阻止其逃离现场的行为具有正当性。杨×对杨××的不法侵害行为虽有间断，但仍处于一种持续状态，原审被告人杨××的行为应属正当防卫，但从当时的案发环境及不法侵害的程度，原审被告人杨××的防卫行为造成杨×轻伤的后果，明显超过必要的限度，应属防卫过当，依法应减轻或免除处罚。犯罪以后自动投案，如实供述自己的罪行，是自首。被告人杨××主动报警，虽辩称被害人伤情不是其所致，但归案后其对与被害人在包子店外互殴的基本犯罪事实予以认可，且被害人伤情系骨折，肉眼不能所见，应认定其系自首。被害人在本案中存在一定过错，且民事部分被害人另行提起民事诉讼，根据民事判决原审被告人杨××已经履行完毕。综合考虑其犯罪情节，依法可对其免予刑事处罚。原审判决并无不当，应予维持。依照《中华人民共和国刑法》第二百三十四条第一款、第二十条第二款、第六十七条第一款，《中华人民共和国刑事诉讼法》第二百五十六条，《最高人民法院关于适用〈中华人民共和国刑事诉讼法〉的解释》第三百八十九条之规定，判决如下：

维持本院（2018）×14××刑初686号刑事判决。

如不服本判决，可在接到判决书的第二日起十日内，通过本院或直接向××省××市中级人民法院提出上诉，书面上诉的，应当提交上诉状正本一份，副本四份。

审　判　长　×××
审　判　员　×　×
审　判　员　×　×
二〇二〇年六月四日
（院印）
法官助理　×　×
书　记　员　×　×

四、制作要求及注意事项

任务六　制作刑事裁定书

一、刑事裁定书概念

刑事裁定书，是指人民法院对刑事案件在审理和执行过程中的程序问题和部分实体问题，依照《中华人民共和国刑法》《中华人民共和国刑事诉讼法》的规定作出裁判时所制作的法律文书。

刑事裁定书的种类比较多，从内容上讲，可分为解决程序问题的刑事裁定书和解决实体问题的刑事裁定书；从程序上讲，可分为第一审程序的刑事裁定书、第二审程序的刑事裁定书、复核程序的刑事裁定书、审判监督程序的刑事裁定书、执行程序的刑事裁定书等；从形式上分，有口头裁定和书面裁定。

刑事裁定书对于确保诉讼活动的正常进行具有重要作用。刑事裁定书是在刑事诉讼和执行过程中及时排除诉讼障碍的得力工具，其目的是化解问题，便利诉讼流通，确保审判工作的顺利进行。

二、刑事裁定书的格式

××××人民法院
刑事裁定书
（二审维持原判决用）

（××××）××刑终××号

原公诉机关××××人民检察院。

上诉人（原审被告人）……（写明姓名、性别、出生年月日、民族、籍贯、职业或工作单位和职务、住址和因本案所受强制措施情况等，现在何处）。

辩护人……（写明姓名、性别、工作单位和职务）。

××××人民法院审理被告人……（写明姓名和案由）一案，于××××年××月××日作出（××××）××刑初××号刑事判决。被告人×××不服，提出上诉。本院依法组成合议庭，公开（或不公开）开庭审理了本案。××××人民检察院检察长（或员）×××出庭支持公诉，上诉人（原审被告人）×××及其辩护人×××、证人×××等到庭参加诉讼。本案现已审理终结（未开庭的改为："本院依法组成合议庭审理了本案，现已审理终结"）。

……（首先概述原判决的基本内容，其次写明上诉、辩护的主要意见，再次写明检察院在二审提出的新意见）。

经审理查明，……（肯定原判决认定的事实、情节是正确的，证据确凿、充分。如果上诉、辩护等对事实、情节提出异议，应予重点分析否定）。

本院认为，……（根据二审确认的事实、情节和有关法律规定，分析、批驳上诉、辩护等对原判决定罪量刑方面的主要意见和理由，论证原审判决结果的正确性）。依照……（写明裁定所依据的法律条款项）的规定，裁定如下：

驳回上诉，维持原判。

本裁定为终审裁定。

审　判　长　×××
审　判　员　×××
审　判　员　×××
××××年××月××日
（院印）
书　记　员　×××

三、范例[1]

××省××市中级人民法院
刑事裁定书

（2021）×01 刑终 1966 号

原公诉机关××市××区人民检察院。

上诉人（原审被告人）蒲××，男，1961 年 2 月 15 日出生，汉族，××省××市人，文化程度初中，户籍地址××省××市××区。2011 年 10 月 27 日因犯贩卖毒品罪被××市××区人民法院判处有期徒刑一年，2012 年 7 月 24 日刑满释放。2013 年 5 月 9 日因犯贩卖毒品罪被××市××区人民法院判处有期徒刑一年，2014 年 1 月 17 日刑满释放。2018 年 7 月 3 日因犯贩卖毒品罪被××市××区人民法院判处有期徒刑二年，2020 年 1 月 22 日刑满释放。因本案于 2021 年 3 月 3 日被羁押，次日被刑事拘留，同年 4 月 7 日被逮捕。现被羁押于××市××区看守所。

指定辩护人刘××，××××律师事务所律师。

××市××区人民法院审理××市××区人民检察院指控原审被告人蒲××犯贩卖毒品罪一案，于 2021 年 9 月 29 日作出（2021）×0105 刑初 745 号刑事判决。原审被告人蒲××不服，提出上诉。本院依法组成合议庭，经审查全案案卷和上诉材料，讯问上诉人，并书面听取辩护人的辩护意见，认为本案事实清楚，决定不开庭审理。现已审理终结。

原判认定，2021 年 3 月 2 日 16 时许被告人蒲××在南田路附近以 2200 元价格向同案人郑××贩卖 2 小包毒品。同案人郑××在交易后回到本市××区××新洲大堤 79 号时被当场抓获，在其身上缴获 2 小包白色晶体（净重 3.61 克，均检出甲基苯丙胺成分，该毒品由另案处理）及作案手机 1 台。2021 年 3 月 3 日 21 时许，被告人蒲××在本市××区××南路 71 号附近以 2300 元价格向同案人郑××贩卖 3 小包毒品，后被当场抓获，并在被告人蒲××身上缴获作案手机 1 台，在其身边地面缴获 3 小包白色晶体（净重 4.79 克，均检出甲基苯丙胺成分）。

原判认定上述事实，采信了经原审庭审公开质证的如下证据：

1. ××市公安局××区分局出具的受案登记表、立案决定书、立案告知书、受案回执、到案经过，证实本案的立案、侦破情况、以及被告人蒲××的到案情况。

2. 公安机关作出的现场勘验检查工作记录，证实在位于本市××区××南路 71 号旁边巷口的案发现场，发现用塑料袋包装的三包白色晶体。

3. ××市公安局××区分局作出的搜查证、搜查笔录、扣押决定书、扣押清单，证实

---

[1] 改编自中国裁判文书网，载 https://wenshu.court.gov.cn/website/wenshu/181107ANFZ0BXSK4/index.html，最后访问时间：2023 年 6 月 6 日。

公安机关经对被告人蒲××人身及住所搜查，在其住所地未发现可疑物品，在其身上查获手机一部，在其被抓获地点的地面处搜出三小包用塑料袋包装的白色晶体，公安机关对上述物品予以扣押。

4. 公安机关制作的提取笔录、称重取样笔录、物证制作说明、电子天平检定证书，证实公安机关对查获并扣押的 5 包白色晶体分别称重，重量分别为 0.86 克、3.61 克、1.73 克、0.29 克、2.76 克，并分别从各包白色晶体中取样备检。

5. ××省××市公安司法鉴定中心作出的×公（司）鉴（理化）字〔2021〕00184 号、×公（司）鉴（理化）字〔2021〕00185 号检验报告，证实提取的 5 份样品，均检出甲基苯丙胺成分。

6. 公安机关作出的电子数据检查笔录，证实公安机关对扣押的被告人蒲××的手机数据检查、提取的过程。

7. 公安机关作出的现场检验报告书、物证制作说明，证实被告人蒲××人体毒品检测呈阴性。

8. 公安机关制作的被告人蒲××的微信个人信息、微信聊天记录、微信转账记录截图，证实同案人郑××向蒲××转账 2300 元用于购买毒品的事实。

9. 公安机关调取的被告人蒲××的常住人口信息查询资料，证实被告人蒲××的身份信息。

10. 公安机关调取的吸毒人员查获信息详情、罪犯档案资料、××市××区人民法院作出的（2018）×0104 刑初 331 号刑事判决书、××市××区人民法院作出的（2013）××法刑初字第 616 号刑事判决书，证实被告人蒲××的前科信息。

11. 公安机关出具的情况说明，证实从被告人蒲××身上扣押的毒品，由于技术原因，外包装上无法提取到指纹。

12. 公安机关在抓获、审讯被告人蒲××、对毒品进行称重过程中拍摄的录音录像，证实案件办理的过程。

13. 同案人郑××的供述及辨认笔录，证实其分别于 2021 年 3 月 2 日 16 时及次日 21 时，在××市××区××路附近及××路 71 号附近，分别以 2200 元和 2300 元的价格，共向蒲××购买了 5 小包毒品。经辨认，其辨认出被告人蒲××。

14. 被告人蒲××的供述与辩解，称其未向郑××贩卖毒品，郑××通过微信向其转账的 2300 元系借款。

原判认为，被告人蒲××无视国家法律，贩卖毒品甲基苯丙胺不满十克，其行为已构成贩卖毒品罪。公诉机关指控被告人蒲××的犯罪事实清楚，证据确实、充分，罪名成立。蒲××曾因贩卖毒品罪被判处有期徒刑以上刑罚，刑罚执行完毕后五年内又犯贩卖毒品罪，是累犯和毒品再犯，依法对其从重处罚。根据被告人蒲××犯罪的事实、性质、情节和对于社会的危害程度，依照《中华人民共和国刑法》第三百四十七条第四款、第六十五条第一款、第三百五十六条、第六十四条之规定，判决如下：被告人蒲×

×犯贩卖毒品罪，判处有期徒刑三年，并处罚金人民币8000元；二、扣押被告人蒲××的作案工具手机1台、毒品3包，均予以没收。

上诉人蒲××提出的上诉意见：其没有贩卖毒品，郑××转账的2300元是借款，现场缴获的毒品没有其指纹，其住所也没有发现可疑物品，涉案毒品无法证实是其所有，这是相关部门的钓鱼执法、策划下的栽赃；微信记录未提及贩卖毒品；郑××是吸毒、贩毒人员，其指控没有其他证据支持；指控其贩卖毒品的数量和金额事实不清，证据不充分；综上所述，本案事实不清，证据不足，请求宣判其无罪。

辩护人提出的辩护意见：一审法院认定上诉人蒲××构成贩卖毒品罪的事实不清、证据不足。理由如下：本案中证人郑××的证言存疑，上诉人蒲××并不认可，此外并无其他证据佐证郑××的证言，无法作为认定上诉人蒲××构成贩卖毒品罪的依据；本案中3月3日查获的毒品并未检出上诉人蒲××的指纹，并且该毒品不是从蒲××身上搜得，不能认定上诉人蒲××向郑××贩卖了此次毒品的事实。虽然上诉人蒲××有毒品犯罪前科，但是在上诉人蒲××在被抓获后，通过对其住处以及人身的检查，未查获有毒品，且上诉人蒲××在本案中的毒品成分检测为阴性，蒲××在本案中并不构成贩卖毒品罪。综上所述，一审法院认定上诉人蒲××构成贩卖毒品罪的事实不清，证据不足，请求改判上诉人蒲××无罪。

经审理查明，原判认定上诉人蒲××犯贩卖毒品罪的事实清楚，证据确实、充分，本院予以确认。

本院认为，上诉人蒲××无视国家法律，贩卖毒品甲基苯丙胺不满十克，其行为已构成贩卖毒品罪。上诉人蒲××曾因贩卖毒品罪被判处有期徒刑以上刑罚，刑罚执行完毕后五年内又犯贩卖毒品罪，是累犯和毒品再犯，依法对其从重处罚。关于上诉人蒲××及其辩护人所提上诉、辩护意见，本院综合评析如下：同案人郑××是在本人贩卖毒品后被公安机关抓获的，其供认了曾多次向上家即上诉人蒲××购买毒品并用于吸食和贩卖的事实，及上诉人蒲××多次贩卖毒品的前科，同案人郑××于2021年3月3日向上诉人蒲××提出购买毒品后，蒲××立即同意并在交易现场被当场抓获，也印证了郑××的证言属实，并有微信转账记录予以佐证，上诉人蒲××原本就从事贩卖毒品活动，本案不属于"犯罪引诱"；郑××的供述证实微信转账的2300元只是部分毒资，其需在交易现场支付余款才能取得毒品，也与本案事实相符；涉案毒品上未提取到上诉人的指纹属实，但指纹的形成需要具备一定的条件，涉案的3小包毒品案发前外面包裹了纸巾，不具备形成指纹的条件，且包装袋上没有指纹并不能必然得出上诉人没有贩卖毒品的结论；虽然上诉人的住处和身上未查获毒品，但同案人郑××的供述证实上诉人蒲××在交易现场见到警察就将手里拿着的3包毒品丢在路边，并有到案经过、现场勘查笔录和执法记录仪视频予以印证，其中执法记录仪视频还证实上诉人蒲××被抓获时用脚踩地上的毒品，也印证其主观上对上述毒品知情；上诉人蒲××关于微信转账的2300元系借款并无其他证据印证，也与本案事实不符。综上所述，上诉人蒲××及其辩护人所提上诉、辩护意见均不能成立，本院不予采纳。

原判认定事实清楚，证据确实、充分，定罪和适用法律准确，量刑适当，审判程序合法。依照《中华人民共和国刑事诉讼法》第二百三十六条第一款第（一）项的规定，裁定如下：

驳回上诉，维持原判。

本裁定为终审裁定。

审　判　长　黄　×

审　判　员　黄　×

审　判　员　范××

二〇二一年十一月三十日

（院印）

书　记　员　钟××

三、刑事裁定书制作要求

项目二　人民法院民事裁判文书

任务一　认识人民法院民事裁判文书

人民法院民事裁判文书，指人民法院依照《中华人民共和国民事诉讼法》规定的程序，对审理终结的民事案件，就当事人双方的权利与义务的实体问题及程序问题所作出的书面决定或裁定，主要分为第一审民事判决书、第二审民事判决书、特殊程序判决或裁定书，相关民事程序裁定等。

任务二　制作第一审民事判决书

一、第一审民事判决书的概念

第一审民事判决书，是指第一审人民法院依照《中华人民共和国民事诉讼法》规定的第一审程序，对审理终结的第一审民事案件，就当事人双方的权利与义务的实体问题所作出的书面决定。

民事判决书和刑事判决书在制作方面的总体要求是一致的，即语言精练简洁，事实依据清楚。《中华人民共和国民事诉讼法》第 155 条规定："判决书应当写明判决结果和作出该判决的理由。判决书内容包括：（一）案由、诉讼请求、争议的事实和理由；（二）判决认定的事实和理由、适用的法律和理由；（三）判决结果和诉讼费用的负担；（四）上诉期间和上诉的法院。判决书由审判人员、书记员署名，加盖人民法院印章。"这是制作民事判决书的法律依据。

二、第一审民事判决书的格式

××××人民法院
民事判决书
（第一审普通程序用）

（××××）××××民初××××号

原告：×××，男/女，××××年××月××日出生，×族，……（工作单位和职业），住……。

法定代理人/指定代理人：×××，……。

委托诉讼代理人：×××，……。

被告：×××，住所地……。

法定代表人/主要负责人：×××，……。

委托诉讼代理人：×××，……。

第三人：×××，……。

法定代理人/指定代理人：×××，……。

委托诉讼代理人：×××，……。

（以上写明当事人和其他诉讼参加人的姓名或者名称等基本信息）

原告×××与被告×××、第三人×××……（写明案由）一案，本院于××××年××月××日立案后，依法适用普通程序，公开/因涉及……（写明不公开开庭的理由）不公开开庭进行了审理。原告×××、被告×××、第三人×××（写明当事人和其他诉讼参加人的诉讼地位和姓名或者名称）到庭参加诉讼。本案现已审理终结。

×××向本院提出诉讼请求：1. ……；2. ……（明确原告的诉讼请求）。事实和理由：……（概述原告主张的事实和理由）。

×××辩称，……（概述被告答辩意见）。

×××诉/述称，……（概述第三人陈述意见）。

当事人围绕诉讼请求依法提交了证据，本院组织当事人进行了证据交换和质证。对当事人无异议的证据，本院予以确认并在卷佐证。对有争议的证据和事实，本院认定如下：1. ……；2. ……（写明法院是否采信证据，事实认定的意见和理由）。

本院认为，……（写明争议焦点，根据认定的事实和相关法律，对当事人的诉讼请求作出分析评判，说明理由）。

综上所述，……（对当事人的诉讼请求是否支持进行总结评述）。依照《中华人民共和国……法》第×条、……（写明法律文件名称及其条款项序号）规定，判决如下：

一、……；

二、……。

（以上分项写明判决结果）

如果未按本判决指定的期间履行给付金钱义务，应当依照《中华人民共和国民事诉讼法》第二百六十四条规定，加倍支付迟延履行期间的债务利息（没有给付金钱义务的，不写）。

案件受理费……元，由……负担（写明当事人姓名或者名称、负担金额）。

如不服本判决，可以在判决书送达之日起十五日内，向本院递交上诉状，并按照对方当事人或者代表人的人数提出副本，上诉于××××人民法院。

审　判　长　×××

审　判　员　×××

审　判　员　×××

（院印）

××××年××月××日

书　记　员　×××

三、范例

广东省广州市××区人民法院

民事判决书[1]

（2021）粤01××民初××号

原告：袁××，男，××××年××月××日出生，汉族，住四川省××县。

委托诉讼代理人：马××，××联营律师事务所律师。

被告：广州××教育咨询有限公司，住所地广州市××区××238号××大厦1-15楼第二层××号。

法定代表人：陈××。

---

〔1〕 改编自中国裁判文书网，载 https://wenshu.court.gov.cn/website/wenshu/181107ANFZ0BXSK4/index.html? docId=xtjW9zhB4bytUIIl2BBTaLVTX4t2gOB7s/mUymSs6TxbC+wah9zxUp/dgBYosE2gd+U8v909QuskL5cUJOWiiFaCwvT18+2N6zm4EqFo5gfFle7LwF1mdvqbGHocUw+O，最后访问日期：2023年7月18日。

　　原告袁××与被告广州××教育咨询有限公司装饰装修合同纠纷一案,本院于2021年2月5日受理后,依法适用简易程序,公开开庭进行了审理。原告袁××及其委托诉讼代理人马××到庭参加了诉讼。被告广州××教育咨询有限公司经本院公告送达起诉状副本及传票,公告期满未到庭参加诉讼,本院依法缺席审理。本案现已审理终结。

　　原告袁××向本院提出诉讼请求:1.被告向原告支付装修款42 600元;2.被告向原告支付逾期付款利息(以42600元为基础,按全国银行间同业拆借中心公布的贷款市场报价利率自2020年1月11日起计算至实际履行完毕之日);3.本案的全部诉讼费用由被告承担。事实与理由:2019年12月20日,被告因校区装修费用结算事宜向原告出具《欠条》。《欠条》载明:"2019年11月袁××帮我校区(××教育地址:广州市××街××号××楼××室)装修工程,合计装修款72 600元整,已给付20 000元整,剩余52 600元,预计在2020年1月10日前给付清偿。欠款单位:广州××教育咨询有限公司,法人:陈××,日期:2019年12月20日。"2020年1月10日,原告持上述《欠条》向被告要求结算装修款,但被告仅支付了10 000元。原告多次联系被告要求支付余款,被告均以各种理由予以推诿。为维护合法权益,原告提起诉讼。

　　被告广州××教育咨询有限公司无答辩。

　　经审理查明,2019年11月,原告与被告法定代表人陈××口头约定,原告为××街××号××楼××室进行室内装修。原告2019年11月8日开工,12月8日完工。2019年12月20日,被告出具欠条一张,内容为:"2019年11月袁××承接我校区(××教育地址:广州市××街××号××楼××室)装修工程,合计装修款72 600元整,已给付20 000元整,剩余52 600元,预计在2020年1月10日前给付清偿。"被告作为欠款单位加盖公章,法人陈××签名确认。2020年1月10日,陈××向原告支付10 000元,余下42 600元至今未付。

　　以上事实,有欠条及当事人陈述等证据证实。

　　本院认为,原告为被告进行室内装饰装修施工,双方装饰装修合同关系成立。被告出具欠条确认装修款72 600元,扣减已付20 000元,尚欠装修工程款52 600元。被告此后仅支付10 000元,余款42 600元未能提供证据证实已实际支付。原告要求被告支付余下款项42 600元,被告对此并未提出异议,该请求本院予以支持。原告要求自2020年1月11日起按照全国银行间同业拆借中心公布的同期市场贷款报价利率的标准计算利息合理,本院予以支持。

　　被告广州××教育咨询有限公司经本院合法传唤,无正当理由拒不到庭参加诉讼,视为放弃其抗辩权利。

　　综上所述,依照《最高人民法院关于适用〈中华人民共和国民法典〉时间效力的若干规定》第一条第二款,《中华人民共和国民事诉讼法》第六十四条、第九十二条、第一百四十四条的规定,判决如下:

　　自本判决生效之日起五日内,被告广州××教育咨询有限公司向原告袁××支付装修款42 600元及其利息(以42 600元为本金,自2020年1月11日起按照全国银行间同业拆借中心公布的同期市场贷款报价利率的标准计算至实际支付之日止)。

如果未按照本判决指定的期间履行给付金钱义务,被告应当依照《中华人民共和国民事诉讼法》第二百六十条之规定,加倍支付迟延履行期间的债务利息。

本案受理费448.19元,由被告广州××教育咨询有限公司负担并于本判决生效之日起五日内向本院缴纳。

如不服本判决,可在判决书送达之日起十五日内,向本院递交上诉状,并按对方当事人的人数提出副本,上诉于广东省广州市中级人民法院。

判决生效后(当事人提起上诉的,以上诉法院生效判决为准),负有履行义务的当事人必须依法按期履行判决。逾期未履行的,其不得有高消费及非生活和工作必须的消费行为。本项内容在判决生效后即视为执行通知,违反本项通知的,人民法院在权利人申请执行立案或移送执行后,可立即采取强制执行措施,包括但不限于依法对相关义务当事人采取限制高消费、列入失信被执行人名单、罚款、拘留等,构成犯罪的,依法追究刑事责任。

审 判 员 陶××

二〇二一年五月六日

(院印)

书 记 员 郑××

四、制作要求及注意事项

任务三　制作第二审民事判决书

一、第二审民事判决书的概念

第二审民事判决书,是指人民法院依照《中华人民共和国民事诉讼法》的规定,审理当事人不服第一审人民法院的民事判决而提起上诉的民事案件,审理终结后作出判决的法律文书。

二审法院通过审理,可以及时纠正一审民事判决或裁定可能发生的错误,从而维护当事人的合法权益,保障法律的正确实施。

二、第二审民事判决书的格式

××省××市××区人民法院
民事判决书

（××××）××××民终××××号

上诉人（原审诉讼地位）：×××，……。

……

被上诉人（原审诉讼地位）：×××，……。

……

原审原告/被告/第三人：×××，……。

……

（以上写明当事人和其他诉讼参加人的姓名或者名称等基本信息）

上诉人×××因与被上诉人×××/上诉人×××及原审原告/被告/第三人×××……（写明案由）一案，不服××××人民法院（××××）××××民初××××号民事判决，向本院提起上诉。本院于××××年××月××日立案后，依法组成合议庭，开庭/因涉及……（写明不开庭的理由）不开庭进行了审理。上诉人×××、被上诉人×××、原审原告/被告/第三人×××（写明当事人和其他诉讼参加人的诉讼地位和姓名或者名称）到庭参加诉讼。本案现已审理终结。

×××上诉请求：……（写明上诉请求）。事实和理由：……（概述上诉人主张的事实和理由）。×××辩称，……（概述被上诉人答辩意见）。

×××述称，……（概述原审原告/被告/第三人陈述意见）。

×××向一审法院起诉请求：……（写明原告/反诉原告/有独立请求权的第三人的诉讼请求）。

一审法院认定事实：……（概述一审认定的事实）。一审法院认为，……（概述一审裁判理由）。判决：……（写明一审判决主文）。

本院二审期间，当事人围绕上诉请求依法提交了证据。本院组织当事人进行了证据交换和质证（当事人没有提交新证据的，写明：二审中，当事人没有提交新证据）。对当事人二审争议的事实，本院认定如下：……（写明二审法院是否采信证据、认定事实的意见和理由，对一审查明相关事实的评判）。

本院认为，……（根据二审认定的案件事实和相关法律规定，对当事人的上诉请求进行分析评判，说明理由）。

综上所述，×××的上诉请求成立，予以支持。依照《中华人民共和国×××法》第×条（适用法律错误的，应当引用实体法）、《中华人民共和国民事诉讼法》第一百七十七条第一款第（×）项规定，判决如下：

一、撤销××××人民法院（××××）××××民初××××号民事判决；

二、……（写明改判内容）。

二审案件受理费……元，由……负担（写明当事人姓名或者名称、负担金额）。

（1. 二审判决主文按照撤销、改判的顺序写明。一审判决主文有给付内容，但未明确履行期限的，二审判决应当予以纠正。判决承担利息，当事人提出具体请求数额的，二审法院可以根据当事人请求的数额作出相应判决；当事人没有提出具体请求数额的，可以表述为"按……利率，自××××年××月××日起计算至××××年××月××日止"。2. 二审对一审判决进行改判的，应当对一审判决中驳回其他诉讼请求的判项一并进行处理，如果驳回其他诉讼请求的内容和范围发生变化的，应撤销原判中驳回其他诉讼请求的判项，重新作出驳回其他诉讼请求的判项。3. 因为出现新的证据导致事实认定发生变化而改判的，需要加以说明。人民法院依法在上诉请求范围之外改判的，也应加以说明。）

本判决为终审判决。

审　判　长　×××

审　判　员　×××

审　判　员　×××

××××年××月××日

（院印）

书　记　员　×××

三、范例

辽×省阜×市中级人民法院
民事判决书[1]

（2023）辽××民终×××号

上诉人（原审原告）：孙××，女，1973年3月13日生，汉族，住址辽宁省××县。

上诉人（原审原告）：苏××，女，1972年8月26日生，汉族，住址辽宁省××县。

上诉人委托诉讼代理人：杨××，女，1987年12月20日生，汉族，户籍地辽宁省××县，现住××县。

被上诉人（原审被告）：××铁路有限责任公司。住所地阜×市××区××街道。

---

〔1〕 改编自中国裁判文书网，载 https://wenshu.court.gov.cn/website/wenshu/181107ANFZ0BXSK4/index.html? docId=cVyxAV2KtXS4c+fLUM+C4oyuNXbvAIXVbqbSiqGWrHVn/CzKHhzmzp/dgBYosE2gd+U8v909QuskL5cUJOWiiFaCwv T18+2N6zm4EqFo5gcoiJaEOMh9SjZfQhDvkM2i，最后访问日期：2023年7月18日。

法定代表人：潘××，该公司董事长、总经理。

委托诉讼代理人：庄××，××律师事务所律师。

上诉人孙××、苏××因与被上诉人××铁路有限责任公司劳动合同纠纷一案，不服阜×市××县人民法院（2022）辽××××民初××号民事判决，向本院提起上诉。本院于2023年1月13日立案后，依法组成合议庭，进行了审理。本案现已审理终结。

孙××、苏××上诉请求：1. 请求二审人民法院依法判决被上诉人依法支付苏××违法解除劳动合同赔偿金人民币23 400元，孙××违法解除劳动合同赔偿金人民币18 000元。2. 一审、二审诉讼费用由被上诉人承担。理由：一、原审法院认定事实不清，证据不足，适用法律不当。对原审人民法院认定二上诉人与被上诉人为劳动关系一节无异议，但对是否属于合法解除劳动关系、协商一致解除劳动关系认定的事实有意见，上诉人认为，被上诉人解除与二上诉人的劳动关系，属于违法解除。理由如下：（1）上诉人苏××、孙××分别于2015年8月19日、2017年3月就职于××铁路××食堂，职位为厨师，月薪1800元，入职后尚未给其缴纳社保和签订劳动合同，但每月由××铁路银行打卡工资进行发放，二上诉人遵守每日的行政出勤、食堂规章管理制度，受公司规章管理制度和行政隶属关系的约束和调整，且统一着工装，发放工作服，从客观上符合劳动关系主体构成的法律要件，虽未签订劳动合同，但二者之间已经形成事实劳动关系，因此，二上诉人与被上诉人构成劳动关系。（2）二上诉人被上诉人无故辞退，主要原因为被上诉人单位食堂管理者通过私人关系将其亲属招聘到本单位，并安排至食堂工作，在工作上强行变相逼迫辞退二上诉人，二上诉人不同意被上诉人无故辞退的行为，但由于二上诉人原来岗位被新员工占据，无法继续工作，故被公司领导予以解聘。（3）上诉人认为，被上诉人的解聘行为不符合《中华人民共和国劳动合同法》第三十九条单位解除劳动合同的任一情形，故其解除劳动关系属于违法解除。且《最高人民法院关于民事诉讼证据的若干规定》第六条和《最高人民法院关于审理劳动争议案件适用法律若干问题的解释》第十三条均规定，在劳动争议纠纷案件中，因用人单位做出开除、除名、辞退、解除劳动合同而发生劳动纠纷的，由用人单位负举证责任。被上诉人主张其单位系合法解除劳动关系或上诉人自动离职，应就其观点进行举证，证实二上诉人系自动离职或被单位合法解除的相关证据，如协商解除材料或离职申请表单等签字文件等。但截至一审辩论终结前，被上诉人尚未出示相关证据。被上诉人仅在仲裁开庭阶段向仲裁庭提交了二上诉人的两份离职申请单（手写版），但经过庭审质证，该离职申请单并非二人书写，且签字并非本人所签，系被上诉人单方制作，他人伪造编写，与事实严重不符（仲裁庭审时我们已经保留追究伪造证据、提供虚假证明材料等相关责任的法律权利）。同时，针对被上诉人提供的会议记录，也系被上诉人单方制作，无上诉人签字确认，上诉人并未到会议现场，且会议记录是否为2022年1月5日形成有待考证，另提醒法庭注意的是，该会议记录在仲裁开庭时并未提出，仲裁开庭以后明确表示其后补上，故其单方制作的该会议记录，无论从内容，形式，会议形成时间，关键当事人签字与否上看，均无法排除对会议记录真实性的合理怀疑。（4）二上诉人自被上诉人用工之日起尚未签订劳动合同和缴纳保险，且达一年以上，应视为与劳动者签订无固定期限劳动合同，因此不符合劳动合同终止情形、亦不符合协商一致解除合同的情形。（5）根据《中华人民共和国劳动合同法》第四十三条之规定，用人单位单方解除劳动合同，应当事先将理由通知工会且提前一个月告知，但被上诉人从解除劳动合同的程序上，并未提前一个月告知，因此，被上诉人解除与二上诉人劳动合同的行为违法。二、二上诉人针对被上诉人违法解除劳动合同的行为，已经向阜×市劳动人事争议调解仲裁委员会提起了违法解除劳动合同赔偿仲裁前置程序。本案于2022年6月22日在阜×市劳动人事争议调解仲裁委员会立案，第一次开庭为7月20日，第一次开庭时，上诉人代理人当庭提出仲裁请求的变更，由经济补偿金变更为经济赔偿金，被上诉人当庭提出延长答辩期，第二次开庭日期为8月4日。针对此节意见，被上诉人代理人已经在一审承认客观事实。综上，二上诉人在被上诉人单位食堂从事厨师工作多年，最为忙碌的年份和季节已过，进入业务淡季活不累的年份后，由于被上诉人食堂管理者亲属占据二人岗位，逼迫二上诉人离职，其行为不符合法律规定，其解除行为属于违法解除，根据《中华人民共和国劳动合同法》第四十七条、第八十七条之规定，被上诉人应支付二上诉人违法解除劳动合同经济赔偿金。劳动者是为社会创造财富价值不可或缺的细胞，也是社会的弱势群体，尤其二上诉人的工作性质和工作内容，本身属于社会底层和边缘地带，当公平被现实打破，二人得以生存的饭碗被打翻，寻求法律途径的帮助是其最后维权的底线和程序，因此，请求人民法院从事实角度、法律角度、社会影响角度予以支持，以维护劳动者的合法权益。

××铁路有限责任公司辩称，被上诉人从未以任何形式主动与两名上诉人解除劳务/劳动关系，不存在被上诉人违法解除劳动合同的情况，上诉人主张违法解除劳动合同赔偿金的请求无事实及法律依据。被上诉人分别于2015年及2017年与上诉人苏××及上诉人孙××达成口头协议，约定被上诉人聘请二名上诉人为被上诉人××食堂厨师，主要负责××食堂的食物制作工作，上诉人主动提出解除劳务关系前每月的劳动报酬数额为1800元。2022年1月，二名上诉人所提供劳务的××食堂召开每周例会，××铁路职工翟××负责会议记录，会上因被上诉人拟对二名上诉人提供劳务的时间作出变更，由每日凌晨提供食物制作服务调整为每日白天提供食物制作服务。但二名上诉人无法接受本次服务时间调整，故于会上明确表示要求离职，二名上诉人各自申请离职的原因分别为：苏××需白天照看孩子，不能提供服务。孙××因白天家中有事，不能提供服务。上诉人苏××及孙××分别自2022年1月10日、16日起，再未前往××食堂提供任何食物制作服务。被上诉人方多次电话联系二上诉人，二上诉人均明确表示不再为被上诉人提供服务。故2022年2月，被上诉人职工翟××分别联系二名上诉人要求其提供正式的书面离职申请，上诉人苏××、孙××分别于电话中再次明确各自离职的原因系"在家看小孩"及"白天家中有事"，二名上诉人均口头授权翟××制作落款时间为2022年1月11日、17日的《离职申请》，故本案中系二名上诉人主动申请离职，被上诉人从未以任何方式主动要求二名上诉人离职，各方间也不存在任何违反劳动合同法规定的违法解除劳动合同的情形。故本案中不存在任何符合《中华人民共和国劳动合同法》第四十二条及第四十八条规定的应当向二名上诉人支付经济赔偿金的情形。被上诉人虽认为被上诉人与二上诉人之间仅存在劳务关系，但被上诉人方愿意尊重阜×市劳动人事争议调解仲裁委员会及一审法院作出的裁决、判决结果。综上所述，恳请人民法院维护被上诉人的合法权益，依法驳回二名上诉人的全部上诉请求。

一审法院认定事实：苏××、孙××分别于 2015 年 8 月 19 日、2017 年 3 月 10 日至被告的××县××食堂工作，职务为厨师，月工资 1800 元，隶属被告行政部，原、被告未签订书面劳动合同。2022 年 1 月，因客观情况被告拟变更二原告工作时间，二原告不能接受，原、被告协商解除劳动合同。

一审法院认为，被告作为有限责任公司符合法律、法规规定的用人单位主体资格，原告提供的劳动是被告业务组成部分（被告的后勤保障工作），被告受原告管理，原告向被告支付劳动报酬，依据《劳动和社会保障部关于确立劳动关系有关事项的通知》第一条的规定，原告与被告之间成立事实劳动关系。原告提供的劳动是否是被告业务组成部分，不能以被告的经营范围确定，对于被告的"原、被告之间仅存劳务关系，不存在劳动关系"的辩解意见，不予采纳。原、被告协商解除劳动关系，被告应当向原告支付解除劳动关系经济补偿金，对此，阜×市劳动人事争议调解仲裁委员会作出的阜劳人裁字（2022）第××号仲裁裁决结果，予以确认。原、被告解除劳动关系属于原、被告协商解除，不属于被告违法解除，因此，原告请求被告给付违法解除劳动合同经济赔偿金依据不足，对于原告的诉讼请求，不予支持。依照《中华人民共和国劳动合同法》第三十六条、第四十六条第（二）项、第四十七条第一款，《劳动和社会保障部关于确立劳动关系有关事项的通知》第一条，《中华人民共和国民事诉讼法》第六十七条第一款，《最高人民法院关于适用〈中华人民共和国民事诉讼法〉的解释》第九十条之规定，判决如下：

驳回二原告苏××、孙××的诉讼请求。

本院二审期间，当事人围绕上诉请求未提交证据。对当事人二审争议的事实，本院认定如下：一审法院判决查明事实属实。

本院认为，上诉人主张被上诉人违法解除劳动合同，但被上诉人对此予以否认。根据查明的事实，被上诉人将上诉人工作时间由晚班调整为白班，但在本案中并无证据显示被上诉人作出了解除上诉人劳动关系决定。上诉人主张被上诉人违法解除劳动合同亦未提供证据加以证明，故上诉人主张被上诉人违法解除劳动合同要求支付赔偿金的依据不足，不予支持。综上所述，上诉人的上诉请求不能成立，一审判决认定事实清楚，适用法律正确，应予维持。依照《中华人民共和国民事诉讼法》第一百七十七条第一款第（一）项规定，判决如下：

驳回上诉，维持原判。

案件受理费 10 元，由上诉人苏××、孙××负担。

本判决为终审判决。

审　判　长　周××

审　判　员　乔××

审　判　员　刘××

二〇二三年四月七日

（院印）

书　记　员　贾　×

四、制作要求及注意事项

任务四　制作再审民事判决书

一、再审民事判决书的概念

再审民事判决书，是指人民法院，对于已经发生法律效力的判决、裁定和调解协议，发现确有错误，按照审判监督程序对案件进行重新审理后，就案件的实体问题作出的书面决定。

按照《中华人民共和国民事诉讼法》的相关规定，按照提起再审的事由不同，再审民事判决书一般可分为当事人申请再审、人民法院依职权再审、人民检察院抗诉再审以及案外人申请再审四个种类九种类型。

二、再审民事判决书的格式（依申请）

××省××市××区人民法院
民事判决书

（××××）×民再××号

再审申请人（原告或原审上诉人）：……（写明姓名或名称等基本情况）。

　　法定代理人/指定代理人/法定代理人/主要负责人：×××，……。

　　委托诉讼代理人：×××，……。

　　被申请人（原审被告或原审被上诉人）：……（写明姓名或名称等基本情况）。

　　法定代理人/指定代理人/法定代理人/主要负责人：×××，……。

　　委托诉讼代理人：×××，……。二审上诉人/二审被上诉人/第三人（写明一审诉讼地位）×××，……（写明姓名或名称等基本情况）。

　　法定代理人/指定代理人/法定代理人/主要负责人：×××，……。

　　委托诉讼代理人：×××，……（当事人及其他诉讼参加人的列项和基本情况的写法，与本院决定再审的案件使用的民事判决书样式相同）。

　　再审申请人×××因与被申请人×××……/再审申请人及×××……（写明案由）一案，不服×××人民法院（×××）……号民事判决书/民事裁定/民事调解书，向本院申请再审。本院于××××年××月××日作出（××××）××××号民事裁定，提审本案。本院依法组成合议庭，公开（或不公开）开庭审理了本案。再审申请人×××、被申请人×××（写明参加再审的当事人及其诉讼代理人等）到庭参加诉讼。（未开庭的写"本院依法组成合议庭审理了本案"）本案现已审理终结。×××申请再审，……（写明再审请求、事实和理由）。

　　×××辩称，……（概述被申请人的答辩意见）。

　　×××述称，……（概述原审其他当事人的意见）。

　　×××向一审法院起诉请求：……（写明一审原告的诉讼请求）。一审法院认定事实：……

　　一审法院判决：……（写明一审判决主文）。

　　×××不服一审判决，上诉请求……（写明上诉请求）。二审法院认定事实：……（概述二审认定事实）。二审法院认为，……（概述二审判决理由）。二审法院判决：……（写明二审判决主文）。

　　围绕当事人的再审请求，本院对有争议的证据和事实认定如下：

　　……经审理查明，……（写明再审法院采信证据、认定事实的意见和理由，对一审、二审法院认定相关的事实进行评判）。

　　本院再审认为，……（根据再审查明的事实、着重论述原审生效判决是否正确，申请人提出的理由能否成立，阐明应予改判，如何改判或者应当维持原判的理由）。

　　综上所述，……（对当事人的再审请求是否成立进行总结评述）。依照……（写明援引的法律条款项）的规定，判决如下：

　　……（写明判决结果）。

　　……（写明诉讼费用的负担。维持原判的，此项不写）。

　　……（按第一程序再审的，写："如不服本判决，可在判决书送达之日起 15 日内向本院递交上诉状，并按对方当事人的人数提供副本，上诉于××××人民法院。"按第二程序再审的，写："本判决为终审判决。"）。

审　判　长　×××
审　判　员　×××
审　判　员　×××
××××年××月××日
（院印）
书　记　员　×××

三、范例

辽×省鞍×市中级人民法院
民事判决书[1]

（2021）辽××民再××号

再审申请人（原审原告）：××县××铅锌选矿厂。住所地：××县金矿。

负责人：梁××，系该厂厂长。

委托诉讼代理人：梁××，女，1960年5月1日出生，满族，退休工人，住××县。

委托诉讼代理人：庞××，男，1947年6月24日出生，满族，退休工人，住××县。

被申请人（原审被告）：姜××，男，1973年3月20日出生，满族，个体，住××县。现服刑于辽宁省××监狱。

被申请人（原审被告）：赵××，男，1978年10月7日出生，满族，住××县。现服刑于辽宁省××监狱。

原审原告××县××铅锌选矿厂（以下简称××选矿厂）诉原审被告姜××、赵××租赁合同纠纷一案，×县人民法院于2015年4月13日作出（2014）×民红初字第××号民事判决，该判决发生法律效力后，××选矿厂向本院提出再审申请，本院于2019年12月24日作出（2019）辽××民申××号民事裁定，裁定由一审法院再审本案。一审法院再审期间报请本院，经本院民事审判委员会研究，于2021年8月19日作出（2019）辽03民申××号民事裁定，裁定由本院提审本案。本院再审立案后依法组成合议庭，公开开庭审理了本案。再审申请人××选矿厂的委托诉讼代理人梁××、庞××到庭参加了诉讼。本案现已审理终结。

××选矿厂申请再审称：一、请求按审判监督程序，对一审法院（2014）×民红初字第××号民事判决进行再审。二、诉讼费由两名被申请人承担。事实及理由：一审法

---

[1] 改编自中国裁判文书网，载 https://wenshu. court. gov. cn/website/wenshu/181107ANFZ0BXSK4/index. html? docId=6XjNV7Lw8PO3rwAs0M7oMPs97BXChd8Tl9x0srxFVMkaZp2tfrLM2Z/dgBYosE2gd+U8v909QuskL5cUJOWiiF0ANZq xUJieMp0dOAwFFps3FmVpKm64aP5pVbQkp/Yl，最后访问日期：2023年7月18日。

院（2014）×民红初字第××号民事判决在认定事实及适用法律均有错误。一、赵××、姜××不具有合法土地使用权的资格，占有辽宁××金矿（以下简称××金矿）国有划拨土地系非法占有，××金矿的土地属国家所有，划拨给××金矿使用。赵××、姜××占有××金矿土地违法，属非法占有。二、赵××、姜××没有权利代表国家租赁土地，不具有土地租赁主体资格。三、姜××未经政府批准非法出租国有土地，非法收取巨额租金归为己有，损害国家利益，违反强制性法律规定，租赁合同、补充协议自始无效。四、申请再审的法律依据。××法院于 2019 年 3 月 13 日作出（2018）辽××××民初××号民事判决：（一）2004 年 4 月 11 日××金矿与被告赵××签订的买卖合同中关于转让国有土地使用权部分无效；（二）被告赵××、第三人姜××于判决生效后将上述国有土地使用权及土地使用权证交还原告××金矿破产还债管理人。××市中级人民法院于 2019 年 9 月 10 日以（2019）辽××民终××号民事判决，维持原判，驳回姜××的上诉。一审、二审判决生效具有既判力，上述新的证据，足以推翻××法院（2014）×民红初字第××号民事判决。综上，赵××、姜××非法占有××金矿国有土地，不具有租赁合同土地的主体资格，非法出租，收取巨额租金，损害国家利益，违反国家法律强制性规定，租赁合同、补充协议自始无效。原审法院（2014）×民红初字第××号民事判决在认定事实、适用法律均有错误，申请人请二审法院再审重新判决本案。

被申请人姜××辩称，服从一审法院（2014）×民红初字第××号民事判决。××区法院刑事判决已追缴其违法所得，已经进入执行程序，××选矿厂的再审请求不成立。

被申请人赵××辩称，服从一审法院（2014）×民红初字第××号民事判决。××区法院（2020）辽 03××刑初××号一审刑事判决已判决追缴其违法所得，本人违法所得 67 万元在刑事立案时已缴纳，不应重复判决。

××选矿厂向一审法院起诉称：原告于 2007 年 5 月 1 日与赵××签订租赁合同，并约定了租赁期限及租金等。2012 年 8 月 28 日与被告姜××签订补充协议，约定原告继续在原有土地使用范围内生产，向被告姜××交纳土地租金。现原告总计向两被告交纳 110 万元土地租金。但被告姜××仍多次阻碍和干扰原告生产。因原辽宁××金矿××选矿厂及尾矿库区的土地属于国有划拨土地，两被告在没有取得土地使用权的严重违法情况下与原告签订租赁协议，收取租金。诉请人民法院依法确认：原、被告签订的 2007 年 5 月 1 日签订的租赁合同和 2012 年 8 月 28 日的补充协议无效，并返还原告租金 110 万元及利息，被告承担诉讼费用。

一审法院审理查明：1997 年 4 月 10 日，原告铅锌××选矿厂与辽宁黄金××建筑安装工程公司签订租赁合同一份，合同约定甲方（即工程公司）同意将××矿场鸡场的东北端土地及房屋租赁给乙方（即原告）时间 10 年，乙方每年向甲方交纳租赁费 3.5 万元，原告于 1997 年 6 月 26 日领取企业法人营业执照，法定代表人为梁××，原告一直在此生产经营××选矿业务。2004 年 4 月 11 日，被告赵××与××金矿签订买卖合同，买卖双方在自愿的基础上就拍卖成交后买卖××金矿选矿厂一事达成共识，并签订合同。×

×金矿将辽宁××金矿××选矿厂（厂房、设备）及附属设施（办公室、库房、化验室、车工房、试料室、地中衡、尾矿库、水源地、变电所等），（上述厂房设备及设施的边框四至以土地证标注为准）（只有使用权）卖给被告赵××，拍卖成交价格人民币100万元，合同还约定原××金矿委托辽宁黄金××建筑安装工程公司在××库内同意新建的原告选矿厂等7家单位及库区内新垦荒地的使用权随××库及厂区产权的转移而转移。2007年4月9日原告原租赁合同到期，同年5月1日被告赵××与原告法定代表人梁××就继续使用××坝下部分土地签订一份租赁合同。约定被告赵××将上述土地租给原告使用，租期10年，年租金5万元。被告依据该合同，共收取原告租金25万元。2007年5月14日被告赵××与被告姜××签订转让协议，被告赵××将购买的辽宁××金矿××选矿厂全部转让给被告姜××。2012年8月28日被告姜××与原告法定代表人梁××又签订补充协议，该协议约定，原2007年5月1日签订的铅锌生产线租赁合同继续有效。租赁期自2012年5月1日至2017年5月1日止，租期5年，每年租金45万元，依据该协议被告姜××收取原告租金85万元。

另查明，辽宁××金矿××选矿厂系××金矿下属企业，××金矿的××坝土地是国有划拨土地，拥有×国用（1994）字第××号国有土地使用证，占地面积为295 874平方米。2002年××金矿被批准纳入国家计划破产。2006年4月17日本院裁定破产还债。现××金矿相关资产由辽宁××金矿破产清算办公室管理。该办公室在执行管理破产清算事务时曾向社会发布通告，在××金矿国有划拨土地范围内，任何单位个人不得进行建筑行为，不得转让及变相转让土地使用权及其他资产。

一审法院认为：依法成立的合同对当事人具有法律约束力。当事人应当按照约定履行自己的义务，不得擅自变更或者解除合同。二被告依据买卖合同支付价款占有合同标的物（包括尾矿坝），被告即取得占有、使用的权利，故二被告享有使用、受益权，原、被告签订的租赁协议是双方真实意思表示，不违反相关法律、法规规定，对双方当事人具有约束力，并且原告已自行履行。现原告以被告未取得该土地使用权，要求法院确认该租赁合同无效，事实和法律依据不充分。二被告是否取得该土地的使用权，不影响原、被告双方协议的履行。被告姜××辩称原告主体资格问题，该院认为，梁××作为原告企业的法定代表人，与二被告签订合同时虽然以个人名义签字，但合同的内容表现为原告企业办理租赁事宜，并且该土地确系原告企业使用，租金也为企业支付。故被告该抗辩主张。该院不予支持。该院依据《中华人民共和国合同法》第八条、第四十四条、第六十条，《中华人民共和国物权法》第二百四十一条之规定，判决：驳回原告××县××铅锌选矿厂的诉讼请求。案件受理费14 700元，由原告承担。

本院再审查明：本院再审对一审法院原审查明的事实予以确认。

另查明，因赵××、姜××、姜××犯贪污罪，××市××区人民法院于2020年12月16日作出（2020）辽03××刑初××号刑事判决。该判决已经发生法律效力。该判决认定赵××、姜××、姜××通过骗取手段，非法无偿获得了两块土地使用权，并出租土地收取租金，构成贪污罪。姜××非法获得土地出租收益292万元，赵××非法获得土地出租收益67万元。分别判处姜××、赵××、姜××有期徒刑及罚金。并判决追缴被告人姜××违法所得人民币292万元，依法没收，被告人赵××违法所得人民币67万元（已缴纳），依法由扣押机关处理。

又查，××金矿破产还债管理人诉被告姜××、赵××确认合同无效纠纷一案，××县人民法院作出（2018）辽03××民初××号民事判决，已经发生法律效力。该判决确认：2004年4月11日，××金矿与被告赵××签订的买卖合同中关于转让国有划拨土地使用权部分无效，被告赵××、第三人姜××于本判决生效后立即将上述国有土地使用权及土地使用证交还给原告××金矿破产还债管理人。

本院再审认为，再审申请人××铅锌选矿厂要求再审撤销（2014）×民红初字第××号民事判决，改判确认案涉协议无效，符合法律规定，应予支持。再审申请人要求再审改判赵××、姜××返还租金本金及利息，没有事实和法律依据，不应支持。

一审法院（2014）×民红初字第××号民事判决生效后，本案所涉事实发生变化。经一审法院（2018）辽03××民初××号民事判决和××市××区人民法院（2020）辽03××刑初××号刑事判决确认，赵××与姜××并非再审申请人所租赁土地的权利人，二人向再审申请人出租土地属无权处分行为。故赵××在2007年5月1日与再审申请人的法定代表人梁××签订的租赁合同、姜××在2012年8月28日与再审申请人法定代表人梁××签订的补充协议，均为无效协议。故（2014）×民红初字第××号民事判决中对此事实的认定应予纠正。再审申请人××选矿厂要求确认案涉协议无效的请求应予支持。

关于再审申请人××铅锌选矿厂向赵××、姜××支付的租金应否返还及赵××、姜××应否向再审申请人支付租金利息一节，再审申请人××铅锌选矿厂从2007年开始至其一审起诉，一直占有和使用从赵××和姜××处租赁的土地，交纳租金亦属履行合同的行为。非经赠与或授权无偿使用，再审申请人××选矿厂如不向赵××和姜××支付租金，亦须向土地权利人交纳使用土地的租金或费用。虽然××县人民法院（2018）辽03××民初××号民事判决已经确认案涉的国有划拨土地使用权的转让无效，并判决赵××、姜××于该判决生效后立即将上述国有土地使用权及土地使用证交还给原告××金矿破产还债管理人，但××市××区人民法院（2020）辽03××刑初××号刑事判决已经明确认定赵××及姜××出租案涉土地系违法行为，并判决入罪，租金等违法所得予以追缴没收。再审申请人××铅锌选矿厂要求赵××和姜××返还租金并承担利息没有事实和法律依据。（2014）×民红初字第××号案件民事判决驳回其要求赵××、姜××返还租金并承担利息的诉讼请求并无不当。如因赵××与姜××的无权处分土地的行为或二人在合同履行期间的其他行为，造成再审申请人××铅锌选矿厂在使用租赁土地期间财产权益受到损害，再审申请人应依法选择正确的法律程序维护自己的合法权益。

综上，依照《中华人民共和国民事诉讼法》第二百零七条、第二百一十四条，《最高人民法院关于适用〈中华人民共和国民事诉讼法〉的解释》第四百零五条第二款之规定，判决如下：

一、撤销××县人民法院（2014）×民红初字第××号民事判决；

二、再审申请人××县××铅锌选矿厂与被申请人赵××于 2007 年 5 月 1 日签订的租赁合同无效；

三、再审申请人××县××铅锌选矿厂与被申请人姜××于 2012 年 8 月 28 日签订的补充协议无效；

四、驳回再审申请人××县××铅锌选矿厂要求被申请人赵××、姜××返还租金并支付利息的诉讼请求。

一审案件受理费 14 700 元，由被申请人赵××和姜××负担 100 元。由申请人××县××铅锌选矿厂负担 14 600 元。

本判决为终审判决。

审 判 长 梁××
审 判 员 杨××
审 判 员 廖××
二〇二二年十月十四日
（院印）
法官助理 何××
书 记 员 ××（代）

四、制作要求及注意事项

任务五 制作特别程序民事裁判文书

一、特别程序民事裁判文书的概念

特别程序民事裁判文书，是指人民法院按照《中华人民共和国民事诉讼法》规定的特别程序，审理特殊类型的案件，就某种法律事实是否存在或者某种权利的实际状况如何而作出确认时所制作的书面决定。

按照特别程序审理的案件都不具有民事权益争议的内容，且起诉人或者申请人都不要求追究民事责任。这决定了特别程序民事判决书与一审、二审和再审民事判决书，在格式、内容和制作方面，都有不同之处。主要表现为：

1. 判决书所解决问题的性质不同。特别程序民事判决书是对某种法律事实是否存在和某种权利的实际状况如何作出确认；而一般的民事判决书是针对解决民事诉讼当事人之间的民事权益争议作出的决定。

2. 适用的范围不同。特别程序民事判决书适用于依照民事诉讼法规定的特别程序审理的特殊类型的民事案件；而一般民事判决书适用于第一审程序、第二审程序和再审程序审理的各种民事权益纠纷案件。

3. 判决发生效力的时间不同。按照特别程序审理的案件实行一审终审制，选民资格案件或者重大、疑难的案件，由审判员组成合议庭审理；其他案件由审判员一人独任审理。因此，所制作的判决书送达当事人后即发生法律效力；而一般民事案件实行两审终审制，一审民事判决只有当事人在法定上诉期限内不上诉或者二审判决予以维持的，判决才能发生法律效力。

4. 判决书中当事人的称谓和列项不同。适用特别程序审理的案件，一般不是来自当事人的起诉，而是来自利害关系人或者其他公民、法人和组织的申请。由于不是民事权益纠纷，没有对方当事人。所以，除了选民资格案件判决书中对当事人称为"起诉人"外，其余判决书样式中均称"申请人"，而且都没有对方当事人的列项。

5. 判决书中应写明的事实内容不同。适用特别程序审理的案件，除选民资格案件外，均属于非诉案件。因此，判决书的事实部分只有申请人提供的事实和法院确认的事实，而没有当事人争议的事实。

6. 特别程序裁判文书按照案件性质的不同可分为（本章主要讲述常见 b、c 两类案件，a～d 适用判决，e～f 适用裁定）：

a. 申请确定选民资格案件；

b. 申请宣告或撤销公民失踪或者宣告或撤销公民死亡案件（含指定财产代管人）；

c. 申请宣告公民无民事行为能力或者限制民事行为能力案件（含申请指定监护人）；

d. 申请认定财产无主案件；

e. 确认调解协议效力案件；

f. 实现担保物权案件。

二、申请宣告公民失踪或者宣告公民死亡案件民事裁判文书

（一）概念

申请宣告公民失踪或者宣告公民死亡案件民事判决书，是指人民法院按照《中华人民共和国民事诉讼法》规定的特别程序，审理宣告公民失踪或者宣告公民死亡案件后，依法作出裁判书面决定。

《中华人民共和国民事诉讼法》第 192 条规定，人民法院受理宣告失踪、宣告死亡案件后，应当发出寻找下落不明人的公告。宣告失踪的公告期间为三个月，宣告死亡的公告期间为一年。因意外事件下落不明，经有关机关证明该公民不可能生存的，宣告死亡的公告期间为三个月。公告期间届满，人民法院应当根据被宣告失踪、宣告死亡的事实是否得到确认，作出宣告失踪、宣告死亡的判决或者驳回申请的判决。这是制作和适用宣告公民失踪或者宣告公民死亡案件民事判决书的法律依据。

（二）格式

1. 格式一：申请宣告公民失踪案件民事裁判文书。

××××人民法院
民事判决书

（××××）××××民特×××号

申请人：×××，……

……

（以上写明申请人及其代理人的姓名或者名称等基本信息）

申请人×××申请宣告公民失踪一案，本院于××××年××月××日立案后，依法适用特别程序进行了审理。现已审理终结。

×××称，……（概述申请人的请求、事实和理由）。

经审理查明：下落不明人×××，男/女，××××年××月××日生，×族，户籍地……原住……系申请人×××的××。……（写明下落不明的事实、时间）。申请人×××申请宣告×××失踪后，本院于××××年××月××日在……（写明公告方式）发出寻找×××的公告。（下落不明得到确认的，写明：）法定公告期间为三个月，现已届满，×××仍然下落不明。（下落不明得不到确认的，写明事实根据：）……

本院认为，……（写明判决理由）。

依照《中华人民共和国民事诉讼法》第一百九十二条、《最高人民法院关于适用〈中华人民共和国民事诉讼法〉的解释》第三百四十三条规定，判决如下：

（宣告失踪的，写明：）

一、宣告×××失踪；

二、指定×××为失踪人×××的财产代管人。

（驳回申请的，写明：）驳回×××的申请。

本判决为终审判决。

审　判　员　×××

××××年××月××日

（院印）

书　记　员　×××

2. 格式二：申请宣告公民死亡案件民事裁判文书格式。

××××人民法院
民事判决书

（××××） ××××民特×××号

申请人：×××，……

……

（以上写明申请人及其代理人的姓名或者名称等基本信息）

申请人×××申请宣告公民死亡一案，本院于××××年××月××日立案后，依法适用特别程序进行了审理。现已审理终结。

×××称，……（概述申请人的请求、事实和理由）。

经审理查明：下落不明人×××，男/女，××××年××月××日生，×族，户籍地……原住……系申请人×××的××。……（写明下落不明的事实、时间）。申请人×××申请宣告×××死亡后，本院于××××年××月××日在……（写明公告方式）发出寻找×××的公告。（下落不明得到确认的，写明:）法定公告期间为一年/三个月，现已届满，×××仍然下落不明。（下落不明得不到确认的，写明事实根据:）……

本院认为，……（写明判决理由）。

依照《中华人民共和国民事诉讼法》第一百九十二条规定，判决如下：

（宣告死亡的，写明:）宣告×××死亡。

（驳回申请的，写明:）驳回×××的申请。

本判决为终审判决。

审　判　员　×××

××××年××月××日

（院印）

书　记　员　×××

（三）范例

范例一：

×××省××市××区人民法院
民事判决书[1]

（××××） 苏××××民特×××号

申请人：吴××，男，1960 年 5 月 21 日生，汉族，住泰兴市。

---

〔1〕 改编自中国裁判文书网，载 https://wenshu.court.gov.cn/website/wenshu/181107ANFZ0BXSK4/index.html? docId=y8aBPW+o2P7veSkPPwRtqZYmDgQJXUBZjcNfiTtiPSP9AoEWZrBmsJ/dgBYosE2gd+U8v909QuskL5cUJOWiiNkwxG3 f9fk5eJOqeLvkNBEoOBSTyNSaFCZE5lKsR+rS，最后访问日期：2023 年 7 月 18 日。

委托诉讼代理人：顾×，×××市×××法律服务所法律工作者。

申请人吴××申请宣告自然人失踪一案，本院于 2024 年 1 月 5 日立案后，依法适用特别程序进行了审理。现已审理终结。

吴××诉称，其与×××于 1990 年结婚，未领取结婚证，属事实婚姻，婚后未生育子女。2013 年左右×××离家出走，一直未归，且无法联系。2017 年申请人到××派出所报警备案。×××下落不明至今 11 年，申请人诉至法院，请求依法宣告×××失踪。

经审理查明：下落不明人×××，女，1964 年 3 月 20 日生，公民身份号码×××××××××××××××××××，汉族，住泰兴市，系申请人吴××之妻。2017 年 4 月 27 日，吴××向××市公安局××分局派出所报警称，×××十多年前就从离家出走，一直未回，××市××镇××庄村村民委员会亦出具证明证实×××自 2013 年出走后至今未归。申请人吴××申请宣告×××失踪后，本院于 2024 年 2 月 6 日在《××法治报》登报发出寻找×××的公告。法定公告期间为 3 个月，现已届满，×××仍然下落不明。

本院认为，×××自 2013 年离家出走至今未回。×××下落不明已满 2 年，经本院公告寻找，×××仍然下落不明，申请人吴××作为利害关系人可以向人民法院申请其为失踪人，故对吴××的申请，本院予以准许。本院指定吴××为失踪人×××的财产代管人。

依照《中华人民共和国民事诉讼法》第一百九十二条、《最高人民法院关于适用〈中华人民共和国民事诉讼法〉的解释》第三百四十三条规定，判决如下：

一、宣告×××失踪；

二、指定吴××为失踪人×××的财产代管人。

本判决为终审判决。

审 判 员 赵 ×

二〇××年×月×日

（院印）

书 记 员 吕××

范例二：

××省××市法院
民事判决书[1]

（××××）鲁××民特××号

申请人：李××，男，1964 年 3 月 4 日出生，汉族，住山东省沂水县。

申请人：陈××，女，1964 年 2 月 1 日出生，汉族，住山东省沂水县。

---

[1] 改编自中国裁判文书网，载 https://wenshu.court.gov.cn/website/wenshu/181107ANFZ0BXSK4/index.html?docId=r05t/O+YDgb9+RekdO/bZVf234Pn0L4dvDfFW5ft0+wesObxdR7WnJ/dgBYosE2gd+U8v909QuskL5cUJOWiiNkwxG3f9fk5eJOqeLvkNBG8HMNeGMdirETkwkk5UAQq，最后访问日期：2023 年 7 月 18 日。

二申请人共同委托诉讼代理人：刘××，山东××律师事务所律师。

二申请人共同委托诉讼代理人：胡××，山东××律师事务所律师。

申请人李××、陈××申请宣告公民死亡一案，本院于 2022 年 3 月 14 日立案后，依法适用特别程序进行了审理。现已审理终结。

申请人李××、陈××称，二申请人与下落不明人李××系父子、母子关系。2018 年 2 月 5 日 6 时 36 分，李××随装载钢材及设备的船舶"山东××"轮从上海港开航，开往目的港巴基斯坦卡拉奇港卸货。2018 年 2 月 12 日，"山东××"轮在中国南海接近新加坡海域航行过程中，李××无故失踪，该船返航寻找未果，至今下落不明，已满 4 年。申请宣告李××死亡。

经审理查明：申请人李××、陈××系夫妻。下落不明人李××，男，1991 年 5 月 20 日出生，汉族，住山东省临沂市沂水县××镇××村××号，公民身份号码 37132319×××××××××，系申请人李××、陈××的长子。2018 年 2 月 12 日，李××随"山东××"轮在中国南海接近新加坡海域航行过程中，无故失踪。2018 年 2 月 28 日，"山东××"轮船长杨××在失踪事件报告中对事件发生的经过及搜寻、处置过程进行了说明，并推断李××失踪为突发意外落水失踪事件。2019 年 2 月 26 日，江苏省公安边防总队海警支队三大队出具了关于李××失踪事件的接警情况说明："2018 年 8 月 8 日 10 时 50 分，江苏海警支队三大队接电话报警称：2018 年 2 月 12 日晚，远洋轮'山东××'号在中国南海接近新加坡海域航行过程中，该船三副李××无故失踪，该船返航寻找未果。事后，新加坡警方进行了现场勘查。8 月 2 日，该船首次回国停靠连云港市徐圩港。民警询问了事发船船长杨××，以及船舶现船员，固定了航泊日志、航迹线等相关证据，未发现违法犯罪嫌疑。"2022 年 3 月 7 日，××县××镇透明崮村村民委员会出具证明："兹有山东省××市××县××镇透明崮村村民李××，2018 年 2 月 5 日随'山东××'轮出海并在航行过程中失踪，至今未归，下落不明"。申请人李××、陈××申请宣告李××死亡后，本院于 2022 年 3 月 22 日在人民法院报发出寻找李××的公告。法定公告期间为 1 年，现已届满，李××仍然下落不明。

本院认为，下落不明人李××随船出海在航行过程中失踪，寻找未果，至今下落不明。该事实有船长报告、江苏省公安边防总队海警支队三大队的接警证明及××县××镇透明崮村村民委员会出具的证明证实。李××下落不明已满 4 年，且经本院发出寻找公告 1 年后，仍下落不明，符合宣告死亡的法定情形。

依照《中华人民共和国民事诉讼法》第一百九十二条规定，判决如下：

宣告李××死亡。

本判决为终审判决。

审 判 员 李××

二〇二三年三月二十三日

（院印）

书 记 员 孙 ×

（四）制作要求及注意事项

三、制作申请宣告公民无民事行为能力或者限制民事行为能力案件（含申请指定监护人案件）裁判文书

（一）概念

1. 申请宣告公民无民事行为能力或者限制民事行为能力案件民事判决书，是指人民法院依照《中华人民共和国民事诉讼法》规定的特别程序，审理确认民事行为能力案件后，依法作出宣告公民无民事行为能力或者限制民事行为能力判决时所制作的法律文书。

2. 申请指定监护人案件民事案件判决书，是指人民法院依照《中华人民共和国民事诉讼法》规定的特别程序，审理指定监护人后，依法作出的撤销原指定监护人，同时另行指定监护人的书面决定。

指定监护人时，就当遵循的原则是有利于被监护人成长。《中华人民共和国民法典》第 31 条第 1 款规定："对监护人的确定有争议的，由被监护人住所地的居民委员会、村民委员会或者民政部门指定监护人，有关当事人对指定不服的，可以向人民法院申请指定监护人；有关当事人也可以直接向人民法院申请指定监护人。"

☞［**相关法律规定**］

（二）格式

××××人民法院
民事判决书

（××××）××××民特×××号

申请人：×××，……

……

被申请人：×××，……

……

代理人：×××（系被申请人×××的××），……

……

（以上写明申请人、被申请人及其代理人的姓名或者名称等基本信息）

申请人×××申请认定×××无民事行为能力一案，本院于××××年××月××日立案后，依法适用特别程序进行了审理。现已审理终结。

×××称，……（概述申请人的请求、事实和理由）。

×××称，……（概述被申请人意见）。

×××称，……（概述代理人意见）。

经审理查明：……（写明被申请人的基本信息、申请人与被申请人的关系、行为能力鉴定意见等）。

本院认为，……（写明判决理由）。

依照《中华人民共和国民事诉讼法》第二百条规定，判决如下：

（认定无民事行为能力的，写明：）

×××为无民事行为能力人。

（驳回申请的，写明：）驳回×××的申请。

本判决为终审判决。

审　判　员　×××

××××年××月××日

（院印）

书　记　员　×××

（三）范例

<h2 style="text-align:center">××省连×港市××区人民法院
民事判决书[1]</h2>

（××××）苏××××民特××号

申请人：连云港市第×人民医院，住所地×××市××区×××路××号。

法定代表人：施×，院长。

委托诉讼代理人：王×××，江苏×××律师事务所律师。

被申请人：王××，男，1960年3月14日出生，汉族，住×××市××区。

连云港市第×人民医院申请认定王××无民事行为能力一案，本院于2024年3月21

---

[1]　改编自中国裁判文书网，载 https://wenshu. court. gov. cn/website/wenshu/181107ANFZ0BXSK4/index. html? docId=r05t/O+YDgb9+RekdO/bZVf234Pn0L4dvDfFW5ft0+wesObxdR7WnJ/dgBYosE2gd+U8v909QuskL5cUJOWiiNkwxG3 f9fk5eJOqeLvkNBG8HMNeGMdirETkwkk5UAQq，最后访问日期：2023年7月18日。

日立案后，依法适用特别程序进行了审理。本案现已审理终结。

连云港市第×人民医院向本院提出以下申请：1. 请求确认王××为无民事行为能力人；2. 请求依法指定监护人。事实和理由：2023 年 6 月 23 日，王××因"突发言语不能、左肢体无力 13 小时"入我院治疗，经康复治疗，王××生命体征平稳，符合出院指征。因其生活不能自理，不能正确表达自己意志，特依据法律规定，申请确认王××为无民事行为能力人或者限制民事行为能力人，并依法指定监护人。

经审理查明：2023 年 6 月 23 日，王××因突发言语不能、左侧肢体无力 13 小时入连云港市第×人民医院住院治疗，经诊断为脑梗死，高血压 3 级，陈旧性心肌梗死，肺部感染。至今王××仍在连云港市第×人民医院住院治疗。经本院委托连云港市××司法鉴定中心鉴定，王××患重度痴呆诊断明确，受其智能基本丧失的影响，个人基本生活需要人照料，自主意志行为及社会功能基本丧失，不能言语表达客观的、真实的、自己的意思，不能与人正常接触沟通和言语交流，不能辨认自己的权利和义务，不能作出真实的意思表示，不能保护自己的合法权益。结论为重度痴呆、无行为能力。

另查明，王××现无配偶、父母，独子王×（1981 年 7 月 17 日出生，公民身份号码：32070519××××××××××，汉族，户籍地址为连云港市海州区××路×××××号）

以上事实，有病历资料、户籍信息以及连云港正达司法鉴定中心作出的司法鉴定意见书等证据在案予以证实。

本院认为，首先，根据法律规定，不能辨认或者不能完全辨认自己行为的成年人，其利害关系人或者有关组织，可以向人民法院申请认定该成年人为无民事行为能力人或者限制民事行为能力人。有关组织包括：居民委员会、村民委员会、学校、医疗机构、妇女联合会、残疾人联合会、依法设立的老年人组织、民政部门等。本案被申请人王××在连云港市第×人民医院住院治疗，该院作为医疗机构依法有权向人民法院申请王××为无民事行为能力人。其次，经鉴定机构鉴定，被申请人王××患重度痴呆、无民事行为能力。该鉴定符合法定程序，结论具有相应事实依据，本院予以确认。再次，根据法律规定，无民事行为能力或者限制民事行为能力的成年人，由下列由监护能力的人按顺序担任监护人：（一）配偶；（二）父母、子女；（三）其他近亲属；（四）其他愿意担任监护人的个人或者组织，但是须经被监护人住所地的居民委员会、村民委员会或者民政部门同意。本案中，王××经鉴定为无民事行为能力人，在其不存在配偶、父母的情况下，其成年独子王×应作为第二顺序监护人承担监护职责。

依照《中华人民共和国民法典》第二十四条第一款、第三款、第二十八条、《中华人民共和国民事诉讼法》第一百九十八至第二百零一条之规定，判决如下：

一、王××为无民事行为能力人；

二、指定王×为王××的监护人。

本判决为终审判决。

审 判 员 于××

二〇二四年四月十九日

（院印）

法 官 助 理 郑 ×

书 记 员 孙 ×

（四）制作要求及注意事项

四、其他特殊程序民事裁判文书范例（确认调解协议效力案件）

××省驻××市驿××区人民法院
民事裁定书[1]

（××××）豫××××民特×号

申请人：陈××，女，汉族，××××年××月×日出生，住河××省××县。

申请人：姜××，男，汉族，××××年×月××日出生，陈××之夫，住××省××县。

委托代理人陈×××，基本情况同上。

申请人驻×××市第×人民医院。住所地：××省驻×××市驿×区××路1号。

法定代表人赵××，院长。

委托代理人刘×伟，××××律师事务所律师。

本院于2024年×月××日受理了申请人姜××、陈××、驻××市第×人民医院请求确认调解协议效力案件，经本院依法通知3位申请人共同到庭后进行审查，现已审查完毕。

经审查，申请人姜××、陈××、驻××市第×人民医院的医疗损害责任纠纷一案，经驻××城区医疗纠纷调解中心调解，以申请人姜××、陈××为甲方，申请人驻××市第×人民医院为乙方，于2023年12月24日签订（2023）驻×医调字第××号调解协议书。双方自愿达成如下协议：

---

[1] 改编自中国裁判文书网，载 https://wenshu.court.gov.cn/website/wenshu/181107ANFZ0BXSK4/index.html? docId=vU+wdezkKIA111iy68Mf+qdkbOKwat7geEnFqALuYDFE7WhpGOJdPZ/dgBYosE2gd+U8v909QuumuR0K1VpDFBmK bIhxYzWB+F3TVW0NyjmlLNA0IHPlRBPu+taFHPWR，最后访问日期：2023年7月18日。

1. 甲方自愿放弃诉讼及司法鉴定程序。

2. 乙方一次性补偿甲方各项损失人民币壹万伍仟元整。

3. 本协议经司法确认后生效，甲乙双方以后永无纠缠。

4. 协议履行方式：现金或支票。

5. 协议履行地点：驻××城区医疗纠纷调解中心。

6. 协议履行期限：本协议生效后的 5 个工作日内。

本协议具有民事合同的效力，受法律保护，双方当事人签字后经司法确认后生效。

本院认为，上述调解协议书系由人民调解组织依法主持调解签订，符合有关法律规定，本院依法确认调解协议有效。依照《中华人民共和国民事诉讼法》第二百零五条、第二百零六条和《最高人民法院关于适用〈中华人民共和国民事诉讼法〉的解释》第三百五十六条、第三百五十八条、第三百六十条之规定，裁定如下：

确认申请人姜××、陈××、驻××市第×人民医院于 2023 年 12 月 24 日签订的（2023）驻×医调字第××号调解协议书有效。

本裁定书自各方当事人签收后即具有法律效力。各方当事人应依法遵守并履行。一方当事人拒绝履行或者未全部履行的，对方当事人可以依法向人民法院申请执行。

审　判　员　　王××

二〇××年××月××日

（院印）

书　记　员　　龚　×

任务六　制作法院民事裁定书

一、民事裁定书的概念

民事裁定书，是指人民法院在审理民事案件或者执行案件过程中，就程序方面及部分实体方面作出处理决定时所制作的法律文书。

裁定书与判决书主要有以下三点区别：

（一）解决的问题性质不同

裁定书主要是解决有关诉讼程序方面的问题，即诉讼法律关系问题所使用的裁判文书；而判决书则是解决当事人之间的实体问题，即权利义务关系问题所使用的裁判文书。

（二）内容和格式不同

裁定书的内容比较简单，一般不要求具体叙述案件事实，在格式上也不要求有事实和理由的区分；而判决书的内容则比较复杂，一般要求全面地分别叙述案件的事实和理由，在格式上也要求把事实和理由分开书写。

（三）关于上诉的规定不同

裁定的适用范围较广，按照所解决的事项不同，可分为：延期审理，中止或者终结诉讼，不予受理起诉、撤销原判发回重审等有关程序的裁定；驳回上诉，诉讼保全和先行给付，准许或者不准撤诉，驳回管辖权异议，提起再审，补正裁判文书中的笔误等实体问题的裁定。

裁定书种类很多，按照不同的审判程序，可分为：一审裁定，二审裁定，再审裁定；按裁定的作用，可分为：特别程序的裁定（主要为申请确定选民资格案件、申请宣告或撤销公民失踪或者宣告或撤销公民死亡案件、申请宣告公民无民事行为能力或者限制民事行为能力案件、申请认定撤销认定财产无主案件、申请指定监护人案件、确认调解协议效力案件、实现担保物权的案件，详见本书任务五章节），审判监督程序的裁定，督促程序的裁定，公示催告程序的裁定，企业法人破产的裁定，民事执行程序的裁定书和涉外民事诉讼的裁定。

裁定除法律明文规定准许当事人上诉的以外，一般不准许上诉，但如驳回起诉等涉及终结案件或者对当事人的实体利益具有较大影响的裁定是可以上诉的。民事裁定的上诉期限为 10 日。

二、裁定书格式

（一）格式一：民事裁定书（不予受理起诉）

××××人民法院
民事裁定书

（××××）××××民初×××号

起诉人：×××……

（以上写明起诉人及其代理人的姓名或名称等基本情况）

……××××年××月××日，本院收到×××的起诉状。起诉人×××向本院提出诉讼请求：1.……2.……（写明原告的诉讼请求）。事实和理由：……（概括原告主张的事实和理由）

本院经审查认为，……（写明对起诉不予受理的理由）。

依照《中华人民共和国民事诉讼法》第一百二十二条、第一百二十六条的规定，裁定如下：

对×××的起诉，本院不予受理。

如不服本裁定，可以在裁定书送达之日起十日内，向本院递交上诉状，上诉于×××

×人民法院。

审　判　长　×××

审　判　员　×××

审　判　员　×××

××××年××月××日

（院印）

书　记　员　×××

（二）格式二：民事裁定书（一审案件中适用管辖权异议）

××××人民法院

民事裁定书

（××××）××××民初×××号

原告：×××，……

法定/指定代理人/法定代表人/主要负责人：×××，……

委托代理人：×××，……

被告：×××，……

法定/指定代理人/法定代表人/主要负责人：×××，……

委托代理人：×××，……

第三人：×××，……

法定/指定代理人/法定代表人/主要负责人：×××，……

委托代理人：×××，……

（以上写明当事人和其他诉讼参加人的姓名或者名称等基本信息）

原告×××与被告×××、第三人×××……（写明案由）一案，本院于××××年××月××日立案。

×××诉称：……（概述原告的诉讼请求、事实和理由）。

×××在提交答辩状期间，对管辖权提出异议认为：……（概述异议内容和理由）。

本院经审查认为，……（写明异议成立或不成立的事实和理由）。

依照《中华人民共和国民事诉讼法》第×××条，裁定如下：

（异议成立的，写明:）×××对管辖权提出的异议成立，本案移送×××人民法院处理。

（异议不成立的，写明:）驳回×××对本案管辖权提出的异议。

案件受理费×××元，由被告×××（写明当事人姓名或名称）负担。

如不服本裁定，可以在裁定书送达之日起十日内，向本院递交上诉状，并按照对方当事人或者代表人的人数提出副本，上诉于××××人民法院。

审　判　长　×××

审　判　员　×××

审　判　员　×××

××××年××月××日

（院印）

书　记　员　×××

（三）格式三：民事裁定书（驳回起诉裁定书）

××××人民法院
民事裁定书

（××××）××××民初×××号

原告：×××，……

……

被告：×××，……

……

（以上写明当事人和其他诉讼参加人的姓名或者名称等基本信息）

原告×××与被告×××……（写明案由）一案，本院于××××年××月××日立案后，依法进行审理。

×××向本院提出诉讼请求：1.……；2.……（明确原告的诉讼请求）。事实和理由：……（概述原告主张的事实和理由）。

本院经审查认为，……（写明驳回起诉的理由）。

依照《中华人民共和国民事诉讼法》第一百二十二条、第一百二十六条、第一百五十七条第一款第（五）项，《最高人民法院关于适用〈中华人民共和国民事诉讼法〉的解释》第二百零八条第三款规定，裁定如下：

驳回×××的起诉。

如不服本裁定，可以在裁定书送达之日起十日内，向本院递交上诉状，并按照对方当事人或者代表人的人数提出副本，上诉于××××人民法院。

审　判　长　×××

审　判　员　×××

审　判　员　×××

××××年××月××日

（院印）

书　记　员　×××

109

三、范例

××市第二中级人民法院
民事裁定书[1]

（××××）×××民辖×××号

申请人：桂××，男，1942 年 6 月 21 日出生，汉族，住××市××区。

被申请人：桂×松，男，1966 年 6 月 17 日出生，汉族，住××市××区。

桂××与桂×松申请宣告公民失踪一案，××市××区人民法院于 2018 年 7 月 31 日立案。

桂××诉称：桂××与桂×松系父子关系，桂×松在十年前离家，下落不明，现已满 2 年，故申请桂×松为失踪人。同时，桂××居住的××市××区××镇××村×巷东×条 7 号的房屋北房为桂×松参与建房，故申请指定桂××为桂×松的财产代管人代替其管理该部分房产。

××市××区人民法院经审查认为，本案申请人桂××系××市××区人民法院法官助理桂×的祖父、被申请人为其叔叔，故××市××区人民法院不宜对此案行使管辖权。

本院认为，申请人桂××系××市××区人民法院法官助理桂×的祖父、被申请人为其叔叔，属于有管辖权的人民法院由于特殊原因，不能行使或不方便行使管辖权，报请上级法院指定管辖的案件的情形。××市××区人民法院对于桂××与桂×松申请宣告公民失踪一案不便行使管辖权事由成立。

依照《中华人民共和国民事诉讼法》第三十七条第一款［《中华人民共和国民事诉讼法》（2023 年修正）第三十八条］规定，裁定如下：

本案由××市丰×区人民法院审理。

本裁定一经作出即生效。

审　判　长　卫　×
审　判　员　张×仑
审　判　员　时　×
（院印）
二〇一八年八月二十一日
法官助理　郝×琪
书　记　员　于×洁

---

　〔1〕　改编自中国裁判文书网，载 https://wenshu. court. gov. cn/website/wenshu/181107ANFZ0BXSK4/index. html? docId＝+USauTDaXxUgN1d8wuFGUaL4M5Ewili+2I4gWtP/1FTcEMeN4BD/6J/dgBYosE2gd+U8v909QuskL5cUJOWiiNkwx G3f9fk5eJOqeLvkNBEORGTZ4AWG6aRJcuh/CR9f，最后访问日期：2023 年 7 月 18 日。

四、制作要求及注意事项

任务七　制作民事调解书

一、民事调解书的概念

民事调解书，是指在人民法院主持下，在查明案件事实基础上，促使双方达成协议，将经过调解达成的协议内容赋予强制执行法律效力的文书。调解是人民法院处理民事纠纷和解决实体问题的重要方式之一，因而调解书是人民法院常用的法律文书之一，其法律效力与民事判决相同。

☞［相关法律规定］

二、民事调解书格式

第一审民事调解书的格式：

××××人民法院
民事调解书

（××××）××××民初×××号

原告：×××，……

……

被告：×××，……

……

（以上写明当事人和其他诉讼参加人的姓名或者名称等基本信息）

原告×××与被告×××……（写明案由）一案，本院于××××年××月××日立案后，依法适用简易程序公开/因涉及……（写明不公开开庭的理由）不公开开庭进行了审理（开庭前调解的，不写开庭情况）。

……（写明当事人的诉讼请求、事实和理由）。

本案审理过程中，经本院主持调解，当事人自愿达成如下协议/当事人自行和解达成如下协议，请求人民法院确认/经本院委托……（写明受委托单位）主持调解，当事人自愿达成如下协议：

一、……；

二、……。

（分项写明调解协议内容）

上述协议，不违反法律规定，本院予以确认。

案件受理费……元，由……负担（写明当事人姓名或者名称、负担金额。调解协议包含诉讼费用负担的，则不写）。

本调解书经各方当事人签收后，即具有法律效力/本调解协议经各方当事人在笔录上签名或者盖章，本院予以确认后即具有法律效力（各方当事人同意在调解协议上签名或者盖章后发生法律效力的）。

> 审　判　员　×××
>
> ××××年××月××日
>
> （院印）
>
> 书　记　员　×××

三、范例

黑龙江省××县人民法院
民事调解书[1]

（2023）黑××××民初××××号

原告：唐某，女，××××年×月××日生，×族，无职业，住黑龙江省××县。

被告：孙某1，男，××××年×月××日生，×族，无职业，住黑龙江省××县，现在×国打工。

原告唐某与被告孙某1离婚纠纷一案，本院于2023年×月×日立案后，依法适用简易程序进行了审理。

唐某向本院提出诉讼请求：1. 判令原、被告离婚；2. 婚生长女孙某2（7周岁）

---

〔1〕 改编自中国裁判文书网，载 https://wenshu. court. gov. cn/website/wenshu/181107ANFZ0BXSK4/index. html? docId＝+USauTDaXxUgN1d8wuFGUaL4M5Ewili+2I4gWtP/1FTcEMeN4BD/6J/dgBYosE2gd+U8v909QuskL5cUJOWiiNkwx G3f9fk5eJOqeLvkNBEORGTZ4AWG6aRJcuh/CR9f，最后访问日期：2023 年 7 月 18 日。

由原告抚养，被告每月支付抚养费 2500 元；3. 共同财产位于××镇××街××委的房屋和丰田轿车一台平均分割；4. 诉讼费由被告承担。事实与理由：原、被告于 2012 年 12 月 10 日经××县民政局登记结婚，××××年××月××日生育长女孙某 2。婚后因双方性格不合经常吵打，无法共同生活。故诉至法院，判准请求事项。

本案审理过程中，经本院主持调解，双方当事人自愿达成如下协议：

一、原告唐某与被告孙某 1 离婚；

二、婚生长女孙某 2（2015 年××月××出生）由原告抚养，被告孙某 1 每月给付抚养费 1000 元，自 2023 年×月起至子女独立生活时止；

三、夫妻共同财产已自行分割完毕。

上述协议，符合有关法律规定，本院予以确认。

案件受理费 300 元，减半收取 150 元，由原告唐某承担。

本调解书经双方当事人签收后，即具有法律效力。

审 判 员 周××

二〇二三年×月×日

（院印）

法 官 助 理 孟××

书 记 员 黄××

任务八 制作法院民事执行文书

一、民事执行法律文书的概念

民事执行是指人民法院的执行组织依据法定程序，对发生法律效力的民事法律文书确定的给付内容，以国家的强制力为后盾，依法采取强制措施，迫使义务人履行义务的行为。执行程序中适用的文书种类有很多，以执行裁定书、协助执行通知书为主。

二、执行文书格式

1. 执行裁定书。

×××省×××市×××区人民法院
执行裁定书

（×××）粤×××执×××号

申请执行人：×××，女，××××年×月××日出生，住广东省大埔县，公民身份号码为××××××××××××××××××。

被执行人：×××，男，××××年×月××日出生，住广东省龙川县，公民身份号码为×××××××××××××××××××。

申请执行人×××与被执行人×××委托合同纠纷一案，本院（××××）粤××××民初××××
×号民事判决书已经发生法律效力。由于被执行人没有履行生效法律文书确定的内容，申
请执行人向本院申请强制执行，请求强制被执行人偿付 33 844 元及利息等，本院于×××年
××月××日依法立案执行。依照《中华人民共和国民事诉讼法》第一百五十七条第一款第
（十一）项、第二百四十九条、第二百五十条、第二百五十一条，裁定如下：

一、冻结、划拨被执行人×××银行存款人民币××××元

二、扣留、提取被执行人×××；

三、查封、扣押、冻结被执行人×××。

本裁定立即执行。

审　判　员　×××

××××年×× 月××日

（院印）

书　记　员　×××

2. 执行通知书格式（主要讲述常用的协助执行通知书和限期申报财产通知书）。
执行阶段，人民法院执行通知书、协助执行书是一类法律文书的通称，是指人民法院
在执行过程中，根据案情需要通知有关单位或者公民完成法院指定的协助事项的法律
文书。协助执行通知书种类有很多，如协助查询存款通知书、协助冻结存款通知书、
解除冻结存款通知书等。

××省××市×××区人民法院
协助执行通知书

（××××）粤××××执××号

×××（单位名称）：

我院对×××申请执行王××××××（案由）纠纷一案的执行裁定书已发生法律效力。
根据《中华人民共和国民事诉讼法》的相关规定，请协助执行下列事项：

一、查封被执行人王××××（公民身份号码：××××××××××××××××××）名下位于×
×市××××区××××路××号××栋××房。（如上述车辆轮候查封的，转为正式查封之日起计
算，不予办理年审，过户等手续）

二、查封期限××年：自××××年××月××日起至××××年××月××日止。

附：本院（××××）粤××××执××××号执行裁定书

（院印）

二〇二三年三月二十九日

执行法官：×××　　　联系电话：×××××××

书　记　员：×××

114

3. 报告财产令格式。报告财产令是根据《最高人民法院关于人民法院执行工作若干问题的规定（试行）》制作，供人民法院受理执行案件后责令被执行人向人民法院如实申报财产时所用的法律文书。人民法院在制作申报财产通知书时还应同时制作财产申报表，并且同时送达被执行人。

××省××市××区人民法院
报告财产令

（××××）粤××××执××××号

×××：

本院于 2022 年 1 月 7 日立案执行的（××××）粤××××执×××号一案，你（单位）未按执行通知履行法律文书确定的义务。本院依照《中华人民共和国民事诉讼法》第二百四十八条规定，责令你（单位）在收到此令后十五日内，如实向本院报告当前以及收到执行通知之日前一年的财产情况。执行中，如果财产状况发生变动，应当自财产变动之日起五日内向本院补充报告。

逾期不报告，或者虚假报告，本院将依法予以罚款、拘留。

此令

本院地址：广州市××路××××号

邮政编码：××××××

电话：×××××××

（院印）

二○二二年一月七日

四、制作要求及注意事项

项目三　人民法院行政裁判文书

任务一　认识人民法院行政裁判文书

一、行政诉讼概述

行政诉讼即所谓的"民告官"案件，是解决行政争议的一种司法制度。《中华人民共和国行政诉讼法》第 2 条规定："公民、法人或者其他组织认为行政机关和行政机关工作人员的行政行为侵犯其合法权益，有权依照本法向人民法院提起诉讼。前款所称行政行为，包括法律、法规、规章授权的组织作出的行政行为。"第 25 条第 1 款规定："行政行为的相对人以及其他与行政行为有利害关系的公民、法人或者其他组织，有权提起诉讼。"据此，行政诉讼的独特之处在于：诉讼双方中被告一方必须是国家行政主体（主要是行政机关），如公安机关、税务机关、市场监督管理机关、土地管理机关等，而原告方则是被行政主体的行政权力管理的公民、法人或者其他组织，即行政管理相对人或利害关系人。诉讼的焦点，主要在于行政主体的具体行政行为是否合法，个别情况下会附带审查相关规范性法律文件的合法性。因此，《中华人民共和国行政诉讼法》第 6 条明确"人民法院审理行政案件，对行政行为是否合法进行审查"，修改了此前只对具体行政行为合法性进行审查的表述。

二、行政裁判文书的概念

行政裁判文书，是人民法院依照《中华人民共和国行政诉讼法》规定的程序，在行政诉讼中，为解决行政主体的具体行政行为引起的行政争议，就案件的实体问题和程序问题依法作出的具有法律效力的书面处理决定。

随着全面依法治国战略的深入实施和我国社会主义民主与法治建设的不断发展，执政为民、公正执法的理念对行政主体的行政行为提出了越来越高的要求。因此，认真制作裁判文书，有利于推进严格执法、公正司法，让人民群众在每一个行政决定和司法案件中都感受到公平正义，增强人民群众在法治领域的获得感。这对于发展全过程人民民主，建设社会主义法治社会、法治政府、法治国家，保护公民、法人和其他组织的合法权益，监督行政机关依法行使行政职权、提升行政能力，密切党委政府与人民群众的关系，具有重要意义。

三、行政裁判文书的种类

行政裁判文书按照裁判案件的方式不同，可分为行政判决书、行政裁定书和行政赔偿调解书；按照审判所适用的程序不同，可分为第一审行政判决书、第二审行政判决书、再审行政判决书；第一审行政裁定书、第二审行政裁定书和再审行政裁定书（具体内容待以后的相应章节中予以阐述）。

任务二   制作第一审行政判决书

一、第一审行政判决书的概念及种类

第一审行政判决书，是指第一审人民法院依照《中华人民共和国行政诉讼法》规

定的第一审程序，对审理终结的第一审行政案件，就其实体问题作出的具有法律效力的书面处理决定。其主要的适用类型主要包括：判决驳回诉讼请求、判决撤销（重作）、判决（限期、继续）履行、判决确认违法、判决确认无效、判决采取补救措施或承担赔偿责任、判决变更行政行为。

☞［**相关法律规定**］

二、第一审行政判决书的格式

xxx 人民法院
行政判决书

（××××）法院代码行初××号

原告……（写明起诉人的姓名或名称等基本情况）。

法定代表人（或代表人）……（写明姓名和职务）。

法定代理人（或指定代理人）……（写明姓名等基本情况）。

委托代理人……（写明姓名等基本情况）。

被告……（写明被诉的行政机关名称和所在地址）。

统一社会信用代码：

法定代表人（或负责人）……（写明姓名和职务）。

委托代理人……（写明姓名等基本情况）。

第三人……（写明姓名或名称等基本情况）。

法定代表人（或代表人）……（写明姓名和职务）。

法定代理人（或指定代理人）……（写明姓名等基本情况）。

委托代理人……（写明姓名等基本情况）。

原告×××不服××××（行政机关名称）××××年××月××日〔×××××〕×字××号××××处罚决定（或复议决定、其他具体行政行为），向本院提起诉讼。本院受理后，向被告送达了起诉状副本及应诉通知书，依法组成合议庭，公开（或不公开）开庭进行了审理。……（写明到庭的当事人、代理人等）到庭参加诉讼。本案现已审理终结。……（概述写明被告所作出的具体行政行为的主要内容及其事实与根据，和原告不服的主要意见、理由和请求等，以及被告辩称的事实、理由和证据）

经审理查明，……（写明法院认定的事实和证据）。

本院认为，……（根据查明的事实和有关法律规定，就行政机关所做的具体行政行为是否合法，原告的诉讼请求是否有理，进行分析论述）。依照……（写明判决所依据的法律条款项）的规定，判决如下：

写明判决结果。

（写明诉讼费用的负担）

如不服本判决，可在判决书送达之日起十五日内，向本院递交上诉状，并按对方当事人的人数提出副本，上诉于××××人民法院。

审　判　长　×××

审　判　员　×××

审　判　员　×××

××××年××月××日

（院印）

书　记　员　×××

三、范例

辽宁省××县人民法院

行政判决书[1]

（2022）辽××××行初××号

原告：国×芹，女，1948年6月29日出生，蒙古族，住辽宁省××县。

委托诉讼代理人：宋×，系×××市××县××法律服务所法律工作者。

被告：××县公安局，住所地辽宁省××县建昌镇朝阳路一段××号。

负责人宛×，系该局局长。

统一社会信用代码：×××× 142200121××××A。

委托诉讼代理人：王×，系该局法制大队民警。

委托诉讼代理人：崔×，系该局巴什罕乡派出所民警。

第三人：孙×芹，女，1941年7月13日出生，汉族，住辽宁省××县。

委托诉讼代理人：杨×成，系辽宁××律师事务所律师。

委托诉讼代理人：郝×，女，1971年4月23日出生，汉族，系第三人女儿，住辽宁省××市铁西区。

---

〔1〕 改编自中国裁判文书网，载 https://wenshu. court. gov. cn/website/wenshu/181107ANFZ0BXSK4/index. html? docId＝nOE3NrYf+UY9mPJtTCCzE/3+jLU2yFRpWBj6Ymtbmvc7ds6UOTzLTJO3qNaLMqsJBT4UcUqDFvGv5GV1y36osDHH ZiagT39Oqx2Cc9v4M7+fOPVQzJN472qfQ0TStYM1 ，最后访问日期：2023年6月6日。

原告国×芹不服被告××县公安局于 2022 年 6 月 27 日作出的×公建（治）行罚决字〔2022〕×××号行政处罚决定，于 2022 年 7 月 6 日向本院提起行政诉讼。本院于 2022 年 7 月 6 日受理后，于 2022 年 8 月 26 日向被告送达了起诉状副本及应诉通知书。本院依法组成合议庭，于 2022 年 9 月 23 日公开开庭审理了本案。原告国×芹及其委托诉讼代理人宋×，被告××县公安局委托诉讼代理人王×、崔×，第三人孙×芹的委托诉讼代理人杨×成、郝×到庭参加诉讼。本案现已审理终结。

被告××县公安局于 2022 年 6 月 27 日作出×公建（治）行罚决字〔2022〕×××号××处罚决定。决定查明，2022 年 4 月 29 日 16 时许和 5 月 3 日 7 时许，在××县××乡××村××屯，村民国×芹与孙×芹因两家门前地界纠纷发生两次冲突，国×芹对孙×芹进行殴打，致孙×芹胸部、手、头面部受伤。以上事实有违法行为人陈述、被侵害人陈述、证人证言、诊断证明、病例和现场影像资料等证据证实。根据《中华人民共和国治安管理处罚法》第四十三条第二款第（二）项、第二十一条第（三）项之规定，决定给予国×芹拘留十日并罚款五百元的行政处罚。

原告国×芹诉称，1. 原告请求法院依法撤销被告作出的×公建（治）行罚决字〔2022〕×××号行政处罚决定书；2. 被告承担本案诉讼费用。事实和理由：原告与第三人系邻居关系，双方之间的房屋、房屋前土地权属非常明确，无任何争议，根本不是因为门前地界发生纠纷，第三人恶意侵占原告家土地 5 年之久。2022 年 4 月 29 日 16 时许和 5 月 3 日 7 时许，第三人两次故意找原告闹事，讹诈原告，还对原告恶语相加，当时第三人不讲理先动手推搡原告，原告根本没有殴打第三人，只是为了保护自己不受伤害，采取了正当防卫措施，所以，被告认定事实是错误的，作出的处罚决定依法不能成立，原告为保护自身合法权益，依据《中华人民共和国行政诉讼法》及相关法律规定起诉至法院，请法院查明事实后依法支持原告的诉讼请求。

原告国×芹未向本院提交证据。

被告××县公安局辩称，2022 年 4 月 29 日 16 时左右和 5 月 3 日 7 时左右，在××县××乡××村××屯，村民国×芹与孙×芹因两家门前地界纠纷发生两次冲突，国×芹对孙×芹进行殴打，致使孙×芹胸部、手、头面部受伤。根据《中华人民共和国治安管理处罚法》第四十三条第二款第（二）项、第二十一条第（三）项之规定，决定给予国×芹拘留十日并处罚款五百元的行政处罚，行政拘留不执行。该处罚认定事实清楚、适用法律正确，请求法院驳回国×芹的诉讼请求。

被告××县公安局为支持自己的诉讼主张，向本院提交了如下证据：行政卷宗一册。卷宗目录 1-3、5-7、14-19 证明程序合法；卷宗目录 8 证明 2022 年 4 月 29 日国×芹在想要用锹拆除矮墙时与孙×芹发生冲突，同时证明 2022 年 5 月 3 日国×芹又与孙×芹发生冲突，并对孙×芹实施殴打；卷宗目录 9-10，证明 2022 年 4 月 29 日孙×芹被国×芹用锹打伤胸部，2022 年 5 月 3 日孙×芹被国×芹打两个嘴巴，同时证人于德新等人证实 2022 年 4 月 29 日国×芹与孙×芹因纠纷发生冲突，2022 年 5 月 3 日孙×芹又被国×芹打伤；卷宗目录 11

现场的视频资料，证明案发过程；卷宗目录 12-13，证明孙×芹身体损伤情况。

第三人孙×芹述称，被告××县公安局作出处罚事实清楚，证据充分，适用法律正确，程序合法，望贵院驳回原告的诉讼请求，理由如下：一、被告××县公安局作出处罚事实清楚，证据充分。相关证据包括：1. 被处罚人国×芹的陈述，证实，国×芹确于 2022 年 5 月 3 日殴打了孙×芹。2. 国×芹丈夫于恩山笔录证实，2022 年 4 月 29 日，涉案铁锹为国×芹手持有，且国×芹与孙×芹没有相互夺锹；并确认了国×芹确于 2022 年 5 月 3 日殴打了孙×芹这一事实。3. 国×芹儿子于德新笔录，证实两家的确发生了冲突。4. 第三人孙×芹陈述，2022 年 4 月 29 日，国×芹用锹尖怼其胸口，并将其打倒在地，致其右手受伤，待其起身国×芹击打其面部右侧。2022 年 5 月 3 日，国×芹再次击打其面部右侧。5. 孙×芹丈夫郝×成笔录所述事实与孙×芹一致。6. 第三人孙×芹儿媳妇范×芹笔录，确认了国×芹确于 2022 年 5 月 3 日殴打了孙×芹这一事实，并描述其伤情。7. 第三人孙×芹儿子郝×文笔录，所述事实与范×芹一致。8. 郭某笔录证实两家的确发生嘴角。9. 于×润笔录，2022 年 4 月 29 日两家发生嘴角，当时国×芹手持铁锹。2022 年 5 月 3 日，见孙×芹在她家门前躺着。10. 2022 年 5 月 3 日现场监控视频，记录了国×芹殴打、推搡孙×芹之情状。11. 孙×芹住院病志，孙×芹被诊断"头部损伤、胸部损伤、多处皮肤浅表擦伤"。以上这些证据能证实，国×芹殴打孙×芹，导致孙×芹受伤住院，因此被告××县公安局处罚国×芹事实清楚，证据确凿。二、被告××县公安局作出处罚决定的程序合法。被告××县公安局受理案件，调查取证，告知权利，审批，作出处罚决定，因此程序合法。三、原告诉状部分不实。1. 原告诉称"第三人恶意侵犯原告家土地 5 年之久"不属实。第三人家原来院落系簸箕型，后套院墙收拢，出现现在第三人家东院墙外东侧与原告厕所之间的土地，该土地使用权归属第三人家。原告现住房是 5 年前购买的，以前第三人与前房主没有任何的争议，从原告建厕所的位置也能证实，土地归第三人家。在此事件发生以前，在该地块有第三人家的几棵树，原告家欲无理侵占第三人家此块土地，并且将此土地上的几棵树砍伐，双方发生纠纷，过错完全在于原告。2. 原告诉称"2022 年 4 月 29 日、2022 年 5 月 3 日，第三人两次找原告闹事，讹诈原告，不讲理先动手推搡原告，原告根本没有殴打第三人，只是为了保护自己不受伤害，采取了正当防卫行为"，此陈述错误。事实上，原告两次侵犯第三人家土地，并且砍伐第三人家的树木，第三人在维护自己合法权益的情况下，用手指点的原告，并没有怼到原告，遂遭到原告的殴打。原告对第三人做出故意伤害行为，并不是正当防卫。综上，被告认定事实正确，行政处罚有事实、证据和法律依据。原告起诉无理、无法，应驳回其诉讼请求。

第三人孙×芹为支持自己的诉讼主张，向本院提交了如下证据：照片一张，证明孙×芹与国×芹两家是东西邻居，孙×芹位西，国×芹位东。现场照片的内容为孙×芹家的东院墙外，国×芹的南侧院墙及厕所。在厕所与东院墙之间有一块土地，这个土地能够印证是孙×芹家的。本案发生的起因就是国×芹的儿子去砍这地块上面的树木，国×芹存在着完全的过错。

经庭审质证，本院对以下证据作如下确认：被告提供的证据是其在办理案件中形成的卷宗材料，本院对其真实性予以采信，对其证明目的需综合其他证据分析认定。第三人提供的证据是照片一张，原告称是自己地块，对其关联性提出异议，本院对其真实性予以采信，对其证明目的要结合其他证据分析认定。

经审理查明，被告××县×××于 2022 年 6 月 27 日作出的×公建（治）行罚决字〔2022〕×××号行政处罚决定，决定给予原告国×芹拘留十日并罚款五百元的行政处罚。原告国×芹不服，向本院提起诉讼，要求撤销××县某局作出的×公建（治）行罚决字〔2022〕×××号行政处罚决定。

另查明，因原告国×芹年龄超过 70 周岁，行政拘留不予执行。

本院认为，本案的争议焦点是原告国×芹是否存在殴打行为。从 2022 年 5 月 3 日的现场监控视频可以看出原告国×芹打了第三人孙×芹一巴掌，且存在推搡行为。视频中不可见第三人孙×芹手指触碰到原告国×芹，与原告国×芹所述正当防卫并不一致。另 4 月 29 日虽然原告国×芹与第三人孙×芹各执一词，但现场证人郭某和于德任均表示原告国×芹手中拿着铁锹，二人确实发生争吵，这与第三人孙×芹陈述及其住院诊断可以相互印证。另原告国×芹其与第三人孙×芹之间的土地纠纷并不是本案的审理范围，且土地归属情况并不是原告国×芹实施违法行为的合法理由。综上，被告××县公安局作出处罚决定认定事实清楚、适用法律正确，程序合法。原告国×芹要求撤销被告××县公安局的处罚决定的诉讼请求，本院不予支持。依照《中华人民共和国行政诉讼法》第六十九条之规定，判决如下：

驳回原告国×芹的诉讼请求。

诉讼费 50 元，由原告国×芹负担。

如不服本判决，可在判决书送达之日起十五日内提起上诉，向本院递交上诉状，并按对方当事人的人数递交上诉状副本，上诉于×××市中级人民法院。

审　判　长　杨×宜

人民陪审员　温　×

人民陪审员　韩×瞳

二〇二三年一月十日

（院印）

书　记　员　谢×莹

四、制作要求及注意事项

任务三　制作第二审行政判决书

一、第二审行政判决书的概念

第二审行政判决书，是指第二审人民法院依照行政诉讼法规定的第二审程序，对不服第一审判决的上诉案件审理终结后，就实体问题依法作出的维持原判或者改判的裁判时所制作的具有法律效力的书面处理决定。

《中华人民共和国行政诉讼法》第 85 条规定："当事人不服人民法院第一审判决的，有权在判决书送达之日起十五日内向上一级人民法院提起上诉……"第 87 条规定："人民法院审理上诉案件，应当对原审人民法院的判决、裁定和被诉行政行为进行全面审查。"这是人民法院进行第二审行政审判的法律依据及工作要求。

第二审人民法院依照第二审程序审理行政案件所作的判决，是终审的判决。通过第二审人民法院的审判活动，不仅可以纠正第一审行政判决中可能发生的错误，使当事人的合法权益得到保护，而且有利于上级人民法院监督下级人民法院的行政审判工作。因此，第二审行政判决书的制作尤为重要。

二、第二审行政判决书的格式

××××人民法院
行政判决书

（××××）法院代码行终××号

上诉人（原审×告）……（写明姓名或名称等基本情况）。

被上诉人（原审×告）……（写明姓名或名称等基本情况）。

（当事人及其他诉讼参加人的列项和基本情况的写法，除当事人的称谓外，与一审行政判决书样式相同）

上诉人×××因……（写明案由）一案，不服××××人民法院（××××）法院代码行初字××号行政判决，向本院提起上诉。本院依法组成合议庭，公开（或不公开）开庭审理了本案。……（写明到庭的当事人、诉讼代理人等）到庭参加诉讼。本案现已审理终结。（未开庭的，表述为："本院依法组成合议庭，对本案进行了审理，现已审理终结。"）

……（概括写明原审认定的事实和判决结果，简述上诉人提起上诉的请求及其主要理由和被上诉人的主要答辩的内容）。

经审理查明：……（写明二审认定的事实和证据）。

本院认为：……（针对上诉请求和理由，就原审判决认定的事实是否清楚，适用法律、法规是否正确，有无违反法定程序，上诉理由是否成立，上诉请求是否应予支持，以及被上诉人的答辩是否有理等，进行分析论证，阐明维持原判或者撤销原判予以改判的理由）。依照……（写明判决所依据的法律条款项）的规定，判决如下：

……（写明判决结果）。

……（写明诉讼费用的负担）。

本判决为终审判决。

审　判　长　×××

审　判　员　×××

审　判　员　×××

××××年××月××日

（院印）

书　记　员　×××

三、范例

湖南省××市中级人民法院
行政判决书[1]

（2023）湘××行终××号

上诉人（原审原告）：陈×文，男，1970年11月5日出生，白族，住××县。

被上诉人（原审被告）：××县××乡人民政府，住所地××县空壳树乡空军村。

法定代表人：伍×希，乡长。

委托代理人：王×孟，湖南孟×律师事务所律师。

委托代理人：周×平，湖南孟×律师事务所实习律师。

上诉人陈×文诉被上诉人××县××乡人民政府（以下简称××乡政府）强制拆除房屋一案，不服湖南省××市××区人民法院（2022）湘×××行初×××号行政判决，向本院提起上诉。本院依法组成合议庭，对本案进行了审理，本案现已审理终结。

原审经审理查明：1974年9月4日，陈×文在××乡××村××组××栋修建了××层房屋，1991年9月12日，陈×文又在该组修建了一栋四层房屋，1992年在没有取得相关许可手续的前提下又在××乡××村××组桑慈公路边自己承包的责任田上修建了占地面积20平方米的建筑物用于停放车辆及杂物。2022年4月2日，××乡政府给陈×文送达×政〔2022〕××号《违法建筑拆除通知书》，认定陈×文位于306省道边的车库属于违法建

---

[1] 改编自中国裁判文书网，载 https://wenshu.court.gov.cn/website/wenshu/181107ANFZ0BXSK4/index.html? docId=VQTcRSDTJBDOgG×W4Cg61×FmNri4+8VPnRct5q1FFsUi+TSSO1+ePZO3qNaLMqsJBT4UcUqDFvGv5GV1y36osDH HZiagT39Oq×2Cc9v4M7+Fmnzek0PKKs×eqbQ/g×7F，最后访问日期：2023年6月6日。

设，违反了《中华人民共和国城乡规划法》《××县城区建房管理办法》等法律法规的规定，责令陈×文自收到通知后 3 个工作日内自行拆除违法建筑，否则将依法强行拆除。陈×文未按通知要求自行拆除，2022 年 4 月 19 日，××乡政府将陈×文的房屋拆除。陈×文不服，于 2022 年 10 月 25 日诉至法院。

另查明，陈×文有一儿一女，全家共四口人，儿女未成家，未分户。

原审法院认为，《中华人民共和国土地管理法》第六十二条第一款、第二款、第三款、第四款规定："农村村民一户只能拥有一处宅基地，其宅基地的面积不得超过省、自治区、直辖市规定的标准。人均土地少、不能保障一户拥有一处宅基地的地区，县级人民政府在充分尊重农村村民意愿的基础上，可以采取措施，按照省、自治区、直辖市规定的标准保障农村村民实现户有所居。农村村民建住宅，应当符合乡（镇）土地利用总体规划、村庄规划，不得占用永久基本农田，并尽量使用原有的宅基地和村内空闲地。编制乡（镇）土地利用总体规划、村庄规划应当统筹并合理安排宅基地用地，改善农村村民居住环境和条件。农村村民住宅用地，由乡（镇）人民政府审核批准；其中，涉及占用农用地的，依照本法第四十四条的规定办理审批手续。"《×××市农村村民住房规划建设管理规定》第十一条第一款规定："农村村民一户只能拥有一处宅基地。建房户易地新建住房的，应当在新房竣工或者入住后及时拆除原有住房。"经庭审查明，陈×文分别于 1974 年 9 月 4 日、1991 年 9 月 12 日、1992 年修建了三栋面积不等的房屋，陈×文子女均未成家未分户，违反了一户一宅的规定，陈×文修建的房屋存在一户多宅的违法情形。2022 年 4 月 2 日，××乡政府向陈×文送达的违法建筑拆除通知书上已经确认"陈×文位于 306 省道边的车库属于违法建设"。被告对原告违法建筑的事实认定清楚。

《中华人民共和国行政强制法》第三十五条规定："行政机关作出强制执行决定前，应当事先催告当事人履行义务。催告应当以书面形式作出，并载明下列事项：（一）履行义务的期限；（二）履行义务的方式；（三）涉及金钱给付的，应当有明确的金额和给付方式；（四）当事人依法享有的陈述权和申辩权。"第三十六条规定："当事人收到催告书后有权进行陈述和申辩。行政机关应当充分听取当事人的意见，对当事人提出的事实、理由和证据，应当进行记录、复核。当事人提出的事实、理由或者证据成立的，行政机关应当采纳。"第三十七条规定："经催告，当事人逾期仍不履行行政决定，且无正当理由的，行政机关可以作出强制执行决定。强制执行决定应当以书面形式作出，并载明下列事项：（一）当事人的姓名或者名称、地址；（二）强制执行的理由和依据；（三）强制执行的方式和时间；（四）申请行政复议或者提起行政诉讼的途径和期限；（五）行政机关的名称、印章和日期……"第四十四条规定："对违法的建筑物、构筑物、设施等需要强制拆除的，应当由行政机关予以公告，限期当事人自行拆除。当事人在法定期限内不申请行政复议或者提起行政诉讼，又不拆除的，行政机关可以依法强制拆除。"本案中，被告在实施拆除行为前，未对违法建筑进行勘查测量，未依法告知陈×文享有陈述、申辩及听证的权利，未依法作出强制执行决定，未依法张贴强制拆除公告，未过法定起诉期限就拆除违法建筑的行为违反了《中华人民共和国行政强制法》规定的法定程序。

综上所述，被告认定原告房屋属违法建筑正确，但拆除原告房屋的行为违反了法定程序。违反法定程序的行政行为依法应予撤销，但因拆除房屋的行为已经实施，不具有可撤销内容，依法应当确认违法。依照《中华人民共和国行政诉讼法》第七十四条第二款第（一）项的规定，判决如下：确认被告××县××乡人民政府拆除原告陈×文的房屋行为违法。案件受理费50元，由××县××乡人民政府负担。

陈×文不服一审判决，上诉称：一、一审法院认定上诉人存在一户多宅的情形与事实不符。二、一审法院认定上诉人被强拆的房屋是20㎡与事实不符，没有任何证据佐证。实际被强拆的房屋面积53㎡，上诉人在开庭后已向一审法院补充提交了现场测量房屋的视频（光盘）及图片。三、一审法院认定被上诉人给上诉人送达了违法建筑通知书，上诉人房屋属于违法建筑，根据《中华人民共和国土地管理法》第七十八条规定，适用法律错误。综上，请求二审法院撤销一审法院认定的上诉人一户多宅情形，撤销一审法院认定的上诉人被强拆房屋面积为20㎡，应当认定实际面积53㎡，撤销一审法院认定的上诉人房屋属于违法建筑。

被上诉人××乡政府口头答辩称，上诉人被拆除房屋没有办理准建手续，属于一户多宅，依法应当拆除。被上诉人是在上诉人同意后实施的帮助拆除行为，并非强制拆除。请求驳回上诉人的上诉请求。

经审理查明，当事人一审提交并质证的证据已随案移送本院，经审查，可以作为认定本案事实的根据。对于一审认定事实中上诉人与被上诉人均无异议的部分，本院予以确认。

本院认为，本案上诉人提起上诉主要是针对一审法院对于相关事实认定有异议，对于被上诉人××乡政府在强制拆除房屋过程中存在的违法之处，一审法院作了充分论述，本院予以认可，二审重点围绕上诉人的上诉请求进行审查。

关于上诉人是否存在一户多宅及违法建筑问题。经审查，二审询问时，陈×文承认自己修建两栋房屋，一栋用于自己居住，一栋用于停车及经商。根据《中华人民共和国土地管理法》第六十二条和《xxx市农村村民住房规划建设管理规定》第十一条第一款规定，农村村民一户只能拥有一处宅基地。上诉人陈×文被拆除房屋明显违反了一户一宅的规定，依法应当拆除。关于上诉人提出的被拆除房屋面积认定有误的问题。经审查，在被上诉人提供的调查笔录中，上诉人陈×文自己认可房屋面积有20㎡，其未提供充分证据推翻上述面积认定，对该项诉求不予支持。

综上，被上诉人××乡政府强制拆除行为违法，但不撤销行政行为。一审法院认定事实清楚，适用法律正确，应予维持。依照《中华人民共和国行政诉讼法》第八十九条第一款第（一）项的规定，判决如下：

驳回上诉，维持原判。

二审案件受理费 50 元，由上诉人陈×文负担。

本判决为终审判决。

审　判　长　聂×武

审　判　员　崔　×

审　判　员　向×兵

二〇二三年三月二十八日

（院印）

法 官 助 理　范　×

书　记　员　王　×

四、制作要求及注意事项

任务四　制作再审行政判决书

一、再审行政判决书的概念

行政再审程序又称行政审判监督程序，是指人民法院依当事人再审申请或依人民检察院抗诉，以及人民法院依照自身的职权，对已发生法律效力而又确有错误的判决、裁定或行政赔偿调解书，再次进行审理并作出判决的程序。再审行政判决书，是人民法院依照《中华人民共和国行政诉讼法》规定的审判监督程序，对已经发生法律效力的判决、裁定，发现违反法律、法规规定的，进行重新审理后，就案件的实体问题所制作的具有法律效力的书面处理决定。

行政再审程序是行政诉讼制度中的一项终局性、非常规的救济程序，对于实现司法公正、纠正确有错误的裁判，具有重要作用。因而，制作再审判决书对于保证案件质量和维护公平正义意义重大。

《中华人民共和国行政诉讼法》第 92 条规定："各级人民法院院长对本院已经发生法律效力的判决、裁定，发现有本法第九十一条规定情形之一，或者发现调解违反自愿原则或者调解书内容违法，认为需要再审的，应当提交审判委员会讨论决定。最高人民法院对地方各级人民法院已经发生法律效力的判决、裁定，上级人民法院对下级人民法院已经发生法律效力的判决、裁定，发现有本法第九十一条规定情形之一，或者发现调解违反自愿原则或者调解书内容违法的，有权提审或者指令下级人民法院再审。"第93条规定："最高人民检察院对各级人民法院已经发生法律效力的判决、裁定，上级人民检察院对下级人民法院已经发生法律效力的判决、裁定，发现有本法第九十一条规定情形之一，或者发现调解书损害国家利益、社会公共利益的，应当提出抗诉。地方各级人民检察院对同级人民法院已经发生法律效力的判决、裁定，发现有本法第九十一条规定情形之一，或者发现调解书损害国家利益、社会公共利益的，可以向同级人民法院提出检察建议，并报上级人民检察院备案；也可以提请上级人民检察院向同级人民法院提出抗诉。各级人民检察院对审判监督程序以外的其他审判程序中审判人员的违法行为，有权向同级人民法院提出检察建议。"

二、再审行政判决书的格式

×××人民法院
行政判决书

（××××）法院代码行再××号

抗诉机关×××××人民检察院（未抗诉的，此项不写）。

再审申请人（注明其在一二审中的身份）……（写明姓名或名称等基本情况）。

被申请人（注明其在一二审中的身份）……（写明姓名或名称等基本情况）。

第三人……（写明姓名或名称等基本情况）。

（当事人及其他诉讼参加人的列项和基本情况的写法，除当事人的称谓外，与一审判决书样式相同）

再审申请人×××与被申请人×××……（写明案由）一案，不服本院（或者×××人民法院）于××××年××月××日作出（××××）法院代码行××号行政判决。……（写明再审的根据）。本院依法组成合议庭，公开（或者不公开）开庭审理了本案。……（写明到庭的当事人、代理人等）到庭参加诉讼。本案现已审理终结。（未开庭的，写："本院依法组成合议庭审理了本案。现已审理终结。"）

……（概括写明原审生效判决的主要内容；简述检察机关的抗诉理由，或者当事人的陈述或申诉要点）。

经再审查明：……（写明再审确认的事实和证据）。

本院认为，……（着重论证原审生效判决适用法律、法规是否正确，检察院抗诉或当事人等申诉的理由是否成立，阐明应予以改判、如何改判，或者仍然维持原判的理由）。依照……（写明判决所依据的法律条款项）的规定，判决如下：

……写明判决结果。

……（对全部改判或部分改判而变更原审诉讼费用负担的，写明原审诉讼费用由谁负担或者双方如何分担）。

……写明上诉期限或为终审判决。

（按第一审程序再审的，写明："如不服本判决，可在判决书送达之日起十五日内，向本院递交上诉状，并按对方当事人的人数提出副本，上诉于×××人民法院。"按第二审程序进行再审或者上级法院提审的，写明："本判决为终审判决。"）

审　判　长　×××

审　判　员　×××

审　判　员　×××

××××年××月××日

（院印）

书　记　员　×××

三、范例

辽宁省××市中级人民法院

行政判决书[1]

（2020）辽××行再 12 号

再审申请人（一审原告、二审上诉人）：王×利，男，1963 年 4 月 6 日出生，汉族，无职业，住××市××区。

再审申请人（一审原告、二审上诉人）：刘×，女，1968 年 12 月 10 日出生，汉族，无职业，住××市××区。

二再审申请人共同委托代理人：张×夫，北京市××（××）律师事务所律师。

被申请人（一审被告、二审被上诉人）：××市×××区城市建设局（××市×××区人民防空办公室），住所地××市×××区丁香街×××号。

法定代表人：奚×慧，该局局长。

委托代理人：刘×光，男，1962 年 10 月 8 日出生，汉族，该局工作人员，住××市×××区。

委托代理人：刘×，辽宁××律师事务所律师。

被申请人（一审被告、二审被上诉人）：××市×××区人民政府，住所地××市×××区翠柏路××号。

法定代表人：李×群，该区政府区长。

---

〔1〕　改编自中国裁判文书网，载 https://wenshu. court. gov. cn/website/wenshu/181107ANFZ0BXSK4/index. html? docId＝r×LVW1QZMc1hCSBNdGdBdK9×9Kot×Z4RT5omtu＋N8×iOea1Fo5D2cJO3qNaLMqsJBT4UcUqDFvGv5GV1y36osDHH ZiagT39Oq×2Cc9v4M7＋g4aEZ8QHTYeylOIglf/ly ，最后访问日期：2023 年 6 月 6 日。

出庭负责人：郑×，该区政府办公室主任。

委托代理人：徐×，女，1987年11月16日出生，汉族，该单位工作人员，住呼和××市玉泉区。

委托代理人：高×，北京××（××）律师事务所律师。

再审申请人刘×、王×利因与被申请人××市×××区城市建设局（××市×××区人民防空办公室，以下简称×××城建局）作出的房屋所有权行政确认及××市×××区人民政府（以下简称×××政府）作出的行政复议决定一案，不服本院（2019）辽××行终×××号行政判决，向辽宁省高级人民法院申请再审。该院于2020年1月6日作出（2019）辽行申15××号行政裁定，指令本院再审本案。本院依法另行组成合议庭，开庭审理了本案。再审申请人王×利、刘×及该二人的共同委托代理人张×夫，被申请人×××城建局的委托代理人刘×光、刘×，被申请人×××政府的出庭负责人郑×及委托代理人高×、徐×到庭参加诉讼。本案现已审理终结。

申请人王×利、刘×申请再审称：1.请求撤销原二审行政判决，改判支持王×利、刘×的诉讼请求；2.一、二审诉讼费用由×××城建局、×××政府承担。事实与理由：1.被诉行政行为是×××城建局作出，而发证机关为×××政府，×××城建局是×××政府的职能部门，法律没有授权其有权确认×××政府颁发的房屋权属证书无效；2.×××城建局没有提供其对房屋所有权证书可行使撤销或确认无效的法律根据；3.×××城建局、×××政府作出行政行为的目的不当，并非依职权在行政管理过程中发现问题进行执法，而是因案涉房屋被征收没有达成补偿协议，有选择地作出被诉行政行为，明显属于执法目的不当；4.本案适用法律错误，被诉行政行为没有引用有关房屋登记的法律法规。

×××城建局辩称，王×利、刘×所提出的请求事项没有事实及法律依据，不应支持。×××城建局作出被诉具体行政行为具有法定职权依据，认定事实清楚，程序合法，并无不当，×××城建局作出具体行政行为合法有效。请求再审驳回王×利、刘×再审请求，维持原一、二审判决。

×××政府辩称，原一、二审判决认定事实清楚，适用法律正确，应予维持。×××政府作出的行政复议决定认定事实清楚，并无不当，请求再审驳回王×利、刘×的诉讼请求。

申请人王×利、刘×向一审法院起诉称，1.撤销×××城建局于2018年6月21日作出的《关于王×利、刘×位于×河农场房屋所有权的行政确认书》；2.撤销×××政府于2018年10月11日做出的行政复议决定；3.案件受理费由×××城建局、×××政府承担。

一审法院查明，王×利与刘×为夫妻关系。王×利于1998年5月30日取得编号为×国用〔1998〕字第012××号国有土地使用证，刘×于1998年5月30日取得编号为×国用〔1998〕字第012××号国有土地使用证，上述土地证填发机关为××市×河农场房地产科。同年同日，王×利取得×村镇房字第××房屋所有权证，刘×取得×村镇房字第012××、×村镇房字第01274-××所有权证，房屋所有权证填发单位为××市×河农场房地产科。2018年6月7日××市×河农场向×××政府上报《关于认定王×利、刘×土地证和房屋所有权证违规办理的请求》（××农字〔2018〕××号），请求×××政府对王×利、刘×的土地使用证和房屋所有权证给予无效确认。2018 年 6 月 12 日，×××城建局作出《××市×××区城乡建设管理局关于王×利、刘×位于×河农场的房屋所有权的行政确认预先告知书》（以下简称预先告知书），告知王×利、刘×根据 1994 年 8 月 16 日×××政府×政办〔1994〕2 号会议纪要，明确规定××市×河农场的农房审批、房照发放、土地登记、规划管理等职能由×××区规划土地局行使，××市×河农场不再具有以上相关职能。1998 年王×利、刘×在未经×××规划土地局批准，未获得相关手续的情况下，擅自在×河农场承租的国有农用地上建设房屋三处，违反了相关规定。根据《××省行政执法条例》第 31条规定，拟确认王×利、刘×的三处涉案房屋产权证无效，并告知王×利、刘×在接到告知书之日起 2 日内陈述、申辩，3 日内提交听证申请。上述预先告知书于 2018 年 6 月13 日因王×利、刘×拒收，×××城建局对其进行留置送达。王×利、刘×于 2018 年 6 月15 日书写召开听证会申请书，于 2018 年 6 月 27 日送达×××城建局，同日，×××城建局作出对王×利、刘×的听证申请作出答复，告知王×利、刘×未在 3 日内提交书面听证申请，决定不予召开听证会。2018 年 6 月 21 日×××城建局作出《××市×××区城乡建设管理局关于王×利、刘×位于×河农场的房屋所有权的行政确认书》，确认王×利、刘×涉案房屋的房屋产权证无效。王×利、刘×不服该行政确认书，于 2018 年 8 月 15 日向×××政府提起行政复议，×××政府于 2018 年 10 月 11 日作出《行政复议决定书》（×政复决字〔2018〕4 号），决定维持×××城建局的行政行为。现王×利、刘×不服×××城建局、×××政府的行政行为，到院来诉。

另查明，王×利、刘×持有的 1998 年 5 月房屋所有权证，在 1998 年时××市×河农场当时房产科负责人员为刘国玉，现已经去世，××市×河农场现无法说明当时发证的原因。

再查明，1994 年 8 月 16 日，×××政府作出《会议纪要》（××政办〔1994〕2 号），载明根据×××政府 1993 年第十六次常务会议将×河农场纳入城市规划区管理。关于职责界定问题，将新纳入规划区区域的农房管理，包括农房审批、私房交易、房照发放等，统由区规划土地管理局管理，有关乡镇、农场不再承担上述职能。2010 年 12 月 6 日××市×××区机构编制委员会作出《关于印发××市×××区城乡建设管理局主要职责内设机构和人员编制规定的通知》（××编发〔2010〕56 号），载明×××城建局内设机构村镇建设办公室，村镇建设办公室负责村镇集体土地房屋的产权登记。2017 年 6 月 22 日×××政府作出《×××区人民政府办公室关于印发城乡建设管理局主要职责内设机构和人员编制规定的通知》（×××政办发〔2017〕52 号），载明×××城建局的内设机构村镇建设办公室负责对农村集体土地房屋的产权登记。

本院再审审理查明的事实与一审法院、本院二审审理查明的事实一致。

本院再审认为，王×利、刘×获取的房屋所有权证的填发单位处虽然加盖了××市×河农场房地产科公章，但实际上××市×河农场仅是接受×××城建局的委托，取得填发房屋所有权证的职权。而×××政府于 1994 年 8 月 16 日作出××政办〔1994〕2 号《会议纪要》，将委托××市×河农场填发房屋所有权证的职权收回，故××市×河农场1998年5月30日为王×利、刘×填发房屋所有权证时，其已经不具有填发房屋所有权证的职权。×××城建局作为委托单位，根据《××省行政执法条例》第三十一条规定，对其所颁发的房屋所有权证进行自查自纠，确认王×利、刘×房屋所有权证无效并无不当。另×××政府具有作出被诉复议决定的法定职权，其作出的行政复议决定程序合法。据此原审判决驳回王×利、刘×诉讼请求并无不当，再审予以维持。

综上，本案经本院审判委员会讨论决定，依照《中华人民共和国行政诉讼法》第八十九条第一款第（一）项、《最高人民法院关于适用〈中华人民共和国行政诉讼法〉若干问题的解释》第一百一十九条之规定，判决如下：

维持本院（2019）辽××行终×××号行政判决。

本判决为终审判决。

审　判　长　戈×利

审　判　员　徐　×

审　判　员　孙×娟

二〇二一年四月二十一日

（院印）

法官助理　黄　×

书　记　员　冷×皎

四、制作要求及注意事项

任务五　制作行政裁定书

一、行政裁定书的概念

行政裁定书，是人民法院依照《中华人民共和国行政诉讼法》规定的程序审理行政案件，为解决行政诉讼程序方面及特定实体方面的问题作出裁判时作出的具有法律效力的书面处理决定。

按照诉讼的程序不同，行政裁定书可分为第一审行政裁定书、第二审行政裁定书和再审行政裁定书。

二、第一审行政裁定书

（一）第一审行政裁定书的概念

第一审行政裁定书，是第一审人民法院依照《中华人民共和国行政诉讼法》规定的第一审程序，在审理第一审行政案件过程中，为解决诉讼程序及特定实体方面的问题作出裁判时作出的具有法律效力的书面处理决定。

根据《中华人民共和国行政诉讼法》和《最高人民法院关于适用〈中华人民共和国行政诉讼法〉的解释》第101条的规定，裁定适用于以下范围：①不予立案；②驳回起诉；③管辖异议；④终结诉讼；⑤中止诉讼；⑥移送或者指定管辖；⑦诉讼期间停止行政行为的执行或者驳回停止执行的申请；⑧财产保全；⑨先予执行；⑩准许或者不准许撤诉；⑪补正裁判文书中的笔误；⑫中止或者终结执行；⑬提审、指令再审或者发回重审；⑭准许或者不准许执行行政机关的行政行为；⑮其他需要裁定的事项。其中，对第①、②、③项裁定，当事人可以上诉，其余各项当事人均不可提起上诉。

（二）第一审行政裁定书的格式

这里只介绍①、②、⑩三种裁定书的格式，其余可参照民事裁定书格式。

1. 不予立案裁定书的格式。

×××人民法院
行政裁定书

（××××）法院代码行审级××号

起诉人……（写明姓名或名称等基本情况）。

××××年××月××日，本院收到×××的起诉状，……（概括写明起诉的事由）。

经审查，本院认为，……（写明不予立案的理由）。依照……（写明引用法律的条款项）的规定，裁定如下：

对×××的起诉，本院不予立案。

如不服本裁定，可在裁定书送达之日起十日内，向本院递交上诉状，上诉于×××级人民法院。

审　判　长　×××

审　判　员　×××

审　判　员　×××

××××年××月××日

（院印）

书　记　员　×××

2. 驳回起诉裁定书的格式。

×××人民法院
行政裁定书

（××××）法院代码行初××号

原告……（写明姓名或名称等基本情况）。

被告……（写明行政机关名称和所在地址）。

第三人……（写明姓名或名称等基本情况）。

（当事人及其他诉讼参加人的列项和基本情况的写法，与一审行政判决书样式相同）

原告×××不服××××（行政机关名称）××××年××月××日（××××）×××字第××号处罚决定（复议决定或者其他具体行政行为），向本院提起诉讼。本院受理后，依法组成合议庭，公开（或者不公开）开庭审理了本案。

……（简述原告起诉的理由）。

本院认为，……（写明驳回起诉的理由）。依照……（写明引用法律的条款项）的规定，裁定如下：

驳回原告×××的起诉。

……（写明起诉费用的负担）。

如不服本裁定，可在裁定书送达之日起十日内，向本院递交上诉状，并按对方当事人的人数提出副本，上诉于×××人民法院。

审　判　长　×××

审　判　员　×××

审　判　员　×××

××××年××月××日

（院印）

书　记　员　×××

3. 准许或者不准许撤诉的格式。

×××人民法院
行政裁定书

（××××）法院代码行初××号

原告……（写明姓名或名称等基本情况）。

被告……（写明行政机关名称和所在地址）。

第三人……（写明姓名或名称等基本情况）。

（当事人及其他诉讼参加人的列项和基本情况的写法，与一审行政判决书样式相同）

原告×××不服××××（行政机关名称）××××年××月××日（××××）××字第××号处罚决定（复议决定或其他具体行政行为），向本院提起诉讼。本院已依法受理。在审理过程中，原告×××……（简要写明原告提出的撤诉请求和理由）。

经审查，本院认为，……（写明准许撤诉或不准许撤诉的理由）。依照……（写明引用法律的条款项）的规定，裁定如下：

……（写明裁定结果。分两种情况：

第一，准许撤诉的，写：

"准许原告×××撤回起诉。"

第二，不准撤诉的，写：

"不准原告×××撤诉，本案继续审理。"）

……（准许撤诉的，写明诉讼费用的负担；不准撤诉的，此项不写）。

审　判　长　×××

审　判　员　×××

审　判　员　×××

××××年××月××日

（院印）

书　记　员　×××

（三）范例

湖南省×××市中级人民法院
行政裁定书[1]

（2023）湘××行初×号

原告：余×高，男，1981年1月7日出生，土家族，住湖北省××县。

原告：胡×玉（余×高妻子），女，1987年12月15日出生，土家族，住湖北省××县。

两原告委托代理人：郭×满，湖南×隆律师事务所律师，代理权限系特别授权。

两原告委托代理人：李×玉，湖南×隆律师事务所律师。

被告：×××市××区人民政府，住所地×××市××区永定大道区治大院。

法定代表人：王×军，区长。

出庭应诉负责人：伍×友，副区长。

委托代理人：宋×国，区政府工作人员。

委托代理人：张×春，湖南×滨律师事务所律师。

---

〔1〕 改编自中国裁判文书网，载 https://wenshu.court.gov.cn/website/wenshu/181107ANFZ0BXSK4/index.html?docId=smlPFwvnNFohKw6WxHWvv+naoYHG+FyYxLQk8OxozEXYEyyRcLgkTJO3qNaLMqsJBT4UcUqDFvGv5GV1y36osDHHZiagT39Oqx2Cc9v4M793lwGk1TikrKA3TLSu0SSK，最后访问日期：2023年6月6日。

原告余×高、胡×玉诉被告×××市××人民政府行政批复一案，于2023年1月13日向本院提起诉讼。本院于同日立案后，于2023年1月18日向被告送达了起诉状副本及应诉通知书。2023年2月2日，被告向本院申请延期举证，本院予以准许。本院依法组成合议庭，于2023年3月13日公开开庭审理了本案。原告胡×玉及其委托代理人郭×满，被告出庭应诉负责人伍×友及委托代理人宋×国、张×春到庭参加诉讼。在庭审过程中，原告自愿向本院申请撤回起诉。

本院认为，原告自愿申请撤回起诉是其真实意思表示，且不损害国家、社会的利益以及他人的合法利益，符合法律规定，应予准许。依照《中华人民共和国行政诉讼法》第六十二条的规定，裁定如下：

准许原告余×高、胡×玉撤回起诉。

一审案件受理费50元，减半收取25元，由原告余×高、胡×玉负担。

审　判　长　聂×武

审　判　员　吕×军

人民陪审员　彭×珍

二〇二三年三月十三日

（院印）

法官助理　罗×峰

书　记　员　王　×

（四）制作要求及注意事项

三、第二审行政裁定书

（一）第二审行政裁定书的概念

第二审行政裁定书，是人民法院依照《中华人民共和国行政诉讼法》规定的第二审程序，在审理上诉案件过程中，为解决诉讼程序及特定实体方面的问题作出裁判时作出的具有法律效力的书面处理决定。

第二审行政裁定书的适用范围与第一审行政裁定书基本相同。但也有上诉审的特点，如发回重审、维持或者撤销第一审裁定等。

（二）第二审行政裁定书的格式

1. 驳回上诉或者撤销一审不予立案、驳回起诉裁定书的格式。

×××人民法院
行政裁定书

（××××）法院代码行终××号

上诉人（原审×告）……（写明姓名或名称等基本情况）。

被上诉人（原审×告）……（写明姓名或名称等基本情况）。

第三人……（写明姓名或名称等基本情况）。

（当事人及其他诉讼参加人的列项和基本情况的写法，与二审维持原判或者改判用的行政判决书样式相同）

上诉人×××不服×××人民法院（××××）×行初字第××号行政裁定，向本院提起诉讼。本院依法组成合议庭，审理了本案。

本院认为，……（写明二审裁定的理由）。依照……（写明引用法律的条款项）的规定，裁定如下：

……写明裁定结果。分三种情况：

第一，驳回上诉，维持原判的，写：

"驳回上诉，维持原裁定。"

第二，撤销原裁定，应予立案受理的，写：

"一、撤销×××人民法院（××××）法院代码行终××号行政裁定；

二、本案由×××人民法院立案受理。"

第三，撤销原裁定，应继续审理的，写：

"一、撤销×××人民法院（××××）法院代码行终××号行政裁定；

二、本案由×××人民法院继续审理。"

本裁定为终审裁定。

审　判　长　×××

审　判　员　×××

审　判　员　×××

××××年××月××日

（院印）

书　记　员　×××

本样式供二审人民法院对上诉人不服一审裁定不予立案起诉或者驳回起诉的行政案件，经审理后裁定维持或者撤销原裁定时所使用的文书格式。

2. 发回重审裁定书的格式。

×××人民法院
行政裁定书

（××××）法院代码行终××号

上诉人（原审×告）……（写明姓名或名称等基本情况）。

被上诉人（原审×告）……（写明姓名或名称等基本情况）。

（当事人及其他诉讼参加人的列项和基本情况的写法，与二审维持原判或者改判用的行政判决书样式相同）

上诉人×××因……（写明案由）一案，不服×××人民法院（××××）法院代码行初××号行政判决，向本院提起上诉。本院依法组成合议庭，公开（或不公开）开庭审理了本案。（未开庭的，写："本院依法组成合议庭，审理了本案。"）

本院认为，……（简单写明发回重审的理由）。依照……（写明引用法律的条款项）的规定，裁定如下：

一、撤销×××人民法院（××××）法院代码行初××号行政判决；

二、发回×××人民法院重审。

审　判　长　×××

审　判　员　×××

审　判　员　×××

××××年××月××日

（院印）

书　记　员　×××

本样式为二审人民法院在收到当事人不服一审判决提起上诉的行政案件，按照第二审程序审理后，认为原判决事实不清、证据不足或者违反法定程序，裁定撤销原判，发回重审人民法院重审时所使用的文书格式。

（三）范例

湖南省×××市中级人民法院
行政裁定书[1]

（2023）湘××行终××号

上诉人（原审原告）：湖南省×××市××县江垭镇白岩峪村村民委员会，住所地××县

---

〔1〕　改编自中国裁判文书网，载 https://wenshu.court.gov.cn/website/wenshu/181107ANFZ0BXSK4/index.html? docId=+yAW0uprWUFSNRK409/Sha+ILOQndPhNoXJYhZoBCuWkiTG241JRAZO3qNaLMqsJBT4UcUqDFvGv5GV1y36osDH HZiagT39Oqx2Cc9v4M78ViysU894Y3V1mlXVst04k，最后访问日期：2023 年 6 月 6 日。

江垭镇白岩峪村。

　　法定代表人：杜×红，村民委员会主任。

　　委托诉讼代理人：杨×刚，湖南××（×××）律师事务所律师。

　　委托诉讼代理人：姚×成，男，1944年3月5日出生，土家族，住××县江垭镇白岩峪村，系湖南省×××市××县江垭镇白岩峪村村民委员会推荐。

　　被上诉人（原审被告）：××县自然资源局，住所地××县零阳东路×号。

　　法定代表人夏×斌，该局局长。

　　委托诉讼代理人：吴×彬，该局工作人员。

　　委托诉讼代理人：吴×元，湖南娄x律师事务所律师。

　　原审第三人：××县××燃气有限责任公司，住所地××县江垭镇白岩峪村。

　　法定代表人：吴×兴，该公司执行董事。

　　委托诉讼代理人：安×彪，湖南金旅律师事务所律师。

　　上诉人湖南省×××市××县江垭镇白岩峪村村民委员会（以下简称白岩峪村委会）因诉被上诉人××县自然资源局、原审第三人××县××燃气有限责任公司（以下简称××燃气公司）建设用地使用权登记一案，不服湖南省×××市×××区人民法院（2022）湘××××行初113号行政裁定，向本院提起上诉。本院依法组成合议庭审理了本案。现已审理终结。

　　原审法院审理查明：2002年1月23日，××燃气公司向原××县国土资源局申请征用×××村的土地，拟建液化气站建设项目。2002年12月25日，白岩峪村委会、××县江垭镇人民政府、××县江垭镇规划管理办公室及××县国土资源局先后在《征用土地申请书》签字盖章，同意××燃气公司占用白岩峪村的土地建设液化气站。2003年3月24日，××县人民政府对该液化气站建设项目申请征用白岩峪村公共建筑用地0.2754公顷，向湖南省人民政府申请农用地转用、土地征用审批。2003年5月15日，湖南省人民政府作出〔2003〕政国土字第2××号《农用地转用、土地征用审批单》予以批准。2003年5月16日，××县人民政府作出〔2003〕政地出字第0××号《国有土地使用权出让审批单》，同意出让供地0.2754公顷的使用权给××燃气公司建设液化气站项目。同日，××县国土资源局与××燃气公司签订《国有土地使用权出让合同》，将×××村0.2754公顷土地出让给××燃气公司。××燃气公司申请建设用地使用权登记，2003年5月16日，××县人民政府为××燃气公司颁发了×国用〔2003〕字第0××2号《国有土地使用权证》。××燃气公司修建的液化气站经营至今。

　　原审裁定认为：《中华人民共和国行政诉讼法》第二十五条第一款规定，行政行为的相对人以及其他与行政行为有利害关系的公民、法人或者其他组织，有权提起诉讼。据此规定，公民、法人或者其他组织要成为适格的行政诉讼原告，必须与被诉行政行为有利害关系。本案被诉行政行为系××县人民政府为××燃气公司颁发的慈国用〔2003〕字第0××2号《国有土地使用证》，即颁证行为，该颁证行为涉及白岩峪村境内的

0.2754 公顷土地。该宗地原来属于白岩峪村农民集体所有，因××燃气公司液化气站建设项目需要使用土地，2003 年 5 月 15 日，经湖南省人民政府审批同意征收白岩峪村 0.2754 公顷土地，将案涉集体土地转为建设用地，白岩峪村委会从此就不再享有该宗土地的所有权。××燃气公司与原××县国土资源局签订国有土地使用权出让合同，并对其受让的土地使用权申请行政登记，××县人民政府据此颁发的×国用〔2003〕字第 0××2 号《国有土地使用证》，与白岩峪村委会没有利害关系。白岩峪村委会不具有对××燃气公司持有的《国有土地使用证》提起诉讼的资格，即不具有本案原告主体资格，其起诉不符合法定起诉条件，依法应予驳回。依照《中华人民共和国行政诉讼法》第四十九条第（一）项、《最高人民法院关于适用〈中华人民共和国行政诉讼法〉的解释》第六十九条第一款第（一）项的规定，原审裁定驳回白岩峪村委会的起诉。

白岩峪村委会不服该裁定，向本院提起上诉称：一审法院以上诉人与慈国用〔2003〕字第 0××2 号《国有土地使用证》不具有利害关系为由裁定驳回起诉，明显属于认定事实错误，适用法律错误。1. 涉案土地没有被征用或者征收，上诉人仍是真正的土地所有权人。虽然被上诉人提交了××县人民政府申请农用地转用、土地征用报批单和湖南省人民政府农用地转用、土地征用审批单，但依据《中华人民共和国土地管理法》第四十六条第一款规定，国家征用土地的，依照法定程序批准后，由县级以上地方人民政府予以公告并组织实施。而××县人民政府就涉案土地至今都没有与上诉人签订任何补偿安置协议，也没有给上诉人任何补偿，更没有征地公告等征地手续，故涉案土地没有被征收或者征用。且上诉人提交的《集体土地使用证》证实涉案土地系上诉人集体所有，而该土地没有征收或者征用，上诉人仍是土地的真正所有权人。根据《中华人民共和国行政诉讼法》第二十五条第一款"行政行为的相对人以及其他与行政行为有利害关系的公民、法人或者其他组织，有权提起诉讼"的规定，上诉人是本案的利害关系人，是本案的适格原告。2. ××县人民政府颁发×国用〔2003〕字第 0××2 号《国有土地使用证》（时间为 2003 年 5 月 16 日）的行为违法。涉案土地没有被征收或者征用直接转变为国有土地并出让，其办证的土地来源不合法。且涉案土地登记时应当进行地籍调查并经土地管理部门审核，符合登记要求的要予以公告。被上诉人提交的土地登记申请书、土地登记审批表、出让协议证实涉案土地的出让时间、原审第三人申请涉案土地登记的时间、土地登记审批表上地籍调查人员初审时间、土地管理机关审批时间、县级以上人民政府审批的时间均为 2003 年 5 月 16 日，且土地管理机关审批意见栏没有负责人签字和审批机关公章。涉案土地的登记土地管理机关没有进行审批，且没有依法进行公告，程序明显违法。剥夺了土地真正权益者的权利。综上，涉案土地没有被征收或者征用，上诉人是该宗土地的真正所有权人，是本案的利害关系人，是本案的适格原告。×国用〔2003〕字第 0××号《国有土地使用证》的颁发违法。故请求二审法院撤销一审裁定并改判，支持上诉人的一审全部诉讼请求。

　　被上诉人××县自然资源局口头辩称：一审认定事实清楚，证据确实充分，适用法律正确，请求维持。1. 涉案土地已由政府征用为国有土地，该宗土地虽原属上诉人，但经征用后，其土地所有权发生变更，上诉人与土地发证行为没有关系，上诉人并非本案利害关系人。2. 上诉人已就征收行为提起了诉讼，可以证明该宗土地已被征用。

　　原审第三人××燃气公司口头述称：1. 原审裁定认定事实清楚、程序合法，适用法律正确，应当予以维持。2. 土地征收程序是国有土地使用权证登记行为的前置程序，是两个行政行为，土地征收与本案没有关联，不能成为上诉人的上诉理由。3. 上诉人已充分获得征收补偿，不存在实质权益受损。

　　当事人一审提交并质证的证据已随案移送本院，经审查，可以作为认定本案事实的根据。二审认定的事实与一审认定的事实一致。

　　本院认为，《中华人民共和国行政诉讼法》第二十五条第一款规定"行政行为的相对人以及其他与行政行为有利害关系的公民、法人或者其他组织，有权提起诉讼。"本案中，白岩峪村委会请求撤销××燃气公司名下的×国用〔2003〕字第0××2号《国有土地使用权证》，×××村委会并非被诉颁证行为的直接相对人，故本案争议的核心问题为白岩峪村委会与被诉颁证行为是否有利害关系。涉案土地曾归白岩峪村委会集体所有，但××县国土资源局与××燃气公司于2003年5月16日签订《国有土地使用权出让合同》，将涉案土地出让给××燃气公司。故对×××村委会权利义务产生影响的是土地征收或出让行为，被诉颁证行为对白岩峪村委会合法权益不产生实际影响，其与被诉行政行为没有利害关系，不具有原告主体资格，无权提起本案诉讼，法院依法应不予受理。受理的依法应驳回起诉。原审裁定认定基本事实清楚，适用法律正确，依法应予维持。白岩峪村委会的上诉理由不能成立，本院不予支持。根据《中华人民共和国行政诉讼法》第八十九条第一款第（一）项之规定，裁定如下：

　　驳回上诉，维持原裁定。

　　本裁定为终审裁定。

审　判　长　聂×武

审　判　员　向×兵

审　判　员　崔　×

二〇二三年三月二十一日

（院印）

法官助理　吴×玮

（四）制作要求及注意事项

四、再审行政裁定书

（一）再审行政裁定书的概念

再审行政裁定书，是人民法院依照行政诉讼法规定的审判监督程序，在审理再审案件过程中，为解决诉讼程序及特定实体方面的问题作出裁判时作出的具有法律效力的书面处理决定。

（二）再审行政裁定书的格式

×××人民法院
行政裁定书

（××××）法院代码行再××号

原告（或上诉人）×××与被告（或被上诉人）×××……（写明案由）一案，本院（或×××人民法院）于××××年××月××日作出（××××）法院代码行审级××号行政判决，已经发生法律效力。当事人×××现向本院提出申诉（未申诉的不写此句）。

本院经复查认为，……（简要写明提起再审的理由）。经本院院长提交审判委员会讨论决定（上级人民法院提审或者指令再审的，此句不写），依照……（写引用的法律条款项）的规定，裁定如下：

一、……［决定由本院再审的，写"本案由本院另行组成合议庭进行再审"；决定由本院提审的，写"本案由本院进行提审"；指令下级法院再审的，写"本案指令×××人民法院另行组成合议庭进行再审"（指令非原审法院再审的删去"另行"二字）］。

二、再审期间，中止原判决的执行。

审　判　长　×××

审　判　员　×××

审　判　员　×××

××××年××月××日

（院印）

书　记　员　×××

（三）范例

辽宁省××市中级人民法院
行政裁定书[1]

（2021）辽××行再×号

再审申请人（一审被告、二审上诉人）：××市××区住房和城乡建设局，住所地：××市××区新城路西段64号。

法定代表人：赵×，该局局长。

行政负责人：刘×斌，该局执法大队副大队长。

委托诉讼代理人：范×斌，该局执法大队中队长。

委托诉讼代理人：张××，辽宁××律师事务所律师。

被申请人（一审原告、二审被上诉人）：张×先，男，1953年4月10日出生，汉族，住××市××区。

委托诉讼代理人：张×发，男，1982年6月21日出生，汉族，张×先之子，住辽宁省××市××区。

委托诉讼代理人：马×新，男，1976年7月11日出生，汉族，住辽宁省××市××区（社区推荐）。

再审申请人××市××区住房和城乡建设局（以下简称××区住建局）与被申请人张×先行政强制拆除违法确认一案，××市望×区人民法院作出（2019）辽×××行初143号行政判决，××区住建局不服，上诉于本院。本院于2020年5月14日作出（2020）辽××行终××号行政判决。××区住建局不服，向辽宁省××人民法院申请再审。2021年3月22日，辽宁省××人民法院作出（2021）辽行申1××号行政裁定，指令本院再审本案。本院依法另行组成合议庭，公开开庭审理了本案。再审申请人××区住建局行政负责人刘×斌、委托诉讼代理人张××、范×斌，被申请人张×先委托诉讼代理人张×发、马×新到庭参加诉讼。本案现已审理终结。

××区住建局申请再审称：请求撤销××区人民法院和××市××人民法院民事判决，驳回张×先的诉讼请求。事实和理由：根据2020年9月24日××街道抚挖社区出具的情况说明以及2020年9月28日辽宁荣××房地产开发公司出具的证明材料，能够证明拆除张×先建筑的主体并非××区住建局，足以推翻原判决。

张×先辩称：我不同意××区住建局的意见，我方保持一审、二审中提出的观点。在一审、二审中张×先提供的证据进行了质证，二审对证据的合法性、真实性、关联性进行了确认。通过证人证言确定房屋确系××区住建局所拆，请求法院驳回其再审请求。

本院再审认为，本案争议的焦点是××区住建局是否实施了案涉强制拆除行为。再审时，××区住建局向本院提交了两份证新证据，一份是 2020 年 9 月 24 日××市××区××街道办事处及××街道抚挖社区出具的情况说明，证明张×先的建筑被推倒系××尚品小区开发商所为；另一份是 2020 年 9 月 28 日辽宁荣××房地产开发有限公司出具证明材料，证明张×先的建筑严重影响了正常的施工工期，2019 年 6 月 25 日该公司对其建筑进行了拆除。该两份证据涉及××区住建局是否实施了案涉强制拆除行为，需要进一步查清，故发回原法院重新审理。本案经本院审判委员会讨论决定，依照《中华人民共和国行政诉讼法》第八十九条第一款第（三）项之规定，裁定如下：

本案发回××市××区人民法院重审。

二审案件受理费 50 元，返还××市××区住建局。

审　判　长　刘　×

审　判　员　赵×平

审　判　员　李　×

二〇二一年十二月三十日

（院印）

法官助理　隋×龙

书　记　员　徐×侨

（四）制作要求及注意事项

任务六　制作行政赔偿调解书

一、行政赔偿调解书的概念

行政赔偿调解书，是人民法院依照《中华人民共和国行政诉讼法》的规定，在审理行政赔偿案件过程中，通过调解，当事人自愿达成解决赔偿争议的协议而制作的具有法律效力的文书。

《中华人民共和国行政诉讼法》第 60 条规定："人民法院审理行政案件，不适用调解。但是，行政赔偿、补偿以及行政机关行使法律、法规规定的自由裁量权的案件可以调解。调解应当遵循自愿、合法原则，不得损害国家利益、社会公共利益和他人合法权益。"

  用调解方式解决行政赔偿争议，应当坚持以下原则：①双方当事人自愿；②查明事实，分清是非；③符合法律、法规的规定。如果法律、法规明确规定了赔偿数额的范围，人民法院只能在这个范围内进行调解。制作行政赔偿调解书应当体现上述原则。

二、行政赔偿调解书的格式

××××人民法院
行政赔偿调解书

（××××）法院代码初××号

原告……（写明起诉人的姓名或名称等基本情况）。

被告……（写明被诉的行政机关名称和所在地址）。

第三人……（写明姓名或名称等基本情况）。

（当事人及其他诉讼参加人的列项和基本情况的写法，与一审行政判决书样式相同）

案由：……

……（简要写明当事人的诉讼请求和案件的事实）。

经本院调解，双方当事人自愿达成如下协议：

……（写明协议的内容）。

上述协议，符合有关法律规定，本院予以确认。

本调解书经双方当事人签收后，即具有法律效力。

审　判　长　×××
审　判　员　×××
审　判　员　×××
××××年××月××日
（院印）
书　记　员　×××

三、范例

××市××区人民法院
行政赔偿调解书

（2020）法院代码行初×××号

原告：王××，男，53岁，汉族，××市×××公司工人，住××市××区×路3号。

委托代理人：何×，××律师事务所律师。

被告：××市××区规划管理局；住所地：××市××区××路11号。

法定代理人：何××，××市××区规划管理局局长。

委托代理人：王××，男，×××律师事务所律师。

被告：××市××区城市管理监察大队；住所地：××市××区43号。

法定代表人：李××，××市××区城市管理监察大队大队长。

委托代理人：林××，××××律师事务所律师。

案由：城市管理行政赔偿。

2020年6月，王××未经审批在本市××区×路3号院外私建房屋3间，面积约35平方米。××市××区规划管理局、××市××区城市管理监察大队在××城市市容环境整治过程中，于2020年11月20日联合对该房屋予以强制拆除。二被告在强制拆除前均未向王××送达《限期拆除通知书》和《强制拆除决定书》，强制拆除时也未对屋内的物品进行清点登记，造成王××的部分财产遭受损失。王××于2020年11月28日向本院提起诉讼，要求二被告赔偿其经济损失9000元。

本院认为：原告王××所建房屋无合法审批手续，系违法建设，依法应予拆除。但由于被告××市××区规划管理局、××市××区城市管理监察大队在拆除过程中违法行使行政职权，其强制拆除行为违法，对原告合法财产造成的损失应承担行政赔偿责任。

依照《中华人民共和国行政诉讼法》第六十条第一款之规定，行政赔偿诉讼可以适用调解方式解决。

经本院主持调解，双方当事人自愿达成如下协议：

一、××市××区规划管理局赔偿王××人民币共计3200元（调解书送达后十日内给付）。

二、××市××区城市管理监察大队赔偿王××人民币共计3200元（调解书送达后十日内给付）。

上述协议符合有关法律规定，本院予以确认。

本调解书经双方当事人签收后，即具有法律效力。

审　判　长　于××

审　判　员　李××

审　判　员　刘××

二〇二〇年十二月十三日

（院印）

书　记　员　胡××

四、制作要求及注意事项

实训任务清单

实训任务 1：根据所给案例制作一份一审刑事判决书。[1]

××省××市人民检察院向××中级人民法院提出检×诉（2023）××号起诉书，指控被告人郝××于 2022 年 8 月 9 日 17 时许，醉酒后无证驾驶陕 KA75×× 号小型轻型栏板货车，沿××市××塔××畔村沙峁组通村路由东向西行驶至"发缘地染烫工作室"门口处时，与该处杨××停放的陕 K0P6×× 号小型轿车相撞，致陕 K0P6×× 号小型轿车前移与"发缘地染烫工作室"墙面相撞，结果致两车及发缘地染烫工作室墙面受损。

公诉机关认为郝××的行为构成危险驾驶罪，建议法院适用《中华人民共和国刑法》第一百三十三条之一第一款第（二）项、第六十七条第三款、第五十二条、第五十三条第一款之规定处罚。××市中级人民法院受理此案后依法适用速裁程序公开开庭审理了此案，法院认为公诉机关的指控是正确的。

证据有：被告人郝××在侦查阶段的供述，证人杨××、邱××的证言，受案登记表，立案决定书，常住人口基本信息，查获经过，驾驶人及机动车信息查询结果表，呼气式酒精含量检测结果，现场呼气及抽血照片，血样提取登记表，血醇检测报告（血液内酒精含量检测，结果为 222.18mg/100ml），鉴定委托书，鉴定意见通知书，情况说明，无违法犯罪证明等。

被告人郝××对指控事实、罪名及量刑建议没有异议，同意适用速裁程序且签字具结，在开庭审理过程亦无异议。被告人郝××归案后能如实供述其主要犯罪事实，自愿认罪认罚，并签字具结，依法可对其从轻处罚。另被告人郝××在发生交通事故后能积极赔偿被害人的损失，并取得被害人的谅解，又具有酌情处罚之情形。

郝××，男，汉族，初中文化，群众。因涉嫌犯危险驾驶罪于 2022 年 8 月 10 日被××市某局刑事拘留，同年 8 月 17 日变更为取保候审。

---

[1] 改编自中国裁判文书网，载 https://wenshu.court.gov.cn/website/wenshu/181107ANFZ0BXSK4/index.html，最后访问日期：2023 年 6 月 6 日。

××省××市人民法院
刑事判决书

（2023）×刑初×号

_____

_____

_____

_____

_____

_____

_____

实训任务 2：根据案例及题目要求制作二审刑事判决书。[1]

　　××市××区人民法院审理××市××区人民检察院指控原审被告人郑×1、郑×2 犯故意伤害罪一案，于 2021 年 12 月 2 日作出（2021）×0105 刑初 1189 号刑事判决。原审被告人郑××、郑××不服，提出上诉。

　　原审被告人郑×1、郑×2 于 2021 年 6 月 29 日 1 时许，与被害人邓××等人在××市××区鹭江西街 59 号金×服装专卖店门口因租房补贴问题引发争执。被告人郑×1 电话通知其堂哥郑×等人到场帮忙。被告人郑×1 用自己携带的剪刀刺伤邓××臀部，被告人郑×2 用拳头殴打邓××面部等部位，并将邓××摔倒在地。双方互相打斗导致被害人邓××、原审被告人郑××受伤。原判认为，被告人郑×1、郑×2 无视国家法律，故意伤害他人身体，致一人轻伤，其行为已构成故意伤害罪，依法应予惩处。被告人郑×1、郑×2 有自首情节，依法对其二人从轻处罚。被告人郑×1、郑×2 赔偿被害人经济损失并取得谅解，酌情对其二人从轻处罚。

　　原判的证据有：1. 现场打斗视频监控。2. 周围证人证词。3. 现场使用的剪刀。4. 医院就诊单。

　　原判根据上述事实和证据，认定被告人郑×1、郑×2 无视国家法律，故意伤害他人身体，致一人轻伤，其行为已构成故意伤害罪，依法应予惩处。被告人郑×1、郑×2 有自首情节，依法对其二人从轻处罚。被告人郑×1、郑×2 赔偿被害人经济损失并取得谅解，酌情对其二人从轻处罚。被告人郑×1、郑×2 自愿认罪认罚，其认罚的量刑意见与公诉机关提出的量刑建议一致，依法适用认罪认罚从宽制度，采纳公诉机关提出的量刑建议。根据被告人郑×1、郑×2 犯罪的事实、性质、情节和对于社会的危害程度，依

---

　　〔1〕　改编自中国裁判文书网，载 https://wenshu.court.gov.cn/website/wenshu/181107ANFZ0BXSK4/index.html，最后访问日期：2023 年 6 月 6 日。

照《中华人民共和国刑法》第二百三十四条第一款、第六十七条第一款、第六十四条及《最高人民法院关于处理自首和立功具体应用法律若干问题的解释》第一条、第三条之规定，判决如下：一、被告人郑×2犯故意伤害罪，判处有期徒刑十个月；二、被告人郑×1犯故意伤害罪，判处有期徒刑六个月；三、扣押被告人郑×1的作案工具剪刀一把，予以没收。

郑××上诉提出，1. 一审法院的判决实际上并未对上诉人的所有量刑情节进行评价，导致一审量刑畸重。受害人的谅解系在公诉机关提起量刑建议之后，公诉机关不可能对受害人将来是否谅解的情节在量刑建议中予以考虑；一审判决表面上认可上诉人的赔偿谅解情节，但实质上在量刑时并未对该情节加以考虑。一审判决不确认上诉人存在"积极救助""受害人存在过错"的量刑情节并未说明理由。2. 本案应对上诉人适用缓刑，至少应该在原量刑建议以下进行量刑。上诉人存在赔偿谅解、自首、认罪认罚、积极救助及受害人过错的量刑情节，且没有前科，不属于累犯，具备可以适用缓刑的条件；本案事实上存在无罪可能性，被害人邓××的脚伤可能是打架前就有的旧伤，还有可能是打斗中主动攻击上诉人方时混乱中自己或者被同案方误伤。综上，请求二审法院充分考虑本案中存在一审判决量刑时并未考虑的受害人过错、上诉人积极救助、受害人赔偿谅解的情节，对上诉人判处缓刑或者在 10 个月有期徒刑以下量刑。

经审理查明，原判认定上诉人郑×1、郑×2犯故意伤害罪的事实清楚，证据确实、充分，本院予以确认。

关于上诉人郑×1及其辩护人、上诉人郑×2提出的上诉、辩护意见，本院综合评析如下：本案上诉人郑×2在与被害人在案发现场进行口头交涉的时候，上诉人郑×1主动持剪刀捅刺被害人，是造成被害人受伤的主要原因，郑×1在共同犯罪中作用较大，不能认定为从犯，也不能认定被害人在本案中存在过错；视频监控录像证实被害人的脚部受伤系在本案中造成，不予赘述；原判认定事实清楚，证据确实、充分，定罪和适用法律准确，审判程序合法，量刑并无明显不当。但鉴于二上诉人签署认罪认罚具结书后又对被害人作出新的赔偿并取得对方谅解，综合全案事实和上诉人郑×1、郑×2具有自首、救治被害人、自愿认罪认罚等情节，可对二上诉人在原公诉机关量刑建议的基础上予以适度从宽处罚。

二审法院××市中级人民法院审判长黄×、审判员黄×、审判员范××，书记员钟××；原公诉机关××市××区人民检察院。

上诉人（原审被告人）郑×1，男，1990 年 12 月 16 日出生，汉族，××省××县人，文化程度初中，户籍地址××省××县。因本案于 2021 年 6 月 29 日被羁押，次日被刑事拘留，同年 8 月 4 日被逮捕。现被羁押于××市××区看守所。

上诉人（原审被告人）郑×2，男，1992 年 11 月 7 日出生，汉族，××省××县人，文化程度初中，户籍地址××省××县。因本案于 2021 年 6 月 29 日被羁押，次日被刑事拘留，同年 8 月 4 日被取保候审，同年 11 月 29 日经××市××区人民法院决定逮捕，同年 12 月 2 日被执行逮捕。现被羁押于××市××区看守所。

××省××市中级人民法院
刑事判决书

（2022）××刑终××号

_____

_____

_____

_____

_____

_____

实训任务 3：根据案例及题目要求制作刑事附带民事判决书。[1]

　　××市人民检察院以×检刑诉〔2021〕547 号起诉书指控被告人蒋××、周××犯非法捕捞水产品罪。2021 年 5 月 8 日，被告人蒋××、周××明知处于禁渔期，仍在××市巴斗梁垛河闸上游××景区 20 米闸下游中间水域，利用禁用的双桩有翼单囊张网捕捞鳗鱼苗，后被××市农业农村局渔政行政执法人员查获，现场查获鳗鱼苗 251 条。

　　公诉机关认为蒋××、周××犯非法捕捞水产品罪，建议法院适用《中华人民共和国刑法》第三百四十条、第二十五条第一款、第六十七条第三款、第七十二条第一款、第二款、第七十三条第一款、第三款，《中华人民共和国民法典》第一百七十九条第一款、第一百八十七条、第一千一百六十七条、第一千一百六十八条、第一千一百八十四条进行处罚。××市人民法院在 2021 年 10 月 26 日受理此案后，组成合议庭，公开开庭审理。法院认为公诉机关的指控大部分是正确的。鉴于被告人蒋××缴纳了全部渔业资源损失费用，对其可酌情从轻处罚。附带民事公益诉讼诉被告蒋××、周××的犯罪行为侵害了国家渔业资源和水域生态环境，损害了国家和社会公共利益，除应当受到刑事惩罚外，还应当承担相应的民事侵权责任，附带民事公益诉讼起诉人的诉讼请求合法有据，本院依法予以支持。

　　证据有：公安机关的受案登记表，立案决定书，发破案经过，抓获经过，户籍信息，被告人蒋××、周××的供述与辩解，××市农业农村局移送函，现场检查（勘验）笔录，证据登记保存清单，登记保存物品处理通知书，收货单，查封（扣押）决定书，

---

〔1〕　改编自中国裁判文书网，载 https://wenshu.court.gov.cn/website/wenshu/181107ANFZ0BXSK4/index.html，最后访问日期：2023 年 6 月 6 日。

查封（扣押）财物清单，解除查封/扣押通知书，××省海洋渔具渔法鉴定中心鉴定（检验）报告，××省农业农村厅关于做好鳗鱼苗专项捕捞管理有关工作的通知，××市人民检察院的公告，评估意见，认罪认罚具结书等。

被告人蒋××、周××自愿认罪认罚。

××省××市人民法院
刑事附带民事判决书

（2021）××刑初××号

_____

_____

_____

_____

_____

_____

_____

实训任务4：根据案例及题目要求制作再审刑事判决书。[1]

　　××省××县人民法院审理××县人民检察院指控被告人耿××犯诈骗罪一案，于1986年10月7日作出（1986）×刑字第135号刑事判决，认定耿××犯诈骗罪，判处有期徒刑五年，剥夺政治权利一年。宣判后，耿××不服，提出上诉。××省××市中级人民法院于1986年11月24日作出（86）刑上字第250号刑事裁定，驳回上诉，维持原判。判决发生法律效力后，原审被告人耿××不服，提出申诉。××省高级人民法院于2014年12月22日作出（2014）×刑二监字第00061号驳回申诉通知，驳回其申诉。耿××仍不服，向最高人民法院提出申诉。

　　××省××县人民法院一审判决认定，原审被告人耿××在1985年10月21日至26日，以给××县土产果品公司代购桔子罐头为由，先后两次将该公司3万元巨款骗到××省××县果品公司，作为自己贩卖桔子的资金，使××县土产果品公司遭受一定损失。经多方追款，直至1986年3月追回赃款。被告人耿××无视国法，骗取国家资金，数额巨大，其行为已构成诈骗罪。鉴于耿××案发后为退款作了一些努力，对其从轻处罚。依照1979年《中华人民共和国刑法》第一百五十二条、第五十二条之规定，作出前述一审判决。

　　一审宣判后，被告人耿××以原判事实错误，定性不准，其没有非法占有的目的，

_____

〔1〕　改编自中国裁判文书网，载 https://wenshu.court.gov.cn/website/wenshu/181107ANFZ0BXSK4/index.html，最后访问日期：2023年6月6日。

法庭调解已生效为由提出上诉，请求改判无罪。

××省××市中级人民法院二审查明的事实与一审查明的事实一致。二审法院认为，耿××目无国法，以欺骗的方式骗取国家资金，数额巨大，其行为已构成诈骗罪。原审法院为保护国家财产不受非法侵犯，并考虑到耿××在案发后为退款作了一些努力，依法以诈骗罪判处耿××有期徒刑五年，剥夺政治权利一年。耿××以"没有非法占有的目的"为由上诉，显属狡辩，不予采纳。

判决生效后，原审被告人耿××申诉称，原判认定事实错误，其没有向××县土产果品公司虚构购买桔子罐头的事实；本案由检察机关直接侦查并对其实施逮捕、起诉，违反诉讼程序；本案所涉债权债务已经以生效民事调解书结案，基于同一事实其仍遭刑事处罚，显属违法。综上，请求撤销原判，改判其无罪。

××省高级人民法院经审查查明的事实与原一、二审查明的事实一致。该院再审认为，原审被告人耿××为自己贩卖桔子资金周转需要，虚构为××县土产果品公司代购桔子罐头的事实，骗取该公司货款3万元，数额巨大，其行为构成诈骗罪。1979年《中华人民共和国刑法》第一百五十二条规定，诈骗公私财物数额巨大的，判处五年以上十年以下有期徒刑。根据当时的规定，耿××诈骗财物数额已达到数额巨大的标准。耿××案发后履行了还款义务，原判综合上述情节确定五年的起刑点并无不当。

原审被告人及其辩护人提出耿××的行为不符合诈骗罪构成要件；原审生效判决对本案定性错误；原审侦查、审判程序严重违法。原审生效裁判认定耿××犯诈骗罪，事实不清，证据不足，适用法律错误，请求再审法院宣告耿××无罪。

2018年1月26日，最高人民法院经审查作出（2017）最高法刑申××号再审决定，提审本案。并依法由审判长王××、审判员王××、审判员仇××、法官助理孙×、书记员张××组成合议庭，于2018年6月5日公开开庭审理本案。最高人民检察院指派检察员肖××、陈××出庭履行职务。耿××及其辩护人陈××到庭参加诉讼。

经审理查明，原审被告人耿××未经认真考察即对××果品公司做出承诺，夸大履约能力；在××果品公司明确不再购买桔子罐头并提出返款要求后，仍擅自决定将货款挪作他用，具有一定的过错。但耿××确有为履行代购桔子罐头的协议和弥补损失而积极作为，结合诈骗罪的犯罪构成和案发当时的法律、政策综合考虑，原判认定耿××犯诈骗罪的依据不足。

第一，既有证据不能认定耿××有虚构事实或隐瞒真相的行为。首先，耿××持1985年10月18日由××方面发来的关于桔子罐头行情的电报与××果品公司商谈代购桔子罐头的业务，说明耿××并非凭空虚构事实。其次，耿×、田×在到达江津后，确有前往当地果品加工厂了解桔子罐头价格及存货，在得知桔子罐头涨价及没有存货后，耿××基于××果品公司对罐头价格的预期，及时将该价格变动情况通知××果品公司，并没有隐瞒对其不利的事实。最后，耿××将××果品公司的3万元用于购买其经营的××货铺的桔子，虽然未经××果品公司同意，挪用资金用于非合同目的，但这种行为属于资金周转的一种方式，应承担民事违约责任，不属于刑法上虚构事实或隐瞒真相的行为。

第二，再审查明的事实尚不能推定耿××具有非法占有他人财产的目的。首先，田×的证言、耿××的辩解，证实耿××可以代表××服务部对外从事经济活动，耿××及××服务部在案发前亦通过与××供销社联营的方式取得一定的资金，故耿××及其所在的××服务部具有一定的履约能力。其次，在耿××与××果品公司谈妥代购桔子罐头事宜之后，耿××代表××服务部在上述电报上签下货款、价格、到货时间等内容，并加盖××服务部的业务专用章，该电报具有合同的效力，可视为耿××所在的××服务部愿为此次交易承担法律后果。最后，××果品公司与××服务部订立的合同均盖有单位的印章，款项往来均走单位的账户，××果品公司的汇款也均由田×、耿×在使用，耿××始终没有直接占有和使用××果品公司的3万元，该3万元也从未流入到耿××的个人账户，难以认定耿××具有非法占有的目的。

第三，××果品公司案发前并没有遭受实际损失。××果品公司购买桔子罐头的合同目的落空后，耿××和××服务部积极采取措施，通过销售桔子、转款和以货抵债的方式，使××果品公司的3万元货款全部收回。在对耿××采取刑事强制措施之前，受案法院已就××果品公司诉××服务部合同纠纷一案调解结案，双方对债务问题已无争议。

第四，根据当时的法律和政策，本案中的行为应当按照经济纠纷处理。1985年7月18日公布的《最高人民法院、最高人民检察院关于当前办理经济犯罪案件中具体应用法律的若干问题的解答（试行）》（现已失效）"关于诈骗罪的几个问题"中规定："国营单位或集体经济组织，有部分履行合同的能力，但其主管人员或直接责任人员用夸大履约能力的方法，取得对方信任与其签订合同，合同生效后，虽为履行合同作了积极的努力，但未能完全履行合同的，应按经济合同纠纷处理。"据此，本案中耿××虽然具有一定的过错，但根据案发当时的法律和司法解释，其与××果品公司之间的争议，属于经济合同纠纷，不宜作为犯罪处理。

证据有：陈×××杂货铺、××服务部分别与××果品公司签订的柑桔购销合同、××服务部与××供销社签订的联营订货合同、电报及××服务部和××果品公司签订的代购桔子罐头的协议、耿××于1986年10~11月写给耿××的3封信件、××县人民法院关于××果品公司诉××服务部合同纠纷案的调解书、××果品公司的账目及相关票据、证人陈××、王××、高×、胡×、耿×、田×、王××、尹××、皋×、崇×等人的证言，原审被告人耿××的供述和辩解等。

原审被告人耿××，男，汉族，1950年9月2日出生于××省××县，高小文化，原系××省××县综合贸易服务部会计，户籍地××县，现住××省××市××区。因本案于1986年4月28日被逮捕，同年10月7日因犯诈骗罪被判处有期徒刑五年，剥夺政治权利一年。现已刑满释放。

辩护人陈××，××××律师事务所律师。

中华人民共和国最高人民法院
刑事判决书

（20××）最高法刑再××号

_____

_____

_____

_____

_____

_____

实训任务 5：根据案例及题目要求制作刑事裁定书。[1]

　　原审认定事实：2021 年 4 月 16 日 7 时许，被告人刘××来到本市××区，见该栋 604 房房门未锁，遂进入房内盗走被害人吴××的 HUAWEI P40 Pro 型号手机一部、被害人魏××的 HUAWEI nova 7 SE 型号手机一部、被害人桂××的华为牌 nova3i 型号手机一部。当日 14 时 40 分许，被告人刘××来到本市××区某店铺将盗得的上述 HUAWEI P40 Pro 型号手机以人民币 3250 元的价格卖给薛××。当日 15 时许，公安民警在本市××区某广场处将被告人刘××抓获归案，在其身上缴获被盗的 HUAWEI nova 7 SE 型号手机一部、HUAWEI nova 3i 型号手机一部，并从薛××处追缴回被销赃的 HUAWEI P40 Pro 型号手机。经鉴定，上述三部被盗手机价值合计人民币 5450 元。

　　2021 年 4 月 22 日 8 时许，被告人刘××来到本市××区，见该栋 703 房房门未锁，遂进入房内盗走被害人吕××的苹果牌 iPhone XS Max 型号手机一部、阿玛尼机械手表一个。经鉴定，被盗手机及手表价值合计人民币 5300 元。

　　2021 年 4 月 28 日 6 时许，被告人刘××来到本市××区，见该栋 707 宿舍房门未关，遂进入房内盗走被害人陈××的苹果牌手机一部、被害人谢××的华为牌手机一部（均不予价格认定）。2021 年 4 月 28 日 7 时许，公安民警在本市××区将被告人刘××抓获归案，并在其身上缴获上述被盗的阿玛尼机械手表一个、苹果牌手机一部、华为牌手机一部。

　　上述被缴获的五部手机及一个手表均已发还被害人，被害人吕××被盗的苹果牌 iPhone XS Max 型号手机已被被告人刘××销赃，尚未缴回。

　　被告人刘××在审查起诉阶段已签署《认罪认罚具结书》。

---

　　[1]　改编自中国裁判文书网，载 https://wenshu.court.gov.cn/website/wenshu/181107ANFZ0BXSK4/index.html，最后访问日期：2023 年 6 月 6 日。

原审法院认为：被告人刘××的行为已构成盗窃罪；被告人刘××具有累犯的从重情节及坦白、认罪认罚等从轻、从宽情节。本案指控的三单犯罪事实中，被告人刘××实施盗窃的场所均为经营性住宿场所或单位宿舍，故被告人刘××的行为不构成入户。原公诉机关的量刑建议，予以采纳。综上，依照《中华人民共和国刑法》第二百六十四条、第六十五条、第六十七条第三款、第六十四条之规定，判决：一、被告人刘××犯盗窃罪，判处有期徒刑一年，并处罚金人民币2000元。二、责令被告人刘××退赔被害人吕×损失人民币3300元。

原审被告人刘××上诉提出：其认罪，因身患严重疾病，需要接受治疗，请求中院对其从宽处罚。

二审法院查明的事实与原审一致。二审法院认为原判根据上诉人刘××的犯罪事实、情节、性质和社会危害性对其做出的量刑适当，上诉人刘××身体如患有重疾不宜关押，属于刑罚执行的问题，可另寻法律途径解决，相关上诉理由不能成立。

上诉人（原审被告人）刘××，曾用名刘××，男，1980年7月8日出生，汉族，初中文化，户籍地××省××市××县，在本市无固定住所，因犯盗窃罪，于2006年1月5日被××市××区人民法院判处拘役三个月；因犯盗窃罪，于2016年8月4日被××市××区人民法院判处有期徒刑一年，于2017年3月28日刑满释放；因犯盗窃罪，于2018年4月12日被××市××区人民法院判处有期徒刑八个月；因犯盗窃罪，于2019年6月10日被××市××区人民法院判处有期徒刑一年二个月；因犯盗窃罪，于2020年8月20日被××市××区人民法院判处有期徒刑十个月，于2021年3月9日刑满释放。因本案，于2021年4月16日被羁押，次日被刑事拘留，同年4月20日被取保候审；因违反取保候审规定，于2021年4月28日被羁押，次日被刑事拘留，同年6月2日被逮捕。现羁押于××市××区看守所。

原审案号及判决日期：2021年9月1日作出（2021）×0303刑初××号。

审理方式：以不开庭的方式进行审理。

××省××市中级人民法院
刑事裁定书

（2021）××刑终××号

_____

_____

_____

_____

_____

_____

实训任务6：请根据案例，制作一份一审民事判决书。[1]

钟××（男，汉族，1995 年 7 月 26 日出生，身份证住址广东省梅州市××区××镇××村，公民身份号码：441××××××××××××××××）与广州市白云区××机动车驾驶员培训中心（住所地：广东省广州市白云区××村××号，以下简称××培训中心）服务合同纠纷。

钟××与××培训中心于 2022 年 5 月 6 日签订《广州机动车驾驶培训协议》（××培训中心为甲方，钟××为乙方），约定甲方在乙方完成报名、缴费手续后，按照乙方申报的准驾车型，提供驾驶员理论及实际操作培训等服务；甲方协助乙方在交齐资料当天起开始计算 70 个工作日完成所有实操考试，如在建档过程中发现资料不合格，导致不能建档，自乙方将报考资料交齐并合格当天开始计算 70 个工作日完成实操考试；如因乙方缺考或个人原因导致时间延长，超出原规定的约定时间完成实操考试，甲方则不承担该连带责任；甲方的培训将分四个阶段进行，第一阶段的报名注册服务，第二阶段的培训对应法规培训费，第三阶段和第四阶段的培训共同构成驾驶技能培训费；当前学费包含报名费、培训费，交管部门初考收费（即各科目初考考试费共 490 元）、补考费；乙方在报名时应一次交清全部学费，除双方另有约定外（可分两次交付），在科目一约考成功后必须交清全部学费；总学费 4680 元全包，到拿证为止。

后钟××向××培训中心支付了 2000 元，当钟××考完了科目一，得知××培训中心的投资人去世，公司已经停止经营，无法继续开展服务，故其未再继续交纳服务费并要求退还交纳的学费 2000 元，钟××遂向法院提交诉讼，诉请××培训中心退还培训费 2000 元。

钟××提交了《广州机动车驾驶培训协议》、收据、学员证、考试成绩单等证据。

法院于 2022 年 10 月 24 日受理，适用简易程序，公开审理，××培训中心无出庭参加诉讼，现审理终结。

广东省广州市××区人民法院
民事判决书

（20××）粤××民初××号

_____

_____

_____

_____

_____

_____

_____

---

〔1〕 改编自中国裁判文书网，载 https://wenshu.court.gov.cn/website/wenshu/181107ANFZ0BXSK4/index.html?docId=iVOC3XJGAEHsxHOGMr4WMryc3uVViYAibeebPiphjJBP0bug0eTwoZ/dgBYosE2gd+U8v909QuvIyNZhEOZTLTG2FfmlUpL+cmTXZtPih6q3i0P8oKKj7GMdygT5q6jm，最后访问日期 2023 年 7 月 18 日。

实训任务7：根据下面材料，结合上述所学知识制作一份民事裁定书。

原告赵××与被告李××因民间借贷诉至法院，本院于2023年2月23日立案，赵××表示李××于2022年12月22日向其借款人民币3000元至今未还，遂诉请法院判令李××返还借款3000元及其利息，后被告李××向法院提交银行转账记录，李××于2023年1月23日将借款3000元通过银行转账至原告赵××农商银行的账户（银行账号××××××××××）。法院依照法律规定驳回原告赵××的起诉。

××××人民法院
民事裁定书

（××××）××××民初××号

_____

_____

_____

_____

_____

_____

_____

实训任务8：根据以下材料，结合所学知识制作一份民事调解书。

刘××（女，36岁，汉族，住××市××区××街9号302房）与孟××（男，33岁，汉族，住××市××区××街9号302房）两人于1997年相恋认识并于同年7月在××市××区婚姻登记处登记结婚，于2000年5月育有一女孟×。后双方因夫妻感情生活不和，争吵不断，刘××于2002年10月诉至法院，请求判决离婚。法院适用简易程序开庭，由审判员胡××独任审理，双方愿意调解，调解内容如下：①解除婚姻关系；②婚生子女孟×由孟××抚养，刘××从2003年10月起每月支付抚养费1000元直至孟×年满18周岁为止；③受理费200元，双方各承担一半。

××省××市××区人民法院
民事调解书

（2023）××××民初第××号

_____

_____

_____

_____

实训任务9：根据以下材料，结合所学知识制作一份执行裁定书。

　　张××（女，××××年7月20日出生，住广东省梅州市，公民身份号码为×××××××××××××××××）与李××（男，1986年7月25日出生，住广东省吴川市，公民身份号码为××××××××××××××××）存在民间借贷关系，后张××诉至法院，××市××区人民法院作出（××××）粤××××民初××××号民事判决书且已经发生法律效力，李××至今未履行，张××遂向法院申请强制执行并于同日立案，现法院制作执行裁定书对李××采取强制执行措施。

×××省×××市×××区人民法院
执行裁定书

（×××）粤×××执×××号

_____

_____

_____

_____

_____

_____

_____

实训任务10：根据案情制作二审行政判决书。

　　案情：

　　（一）一审法院判决书

湖南省××铁路运输法院
行政判决书[1]

（2019）湘××××行初××号

原告：齐×跃，男，1961年2月9日出生，汉族，住山东省邹城市。

原告：李×兰，女，1966年1月12日出生，汉族，住山东省邹城市。

二原告共同委托代理人：王×波，山东××律师事务所律师。

被告：××市人力资源和社会保障局，住所地湖南省××市××区芙蓉中路一段66×号。

法定代表人：张×云，局长。

---

〔1〕　改编自中国裁判文书网，载 https://wenshu.court.gov.cn/website/wenshu/181107ANFZ0BXSK4/index.html?docId＝RMsHL+R1VwvsYwRvEw13SkV6H+3tEMWlOyAZGstK/dEUp1NgFcBy0JO3qNaLMqsJBT4UcUqQDFvGv5GV1y36osDHHZiagT39Oqx2Cc9v4M78WtDgDPwZvs8F5aRrC6fPS，最后访问日期：2023年6月6日。

委托代理人：陈×，男，××市人力资源和社会保障局工作人员。

委托代理人：王×，湖南××人律师事务所律师。

第三人：××轨道车辆有限公司，住所地湖南省××市高新开发区岳麓西大道21××号。

法定代表人：粟×，董事长兼总经理。

委托代理人：郭×芳，女，××轨道车辆有限公司工作人员。

委托代理人：李×，湖南××律师事务所律师。

原告齐×跃、李×兰不服被告××市人力资源和社会保障局（以下简称"市人社局"）作出的不予认定工伤决定，于2019年5月5日向本院提起行政诉讼。本院于2019年5月9日立案后，依法组成合议庭，于2019年6月10日公开开庭进行了审理。原告齐×跃及二原告的的委托代理人王×波、被告市人社局的委托代理人陈×、王×和第三人××轨道车辆有限公司的委托代理人郭×芳、李×到庭参加诉讼。本案现已审理终结。

2019年3月8日，市人社局作出×人社工伤不予认字〔2019〕00×号《不予认定工伤决定书》，认为齐×超突发疾病时不处在工作时间和工作岗位，其死亡不符合《工伤保险条例》第十四条、第十五条认定工伤或者视同工伤的情形，决定不予以认定或者视同工伤。

原告齐×跃、李×兰诉称，二原告之子齐×超系第三人××轨道车辆有限公司电器工艺工程师，2018年4月8日上班时感到身体不适，在单位同事陪同下前往医院就医，因未挂到号被迫回宿舍休息。次日上午在××三医院就医时昏迷，未能抽血化验，当日下午在和××社区医院检查时病情加重，单位同事将其送××三医院进行抢救，经抢救无效于2018年4月10日9时28分死亡。根据相关法律规定，齐×超在工作时间、工作岗位突发疾病，48小时之内经抢救无效死亡，应当认定为工伤。市人社局作出的不予认定工伤决定认定事实错误，适用法律不当，且超期作出不予认定工伤决定，程序违法，请求撤销市人社局作出的不予认定工伤决定，并责令市人社局对齐×超死亡重新作出工伤认定。

原告齐×跃、李×兰向本院提供的证据材料有：二原告身份证、齐×超身份证、户籍证明、常住人口登记卡等复印件。

被告市人社局辩称，齐×超突发疾病时不处在工作时间和工作岗位，其死亡情形既不符合《工伤保险条例》第十五条第一款第（一）项的规定，不能视同为工伤死亡，也不符合《工伤保险条例》第十四条、第十五条规定的应当认定或视同工伤的其他情形，不应认定工伤。市人社局作出的《不予认定工伤决定书》认定事实清楚，证据确凿，适用法律正确，程序合法，应依法驳回二原告的诉讼请求。

被告市人社局向本院提供的证据材料有：1.《不予认定工伤决定书》；2.《工伤认定申请受理决定书》《工伤认定法律文书送达登记表》；3.《××市工伤认定申请表》《××市工伤事故报告表》和《齐×超死亡经过证明》；4.证人汤某、廖某、石某的证言；5.《每日统计表》《公司办公室楼道监控截图》和《门诊监控视频截图》五张；6.《中×大学×

×三医院门诊预约取号凭证）；7.《××三医院急诊（留观）病历本》《病案纸》《急诊CT报告》《外出检查同意书》和《疾病诊断证明书》；8.《居民死亡医学证明（推断）书》；9.《火化证明书》；10.《工伤事故调查笔录》三份。

第三人××轨道车辆有限公司述称，其于 2018 年 4 月 11 日就齐×超死亡向被告市人社局提交工伤认定申请，齐×超死亡应被认定为工伤。

第三人××轨道车辆有限公司未向本院提供证据材料。

在庭审质证中，齐×跃、李×兰对市人社局提供的证据材料 1 的真实性无异议，但认为该决定书认定的事实和适用法律不正确，程序不合法；对证据 2 的真实性有异议，一是未送达给原告和第三人，二是超期受理工伤认定申请违法；对证据 4-7 无异议；对证据 8 的真实性有异议，2018 年 4 月 8 日下午齐×超去医院看病，并非从事外勤工作；对证据 9-14 无异议；对证据 15 的合法性有异议，三份调查笔录于被告人社局受理工伤认定申请之前作出，不符合法律规定。

第三人××轨道车辆有限公司对被告人社局提供的证据 2 的真实性、合法性、关联性均有异议，第三人并未收到该份《工伤认定申请受理决定书》，第三人申请工伤认定时间为 2018 年 4 月 11 日，该《工伤认定申请受理决定书》表明受理时间为 2019 年 1 月 21 日，故该证据不真实，与本案没有关联性；对其他证据无异议。

被告和第三人对原告提供的证据均无异议。

经庭审质证，齐×跃、李×兰、市人社局提交的全部证据，符合行政诉讼证据规则的规定，本院予以采信，作为认定本案事实的依据。

根据本院采信的证据及当事人的陈述，本院查明以下案件事实：

原告齐×跃、李×兰之子齐×超系××轨道车辆有限公司电器工艺工程师。2018 年 4 月 8 日上午，齐×超上班时身体出现不适症状，于当日 14 时许被同事送往中×大学××三医院就诊，但因相关科室预约挂号已满，故未看病，预约次日上午的号后回宿舍休息。次日 10 时，齐×超按预约号来到××三医院就诊，在门诊大厅突然昏迷，医院通知其单位同事将齐×超接回宿舍休息。当日 15 时 45 分，齐×超在和××社区医院检查时病情突然加重，16 时 50 分左右，同事将齐×超送××三医院进行抢救，18 时 10 分医生下达病危通知书，2018 年 4 月 10 日 9 时 28 分，齐×超经抢救无效死亡。死亡原因为：嗜铬细胞瘤、糖尿病、糖尿病酮症酸中毒。2018 年 4 月 11 日，××轨道车辆有限公司就齐×超死亡向市人社局申请工伤认定。2019 年 1 月 21 日，市人社局受理××轨道车辆有限公司提出的工伤认定申请。2019 年 3 月 8 日，市人社局作出×人社工伤不予认字〔2019〕00×号《不予认定工伤决定书》，认为齐×超死亡不符合《工伤保险条例》第十四条、第十五条认定工伤或者视同工伤的情形，决定不予以认定或者视同工伤。原告齐×跃、李×兰不服，诉至本院。

本院认为，根据《工伤保险条例》第五条第二款规定，县级以上地方各级人民政府社会保险行政部门负责本行政区域内的工伤保险工作。市人社局作为社会保险行政部门，具有对本辖区内单位职工进行工伤认定的法定职权。

本案主要审查市人社局作出的不予认定工伤决定的合法性。本案各方当事人对齐×超因病死亡的事实无争议，本院予以确认。本案争议焦点为齐×超死亡是否符合《工伤保险条例》第十五条第一款第（一）项视同工伤的规定。

市人社局主张，齐×超事发前一周就胃不舒服，2018年4月8日下午公司安排同事带其去医院检查未果，次日齐×超未上班，下午在社区医院检查时突发疾病，被送××三医院抢救无效于2018年4月10日9时28分死亡，其突发疾病时不处在工作时间和工作岗位，死亡情形不符合《工伤保险条例》第十五条第一款第（一）项之规定，不能视同为工伤死亡，也不符合《工伤保险条例》第十四条、第十五条规定的应当认定或视同工伤的其他情形，依法应不予认定工伤。

本院认为，《工伤保险条例》第十五条第一款第（一）项规定："职工有下列情形之一的，视同工伤：（一）在工作时间和工作岗位，突发疾病死亡或者在48小时之内经抢救无效死亡的；……"本案中，齐×超2018年4月8日上班时因身体不适，在单位同事陪同下前往××三医院就诊，没有挂到号回宿舍休息，次日在××三医院就诊时晕倒，未能抽血化验，下午在社区医院检查时病情加重被送医抢救，于2018年4月10日上午9时28分经抢救无效死亡。从症状和时间来看，应认定齐×超上班时身体不适至第三日死亡是同一疾病持续的过程，具有连贯性。虽然齐×超在社区医院检查时病情加重，但其身体不适发生于前一日上班时间，属于在工作时间和工作岗位突发疾病，且在48小时之内经抢救无效死亡，符合《工伤保险条例》第十五条第一款第（一）项的规定。

关于原告提出市人社局超过法律、行政法规规定的期限作出决定，程序违法的意见，经查，齐×超于2018年4月10日上午9时28分经抢救无效死亡后，××轨道车辆有限公司就齐×超死亡于2018年4月11日向市人社局申请工伤认定。2019年1月21日，市人社局受理××轨道车辆有限公司提出的工伤认定申请。2019年3月8日市人社局作出×人社工伤不予认字〔2019〕00×号《不予认定工伤决定书》。市人社局从受理申请至作出决定的期限符合《工伤保险条例》第二十条第一款"社会保险行政部门应当自受理工伤认定申请之日起60日内作出工伤认定的决定，并书面通知申请工伤认定的职工或者其近亲属和该职工所在单位。"的规定，但第三人××轨道车辆有限公司于2018年4月11日提交工伤认定申请后，市人社局至2019年1月21日才决定受理申请，违反《工伤认定办法》第八条第一款"社会保险行政部门收到工伤认定申请后，应当在15日内对申请人提交的材料进行审核，材料完整的，作出受理或者不予受理的决定；材料不完整的，应当以书面形式一次性告知申请人需要补正的全部材料。社会保险行政部门收到申请人提交的全部补正材料后，应当在15日内作出受理或者不予受理的决定"的规定，行政程序违法。

综上，市人社局作出的×人社工伤不予认字〔2019〕00×号《不予认定工伤决定书》认定事实不清，适用法律、法规错误，行政程序违法，应予撤销。依照《中华人民共和国行政诉讼法》第七十条第（一）项、第（二）项、第（三）项的规定，判决如下：

一、撤销被告××市人社局于 2019 年 3 月 8 日作出的×人社工伤不予认字〔2019〕00×号《不予认定工伤决定书》；

二、责令被告××市人社局对××轨道车辆有限公司关于齐×超死亡的工伤认定申请于本判决生效后六十日内重新作出工伤认定决定。

本案受理费 50 元，由被告××市人社局负担。

如不服本判决，可在判决书送达之日起十五日内通过本院递交上诉状，并按对方当事人的人数提出副本，上诉于湖南省××市中级人民法院。

审　判　长　　杨×清

人民陪审员　　苏　×

人民陪审员　　杨×梅

二〇一九年六月十一日

（院印）

书　记　员　　廖×艳

（二）二审相关信息

1. 各诉讼参与人诉求及答辩情况。

（1）上诉人市人社局上诉称：①原审法院对"突发疾病"的起算时间认定有误，没有充分说理，不符合法律条文的规定；②原审法院未能正确认识"感到不适""发病"与"突发疾病"的重要区别，导致适用法律错误；③原审判决未能兼顾用人单位、社会保险基金之间的利益平衡，未兼顾法律适用的社会效果。请求二审法院：①撤销××铁路运输法院作出的（2019）湘 86××行初 36 号判决，并依法改判；②判令本案诉讼费由被上诉人承担。

（2）被上诉人齐×跃、李×兰辩称：①一审法院认定"突发疾病"起算时间正确；②上诉人关于一审法院未能兼顾三者利益平衡，未能兼顾法律适用的社会效果的观点是错误的。被上诉人请求二审法院，依法驳回上诉，维持原判。

（3）原审第三人××轨道车辆有限公司述称：请求驳回上诉人的诉讼请求，维持一审判决。

2. 二审法院裁判意见。

（1）对一审认定确认的事实予以确认。

（2）认为齐×超于 4 月 8 日突发疾病的事实可以确认，市人社局该主张不成立。

（3）×人社工伤不予认字〔2019〕00×号《不予认定工伤决定书》适用法律、法规错误，行政程序违法，应予撤销。

（4）一审判决认定事实清楚，适用法律正确，程序合法，依法应予维持。

湖南省××市中级人民法院
行政判决书

（2019）湘××行终×××号

_____

_____

_____

_____

_____

_____

_____

☞［**参考答案**］

☞［**你我身边的法律人**］

单 元 五

监狱执法文书

知识结构图

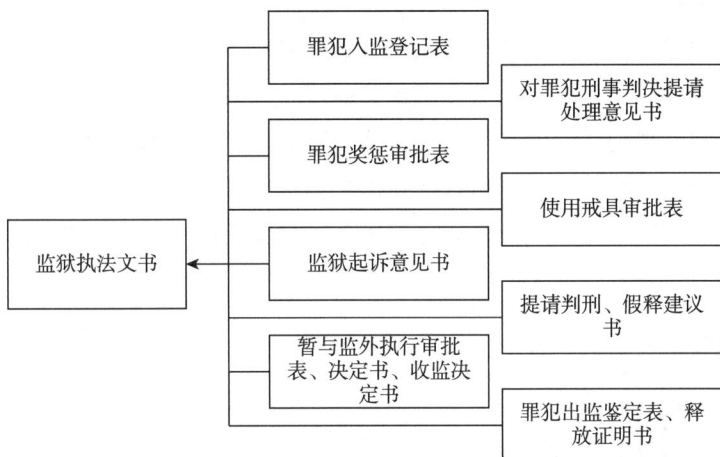

学习目标

知识目标：认识监狱执法文书。

能力目标：学会制作对罪犯刑事判决提请处理意见书、提请减刑建议书。

任务一　认识监狱执法文书

一、监狱执法文书的概念及作用

监狱执法文书，是监狱依法对被判处死刑缓期两年执行、无期徒刑、有期徒刑的罪犯执行刑罚、实施教育改造过程中依法制作的法律文书。《中华人民共和国监狱法》第2条第1款规定："监狱是国家的刑罚执行机关。"随着依法治国方略的逐步实施，监狱也实施狱务公开。监狱执法的透明度越来越高，更要依靠完备的执法文书来规范执法程序，从而推动刑罚执行工作的规范化、法制化建设。监狱执法文书的作用主要体现在以下三方面：

1. 是执法活动的依据和凭证。监狱在依法对罪犯执行刑罚、实施教育改造过程中所实施的行为，都要通过监狱执法文书反映出来。只有具有完备的监狱执法文书，才能保证刑罚的正确执行。没有监狱执法文书，监狱的刑罚执行活动就失去了依据和凭证。可以说监狱执法文书是实施法律的重要工具，也是监狱处理各种监狱事务的凭据。

2. 记载了监狱对罪犯执行刑罚、进行教育改造的全部实际情况。监狱执法文书记载和反映了罪犯入监直至被依法释放的整个刑罚执行过程。通过查阅执法文书，可以随时了解罪犯的现实改造表现。一方面，可了解罪犯的改造动态，采取相应的对策；另一方面，也可为研究改造罪犯提供客观真实的历史资料，是检查执法情况、总结经验教训、健全和完善监狱管理的材料依据。

3. 有助于提高监狱执法水平。有关监狱执行刑罚的法律法规对监狱刑罚执行全过程的每一阶段都规定了相应的执法文书，明确了执法程序，使监狱人民警察在执法过程中要按照法律文书的要求对罪犯进行教育改造，规范了监狱的执法行为。监狱执法文书质量不仅可以反映出该监狱执行刑罚的质量和水平，而且还可以反映出该监狱人民警察的素质。因此，监狱执法文书对于保证监狱文明执法、严格执法，提高管理水平和改造质量有着重要的意义。

二、监狱执法文书的种类

为了进一步规范监狱执法文书格式，保证执法的严肃性，中华人民共和国司法部监狱管理局发布《监狱执法文书格式（试行）》，用以规范表格式、填空式、叙议式的文书。具体包括：①罪犯不予收监通知书；②罪犯暂不收监通知书；③罪犯入监登记表；④罪犯入监通知书；⑤罪犯奖励审批表；⑥罪犯奖励通知书；⑦提请假释建议书；⑧提请减刑建议书；⑨罪犯减刑（假释）审核表；⑩狱内案件立案表；⑪狱内案件结（销）案表；⑫监狱起诉意见书；⑬暂予监外执行通知书；⑭暂予监外执行保证书；⑮暂予监外执行证明书；⑯假释证明书；⑰释放证明书；⑱刑满释放人员通知等共计48种新文书样式。

1. 按照使用对象的不同划分。监狱执法文书按照其使用对象不同可分为监狱机关内部文书和监狱对外文书。监狱内部文书主要是监狱内使用的登记、审批类文书，如罪犯入监登记表、罪犯禁闭审批表；监狱对外文书主要包括向人民检察院和人民法院提请处理或者裁定方面所使用的文书、向监狱的上级机关汇报时所使用的文书以及向罪犯家属或者有关部门发出的各种文书，如监狱起诉意见书、提请减刑建议书、罪犯暂予监外执行期间不计入执行刑期审批表、罪犯入监通知书、刑满释放人员通知书。

2. 按照内容的不同划分。监狱执法文书按照内容的不同可分为监狱刑罚执行文书、监狱教育改造文书、监狱侦查文书。监狱刑罚执行文书主要有收监文书、暂予监外执行文书、出监文书等共29种文书；监狱教育改造文书主要有罪犯奖惩文书、罪犯改造表现评审文书、对罪犯使用戒具等审批文书等共13种文书；监狱侦查文书主要有狱内案件立案文书、结案文书等共6种文书。

本教材重点讲述其中常用的、制作难度相对较大的文书，即罪犯入监登记表、对罪犯刑事判决提请处理意见书、罪犯奖励（处罚）审批表、使用戒具（罪犯禁闭）审批表、监狱起诉意见书、提请减刑（假释）建议书、暂予监外执行审批表、暂予监外执行通知书、收监执行通知书、罪犯出监鉴定表、释放证明书。

任务二　制作罪犯入监登记表

一、罪犯入监登记表的概念

罪犯入监登记表，是指监狱记载新入监罪犯基本情况的表格类文书。它是监狱内第一张执法文书表格。《中华人民共和国监狱法》第15条规定"人民法院对被判处死刑缓期二年执行、无期徒刑、有期徒刑的罪犯，应当将执行通知书、判决书送达羁押该罪犯的公安机关，公安机关应当自收到执行通知书、判决书之日起一个月内将该罪犯送交监狱执行刑罚。罪犯在被交付执行刑罚前，剩余刑期在三个月以下的，由看守所代为执行"。《中华人民共和国监狱法》第16条规定："罪犯被交付执行刑罚时，交付执行的人民法院应当将人民检察院的起诉书副本、人民法院的判决书、执行通知书、结案登记表同时送达监狱。监狱没有收到上述文件的，不得收监；上述文件不齐全或者记载有误的，作出生效判决的人民法院应当及时补充齐全或者作出更正；对其中可能导致错误收监的，不予收监"。收监意味着刑罚执行的开始，是一项严肃的执法活动，必须严格依照法定程序执行。监狱在收押新入监罪犯时必须填写入监登记表，这是罪犯入监后必须填写的第一份表格文书，是服刑罪犯的重要档案材料。监狱通过此表可以掌握罪犯的基本情况，便于有针对性地对罪犯进行教育改造。监狱干警对新入监罪犯应及时、认真地填好该罪犯的《罪犯入监登记表》，这有助于监狱干警了解和掌握罪犯的基本面貌和罪犯违法犯罪的基本情况，能有针对性地开展好对罪犯的教育改造工作；而且当罪犯出监后，此表格对出监人员进行社会帮教也有参考价值。

二、范例（封面略）

姓名	缪××	别名		木木		性别	男	
民族	汉	出生日期	1984.11.19	文化程度		初中		一寸免冠照片
捕前职业	无业	原政治面貌	无		特长	无		
公民身份号码			最高职务			无		
籍贯（国籍）		中国	原户籍所在地			广东省廉江市		
家庭住址		广东省××市新民镇大土堂村 93 号			婚姻状况		未婚	
拘留日期		2004.11.19	逮捕机关	广东省××市公安局		逮捕日期	2004.11.1	
判决书（裁定书）号		(2004)×中法刑一初字××号	判决机关	广东省××人民法院		判决日期	2005.01.31	
罪名		××××				刑种	××××	
刑期		死缓	刑期起止	自 2010 年 8 月 26 日至2024 年 12 月 25 日		附加刑	没收个人全部财产	
前科情况		无						
健康情况		良好						
家庭经济情况		一般						

本人简历	起止	止时	所在单位		职务（职业）	
	1999	2004	广东省××市新民镇大土堂村		临时工	

家庭成员	姓名	性别	年龄	政治面貌	关系	在何单位	职业	详细地址
	缪××	男	65	无	父子	无	农民	××

主要社会关系	李××	男	28	党员	表哥	XX 银行	职员	

同案犯	陈××	男	35	无	同案	无	无	无

主要犯罪事实	2004 年 11 月 12 日，缪××伙同他人窜到××市××镇东街将骑自行车上学的罗××挟持，带到瓦窑岭树林处看押，并打电话给罗的父亲勒索赎金 60 万元，当晚押着罗××到高街桥头取赎金时见到有公安人员，即开枪将罗××杀害，并向罗××的父亲和公安人员开枪，致一人轻微伤，两人轻伤。

续表

对罪行的认识	
对判决的认识	
备注	

三、制作要求及注意事项

任务三　制作对罪犯刑事判决提请处理意见书

一、对罪犯刑事判决提请处理意见书的概念

对罪犯刑事判决提请处理意见书，是监狱在执行刑罚中，认为对罪犯的判决、裁定有错误，依法提请人民检察院或原判人民法院处理时所制作的意见书。

《中华人民共和国监狱法》第 24 条规定："监狱在执行刑罚过程中，根据罪犯的申诉，认为判决可能有错误的，应当提请人民检察院或者人民法院处理，人民检察院或者人民法院应当自收到监狱提请处理意见书之日起六个月内将处理结果通知监狱。"

对罪犯刑事判决提请处理，既是国家赋予监狱的特有权力，也是监狱对检察机关、审判机关的工作进行法律监督的重要手段；它健全了罪犯申诉的法律制度，保障了罪犯的合法权益；对于及时纠正判决、裁定中的错误，保护罪犯的合法权益，促进罪犯改造都具有重要意义。

对罪犯刑事判决提请处理意见书是填空式文书，这与监狱起诉意见书等意见书不同，在制作方面比较简单。对罪犯刑事判决提请处理意见书是监狱提请人民检察院或原判人民法院处理时所制作的执法文书，在制作时用语要讲究分寸。

二、范例

对罪犯刑事判决提请处理
意见书
（存根）

（2022）×监×字第 1 号

姓名张××
罪名抢劫罪
刑期有期徒刑二年
提请理由量刑畸轻

转递单位：××市××区人民
法院时间：2022 年 1 月 15 日
承办人：陈××
回复时间：×年×月×日
回复结果：××××

〔贰零贰贰〕×监×字第壹号

对罪犯刑事判决提请处理意见书

（2022）×监×字第 1 号

××市××区人民法院：

罪犯张××经××市××区人民法院以（2022）赣××刑初××号刑事判决书判处有期徒刑二年。在刑罚执行中，我狱发现对张××的判决可能有错误。具体理由是：量刑畸轻。

罪犯张××于 2021 年 12 月 21 日上午在×市五月花酒店的农业银行门口，发现李×取款出来，遂起歹意，于是尾随其后。当行至人烟稀少的偏僻处时，张犯突然从李×的身后猛扑上去，将李×摔倒在地，抢去李全部现金 16 500 元，作案后逃跑。张××在光天化日之下，使用暴力抢劫行人现款，罪行严重，情节恶劣。我们认为××区人民法院判处张××有期徒刑二年，量刑低于《中华人民共和国刑法》第二百六十三条之规定。

为此，根据《中华人民共和国监狱法》第二十四条和《中华人民共和国刑事诉讼法》第二百六十四条的规定，提请你院对罪犯张××的判决予以处理，并将处理结果函告我监。

×××监狱
（公章）

2022 年 1 月 15 日

三、制作要求及注意事项

任务四　制作罪犯奖惩审批表

一、罪犯奖惩审批表的概念

罪犯奖惩审批表，是指监狱的基层单位在依据监管法规给予服刑罪犯奖惩时填写的呈请上级审批的表格类文书。它包括两种表格：罪犯奖励审批表（考核结果运用审批表)、罪犯处罚审批表。

《中华人民共和国监狱法》第 57 条第 1 款规定："罪犯有下列情形之一的，监狱可以给予表扬、物质奖励或者记功：(一) 遵守监规纪律，努力学习，积极劳动，有认罪服法表现的；(二) 阻止违法犯罪活动的；(三) 超额完成生产任务的；(四) 节约原材料或者爱护公物，有成绩的；(五) 进行技术革新或者传授生产技术，有一定成效的；(六) 在防止或者消除灾害事故中作出一定贡献的；(七) 对国家和社会有其他贡献的。"《中华人民共和国监狱法》第 58 条第 1 款、第 2 款规定："罪犯有下列破坏监管秩序情形之一的，监狱可以给予警告、记过或者禁闭：(一) 聚众哄闹监狱，扰乱正常秩序的；(二) 辱骂或者殴打人民警察的；(三) 欺压其他罪犯的；(四) 偷窃、赌博、打架斗殴、寻衅滋事的；(五) 有劳动能力拒不参加劳动或者消极怠工，经教育不改的；(六) 以自伤、自残手段逃避劳动的；(七) 在生产劳动中故意违反操作规程，或者有意损坏生产工具的；(八) 有违反监规纪律的其他行为的。依照前款规定对罪犯实行禁闭的期限为七天至十五天。"司法部《监狱计分考核罪犯工作规定》第 4 条规定，计分考核自罪犯入监之日起实施，日常计分满 600 分为一个考核周期，等级评定在一个考核周期结束次月进行。第 5 条规定，监狱应当根据计分考核结果给予罪犯表扬、物质奖励或者不予奖励，并将计分考核结果作为对罪犯实施分级处遇、依法提请减刑假释的重要依据。第 15 条规定，罪犯受到警告、记过、禁闭处罚的，分别扣减考核分 100 分、200 分、400 分，扣减后考核积分为负分的，保留负分。受到禁闭处罚的，禁闭期间考核基础分记 0 分。

可见，对罪犯奖惩是刑罚执行机关对罪犯接受监管改造、教育和文化改造、劳动改造的情况进行考核和评比，并根据考核和评比的结果对罪犯依照法律规定的条件和程序给予不同的奖励和惩罚。对罪犯的考核包括思想改造方面的考核，接受政治、文化、技术教育方面的考核、遵守监规纪律方面的考核，劳动改造方面的考核，等等；对罪犯的奖励分为表扬、物质奖励及记功等形式；对罪犯的处罚分警告、记过、禁闭三种形式。

对罪犯的奖励或处罚情况应当如实记入罪犯的服刑档案。监狱须填写罪犯奖惩审批表，以确保对罪犯奖惩合法有效。罪犯奖惩审批表一经批准，就成为对罪犯进行奖励或者惩处的凭据。根据罪犯奖惩审批表，及时准确对积极改造的罪犯予以奖励，对抗拒改造的罪犯予以惩处，可以体现党的"惩办与宽大相结合"和对罪犯实行"赏罚严明"的政策，这就有利于调动广大罪犯自我改造的积极性，化消极因素为积极因素，促使他们早日改造为守法公民，对促进罪犯改造和安定罪犯家属有重要作用。同时，它也是考查罪犯在服刑期间改造情况的依据，故应将此表存入罪犯改造档案之中。

罪犯奖励审批表是监狱根据考核周期内结果给予罪犯表扬、物质奖励或者不予奖励的制式表，罪犯处罚审批表是监狱根据罪犯的日常违纪违规行为不同情节给予行政处罚的制式表。

罪犯奖惩审批表是监狱基层单位即分监区呈请上级部门对罪犯给予奖惩的文书，

并不是对外文书，因此不需有受文机关。另外罪犯奖惩审批表是监狱基层单位呈请上级部门审批的文书，故应包括监区、狱政科意见和监狱领导批示等。

二、范例

罪犯考核结果运用审批表

基本情况			
罪犯编号	××	姓名	缪××
出生日期	1984.11.19	性别	男
户籍地址	××省××市××镇大土堂村××号		
民族	汉族	原判刑期	死刑，缓期二年执行
罪名	绑架、故意杀人		
入监日期	2005 年 3 月 29 日	从严计分	是
考核结果	合格	扣除考核积分	600
考核开始时间	2022 年 11 月 01 日	考核结束时间	2023 年 03 月 31 日
奖励类别	表扬	月考核分低于基础分次数	0
认定理由	该犯被评为合格等级，且每月考核分均不低于基础分，符合给予表扬的条件。		
依据	《中华人民共和国监狱法》第五十七条第一款第（一）项的规定"罪犯有下列情形之一的，监狱可以给予表扬、物质奖励或者记功：（一）遵守监规纪律，努力学习，积极劳动，有认罪服法表现的；"		
审批意见			
呈报建议	建议给予表扬。 ×× 2023 年××月××日	监区长会议意见	拟同意，呈批。 ×× 2023 年××月××日
狱政部门负责人意见	拟同意，呈批。 ×× 2023 年××月××日	分管狱政监狱领导意见	同意。 ×× 2023 年××月××日

说明：凡提请对罪犯给予表扬、物质奖励均填写此表。

罪犯处罚审批表

基本情况			
罪犯编号	××	姓名	缪××
出生日期	1984.11.19	性别	男

基本情况			
户籍地址	××省××市××镇大土堂村××号		
民族	汉族	原判刑期	死刑，缓期二年执行
罪名	绑架、故意杀人		
入监日期	2005 年 3 月 29 日	从严计分	是
处罚类别	警告	扣减考核分	100
认定理由	2022 年 6 月 9 日上午 11 时 59 分左右，罪犯缪××拿饭上楼时，在上到二楼至三楼的楼梯转角处，听到罪犯陈××在对其讲粗口，因此不满，遂将手上的饭盆连续向陈××头部砸了两下。		
依据	《中华人民共和国监狱法》第五十八条第一款第（四）项的规定"罪犯有下列破坏监管秩序情形之一的，监狱可以给予警告、记过或者禁闭：……（四）偷窃、赌博、打架斗殴、寻衅滋事的；"		
审批意见			
呈报建议	建议给予警告处罚。 ×× 2023 年××月××日	监区长会议意见	经计分考核工作小组研究决定，拟同意提请意见，呈批。 ×× 2023 年××月××日
狱政部门负责人意见	拟同意，呈批。 ×× 2023 年××月××日	分管狱政监狱领导意见	同意。 ×× 2023 年××月××日

说明：凡提请对罪犯给予警告、记过均填写此表。

三、制作要求及注意事项

任务五　制作使用戒具审批表

一、使用戒具审批表的概念

使用戒具审批表，是指监狱的基层单位在依据监管法规对服刑罪犯使用戒具时填写的呈请上级审批的表格类文书。罪犯禁闭审批表，则是指监狱的基层单位在依据监管法规对服刑罪犯进行关押禁闭时填写的呈请上级审批的表格类文书。

《中华人民共和国监狱法》第 45 条规定："监狱遇有下列情形之一的，可以使用戒具：（一）罪犯有脱逃行为的；（二）罪犯有使用暴力行为的；（三）罪犯正在押解途中的；（四）罪犯有其他危险行为需要采取防范措施的。前款所列情形消失后，应当停止使用戒具。"戒具是对有危险行为的罪犯的人身所使用的防御性器具。我国监狱管理中使用的戒具，主要有手铐和脚镣。其重量与样式结构，由公安局统一制定。对老年患病，残疾罪犯以及未成年犯在一般情况下禁止使用戒具，对女犯，除个别特殊情况外，也不得使用戒具。凡加戴戒具的罪犯都不应再参加监狱内的劳动。对罪犯使用戒具，必须事先报请监狱主管领导批准，遇有特别紧急的情况，可以先加戴戒具，但应立即补办报批手续。

罪犯加戴戒具的目的是对存在危险性罪犯进行防控，而不是通过加戴戒具进行惩罚，当罪犯危险性消失时要及时解除戒具。

二、范例

使用戒具审批表

单位：××监狱××监区

编号		姓名	缪××	出生日期	1984.11.19	居住地	××镇大土堂村××号
民族	汉族	文化程度	初中	捕前职业	无		
罪名	绑架、故意杀人	刑期	原： 现：	死刑，缓期二年执行 有期徒刑十五年		前科	无
入监日期	2005.03.29	改造表现	无奖惩			分管等级	严管
认定理由	2023 年 1 月 3 日凌晨 5 时许，罪犯缪××在监仓内使用自制的刀片割脉自杀，被同监仓罪犯李××发现并加以制止，缪××自杀未遂。缪犯自杀的行为，属于《中华人民共和国监狱法》第四十五条第一款第（四）项规定的罪犯有其他危险行为需要采取防范措施的情形。						
监区意见	根据《中华人民共和国监狱法》第四十五条第一款第（四）项之规定，申请对缪××加戴脚镣进行防控，呈批。						
会审科室意见	拟同意，呈批。 签字： 2023 年 1 月 3 日	分管科室意见	拟同意，呈批。 签字： 2023 年 1 月 3 日		监狱领导意见	同意。 签字： 2023 年 1 月 3 日	

三、制作要求及注意事项

任务六　制作监狱起诉意见书

一、监狱起诉意见书的概念

监狱起诉意见书是指监狱或其他执行机关对在监狱又犯新罪或者发现判决时有漏罪，且应当追究刑事责任的罪犯依法建议人民检察院向人民法院提起公诉而制作的法律文书。

《中华人民共和国刑事诉讼法》第273条第1款规定："罪犯在服刑期间又犯罪的，或者发现了判决的时候所没有发现的罪行，由执行机关移送人民检察院处理。"《中华人民共和国监狱法》第60条规定："对罪犯在监狱内犯罪的案件，由监狱进行侦查。侦查终结后，写出起诉意见书，连同案卷材料、证据一并移送人民检察院。"这是监狱制作监狱起诉意见书的法律根据。

监狱起诉意见书与公安机关的起诉意见书二者有几个相同之处：

1. 性质相同。两者都有同等的法律效力，都是以案件侦查终结的结论为依据而制作的法律文书，是移送人民检察院审查决定的起诉意见。

2. 以事实为基础的特征相同。叙述罪犯在服刑期间所犯新罪或漏罪都要求真实、准确、具体，对犯罪的性质以及时间、地点、动机、目的、情节、手段、结果七要素也要交代清楚明白。

3. 行文格式、内容基本相同。都包括有标题和编号、犯罪嫌疑人或罪犯的基本情况、主要犯罪事实和证据、起诉理由和法律根据，移送审查的人民检察院等。

他们的不同之处在于：

第一，制作起诉意见书的法律依据不同。公安机关制作的起诉意见书，是根据《中华人民共和国刑事诉讼法》第162条，监狱等执行机关制作的起诉意见书是根据《中华人民共和国刑事诉讼法》第273条第1款。

第二，建议起诉案件范围不完全相同。公安机关建议起诉的案件基本上是发生在社会上的各类刑事案件；监狱建议起诉的案件是罪犯在服刑改造期间所犯新罪或发现原判时未发现的漏罪，并且应当追究刑事责任的案件，一般属于狱内案件，范围较小。

第三，建议起诉的对象不同。公安机关建议起诉的对象一般是社会上的自由人，起诉意见书中称为"犯罪嫌疑人"；而监狱的起诉意见书中建议起诉的对象是正在服刑的罪犯，起诉意见书中也称为"罪犯"。

二、监狱起诉意见书的格式

×××监狱
起诉意见书

×××狱侦诉字（×××）×××号

罪犯×××，男（女），×年×月×日出生，×族，原户籍所在地××××，因××罪经人民法院于×年×月×日以（××××）法院代码刑审级×号刑事判决书判处××，附加×。于×年×月×日交付执行，现押××××。

罪犯在服刑期间涉嫌×罪一案，×年×月×日经监区报告监狱狱内侦查科。我科经过审查，于×年×月×日对罪犯立案并隔离审查。罪犯涉嫌×罪一案已侦查终结。

经依法查明：××××

认定上述事实的证据如下：××××

上述犯罪事实清楚，证据确实、充分，足以认定。

综上所述，罪犯×××的×××行为触犯了《中华人民共和国刑法》第×条第×款的规定，涉嫌×罪，根据《中华人民共和国监狱法》第六十条、《中华人民共和国刑事诉讼法》第二百七十三条第一款特提请你院审查处理。

此致
人民检察院

（公章）

×年×月×日

附：1. 罪犯档案共×卷×册
    2. 罪犯涉嫌又犯罪的案卷材料共×卷×册

三、范例

×××监狱
起诉意见书

×××狱侦诉字（2022）×××号

罪犯张××，男，1976年6月7日出生，汉族，原户籍所在地江苏省××市×路×号，因犯强奸罪经××市××区人民法院于2021年2月21日以（2021）××××刑初30号刑事判决书判处有期徒刑15年，附加剥夺政治权利5年。于2021年3月1日交付执行，现押×××省×××监狱。

罪犯张××在服刑期间涉嫌组织越狱罪一案，2022年5月16日经监区报告监狱狱内侦查科。我科经过审查，于 2022 年 5 月 16 日对罪犯张××立案并隔离审查。罪犯涉嫌组织越狱罪一案已侦查终结。

经依法侦查查明：

罪犯张×于 2021 年 5 月上旬由××监狱转来我监执行改造，同期转监的罪犯中，刘××、王××、韩××等对转监极为不满，公然煽动、蒙蔽、胁迫同来的罪犯对抗管理，抗拒改造，并策划越狱。张×受鼓动后，积极响应，于 2021 年 5 月 12 日、13 日、14 日三次参与密谋活动，并提出"散布谣言，煽动罪犯，聚众闹事，趁机抢夺干警装备，捣毁监舍，冲出去"的越狱方案。

2021 年 5 月 15 日上午 9 时许，张×伙同××（另案处理）撬开监区文化室大门后，带头冲进室内将锦旗扯下，扔在地上乱踩乱踏，将室内桌椅、板凳等设施全部砸烂。张×还抢夺 25 寸彩电 1 台（后被另一罪犯李××用木棒捣毁）。9 时 46 分，该犯又与越狱罪犯××（另案处理）捣毁了分监区办公室大门。在罪犯越狱过程中，监区干警曾多次喊话予以严正警告，但张×等对此置若罔闻，不仅毫无收敛，反而继续鼓动其他罪犯进行破坏活动，负隅顽抗，后被我干警抓获。

认定上述事实的证据如下：

一、证人证言。同监区其他罪犯的证言：证明罪犯张××公然煽动、蒙蔽、胁迫同来的罪犯对抗管理，抗拒改造，并策划越狱；

二、罪犯的供述与辩解；

三、物证。被砸烂、撬坏的监区文化室大门、室内桌椅、板凳等设施；

四、现场勘查检查工作记录、现场照片。

以上事实清楚，证据确实、充分，足以认定。

综上所述，罪犯张××在服刑改造期间，不认罪服法，积极响应、参与了以刘××等犯为首的犯罪组织，并为其出谋划策，带头捣毁监狱设施，煽动其他罪犯参与越狱，使国家财产遭受损失，严重危害了监管改造秩序，触犯了《中华人民共和国刑法》第三百一十七条第一款的规定，涉嫌组织越狱罪。根据《中华人民共和国监狱法》第六十条、《中华人民共和国刑事诉讼法》第二百七十三条第一款特提请你院审查处理。

此致

××××人民检察院

监狱名（公章）

2022 年 6 月 2 日

附：1. 罪犯张××档案共 3 卷 7 册

2. 罪犯张××涉嫌又犯罪的案卷材料共 4 卷 6 册

四、制作要求及注意事项

任务七　制作提请减刑、假释建议书

一、提请减刑、假释建议书的概念

提请减刑、假释建议书，是监狱依法在对服刑期间确有悔改或立功表现且已执行符合法定要求的刑期的罪犯，提请人民法院审核裁定减刑或者假释时制作的一种文书。提请减刑、假释建议书实际是两种文书，即提请减刑建议书和提请假释建议书。尽管两者适用的对象、适用的法定条件不完全相同，但两者提请的主体和写作格式相同，所以，我们将两种文书合在一起讲述。

☞［**相关法律规定**］

二、提请减刑、假释建议书的格式

（一）提请减刑建议书

××省××监狱
提请减刑建议书

（20××）×监刑执字第××号

罪犯×××，男（女），×年×月×日生，×族，户籍所在地××××，因×罪经人民法院于×年×月×日以（××××）法院代码刑审级××号刑事判决书判处××，附加××，于×年×月×日交付监狱执行刑罚。××省××市中级人民法院于×年×月×日依（20××）粤××刑更××号刑事裁定，对其减去有期徒刑××；××省××市中级人民法院于×年×月×日依（20××）粤××刑更××号刑事裁定，对其减去有期徒刑××。刑期执行至×年×月×日。

176

该犯服刑改造期间，确有悔改表现，具体事实如下：

服法方面：××××；

遵纪方面：××××；

学习方面：××××；

劳动方面：××××；

生活卫生方面：××××；

其他方面：××××。

由于罪犯××的努力，该犯在×年×月×日至×年×月×日的考核期内，获得考核总分××，共获得表扬×次：×年×月获得表扬，×年×月获得表扬，2022年6月×年×月获得表扬，×年×月获得表扬；扣×分。

综上所述，罪犯在服刑期间认罪服法；认真遵守监规，接受教育改造；积极参加学习；积极参加劳动，完成生产任务。

为此，依照《中华人民共和国刑事诉讼法》第二百七十三条第二款、《中华人民共和国刑法》第七十八条、第七十九条的规定，建议对罪犯以减去有期徒刑，特提请裁定。

此致

××市中级人民法院

××省××监狱（公章）

20××年2月20日

附：罪犯卷宗材料共×卷×册×页

（二）提请假释建议书的格式

因提请假释建议书与提请减刑建议书的格式基本相同，在此不再赘述。

三、范例

（一）提请减刑建议书范例

××省××监狱
提请减刑建议书

（20××）×监刑执字第××号

罪犯缪××，男，1967年10月5日出生，广东省××市人，汉族，初中文化，广东省××市中级人民法院于20××年××月××日作出（2016）粤××刑初××号刑事判决，以被告人卓××犯非法持有毒品罪，判处有期徒刑十五年，并处罚金人民币45万元（扣押缪××的现金人民币244 890元及冻结缪××的中国邮政储蓄银行账户的存款人民币198 346.31元均折抵罚金）。宣判后，被告人未上诉。判决生效后，于2017年4月14日交付监狱执行刑罚。×

××省××市中级人民法院于 2019 年 7 月 31 日依（20××）粤××刑更××号刑事裁定，对其减去有期徒刑六个月；××省××市中级人民法院于 2021 年 4 月 20 日依（20××）粤××刑更××号刑事裁定，对其减去有期徒刑五个月。刑期执行至 2029 年 9 月 17 日。

该犯服刑改造期间，确有悔改表现，具体事实如下：

服法方面：能不断增强改造信心，继续深挖犯罪根源，深刻认识自己所犯罪行的危害，服法服判，安心改造，服从管教。

遵纪方面：严格遵守监规纪律，严格服从警察管理，认真按照《监狱服刑人员行为规范》来约束自己。

学习方面：积极参加思想、文化、技术学习，上课专心听讲、课后及时复习，在考试中取得较好成绩。

劳动方面：积极参加生产劳动，劳动态度端正，能较好地完成劳动生产任务。

生活卫生方面：认真搞好内务卫生，保持房间清洁，不乱丢乱吐，能基本做到和养成良好的卫生习惯。

其他方面：原判罚金 450 000 元，已履行罚金 450 000 元；

由于罪犯缪××的努力，该犯在 2021 年 2 月 1 日至 2022 年 11 月 30 日的考核期内，获得考核总分 2495 分，共获得表扬 4 次：2021 年 7 月获得表扬，2021 年 12 月获得表扬，2022 年 6 月获得表扬，2022 年 11 月获得表扬；无扣分。

综上所述，罪犯缪××在服刑期间认罪服法；认真遵守监规，接受教育改造；积极参加学习；积极参加劳动，完成生产任务。

为此，依照《中华人民共和国刑事诉讼法》第二百七十三条第二款、《中华人民共和国刑法》第七十八条、第七十九条的规定，建议对罪犯缪××予以减去有期徒刑五个月，特提请裁定。

此致
××市中级人民法院

××省××监狱（公章）

20×× 年 2 月 20 日

附：罪犯缪××卷宗材料共 2 卷 3 册 123 页

（二）提请假释建议书范例

××省××监狱
提请假释建议书

（20××）××监刑执字第××号

罪犯缪××，男，1991 年 5 月 14 日出生，广东省××市××区人，汉族，大学，广东省××市××区人民法院于 2020 年 6 月 17 日作出（20××）粤××刑初××号刑事判决，以被告人缪××犯协助组织卖淫罪，判处有期徒刑五年，并处罚金人民币 50000 元。宣判后，被告人不服，提出上诉。广东省××市中级人民法院二审审理，于 2020 年 10 月 20 日作出（20××）粤××刑终××号刑事裁定，对其维持原判。判决生效后，于 2021 年 1 月 6 日交付监狱执行刑罚。刑期执行至 2024 年 1 月 29 日。

该犯服刑改造期间，确有悔改表现，具体事实如下：

服法方面：能不断增强改造信心，继续深挖犯罪根源，深刻认识自己所犯罪行的危害，服法服判，安心改造，服从管教。

遵纪方面：严格遵守监规纪律，严格服从警察管理，认真按照《监狱服刑人员行为规范》来约束自己。

学习方面：积极参加思想、文化、技术学习，上课专心听讲、课后及时复习，在考试中取得较好成绩。

劳动方面：积极参加生产劳动，劳动态度端正，能较好地完成劳动生产任务。

生活卫生方面：认真搞好内务卫生，保持房间清洁，不乱丢乱吐，能基本做到和养成良好的卫生习惯。

其他方面：原判罚金 50000 元，已履行罚金 50000 元，本次履行罚金 50000 元；案件办理过程中未发现违反防止干预司法"三个规定"的情形。

由于罪犯缪××的努力，该犯在 2021 年 1 月 6 日至 2022 年 11 月 30 日的考核期内，获得考核总分 2379 分，共获得表扬 3 次：2021 年 9 月获得表扬，2022 年 2 月获得表扬，2022 年 7 月获得表扬；无扣分。

综上所述，罪犯缪××在服刑期间认罪服法；认真遵守监规，接受教育改造；积极参加学习；积极参加劳动，完成生产任务。

为此，依照《中华人民共和国刑事诉讼法》第二百七十三条第二款、《中华人民共和国刑法》第八十一条、第八十二条、第八十三条的规定，建议对罪犯缪××予以假释，特提请裁定。

此致
××市中级人民法院

××省××监狱（公章）

20××年 2 月 20 日

附：罪犯缪××卷宗材料共 2 卷 3 册 140 页

四、制作要求及注意事项

任务八　制作暂予监外执行审批表、决定书、收监决定书

一、暂予监外执行审批表、决定书、收监决定的概念

　　暂予监外执行是刑事诉讼法和监狱法中规定的变更刑罚执行的重要法律制度之一。它是指被判处有期徒刑、拘役的罪犯，符合法定条件，依照法定的程序审批后可以不在监狱关押服刑，由社区矫正机关实行社区矫正的一种刑罚执行方式。暂予监外执行有两种情况：一是判决宣告时，由人民法院决定的暂予监外执行；二是在刑罚执行过程中，依法由监狱决定的暂予监外执行。监狱在对罪犯暂予监外执行的程序中，根据司法部监狱管理局颁布的《监狱执法文书格式（试行）》而制作的相关文书有：①暂予监外执行审批表；②暂予监外执行决定书；③暂予监外执行保证书；④暂予监外执行证明书；⑤暂予监外执行收监决定书；⑥罪犯暂予监外执行期间不计入执行刑期审批表；⑦罪犯暂予监外执行期间不计入执行刑期决定书。本章重点介绍暂予监外执行审批表、暂予监外执行决定书、暂予监外执行收监决定书。

　　暂予监外执行审批表，是指监狱在需要对罪犯暂予监外执行时制作的，报请省、自治区、直辖市监狱管理机关审批的法律文书。暂予监外执行决定书，是指监狱对符合暂予监外执行条件的罪犯决定暂予监外执行，并通知执行单位和被暂予监外执行人时使用的文书。暂予监外执行收监决定书，是指对暂予监外执行的罪犯，有被发现不符合暂予监外执行条件的、严重违反有关暂予监外执行监督管理规定的或者暂予监外执行的情形消失后，罪犯刑期未满的等情形时，由决定机关制作的送达暂予监外执行的单位将暂予监外执行的罪犯收监执行的法律文书。

　　根据《中华人民共和国刑事诉讼法》第265条的规定，暂予监外执行有三种情形：一是有严重疾病需要保外就医的；二是怀孕或者正在哺乳自己婴儿的妇女；三是生活不能自理，适用暂予监外执行不致危害社会的。符合上述三种情形之一的，即可暂予监外执行。此外，《中华人民共和国刑事诉讼法》第269条规定："对被判处管制、宣告缓刑、假释或者暂予监外执行的罪犯，依法实行社区矫正，由社区矫正机构负责执行。"

　　《中华人民共和国监狱法》第25条规定："对于被判处无期徒刑、有期徒刑在监内服刑的罪犯，符合刑事诉讼法规定的监外执行条件的，可以暂予监外执行。"《中华人民共和国监狱法》第26条规定："暂予监外执行，由监狱提出书面意见，报省、自治区、直辖市监狱管理机关批准。批准机关应当将批准的暂予监外执行决定通知公安机关和原判人民法院，并抄送人民检察院。人民检察院认为对罪犯适用暂予监外执行不当的，应当自接到通知之日起一个月内将书面意见送交批准暂予监外执行的机关，批准暂予监外执行的机关接到人民检察院的书面意见后，应当立即对该决定进行重新核查。"《中华人民共和国监狱法》第27条规定："对暂予监外执行的罪犯，依法实行社区矫正，由社区矫正机构负责执行。原关押监狱应当及时将罪犯在监内改造情况通报负责执行的社区矫正机构。"《中华人民共和国监狱法》第28条规定："暂予监外执行的罪犯具有刑事诉讼法规定的应当收监的情形的，社区矫正机构应当及时通知监狱收监；刑期届满的，由原关押监狱办理释放手续。罪犯在暂予监外执行期间死亡的，社区矫正机构应当及时通知原关押监狱。"

　　暂予监外执行审批表、暂予监外执行决定书、暂予监外执行收监执行决定书都是在对罪犯暂予监外执行过程中制作的文书。对需要暂予监外执行的罪犯，由所在监区（分监区）集体研究，提出意见，经监狱审查后，在省级人民政府指定医院进行病情诊断。监狱根据病情诊断结论，提出审核意见，报监狱长审批。监狱将罪犯暂予监外执行审批材料，报送省（自治区、直辖市）监狱管理局审批。监狱应当通知暂予监外执行地社区矫正机关、公安机关和原判人民法院。准予暂予监外执行的罪犯，应当由监狱押送至居住地，与社区矫正机关办理交接手续，并将罪犯交接情况通报人民检察院。对于暂予监外执行的情形消失后，罪犯刑期未满的或者其他应当收监执行情形的罪犯，监狱管理机关应当作出收监决定。监狱管理机关对暂予监外执行罪犯决定收监执行的，原服刑监狱或者接收其档案的监狱应当立即赴羁押地将罪犯收监执行。

　　对罪犯暂予监外执行过程中监狱必须先制作暂予监外执行审批表，暂予监外执行审批表是对罪犯暂予监外执行必备的法律文书，没有此表，则对该罪犯的暂予监外执行不合法。在省（自治区、直辖市）监狱管理局审批同意对该罪犯暂予监外执行后，则应制作暂予监外执行决定书，送达监狱，同时抄送同级人民检察院。对暂予监外执行的罪犯，出现应当收监情形时，由省（自治区、直辖市）监狱管理局作出收监决定，同时制作暂予监外执行收监执行决定书送达罪犯居住地县级司法行政机关和原服刑或接收其档案的监狱，并抄送同级人民检察院、公安机关和原判法院。

二、暂予监外执行审批表、通知书、收监执行通知书的格式

（一）暂予监外执行审批表的格式

暂予监外执行审批表

姓名		性别		民族	
出生年月日		户籍地			
捕前居住地					
罪　名		原判法院			
原判刑期		附加刑			
刑期变动情况					
现刑期起止					
出监后居住地					
主要犯罪事实					
改造表现					
病情诊断	×年×月×日经医院诊断，该犯患：1.××××；2.××××等病；×年×月×日医院对其下达了病重（病危）通知书。				
	病情诊断或检查证明文件（妊娠检查/生活不能自理鉴别书）				
保证人情况	姓名		居住地		
	工作单位		与罪犯关系	联系电话	
综合评估意见	罪犯所患疾病符合《暂予监外执行规定》（司发通〔2014〕112号）中《保外就医严重疾病范围》第×条第×款规定，保证人符合担保条件，司法局同意接收为社区矫正人员，建议予以办理暂予监外执行。				
监区（直属分监区）意见	经监区长办公会讨论审核，罪犯符合《暂予监外执行规定》（司发通〔2014〕112号）第×条第×款规定，建议提请暂予监外执行，请审查。 签名　　　　年　月　日				
监狱刑罚执行科意见	经审查，罪犯暂予监外执行材料齐全，所患疾病符合《暂予监外执行规定》（司发通〔2014〕112号）中《保外就医严重疾病范围》第×条第×款规定，提请程序符合《监狱暂予监外执行程序规定》，建议提请暂予监外执行，请审议。 签名　　　　年　月　日				

续表

监狱意见	经监狱长办公会研究决定，同意提请罪犯暂予监外执行，请审批。 签名　　　（监狱公章） 年　月　日
监狱管理 局意见	签名　　　（监狱管理局公章） 年　月　日
备　注	

抄送：××检察院

（二）暂予监外执行决定书的格式

暂予监外执行决定书

（20××）粤狱刑暂××字第××号

罪犯××，性别×，××××年×月×日出生，×族，捕前住×，因罪经人民法院于××××年×月×日判处×，附加×。减刑后，刑期自××××年×月×日起至××××年×月×日止，现在广东省监狱服刑，因患：1.××××；2.××××等病，广东省×监狱提请对其暂予监外执行。经审核，根据《中华人民共和国刑事诉讼法》第二百六十五条、《中华人民共和国监狱法》第二十五条和《暂予监外执行规定》第五条之规定，本局认为罪犯符合暂予监外执行条件，批准其于××××年×月×日起暂予监外执行。

（公章）

20××年×月×日

发：监狱

抄送：广东省人民检察院、人民法院、司法局、公安局

（三）暂予监外执行收监决定书的格式

暂予监外执行收监决定书

（20××）粤狱刑收监字第××××号

××监狱、××监狱

罪犯×××，性别×，××××年×月×日出生，×族，捕前住××××，因××××罪经人民法院于××××年×月×日判处，附加××××。减刑后，刑期自××××年×月×日起至××××年×月×日止。由××省监狱管理局于20××批准自20××年×月×日起暂予监外执行。该犯在暂予监外执行期间，因应当收监执行，根据《中华人民共和国刑事诉讼法》第二百六十八条、《中

华人民共和国监狱法》第二十八条和《暂予监外执行规定》第二十三条、第二十四条之规定，经省局研究决定，由监狱对罪犯××收监，并按调动手续办理交付监狱收押改造。

此致

（公章）

20××年×月×日

送：司法局

抄送：广东省人民检察院、人民法院、人民检察院、公安局

三、范例

暂予监外执行审批表

姓名	谬××	性别	男	民族	汉族
出生年月日	1974 年 11 月 19 日	户籍地	××省××市		
捕前居住地	××省××市××镇××村 12 号				
罪名	猥亵儿童罪	原判法院	××省××市人民法院		
原判刑期	有期徒刑六年	附加刑	附带民事赔偿 5000 元		
刑期变动情况	无				
现刑期起止	自 2021 年 08 月 15 日起至 2027 年 08 月 14 日止				
出监后居住地	××省××市××镇××村 12 号				
主要犯罪事实	2021 年 6 月 27 日，谬××受雇于××市××区康复托养中心从事护工工作。2021 年 7 月，谬××因观看了黄色小视频，为了满足自己的性刺激，利用其与黄×芸（2009 年 8 月 20 日出生，11 周岁，肢体智力为二级残疾）是看护与被看护的关系，且利用黄×芸是儿童，无性防卫能力，不懂和不敢反抗的心理，用手摸黄×芸的胸部，并伸手指进黄×芸的阴道里抠、摸，后谬××在黄×芸的面前拉开裤链露出阴茎，威逼黄×芸用手摸其阴茎，直至黄×芸极力反抗和大喊救命才停手。严重损害了黄×芸的身心健康。				
改造表现	2022 年 6 月 16 日入监，在服刑改造期间，能认罪服法，自觉遵守各项监规纪律，服从警察管理，认真接受教育改造。期间行政奖励 1 次。				
病情诊断	2023 年 2 月 23 日经监狱中心医院诊断，该犯患：1. 病毒性肝炎（乙丙重叠）肝炎肝硬化（失代偿期）Child-Pugh B 级；2. 门脉高压性胃病；3. 胆囊结石伴胆囊炎等病。				
	病情诊断或检查证明文件（妊娠检查/生活不能自理鉴别书）				
保证人情况	姓名	刘××	居住地	××省××市××镇××村 12 号	
	工作单位	务农	与罪犯关系	母子	联系电话	133365×××××

续表

综合评估意见	罪犯谬××所患疾病符合《暂予监外执行规定》（司发通〔2014〕112号）中《保外就医严重疾病范围》第五条第一款规定，保证人刘××符合担保条件，××市司法局同意接收为社区矫正人员，建议予以办理暂予监外执行。
监区（直属分监区）意见	经监区长办公会讨论审核，罪犯符合《暂予监外执行规定》（司发通〔2014〕112号）第五条第一款规定，建议提请暂予监外执行，请审查。 　　　　　　　　　　　　签名　李××　　2023年3月2日
监狱刑罚执行科意见	经审查，罪犯谬××暂予监外执行材料齐全，所患疾病符合《暂予监外执行规定》（司发通〔2014〕112号）中《保外就医严重疾病范围》第五条第一款规定，提请程序符合《监狱暂予监外执行程序规定》，建议提请暂予监外执行，请审议。 　　　　　　　　　　　　签名　　陈××　　2023年3月7日
监狱意见	经监狱长办公会研究决定，同意提请罪犯谬××暂予监外执行，请审批。 　　　　　　　　　　　　签名　张××　　（监狱公章） 　　　　　　　　　　　　　　　　　　　2023年3月18日
监狱管理局意见	 　　　　　　　　　　　　签名　李××　　（监狱管理局公章） 　　　　　　　　　　　　　　　　　　　2023　年3月21日
备注	

抄送：××市人民检察院

暂予监外执行决定书

（2023）粤狱刑暂字第××号

罪犯谬××，性别男，1974年11月19日出生，汉族，捕前住××省××市××镇××村12号，因猥亵儿童罪经××省××市人民法院于2022年5月13日判处有期徒刑六年，刑事附带民事赔偿人民币5000元。刑期自2021年08月15日起至2027年08月14日止，现在广东省××监狱服刑，因患：1.病毒性肝炎（乙丙重叠）肝炎肝硬化（失代偿期）Child-Pugh B级；2.门脉高压性胃病；3.胆囊结石伴胆囊炎等病，广东省××监狱提请对其暂予监外执行。经审核，根据《中华人民共和国刑事诉讼法》第二百六十五条、《中华人民共和国监狱法》第二十五条和《暂予监外执行规定》第五条之规定，本局认为罪犯谬××符合暂予监外执行条件，批准其于2023年3月21日起暂予监外执行。

　　　　　　　　　　　　　　　　　　××省监狱管理局（公章）

　　　　　　　　　　　　　　　　　　2023年3月21日

发：××监狱

抄送：××省人民检察院、××市人民法院、××市司法局、××市公安局

暂予监外执行收监决定书

（2023）粤狱刑收监字第××号

××监狱、×××监狱

　　罪犯谬××，性别男，1974 年 11 月 19 日出生，汉族，捕前住××省××市××镇××村 12 号，因猥亵儿童罪经××省××市人民法院于 2022 年 5 月 13 日判处有期徒刑六年，刑事附带民事赔偿人民币 5000 元。刑期自 2021 年 08 月 15 日起至 2027 年 08 月 14 日止。由××省监狱管理局批准自 2023 年 3 月 21 日起暂予监外执行。该犯在暂予监外执行期间，因暂予监外执行情形消失，刑期未满，应当收监执行，根据《中华人民共和国刑事诉讼法》第二百六十八条、《中华人民共和国监狱法》第二十八条和《暂予监外执行规定》第二十三条、第二十四条之规定，经省局研究决定，由××监狱对罪犯谬××收监，并按调动手续办理交付×××监狱收押改造。

　　此致

××省监狱管理局（公章）

2023 年 5 月 30 日

　　抄送：××人民检察院、××市人民法院、××市司法局、××市人民检察院、××市公安局

四、制作要求及注意事项

任务九　制作罪犯出监鉴定表、释放证明书

一、罪犯出监鉴定表、释放证明书的概念

　　罪犯出监鉴定表、释放证明书都是罪犯出监文书。罪犯出监鉴定表，是指监狱填写的记载出监罪犯在服刑改造期间的表现和监狱对其表现作出结论的法律文书。释放证明书，是指证明被释放人已依法被解除刑罚、恢复其人身自由的重要监狱执法文书。

在罪犯由于服刑期满、裁定假释和裁定释放或暂予监外执行等原因需要出监时，监狱应当对罪犯进行鉴定，并填写罪犯出监鉴定表。罪犯出监鉴定表记载罪犯在服刑改造期间的表现，并有监狱对其表现的评价和结论性意见，这便于接收单位掌握情况，有的放矢地进行帮助教育，巩固改造成果，防止出监人员重新犯罪，有利于改善社会治安状况。认真填写罪犯出监鉴定表、签发释放证明书，对于完备罪犯出监的法律手续，健全罪犯服刑改造的档案材料，也具有重要的意义。

释放证明书制作的法律依据包括《中华人民共和国刑事诉讼法》第 264 条第 5 款规定："判处有期徒刑、拘役的罪犯，执行期满，应当由执行机关发给释放证明书。"此外，《中华人民共和国监狱法》第 35 条规定："罪犯服刑期满，监狱应当按期释放并发给释放证明书。"《中华人民共和国监狱法》第 36 条规定："罪犯释放后，公安机关凭释放证明书办理户籍登记。"

监狱执法文书中表格式文书较多，罪犯出监鉴定表正是其中之一。它的结构固定，较易掌握。监狱填写罪犯出监鉴定表是罪犯出监的必备法律手续。无论罪犯是由于服刑期满还是假释、保外就医、暂予监外执行等原因出监，都需要制作罪犯出监鉴定表。

释放证明书只能用于服刑期满或被人民法院依法判决、裁定的罪犯。其他出监的罪犯虽然也要填写罪犯出监鉴定表，但却不能对其签发释放证明书；对属于裁定假释情况出监的罪犯，监狱则填写假释证明书；对属于暂予监外执行情况出监的罪犯监狱，则应填写暂予监外执行证明书。对于在监狱服刑的罪犯，服刑期满或被人民法院依法裁定或重新判决释放的，只能由监狱制作其释放证明书。

二、范例

（一）罪犯出监鉴定表的范例（封面略）

姓名	李×	别名	无	性别	男	民族	汉
出生日期		1987 年 4 月 18 日		健康状况		良好	
家庭住址		××省××县×号×房					
原户籍所在地		××省×县×号×房					
罪名	贩卖毒品	原判法院	××省×县人民法院	判决书号		（2019）粤××××刑初××号	
刑期	原判刑期		5 年	附加刑		无	
	原判刑期起止		2018.11.16 起至 2023.11.15 日止	刑期变动情况		2021.12.30 减去有期徒刑 6 个月	
出监原因	执行期满	文化程度	原有：高中	有何技术特长及等级		电工，经技术考核达三级标准	
出监时间	2023 年 5 月 15 日		现有：高中				
主要犯罪事实	2018 年 9 月 11 日，李×在××镇××村对面加油站附近分别向吸毒人员张××、钟××出售价值 1000 元的毒品海洛因。						

家庭成员及主要社会关系	父亲：李××，××县机械厂工人 母亲：何××，××县机械厂工人
本人简历	1995 年 9 月至 2001 年 7 月在××县××小学读书。2001 年 9 月至 2004 年 7 月在××县××中学读书。2004 年 9 月至 2018 年 10 月 23 日在××县机械厂当工人。2018 年 10 月 23 日被捕，服刑至今。
改造表现	李犯在服刑期间认罪服法；认真遵守监规，接受教育改造；积极参加学习；积极参加劳动，完成生产任务。
服刑期间奖罚情况	减刑 1 次
分监区意见	该犯认罪悔罪，确有悔改。同意刑满释放。 （签字） 2023 年 5 月 15 日
监区意见	同意按期释放。 （签字） 2023 年 5 月 15 日
监狱意见	同意按期释放。 （签字） 2023 年 5 月 15 日
备注	

（二）释放证明书的范例

释放证明书（存根）	释放证明书	释放证明书（副本）
（2023）×监释字 145 号	（2023）×监释字 145 号	（2023）×监释字 145 号

释放证明书（存根）

（2023）×监释字 145 号

姓名李×
性别男 出生日期 1987 年 4 月 18 日
原户籍所在地××省××县×号×房
原判法院××省××县人民法院
罪名贩卖毒品 刑种 有期徒刑
原判刑期 5 年自 2018.11.16 起至 2023.11.15 日止，附加 ／
执行期间刑种、刑期变动情况：2021.12.30 减去有期徒刑 6 个月
释放理由执行期满
释放后住址××省××县×号×房

填发人陈×
审核人李×
填发日期 2023 年 5 月 15 日本释放证明和副本已发给我。

被释放人（签名）
2023 年 5 月 15 日

（贰零贰叁）×监释字第壹号

释放证明书

（2023）×监释字 145 号

兹有李×，男，1987 年 4 月 18 日生，原户籍所在地××省××县×号×房，因贩卖毒品罪于 1999 年 2 月 2 日经××省××县人民法院判处有期徒刑 6 年。附加 ／。服刑期间，减刑 1 次，减刑 ／ 年 6 月，加刑 ／次，加刑 ／ 年 ／ 月，实际执行刑期 4 年 6 个月，附加 ／。现因执行期满予以释放。

特此证明。

（公章）
2023 年 5 月 15 日

注意事项：此页由被释放人保存。

（贰零贰叁）×监释字第壹号

释放证明书（副本）

（2023）×监释字 145 号

兹有李×，男，1967 年 4 月 18 日生，原户籍所在地××省××县×号×房，因贩卖毒品罪于 1999 年 2 月 2 日经××省××县人民法院判处有期徒刑 6 年。附加 ／。服刑期间，减刑 1 次，减刑 ／ 年 6 月，加刑 ／次，加刑 ／ 年 ／ 月，实际执行刑期 4 年 6 个月，附加 ／。现因执行期满予以释放。

特此证明。

（公章）
2023 年 5 月 15 日

注意事项：1. 持证人必须在 2023 年 5 月 25 日以前将本证明书副本送达 ×× 县（市） ×× 派出所办理户口登记手续。
2. 本证明书私自涂改无效。

三、制作要求及注意事项

实训任务清单

实训任务 1：根据案情制作对罪犯刑事判决提请处理意见书。

案例罪犯陈××，男，2001 年 12 月 2 日出生，××省××县人，汉族，初中文化，2018 年 10 月 7 日因犯抢劫罪犯被××县人民法院判处有期徒刑一年，2019 年 4 月 6 日刑

满释放。2019 年 12 月 13 日晚，罪犯陈××同杨××、戴××、杨××、戴××、麦××等人在××县××镇××村路段持猎枪驾驶摩托车追打被害人邓××、吴××、李××等人，其中陈××持猎枪打中邓××大腿，杨××持刀将吴××砍伤，致邓××死亡、吴××轻伤。案发后，陈××于 2020 年 7 月 30 日被刑事拘留，同年 9 月 1 日被逮捕。××省××市中级人民法院认为陈××在刑罚执行完毕后五年以内再犯应当判处有期徒刑以上之罪，是累犯，应当从重处罚。于 2021 年 5 月 13 日作出（2021）粤××刑初××号刑事附带民事判决，以被告人陈××犯故意伤害罪判处无期徒刑，剥夺政治权利终身，并处罚金人民币 3000 元。被告人陈××连带赔偿附带民事诉讼原告人经济损失人民币 118 706.8 元（尚未扣减已赔偿的 12 000 元）。判决生效后，交付监狱执行刑罚。

问题：罪犯陈××2001 年 12 月 2 日出生，犯前罪（抢劫罪）时未满十八周岁，刑满后 5 年以内又犯应当判处有期徒刑以上刑罚之罪，根据《中华人民共和国刑法》第六十五条的规定，应当不构成累犯，亦即原审法院以累犯的情节，对罪犯陈××量刑，可能存在错误，请以监狱的名义向原审法院提出处理意见书。

对罪犯刑事判决提请处理意见书（存根） （××××）字第××××号 姓名×××× 罪名×××× 刑期×××× 提请理由×××× 转递单位：×××× 时间：××××年××月××日 承办人：×××× 回复时间：××××年××月××日 回复结果：××××	（ ）字第 号	对罪犯刑事判决提请处理意见书 （ ）字第号 人民法院： 罪犯经人民法院以（××××）字第××××号刑事判决书判处。在刑罚执行中，我狱发现对的判决可能有错误。具体理由是：×××× 为此，根据《中华人民共和国监狱法》第二十四条和《中华人民共和国刑事诉讼法》第二百六十四条的规定，提请你院对的判决予以处理，并将处理结果函告我监。 （公章） 年 月 日

实训任务 2：根据案情制作提请减刑建议书。

案例：罪犯刘××，男，1993 年 4 月 20 日出生，广西××××县人，汉族，小学文化，××省××市中级人民法院于 2015 年 10 月 16 日作出（2015）××中法刑一初字第××号刑事附带民事判决，以被告人刘××犯故意伤害罪，判处有期徒刑十四年，剥夺政治权利四年，被告人刘××与其同案人共同赔偿附带民事诉讼原告人经济损失人民币 48 752 元。宣判后，被告人不服，提出上诉。经××省高级人民法院二审审理，于 2016 年 12 月 5 日作出（2016）××刑终 892 号刑事附带民事裁定，驳回上诉，维持原判。判决生效后，于 2017 年 4 月 6 日交付监狱执行刑罚。××省××中级人民法院于 2019 年 7 月 31 日依（2019）××17 刑更××号刑事裁定，对其减去有期徒刑八个月；××省××中级人民法院于 2021 年 4 月 20 日依（2021）××17 刑更××号刑事裁定，对其减去有期徒刑七个月。刑期执行至 2027 年 4 月 9 日。该犯服刑改造期间，能不断增强改造信心，继续深挖犯罪根源，深刻认识自己所犯罪行的危害，服法服判，安心改造，服从管教；严格遵守监规纪律，严格服从警察管理，认真按照《监狱服刑人员行为规范》来约束自己；积极参加思想、文化、技术学习，上课专心听讲、课后及时复习，在考试中取得较好成绩；积极参加生产劳动，劳动态度端正，能较好地完成劳动生产实训任务；认真搞好内务卫生，保持房间清洁，不乱丢乱吐，能基本做到和养成良好的卫生习惯；已履行赔偿 48 752 元；在 2021 年 2 月 1 日至 2023 年 2 月 28 日的考核期内，获得考核总分 3032 分，共获得表扬 5 次：2021 年 6 月获得表扬，2021 年 11 月获得表扬，2022 年 4 月获得表扬，2022 年 9 月获得表扬，2023 年 2 月获得表扬。

问题：请以罪犯刘××在服刑期间确有悔改表现为由，撰写向法院提请对罪犯刘××减去有期徒刑七个月的建议书。

××省××监狱
提请减刑建议书

（　　）　　监刑执字第　　号

_____
_____
_____
_____
_____
_____
_____

附：罪犯卷宗材料共×卷×册×页

☞ ［参考答案］

☞ ［你我身边的法律人］

单 元 六

强制隔离戒毒执法文书

知识结构图

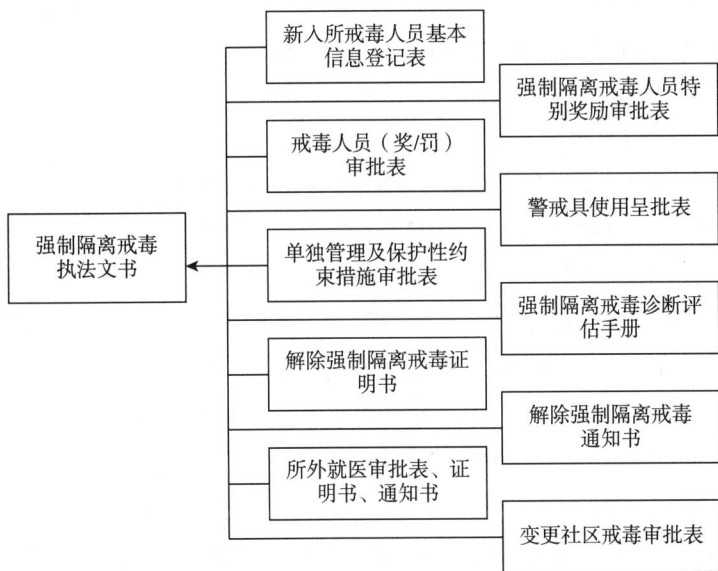

学习目标

知识目标：认识强制隔离戒毒执法文书。

能力目标：学会制作制作新入所戒毒人员基本信息登记表、强制隔离戒毒人员特别奖励审批表、戒毒人员（奖/罚）审批表、警戒具使用呈批表、单独管理及保护性约束措施审批表、强制隔离戒毒诊断评估手册、解除强制隔离戒毒证明书、解除强制隔离戒毒通知书、所外就医审批表、证明书、通知书、变更社区戒毒审批表。

任务一 认识强制隔离戒毒执法文书

一、强制隔离戒毒执法文书的概念及作用

强制隔离戒毒执法文书（以下简称"戒毒执法文书"），是强制隔离戒毒场所（以下简称"戒毒场所"）依法对强制隔离戒毒人员（以下简称"戒毒人员"）执行强制隔离戒毒，帮助戒毒人员戒除毒瘾，教育和挽救戒毒人员过程中依法制作的法律文书。《中华人民共和国禁毒法》第41条第1款规定："对被决定予以强制隔离戒毒的人员，由作出决定的公安机关送强制隔离戒毒场所执行。"随着我国社会主义法制建设进程的加快，法律制度日益完善，司法行政活动信息透明度不断增强。为适应新形势，更好落实机关单位政务公开要求，戒毒场所施行"所政公开"，强制隔离戒毒相关法律法规同步向社会公开。这就要求戒毒执法文书要更加合法合规、更加准确规范。

戒毒执法文书的作用主要体现在以下三方面：

1. 戒毒执法文书是实现司法行政职能的文书凭证。戒毒执法文书是戒毒场所为实施《中华人民共和国禁毒法》《戒毒条例》等法律规定的职能而制定和使用的文书凭证。凭借各类执法文书的使用，戒毒场所可实现强制隔离戒毒整个执法过程的法律效能，如戒毒人员强制隔离戒毒期间的教育戒治、习艺生产、诊断评估、职业技能培训等日常管理都需要通过戒毒文书体现出来。

2. 戒毒执法文书是强制隔离戒毒执法行为的忠实记录。戒毒执法文书是戒毒场所开展强制隔离戒毒执法活动过程的一种具体方式，同时也起到了忠实记录强制隔离戒毒执法活动的重要作用，既能够为下一步戒毒执法工作提供依据、素材与佐证，又使得戒毒执法全过程可查、可回溯。

3. 戒毒执法文书是反映戒毒执法质量和水平的书面材料。戒毒执法文书是戒毒场所开展强制隔离戒毒质量、效果和水平的集中体现和如实反映，同时也是戒毒人民警察执法规范程度和综合素质的重要考量。戒毒执法文书对于强制隔离执法活动做到"规范执法、严格执法、文明执法"，起到了重要作用。

二、戒毒执法文书的种类

依据文书制作的方式的不同，戒毒执法文书可以分为表格式、填空式、叙议式文书。

依据文书使用场景与功能的不同，戒毒执法文书则可具体分为：新入所戒毒人员基本信息登记表、强制隔离戒毒人员特别奖励审批表、强制隔离戒毒人员奖分审批表、强制隔离戒毒人员罚分审批表、警戒具使用呈批表、单独管理及保护性约束措施审批表、提前（按期）诊断评估手册、解除强制隔离戒毒证明书、解除强制隔离戒毒通知书、所外就医审批表、所外就医证明书、所外就医通知书、探访登记簿、强制隔离戒

毒人员探视审批表、对外协办案件记录本、场所安全隐患排查整治台账、执法证据保全档案、重点人员档案、戒毒人员出入所告知登记本、戒毒人员班组长使用情况登记本、院区工具使用登记本等共计 24 种文书样式。

本教材主要以广东省三水强制隔离戒毒执法文书所为范本（各戒毒场所对于相关文书的制作和使用，会根据上级部门要求及实际工作需要进行适当修改，故本教材讲述的主要文书仅作为参考）。本教材重点讲述所政管理工作中常用的、制作难度相对较大的 10 种文书，即新入所戒毒人员基本信息登记表、强制隔离戒毒人员特别奖励审批表、强制隔离戒毒人员奖分审批表、强制隔离戒毒人员罚分审批表、警械具使用呈批表、单独管理及保护性约束措施审批表、提前（按期）诊断评估手册、解除强制隔离戒毒证明书、解除强制隔离戒毒通知书及所外就医审批表、证明书、通知书。

任务二　制作新入所戒毒人员基本信息登记表

一、新入所戒毒人员基本信息登记表的概念

新入所戒毒人员基本信息登记表，是指戒毒场所记载强制隔离戒毒人员基本信息的表格类文书。该表作为戒毒人员转送至戒毒场所后的第一张表格，是戒毒人员的重要档案材料之一。戒毒场所可通过该表了解戒毒人员的基本情况，从而进行科学有效的分区戒治及教育矫治。戒毒人民警察应当认真核准该表相关信息，便于更加准确地掌握了解戒毒人员的真实情况。戒毒场所对戒毒人员的个人基本信息要做好保密存档，以确保其在解除强制隔离戒毒后的入学、就业等方面不受歧视。

☞［相关法律规定］

二、范例

新入所戒毒人员基本信息登记表

* 姓名：张×× * 证件号码：4406××19800101××× * 身高：175 cm
* 民族：汉族 * 宗教信仰（☑无宗教信仰 □）

---

* 婚姻状况（□未婚 ☑已婚 □离异 □丧偶）

* 文化程度（☑小学及以下 ☑初中 □中专 □高中 □大专 □大学本科 □）

* 是否感染 HIV（□是 ☑否） * 是否有练武经验（□是 ☑否）

* 政治面目（☑群众 □中共党员 □无党派人士 □中共预备党员 □共青团员 □）

* 原单位/就读学校：_____广东省×××公司_____

* 社保情况（□无☑有社保□有医保□有社保+医保□有新农合转换□其他）

* 是否有从军/从警经验（□是 ☑否） * 是否农民工（□是 ☑否）

* 户籍所在地：广东省佛山市三水（县/区/市）×××镇××××××××××

* 现居住地址：☑同上；□省市（县/区/市）镇

* 戒毒情况/强戒次数（☑初次 □2 次 □3 次 □4 次及以上）

* 吸毒年限（☑2 年以下 □2-5 年 □6-10 年 □11 年以上）

* 三假人员（□假姓名 □假地址 □假身份 ☑无） * 三无人员（□无亲可投 □无家可归 □无业可就 ☑无）

* 入所前就业情况（□政府机关 □企事业单位 ☑务工人员 □务农人员 □在校学生 □个体人员 □娱乐场所从业人员 □退休人员 □无业人员 □其他）

* 是否有刑事犯罪记录（☑是 □否） * 是否为重点人员（☑是 □否）

* 前科次数：二次 * 治安处罚次数：一次

* 滥用毒品种类（☑海洛因 □鸦片 □吗啡 □可卡因 □冰毒 □摇头丸 □混合毒品 □其他阿片类毒品 □其他合成毒品 □其他毒品）

　　　　　 * 吸毒方式（□注射 ☑吸食 □混合 □口服 □其他）

* 主要吸毒史/其他违法/刑事犯罪事实 2020 年 1 月开始吸食海洛因，于 2023 年 1 月因吸毒关查获（一般根据《强制隔离戒毒决定书》内容简写）

* 主要联系人 1 姓名：张××关系：__父__ 联系电话：188×××××××

地址：__广东省广州市××区×××路×号×栋×房__

* 主要联系人 2 姓名：张××关系：__母__ 联系电话：188×××××××

地址：__广东省广州市××区×××路×号×栋×房__

入所时间：2023 年 1 月 1 日

戒毒人员签名（指模）：张×× 民警签名：李××

三、制作要求及注意事项

任务三　制作强制隔离戒毒人员特别奖励审批表

一、强制隔离戒毒人员特别奖励审批表的概念

强制隔离戒毒人员特别奖励审批表，是指戒毒场所基层单位（一般为基层大队）在戒毒人员有重大表现行为时给予申报奖分填写的呈请上级部门对戒毒人员给予特别奖励的表格类文书，一般由大队（分所）机关、所管理部门、强制隔离戒毒所及省（市）戒毒管理局领导审批批示。

为鼓励戒毒人员积极表现，广东省戒毒管理局根据公安部、司法部、卫生和计划生育委员会联合印发关于《强制隔离戒毒诊断评估办法》的相关规定，制定了《广东省司法行政强制隔离戒毒诊断评估实施细则》（粤戒毒办〔2024〕4号）。该实施细则第9章第39条规定"戒毒人员有下列重大表现行为之一，且提供相关佐证材料的，应给予100分特别奖励，特别奖励奖分与行为表现考核得分累计计算，但不纳入每月考核分。在所期间特别奖励奖分累计不超过200分：1. 检举揭发其他戒毒人员重大违法犯罪活动，查证属实的；2. 主动制止其他戒毒人员重大违法犯罪活动，避免不良后果发生，查证属实的；3. 在日常生产、训练、生活中，舍己救人的；4. 在抗御自然灾害或者排除重大事故中，有重大表现的；5. 在所期间提供线索协助公安机关破获有较大影响的重特大案件或抓获重特大逃犯，经公安机关认定的；6. 对国家或社会有突出贡献，经相关部门认定的。"

特别奖励有利地保障了戒毒人员检举揭发的权利，并有利于调动戒毒人员在戒毒期间的积极表现。

二、范例

强制隔离戒毒人员特别奖励审批表

姓名	张××	单位及所属大队	××强制隔离戒毒所×分所×大队	戒毒人员编号	××××××
公民身份号码	××××××××	出生年月	×年×月	入所日期	×年×月×日
户籍所在地	×省×市	决定机关	×市公安局×分局	戒毒次数	1次
强制隔离戒毒期限	自　年　月　日起 至　年　月　日止			申报奖分	100分

续表

特别奖励事由及依据	（具体时间、地点、人物、原因、手段、情节、后果及依据文件条款）
大队（分析）意见	负责人：　　　　　　　　　　　　　　　　　年　月　日
所政管理部门意见	（公章） 负责人：　　　　　　　　　　　　　　　　　年　月　日
戒毒所意见	（公章） 负责人：　　　　　　　　　　　　　　　　　年　月　日
省戒毒局审批意见	（公章） 负责人：　　　　　　　　　　　　　　　　　年　月　日

注：戒毒人员综合材料、证人证词等相关佐证材料需附在本表后面。

三、制作要求及注意事项

任务四　制作强制隔离戒毒人员（奖/罚）审批表

一、戒毒人员奖分审批表的概念

戒毒人员（奖/罚）审批表，指戒毒场所根据公安部、司法部、国家卫生和计划生育委员会（已撤销）联合印发的《强制隔离戒毒诊断评估办法》第 9 条规定，对戒毒人员行为表现进行评估，对有积极表现的戒毒人员给予考核奖分，对存在违规违纪行为的予以罚分，由基层单位（戒毒大队）呈请上级审批的表格类文书。

根据戒毒人员的日常表现，符合法律规定相应行为表现情形的，戒毒人民警察应当对其进行奖分申报，按照审批流程逐级审核审批，并作为该戒毒人员戒毒期间奖励的凭据。强戒人员奖分措施，是戒毒人员戒毒期间积极表现的直接凭证，同时与强戒人员能否申请提前"解戒"、按期"解戒"息息相关，有利调动戒毒人员教育戒治的积极性，增加教育矫治的动力，提升成功戒治的信心；强戒人员罚分措施，是为了规范戒毒人员在戒毒期间日常行为，进一步服从戒毒人民警察管理。同时，该惩处措施是教育戒治过程中不可或缺的教育方式之一，使戒毒人员在教育戒治期间养成遵守制度的习惯。戒毒人员在强制隔离戒毒期间做出违规违纪行为的，在受到罚分的同时，还要认清自身的错误，书写个人检讨书，检讨书要叙清具体时间、地点、人物、原因、事情经过、处理结果、认错态度、是否服从大队处罚决定及悔过情况等。对戒毒人员罚分的情况应当如实记入戒毒人员档案。戒毒场所须填写戒毒人员罚分审批表，以确保对戒毒人员罚分合法有效，同时也作为对戒毒人员惩处的凭据和戒毒人员在戒毒期间教育戒治情况的依据，故应将此表存入戒毒人员档案之中。

☞ ［**相关法律规定**］

二、范例

戒毒人员（奖/罚）审批表

姓名	张××	戒毒人员编号	××××××××	所属大队	×分所×大队
入所日期	×年×月×日	户籍所在地	×省×市	戒毒次数	1 次
强制隔离戒毒期限	自 年 月 日起至 年 月 日止				
呈报审批类别	√奖分，奖 叁 分 □罚分，罚＿＿分	具体类型	□表扬 □嘉奖 □记功 ☑日常奖分 □警告 □训诫 □具结悔过 □日常罚分		
奖罚事由及依据	该员于 2022 年 8 月 2 日教育适应区学习和训练中表现突出、成绩优异（此处在实际操作过程中，根据条款进行奖分，并无要求附其他说明）。根据《广东省司法行政强制隔离戒毒诊断评估实施细则》第九章第三十四条第（一）项第 2 目的相关规定，建议给予该员奖叁分。				
戒毒人员本人确认	本人已知晓此次处理意见，经确认无误。本人无异议。 戒毒人员签名（按指纹）： 张×× 年 月 日				
大队（分所）意见	负责人签名： 年 月 日				
所政管理部门意见	（公章） 负责人签名： 年 月 日				
戒毒所意见	（公章） 负责人签名： 年 月 日				
备注					

注：此表适用于戒毒人员所有日常奖惩呈批，戒毒人员综合材料、亲笔供词、询问笔录、证人证词、违纪检讨等相关佐证材料需附在本表后面。

三、制作要求及注意事项

任务五　制作警械具使用呈批表

一、警械具使用呈批表的概念

警械具使用呈批表，是指戒毒人民警察在执行执法执勤任务时，或对戒毒人员依法教育戒治过程中使用警械具时填写的呈请上级审批的表格类文书。该类文书起到提高戒毒人民警察依法文明管理水平，杜绝违法事件发生的作用。表格所称"警械具"，涵盖狭义上的警械具及防爆防护器材，指人民警察按照规定配备的（电）警棍、手铐、脚镣、电子手环、警哨、特种音响报警器、警绳、约束带、约束衣、约束床、束缚椅、警戒带、多功能腰带、强光手电、警用工作包、警用装备柜、催泪喷射器、催泪弹、网枪、特种防爆枪、盾牌，以及防爆叉、抓捕器、电子抓捕手套、防爆头盔、防爆服、防火服、防刺背心、防毒面具、防割手套等。

☞［相关法律规定］

二、警械具使用呈批表的范例

警械具使用呈批表

姓名	陈二	出生年月	1985.1	文化程度	初中
性别	男	民族	汉族	籍贯	广东东莞
吸毒种类	海洛因	戒毒次数	2次	警械具类别	手铐脚镣
起止期限	2022. 2. 2-2022. 2. 3			所在单位	一分所一大队

事由	2022 年 2 月 2 日夜间 3 时许因急性肠胃炎需由一分所转送至二分所留医就诊，转送期间需佩戴手铐脚镣。 呈报人：朱×× 2022 年 2 月 2 日
大队意见	送二分所留医，建议使用。 当否，呈批。 （公章） 负责人：张×× 2022 年 2 月 2 日
分所意见	拟同意，呈批。 （公章） 负责人：刘×× 2022 年 2 月 2 日
管理室 意见	拟同意，呈批。 （公章） 负责人：詹×× 2022 年 2 月 2 日
所领导 意见	同意。 签名：沈×× 2022 年 2 月 2 日
使用时限	起始时间 2022.2.2 执行民警签名：朱×× 解除时间 2022.2.3 执行民警签名：陈××

三、制作要求及注意事项

任务六 制作单独管理及保护性约束措施审批表

一、单独管理及保护性约束措施审批表的概念

单独管理及保护性约束措施审批表，是指戒毒场所基层大队在依据监管法规对戒毒人员进行单独管理及保护性约束措施时填写的呈请上级审批的表格类文书。单独管理及保护性约束措施审批表必须由大队干警填报，报戒毒所的主管领导审批，审批后方能实施。

☞［**相关法律规定**］

二、单独管理及保护性约束措施审批表的范例

单独管理审批表

单位：

姓名		性别		出生年月	
入所时间		戒毒次数		起止期限	
吸食种类		家庭住址			
使用理由以及具体依据	呈报人：				年 月 日

大队意见	
	负责人：　　　　　　　　　　　　　　　　　年　月　日
分所意见	
	负责人：　　　　　　　　　　　　　　　　　年　月　日
医院意见	
	负责人：　　　　　　　　　　　　　　　　　年　月　日
管理部门意见	
	负责人：　　　　　　　　　　　　　　　　　年　月　日
所领导意见	
	签名：　　　　　　　　　　　　　　　　　　年　月　日

独管时间	开始时间	执行人签名：
	解除时间	执行人签名：

解除理由		解除时身体状况	
备注			

使用保护性约束措施审批表

姓名	苏××	性别	男	出生年月	1986.8.8
吸食种类	海洛因	家庭住址	广东省湛江市雷州市白沙镇×××××		

使用情形	☐生理脱毒期间具备现行危险行为 ☐精神异常等其他现行危险行为 ☑非毒瘾发作现行危险行为	申请种类	☐束缚带 ☑束缚床 ☐束缚椅 ☐束缚衣
使用理由及具体依据	该员于2022年8月8日18时18分左右，因不满自己吃饭时讲话被大队民警做禁风处理，在上楼搜身时不愿脱帽检查，大吵大闹。民警在对该员批评教育时，该员不服管教，态度恶劣，殴打值班人员，具有暴力倾向。经民警教育后，目前该员仍有上述风险。鉴于该员上述行为及表现，出于对该员及其他戒毒人员的安全考虑，依据《广东省××强制隔离戒毒所使用保护性约束措施工作规定》（粤××办〔2020〕××号），建议对该员使用保护性约束措施。 当否，请批示！ 呈报人：刘××　　　　　　　　　　　　　　　　　　2022年8月15日		
大队意见	负责人：　　　　　　　　　　　　　　　　　　　　　　　年　月　日		
分所意见	负责人：　　　　　　　　　　　　　　　　　　　　　　　年　月　日		
医院意见	负责人：　　　　　　　　　　　　　　　　　　　　　　　年　月　日		
管理部门意见	负责人：　　　　　　　　　　　　　　　　　　　　　　　年　月　日		
所领导意见	签名：　　　　　　　　　　　　　　　　　　　　　　　　年　月　日		

使用时间	开始时间	2022.8.15 19：00	执行人签名	
	解除时间	2022.8.20 19：00	执行人签名	
解除理由			解除时 身体状况	
备注				

单位：一分所一大队

三、制作要求及注意事项

任务七　制作强制隔离戒毒诊断评估手册

一、强制隔离戒毒诊断评估手册的概念

强制隔离戒毒诊断评估手册是指戒毒场所基层单位（戒毒大队）对戒毒人员戒毒效果进行综合评价时填写的呈请上级审批的表格类文书。诊断评估是对强制隔离戒毒人员戒毒效果进行综合评价的鉴定性行为，是规范强制隔离戒毒诊断评估工作，科学评价强制隔离戒毒戒治效果，保障戒毒人员合法权益的重要文书材料。诊断评估手册根据《中华人民共和国禁毒法》《戒毒条例》《强制隔离戒毒诊断评估办法》《司法行政机关强制隔离戒毒工作规定》及《广东省强制隔离戒毒诊断评估实施细则》有关规定制作，由强制隔离戒毒所诊断评估中心负责组织实施，诊断评估结果作为戒毒场所对戒毒人员按期解除强制隔离戒毒、提前解除强制隔离戒毒或延长强制隔离戒毒期限的直接依据。

诊断评估主要分为转区评估和综合诊断评估。转区评估包括生理脱毒区转区评估、教育适应区转区评估和回归指导区考核评估。综合诊断评估包括心理脱毒评估、行为表现评估、心理康复评估、身体康复评估、认知能力评估、社会环境与适应能力评估。戒毒人员综合诊断评估由所在大队提出申请，诊断评估中心组织评估并形成提前（按期）解除强制隔离戒毒或延长强制隔离戒毒期限结论，填写《戒毒人员诊断评估手册》，送本所评估办公室审核后，按规定送审报批。

☞［相关法律规定］

二、范例

　　诊断评估材料分为提前解除/延长强制隔离戒毒和按期解除强制隔离戒毒两种情况，在实际工作中，按期解除强制隔离戒毒诊断评估材料运用较多，此范例仅展示按期解除强制隔离戒毒评估手册相应材料。

广东省司法行政强制隔离戒毒
诊断评估手册

　　戒毒人员姓名：＿＿＿＿张三＿＿＿＿＿
　　戒毒人员编号：×××××××××
　　决 定 机 关：根据决定书填写＿＿
　　启动评估场所：广东省三水强制隔离戒毒所
　　启动评估时间：2024 年＿1＿月＿1＿日

提前解除/延长强制隔离戒毒期限意见书

粤司（三水）戒意见字〔2024〕<u>101××××</u> 号

姓名		张三	戒毒人员编号	44010120220016×× （所政管理系统生成编号）	
性别	男	民族	汉	出生年月	____年___月
公民身份号码		根据决定书填写	单位及所属大队	广东省三水强制隔离戒毒所 _____分所_____大队	
户籍所在地		根据决定书填写	现住址	根据决定书填写	
决定机关		根据决定书填写	强戒决定文书编号	根据决定书填写	
公安戒毒所转所日期		____年___月___日	启动综合诊断评估日期	____年___月_1_日	
戒毒次数		___次	强制隔离戒毒期限	自 ____年___月___日起 至 ____年___月___日止	

提前解除/延长强制隔离戒毒期限意见：

　　该员经综合诊断评估，符合《广东省司法行政强制隔离戒毒诊断评估实施细则》第四十六条第（___）款第___点情形，建议：

□提前解除剩余强制隔离戒毒期限（提前_____天以内）

□延长强制隔离戒毒期限（延长_____天）

经审批后，于_____年___月___日解除强制隔离戒毒期限。

强制隔离戒毒所意见： 同意。 负责人签名： <div align="right">（公章）</div><div align="right">年 月 日</div>	强制隔离戒毒决定机关意见： 负责人签名： <div align="right">（公章）</div><div align="right">年 月 日</div>

按期解除强制隔离戒毒审批表

粤司（三水）戒决字〔2024〕_____号（同上）

姓名		张三	戒毒人员编号	44010120220016×× （所政管理系统生成编号）	
性别	男	民族	汉	出生年月	××年××月

续表

公民身份号码	根据决定书填写	单位及所属大队	广东省三水强制隔离戒毒所××分所××大队
户籍所在地	根据决定书填写	现住址	根据决定书填写
决定机关	根据决定书填写	强戒决定文书编号	根据决定书填写
公安戒毒所转所日期	××年××月××日	启动综合诊断评估日期	××年××月××日
戒毒次数	×次	强制隔离戒毒期限	自××年××月××日起至××年××月××日止
解除理由	该员经综合诊断评估，符合《广东省司法行政强制隔离戒毒诊断评估实施细则》第四十八条第（一）项情形，予以办理按期解除强制隔离戒毒期限。		
大队（分所）意见	拟同意按期解除强制隔离戒毒期限，呈批！ 负责人签名：　　　　　　　　　　　　　　　　　　　　　　　年　月　日		
所政管理部门意见	拟同意按期解除强制隔离戒毒期限，呈批！ 负责人签名：　　　　　　　　　　　　　　　　　　　　　　　年　月　日		
所诊断评估办公室审核意见	拟同意按期解除强制隔离戒毒期限，呈批！ 负责人签名：　　　　　　　　　　　　　　　　　　　　　　　年　月　日		
戒毒所审批意见	同意按期解除强制隔离戒毒期限。 　　　　　　　　　　　　　　　　　　　　　　　　　　　（公章） 负责人签名：　　　　　　　　　　　　　　　　　　　　　　　年　月　日		
备注			

戒毒人员综合诊断评估鉴定表

姓名	张三	戒毒人员编号	44010120220016××（所政管理系统生成编号）	出生年月	××年××月
公民身份号码	根据决定书填写		单位及所属大队	广东省三水强制隔离戒毒所××分所××大队	
户籍所在地	根据决定书填写		启动综合诊断评估日期	根据决定书填写	

续表

决定机关	根据决定书填写	入所时间	××年××月××日
强制隔离戒毒期限	自××年××月××日起至××年××月××日止	戒毒次数	×次

综合诊断评估情况	行为表现评估	合　格□　不合格（评估时分数不足勾选不合格）□	
	生理脱毒评估	合格□　不合格□	
	身心康复评估	合格□　不合格□	
	认知能力评估	合格□　不合格□	
	社会环境与适应能力评估	良好□　一般□	
	该员提前__××__天启动综合诊断评估，且具有右边情形：	□无违纪； □罚分累计不超20分； □罚分累计超过20分； □受过表扬、嘉奖、记功、特别奖励	

鉴定结果	经综合诊断评估，该员符合《广东省司法行政强制隔离戒毒诊断评估实施细则》第四十六条/第四十八条第×款第（×）项情形，建议： □提前解除剩余强制隔离戒毒期限（提前__××__天以内） □按期解除强制隔离戒毒期限 □延长强制隔离戒毒期限（延长__××__天）
戒毒人员本人确认	本人已阅读以上内容，经确认，鉴定结果无误。本人无异议。 戒毒人员签名（按指纹）：　　　　　　　　　　　　　　年　月　日
诊断评估中心意见	同意。 负责人签名：　　　　　　　　　　　　　　　　　　　年　月　日

注：一式两份，一份材料装订，一份放《戒治效果手册》。

戒毒人员行为表现评估考核积分表

姓　名	张三	单位及所属大队	广东省三水强制隔离戒毒所××分所××大队	性别	男	民族	汉
戒毒人员编号	44010120220016××（所政管理系统生成编号）	公民身份号码	根据决定书填写	入所时间	××年××月××日	戒毒次数	×次

210

行为表现评估考核情况	公安戒毒所移交行为表现考核分数		根据公安移交分填写	
	月序	司法戒毒所月考核分数	月序	司法戒毒所月考核分数
	第 1 个月		第 13 个月	
	第 2 个月	（空出在公安戒毒所关押相关月份）	第 14 个月	
	第 3 个月		第 15 个月	
	第 4 个月	该员参加入所教育××天，共×分	第 16 个月	
	第 5 个月		第 17 个月	
	第 6 个月		第 18 个月	
	第 7 个月		第 19 个月	
	第 8 个月		第 20 个月	
	第 9 个月		第 21 个月	
	第 10 个月		第 22 个月	
	第 11 个月		第 23 个月	
	第 12 个月		第 24 个月	
	月考核积分		行为表现累计积分	××××＝月考核积分＋特别奖励积分
	特别奖励积分			
行为表现评估考核合格标准	1200 分/1500 分		行为表现评估结果	□合格　□不合格（评估时分数不足勾选不合格）
戒毒人员本人确认	本人已阅读以上内容，经确认，考核结果无误。本人无异议。 戒毒人员签名（按指纹）：　　　　　　　　年　月　日			
大队行为表现评估责任干警意见	拟同意，呈批！ 责任干警签名：　　　　　　　　年　月　日			
大队（分所）行为表现评估小组意见	拟同意，呈批！ 责任人签名：　　　　　　　　年　月　日			
所行为表现评估意见	同意。 责任人签名：　　　　　　　　年　月　日			

注：一式两份，一份材料装订，一份分表装订。

戒毒人员生理脱毒评估表

姓名	张三	公民身份号码	根据决定书填写
单位及所属大队	广东省三水强制隔离戒毒所××分所××大队	入所日期	××年××月××日
评估内容		是	否
毒品检测结果呈阴性			
停止使用控制或缓解戒断症状药物			
急性戒断症状完全消除			
未出现明显稽延性戒断症状			
未出现因吸毒导致的明显精神症状或者原有精神障碍得到有效控制			
生理脱毒入所评估	□合格　　□不合格 评估负责人签名：　　　　　　　　　　　年　月　日		
一年后评估	 □合格　　□不合格评估负责人签名：　　　　　　年　月　日		
期满前评估	 □合格　　□不合格评估负责人签名：　　　　　　年　月　日		

戒毒人员身心康复评估表

姓名	张三	公民身份号码	根据决定书填写
单位及所属大队	广东省三水强制隔离戒毒所××分所××大队	入所日期	××年××月××日
评估内容		是	否
身体机能有所改善			
体能测试有所提高			

续表

戒毒动机明确，信心增强，掌握防止复吸的方法		
未出现严重心理问题或者精神症状		
有改善家庭与社会关系的愿望和行动		
一年后 身心康复评估	□合格　　□不合格 评估负责人签名：	年　月　日
期满前 身心康复评估	□合格　　□不合格 评估负责人签名：	年　月　日

注：公安戒毒所向司法戒毒所转送戒毒人员时，应当移交本表，司法戒毒所继续使用本表。

戒毒人员社会环境与适应能力评估表

姓名	张三	公民身份号码	根据决定书填写
单位及所属大队	广东省三水强制隔离戒毒所 ××分所××大队	入所日期	××年××月××日
评估内容		是	否
签订帮教协议、戒毒康复协议 或者有明确意向			
家属或者所在社区支持 配合其戒毒			
有主动接受社会监督 和援助的意愿			
掌握一定的就业谋生技能		（有职业技能证才 可以勾选是）	
有稳定生活来源或者固定住所			
一年后评估结果	□良好　　□一般 评估负责人签名：		年　月　日

期满前评估结果	□良好　　□一般
	评估负责人签名：　　　　　　　　　　　　　年　月　日

责令社区康复建议书

姓名	张三	性别	男	出生年月	××年××月
公民身份号码	根据决定书填写	戒毒人员编号		44010120220016×× （所政管理系统生成编号）	
单位及所属大队	广东省三水强制隔离戒毒所××分所××大队	决定机关		根据决定书填写	
现住址	根据决定书填写				
强制隔离戒毒期限	自××年××月××日起至××年××月××日止				
解除强制隔离戒毒日期	××年××月××日				
责令社区康复的理由	根据《广东省司法行政强制隔离戒毒诊断评估实施细则》规定，该戒毒人员： □社会环境与适应能力评估结果为"一般"的； □经诊断评估，按期解除强制隔离戒毒期限； □经诊断评估，延长强制隔离戒毒期限； □二次或以上强制隔离戒毒； □吸食阿片类毒品； □其他需要责令社区康复的情况： 属于责令社区康复情形，现建议责令社区康复，呈批！ 负责人签名：　　　　　　　　　　　　　　　年　月　日				
所管理部门审核意见	建议责令该员社区康复，呈批！ 负责人签名：　　　　　　　　　　　　　　　年　月　日				

续表

戒毒所意见	同意建议责令该员社区康复。
	（公章）
	负责人签名：　　　　　　　　　　　　　　　　年　月　日
强制隔离戒毒决定机关审批意见	
	（公章）
	负责人签名：　　　　　　　　　　　　　　　　年　月　日

注：一式两份，一份材料装订，一份分表装订。

三、制作要求及注意事项

任务八　制作解除强制隔离戒毒证明书

一、解除强制隔离戒毒证明书的概念

解除强制隔离戒毒证明书，属于填空类文书，是指证明强制隔离戒毒人员期满依法被解除强制隔离戒毒的重要执法文书。解除强制隔离戒毒证明书由戒毒场所管理部门制作开具。

☞ ［相关法律规定］

二、范例

广东省三水强制隔离戒毒所
解除强制隔离戒毒证明书

粤三水戒解戒字〔2023〕第 00001 号

被强制隔离戒毒人员：<u>陈××</u>；性别：<u>男</u>；

出生日期：<u>1989 年 10 月 30 日</u>；公民身份号码：<u>440000198910300000</u>；

户籍所在地：<u>广东省湛江市徐闻县×镇×乡×号</u>；

现住地：<u>广东省湛江市徐闻县×镇×乡×号</u>；

强制隔离戒毒决定书文号：<u>（湛徐公）强戒决字〔2023〕00001 号</u>；

强制隔离戒毒期限：自 <u>2021 年 3 月 24 日</u>起至 <u>2023 年 3 月 23 日</u>止。

经诊断评估，<u>徐闻县公安局</u>批准其减少（延长）强制隔离戒毒期限 <u>1</u> 个月 <u>21</u> 天。因期满于 2023 年 2 月 2 日解除强制隔离戒毒。

（公章）

2023 年 2 月 2 日

被强制隔离戒毒人员（签名）：

年　月　日

三、制作要求及注意事项

任务九　制作解除强制隔离戒毒通知书

一、解除强制隔离戒毒通知书的概念

解除强制隔离戒毒通知书，是在戒毒人员戒毒期限期满解除强制隔离戒毒时，告知强制隔离戒毒原决定机关，及戒毒人员户籍所在地或者居住地公安派出所等的通知文书（通知书送达对象与下文法律依据不完全相符）。该文书由戒毒场所管理部门负责制作。

☞ ［相关法律规定］

二、范例

广东省三水强制隔离戒毒所
解除强制隔离戒毒通知书

粤三水解强戒通字〔2023〕第 00001 号

被强制隔离戒毒人：陈××；性别：男，出生日期：1989 年 10 月 30 日；

公民身份号码：44000019891030××××；

户籍所在地：广东省湛江市徐闻县×镇×乡×号；

现住址：广东省湛江市徐闻县×镇×乡×号；

强制隔离戒毒决定书文号：（湛徐公）强戒决字〔2023〕00001 号；

强制隔离戒毒期限：自 2021 年 3 月 24 日起至 2023 年 3 月 23 日止。

经诊断评估：被徐闻县公安局批准对其减少（延长）戒毒期限 1 个月 21 天；于 2023 年 2 月 2 日期满解除强制隔离戒毒。根据《司法行政机关强制隔离戒毒管理工作规定》（司发通〔2016〕14 号）第五十二条规定，请于 2023 年 2 月 2 日来所接回被执行强制隔离戒毒人。

执行场所地址：广东省佛山市三水区石湖洲村旁广东省三水强制隔离戒毒所

联系电话：0757-66890000 或 66890000

（公章）

2023 年 2 月 2 日

被强制隔离戒毒人员签名：

年　月　日

三、制作要求及注意事项

任务十　制作所外就医审批表、证明书、通知书

一、所外就医审批表、证明书、通知书的概念

所外就医审批表、证明书、通知书都是在对戒毒人员所外就医执行过程中制作的文书。对需要所外就医的戒毒人员，由所在大队集体研究，提出意见，经戒毒所医院、管理部门，戒毒所及其上级单位审查允许后进行所外就医。

所外就医疾病范围主要依据为《广东省司法行政戒毒所戒毒人员所外就医（社区戒毒）疾病范围指引》，一般根据戒毒所医院医疗条件等因素划分，主要分类有呼吸系统疾病类、循环系统疾病类、消化系统疾病类、泌尿系统疾病类、内分泌系统疾病类、血液系统疾病类、肿瘤类、神经系统疾病类、精神疾病类、结缔组织病和风湿病类、眼科疾病类、妇科疾病类、创伤与骨关节疾病类及其他患有严重疾病或生活不能自理的疾病种类。

☞ ［相关法律规定］

二、范例

所外就医材料

广东省××强制隔离戒毒所

强制隔离戒毒人员所外就医审批表

单位：广东省强制隔离戒毒所分所大队编号：

姓名	黄×	性别	男	出生年月	1975 年 4 月	民族	汉族
曾用名	无	职业	无业	文化程度	小学文化	婚否	已婚
户籍所在地	广东汕尾市城区		现住址	广东省汕尾市城区×街道×居委×号		决定机关	汕尾市公安局×分局
公民身份号码	440000197504××××××			入所时间	2021 年 12 月 28 日		
强制隔离戒毒期限	自 2021 年 9 月 4 日起至 2023 年 9 月 3 日止			所外就医到期时间	自 年 月 日起至 年 月 日止		
家庭主要成员	黄×，父子，13800000000。						

219

所外就医理由	该员因"突发口角歪斜，左侧肢体乏力半小时"于 2022 年 9 月 20 日急送某医院就诊，该院急诊科诊断为"急性脑梗死"，立即予溶栓治疗并收入院。既往有"高血压病、脑梗死"病史。体查：血压 162/96mmHg，神志清，言语清晰，右侧鼻唇沟变浅，示齿口角稍向左偏歪，伸舌居中。左上肢肌力 5 级，左下肢肌力 4 级，右侧肢体肌力 5 级，四肢肌张力正常。辅助检查：头颅 MRI（2022.09.21）示：1. 双侧额顶叶白质多发腔隙性脑梗塞；2. 头颅 TOF –MRA 示脑动脉硬化。头颅 CT（2022.9.22）示：双侧颈内动脉虹吸段及椎基底动脉多发钙化。某医院诊断为：1. 急性脑梗死；2. 高血压病 3 级极高危组；3. 脑动脉硬化。经治疗 15 天后，该员下肢肌力仍较差，因病情严重，易引起偏瘫等后遗症，或存在继续加重危及生命的风险，鉴于该员所患病情严重，我所医疗条件有限，短期内无法治愈，根据《司法行政机关强制隔离戒毒工作规定》（中华人民共和国司法部令第 127 号）第三十七条之规定，建议给予该员办理所外就医。
大（中）队意见	该员于 2022 年 10 月 6 日经我所医院会诊诊断为"1. 急性脑梗死；2. 高血压病 3 级极高危组；3. 脑动脉硬化"明确，鉴于该员所患病情严重，我所医疗条件有限，短期内无法治愈，根据《司法行政机关强制隔离戒毒工作规定》（中华人民共和国司法部令第 127 号）第三十七条之规定，经大队会议集体讨论，建议给予办理所外就医。 当否，呈批！ 负责人：　　　　　　　　　　　　　　　年　月　日
审核意见所医务部门	负责人：　　　　　　　　　　　　　　　年　月　日（公章）
分所意见	负责人：　　　　　　　　　　　　　　　年　月　日（公章）
审核意见所管理部门	负责人：　　　　　　　　　　　　　　　年　月　日（公章）

续表

所审核意见 强制隔离戒毒	 负责人：　　　　　　　　　　　　　　年　月　日（公章）
（市戒毒局） 业务部门意见 省戒毒管理局或 市司法局	 负责人：　　　　　　　　　　　　　　年　月　日（公章）
（市戒毒局） 审批意见 省戒毒管理局 或市司法局	 负责人：　　　　　　　　　　　　　　年　月　日（公章）
备注	

说明："所外就医起止时间"一栏经省局批复后由强制隔离戒毒所填写具体的起止时间。

广东省三水强制隔离戒毒所
戒毒人员所外就医证明书

粤三水外医字（2023）第××××号

被强制隔离戒毒人员：×××；性别：<u>男</u>；

出生日期：<u>××××年××月××日</u>；公民身份号码：<u>×××××××××××××××××××</u>；

户籍所在地：<u>××××××××××××××××××</u>；

<u>××××年××月××日</u>至<u>××××年××月××日</u>被<u>×××</u>公安局决定强制隔离戒毒贰年，于<u>×××</u><u>×年××月××日</u>送我所执行强制隔离戒毒。

现因 <u>1. 右肺下叶周围型肺癌；2. 活动性肺结核</u>疾病，根据《司法行政机关强制隔离戒毒工作规定》（中华人民共和国司法部令第 127 号）第三十七条之规定，经广东省戒毒局/司法局批准同意予以办理所外就医。所外就医时间自<u>××××年××月××日</u>

起至×××年××月××日止。

特此证明。

（公章）

×××年××月××日

本证明书一式两份：戒毒人员本人、强制隔离戒毒所各执一份。

广东省三水强制隔离戒毒所
强制隔离戒毒人员所外就医通知书

粤三水外医字（2023）第 0075 号

被强制隔离戒毒人员：×××；性别：男；

出生日期：×××年××月××日；公民身份号码：×××××××××××××××××××××；

户籍所在地：×××××××××××××××××××××××××××；

于×××年××月××日被东莞市公安局决定强制隔离戒毒两年，于×××年××月××日送我所执行强制隔离戒毒。

现因该员咳嗽、胸痛 1 月有余。查体：T：36.8℃，P：93 次/分，BP：122/82mmhg，神清，精神可，双肺呼吸音粗，未闻明显干湿啰音，心腹体查无特殊。血常规、肝肾功能无明显异常。尿常规示白细胞-，潜血+-，蛋白质+。心电图示窦性心动过速。胸部 CT 示：1. 双肺继发型肺结核（进展期）；2. 右肺下叶小团状影，可疑周围型肺 Ca。佛山市中医院三水医院诊断为：1. 右肺下叶周围型肺癌；2. 活动性肺结核。建议上级医院进一步治疗。×××年××月××日我所医院会诊诊断为"1. 右肺下叶周围型肺癌；2. 活动性肺结核"。鉴于该员所患病情及临床症状、体征，结合佛山市中医院三水医院诊断结果，该员需专科医院规范抗结核治疗，因我所医疗条件有限，根据《司法行政机关强制隔离戒毒工作规定》（中华人民共和国司法部令第 127 号）第三十七条之规定，建议给予该员办理所外就医。经所内医院疾病诊断鉴定小组集体讨论，认为该患者诊断"1. 右肺下叶周围型肺癌；2. 活动性肺结核"明确，根据《广东省司法行政戒毒所戒毒人员所外就医（社区戒毒）疾病范围指引》（粤戒毒办〔2019〕217 号）第十条第一款的规定，建议办理所外就医。根据《司法行政机关强制隔离戒毒工作规定》（中华人民共和国司法部令第 127 号）第三十七条之规定，建议给予该员办理所外就医，××××年××月××日经广东省戒毒管理局批准，同意给予该学员办理所外就医，特发此通知书。

（公章）

××××年××月××日

被强制隔离戒毒人员本人签名：

被强制隔离戒毒人员家属/（近亲）签名：

此件一式四份：强制隔离戒毒人员本人、决定机关、户籍地公安机关、强制隔离戒毒所各执一份。

年　月　日

三、制作要求及注意事项

任务十一　制作变更社区戒毒审批表

一、变更社区审批表的概念

变更社区审批表，指戒毒人员因健康状况等原因不再适宜执行强制隔离戒毒的，由强制隔离戒毒所向强制隔离戒毒决定机关提出变更为社区戒毒建议的审批表，强制隔离戒毒决定机关应当自收到建议之日起 7 日内，作出是否批准的决定。经批准变更为社区戒毒的，已执行的强制隔离戒毒期限折抵社区戒毒期限。所外就医期间办理变更社区戒毒的，由戒毒场所自行审核后报决定机关审批。

☞［相关法律规定］

二、范例

变更社区戒毒审批表

姓名	黄某	性别	男	出生年月	1975 年 4 月	民族	汉族
单位及所属大队	广东省三水强制隔离戒毒所一分所一大队	文化程度	小学文化	戒毒人员编号	440101202200××××		
户籍所在地	广东汕尾市城区			公民身份号码	44000019750409××××		
现住址	广东省汕尾市城区××街道××居委××号			决定机关	汕尾市公安局××分局		
强制隔离戒毒期限	自 2021 年 9 月 4 日起 至 2023 年 9 月 3 日止						
类型	☑所外就医期间变更 □ 其他变更			批准所外就医时间	2022 年 12 月 12 日		
变更社区戒毒理由及建议	该员经所外就医后，其身体健康状况仍不适宜回所执行强制隔离戒毒剩余期限，根据《司法行政机关强制隔离戒毒工作规定》第三十八条等相关规定，建议将该员戒毒措施变更为社区戒毒，呈批！ 负责人签名：　　　　　　　　　　　　　　　　　　　年　月　日						
所管理部门审核意见	负责人签名：　　　　　　　　　　　　　　　　　　　年　月　日						
戒毒所意见	（公章） 负责人签名：　　　　　　　　　　　　　　　　　　　年　月　日						
省（市）业务部门审核意见	负责人签名：　　　　　　　　　　　　　　　　　　　年　月　日						

续表

省（市）戒毒局、司法局意见	（公章）
	负责人签名：　　　　　　　　　　　　　　　年　月　日
强制隔离戒毒决定机关审批意见	（公章）
	负责人签名：　　　　　　　　　　　　　　　年　月　日

注：所外就医期间办理变更社区戒毒的，由戒毒场所自行审核后报决定机关审批，相关材料附后。

三、制作要求及注意事项

实训任务清单

实训任务1：请根据案例信息，以民警的身份填写戒毒人员潘××的《新入所戒毒人员基本信息登记表》。

戒毒人员：潘××，性别：男，群众，出生日期：1982年6月7日，公民身份号码为4527××19820607××××，汉族，无宗教信仰，小学文化程度，广西壮族自治区贵港市桂平市某镇人，未婚。家庭成员由父亲潘××（联系电话为138××××××××），母亲李××（联系电话为138××××××××），一家人均居住在广西壮族自治区贵港市桂平市×镇×乡×号。潘××7~12岁在广西壮族自治区贵港市桂平市×镇小学读书，小学毕业后至今无业，无练武经验，无社保。

该员于2010年2月份开始吸食毒品，平均每隔2~4天吸毒一次，每次为人民币30元的毒品海洛因，现已吸毒成瘾。其最后一次是于2014年10月23日19时许在东莞石龙镇一出租屋内以"追龙"的方式吸食了毒品海洛因。2014年10月30日，因该名人员吸毒成瘾，东莞市公安局决定对其强制隔离戒毒两年（自2014年10月30日至2016年10月29日止）。2015年3月15日由东莞公安强制隔离戒毒所转送至三水强制隔离戒毒所二分所集中收治中心，经入所体检，身高为175cm，未感染HIV病毒，精神情况正常。经身份信息核查，该员姓名、地址、身份真实，未有刑事犯罪记录，未曾受过治安处罚。该员于 2015 年 6 月 15 日分流至三水强制隔离戒毒所一分所一大队接受教育戒治。

新入所戒毒人员基本信息登记表

*姓名：_____   *证件号码：_____   *身高：_____cm

*民族：_____族   *宗教信仰（□无宗教信仰 □_____）

*婚姻状况（□未婚 □已婚 □离异 □丧偶）

*文化程度（□小学及以下 □初中 □中专 □高中 □大专 □大学本科 □_____）

*是否感染 HIV（□是 □否）*是否有练武经验（□是 □否）

*政治面目（□群众 □中共党员 □无党派人士 □中共预备党员 □共青团员 □_____）

*原单位/就读学校：_____

*社保情况（□无 □有社保 □有医保 □有社保+医保 □有新农合转换 □其他）

*是否有从军/从警经验（□是 □否）*是否农民工（□是 □否）

*户籍所在地：_____省市（县/区/市）镇_____

*现居住地址：□同上；□省市（县/区/市）镇 _____

*戒毒情况/强戒次数（□初次 □2 次 □3 次 □4 次及以上）

*吸毒年限（□2 年以下 □2-5 年 □6-10 年 □11 年以上）

*三假人员（□假姓名 □假地址 □假身份 □无）*三无人员（□无亲可投 □无家可归 □无业可就 □无）

*入所前就业情况（□政府机关 □企事业单位 □务工人员 □务农人员 □在校学生 □个体人员 □娱乐场所从业人员 □退休人员 □无业人员 □其他）

*是否有刑事犯罪记录（□是 □否）*是否为重点人员（□是 □否）

*前科次数：_____次   *治安处罚次数：_____次

*滥用毒品种类（□海洛因 □鸦片 □吗啡 □可卡因 □冰毒 □摇头丸 □混合毒品 □其他阿片类毒品 □其他合成毒品 □其他毒品）

*吸毒方式（□注射 □吸食 □混合 □口服 □其他）

*主要吸毒史/其他违法/刑事犯罪事实：_____

*主要联系人 1：姓名：_____关系：____联系电话：_____地址：_____

*主要联系人 2：姓名：_____关系：____联系电话：_____地址：_____

入所时间：_____年___月___日

戒毒人员签名（指模）：_____民警签名：_____

实训任务 2：请根据案例信息，以民警的身份填写戒毒人员李四的《强制隔离戒毒人员特别奖励审批表》。

戒毒人员朱某，因多次吸食毒品被强制隔离戒毒多次，属于"三无"人员，重点人员，脾气暴躁，易冲动，戒毒期间曾出现打架等不服从管理的行为。2012 年 11 月，因生产琐事与戒毒人员黄某发生争执，随即持生产用螺丝刀攻击黄某，被戒毒人员李四及时制止，避免了不良后果发生。后经事件处理，鉴于戒毒人员李四在突发事件的积极表现，给予其特别奖励申报。（李四，2011 年 12 月入所，在一分所一大队接受教育戒治，公民身份号码为 440611×××××××××××，初次戒毒，申报奖分 20 分）

强制隔离戒毒人员特别奖励审批表

强制隔离戒毒所分所大队

姓名		入所日期		所属单位	分所　　大队	
公民身份号码			戒毒次数		申报奖分	
特别奖励事由						
大队意见						
	负责人：				年　月　日	
分所意见						
	负责人：				年　月　日	
所管理部门意见						
	负责人：				年　月　日	
强制隔离戒毒所意见						
	负责人（公章）：				年　月　日	

续表

省（市）戒毒局审批意见	
	负责人（公章）：　　　　　　　　　　　　　　　　　年　月　日

实训任务3：请根据案例信息，以民警的身份填写戒毒人员刘三的《戒毒人员（奖/罚）审批表》，为戒毒人员刘三申报奖分。

戒毒人员刘×（编号4406072024××××，2023年6月1日入所，首次被强制隔离戒毒，户籍地为广东湛江，强制隔离戒毒期间为2023年1月2日至2025年1月1日），是一分所一大队生产车间某生产线班组长，通过积极鼓励调动本小组戒毒人员习艺生产积极性，能认真履职，发挥班组长带头作用，在2024年1月的习艺生产过程中，超额完成习艺生产项目，得到大队及习艺计财部门的肯定。

戒毒人员（奖/罚）审批表

姓名		戒毒人员编号		所属大队	
入所日期		户籍所在地		戒毒次数	
强制隔离戒毒期限	自　　年　　月　　日起至　　年　　月　　日止				
呈报审批类别	□奖分，奖＿＿＿分 □罚分，罚＿＿＿分		具体类型	□表扬 □嘉奖 □记功 □日常奖分	
				□警告 □训诫 □具结悔过 □日常罚分	
奖罚事由及依据					
戒毒人员本人确认	本人已知晓此次处理意见，经确认无误。本人无异议。 戒毒人员签名（按指纹）：　　　　　　　　　　　　年　月　日				
大队（分所）意见	 负责人签名：　　　　　　　　　　　　　　　　　　年　月　日				
所政管理部门意见	 　　　　　　　　　　　　　　　　　　　　　　（公章） 负责人签名：　　　　　　　　　　　　　　　　　　年　月　日				

续表

戒毒所意见	（公章） 负责人签名：　　　　　　　　　　　　　　　年　月　日
备注	

注：此表适用于戒毒人员所有日常奖惩呈批，戒毒人员综合材料、亲笔供词、询问笔录、证人证词、违纪检讨等相关佐证材料需附在本表后面。

实训任务4：请根据案例信息，以民警的身份填写戒毒人员张三的《强制隔离戒毒人（奖/罚）审批表》。

　　2023年1月3日上午，一分所一大队戒毒人员张三（编号4406072024××××，2023年6月1日入所，首次被强制隔离戒毒，户籍地为广东茂名，强制隔离戒毒期间为2023年1月2日至2025年1月1日）在习艺生产车间开展日常生产活动时，在未经现场管教民警同意的情况下，擅自脱离联帮互保小组，离开工位独自前往洗手间，在戒毒人员班组长李四上前阻止后，仍不服从管理，并与戒毒人员李四发生口角，随后管教民警王五现场训斥并批评教育戒毒人员张三，经事件处理，一分所一大队对戒毒人员张三的违纪行为采取罚分处理。

戒毒人员（奖/罚）审批表

姓名		戒毒人员编号		所属大队	
入所日期		户籍所在地		戒毒次数	
强制隔离 戒毒期限	自　　年　　月　　日起至　　年　　月　　日止				
呈报审批 类别	□奖分，奖_____分 □罚分，罚_____分		具体 类型	□表扬　□嘉奖　□记功　□日常奖分	
				□警告　□训诫　□具结悔过　□日常罚分	
奖罚事由 及依据					
戒毒人员 本人确认	本人已知晓此次处理意见，经确认无误。本人无异议。 戒毒人员签名（按指纹）：　　　　　　　　　　　　年　月　日				
大队 （分所） 意见	 负责人签名：　　　　　　　　　　　　　　　　　年　月　日				

续表

所政管理部门意见		
	负责人签名：	（公章） 年　月　日
戒毒所意见		（公章） 年　月　日
	负责人签名：	
备注		

注：此表适用于戒毒人员所有日常奖惩呈批，戒毒人员综合材料、亲笔供词、询问笔录、证人证词、违纪检讨等相关佐证材料需附在本表后面。

实训任务 5：请根据案例信息，以民警的身份填写戒毒人员张×的《警械具使用呈批表》。

张×，一分所一大队戒毒人员，男，汉族，广东惠州人，1980 年 1 月出生，小学文化，2021 年 1 月因吸食海洛因在惠州惠城区被惠州公安局查获，2015 年曾因吸毒被强制隔离戒毒。

2022 年 3 月 3 日，戒毒人员张×因身体不适，经大队研判并提交申请审批，需送该戒毒人员去南海公共卫生医院住院，申请使用手脚连铐。

警械具使用呈批表

姓名		出生年月		文化程度	
性别		民族		籍贯	
吸毒种类		戒毒次数		警械具类别	
起止期限				所在单位	
事由					
	呈报人：				年　月　日
大队意见					
	负责人：				（公章） 年　月　日

续表

分所意见	（公章） 负责人：　　　　　　　　　　　　　　　年　月　日
管理室意见	（公章） 负责人：　　　　　　　　　　　　　　　年　月　日
所领导意见	签名：　　　　　　　　　　　　　　　　　年　月　日
使用时限	起始时间执行民警签名： 解除时间执行民警签名：

实训任务 6：请根据案例信息，以民警的身份填写戒毒人员黄×的《保护性约束措施审批表》。

黄×，男，1985 年 1 月 1 日出生，家庭住址为广东省河源市×镇×乡，2022 年 1 月 1 日因吸食海洛因被公安机关查获并送强制隔离戒毒，现为二分所一大队戒毒人员。

2022 年 2 月 1 日凌晨 3 时 30 分许，该戒毒人员在监舍内出现情绪暴躁、疯狂拍打自己头部的情况，并用头部撞墙，随后被同监舍戒毒人员李×及时制止并报告值班民警处理。经医生鉴定，戒毒人员黄×的自伤自残行为属于毒瘾发作症状，建议给予约束性保护措施保护其及其他戒毒人员的安全。

保护性约束措施使用审批表

姓名		性别		出生年月	
吸食种类		家庭住址			
使用情形	□生理脱毒期间具备现行危险行为 □精神异常等其他现行危险行为 □非毒瘾发作现行危险行为		申请种类		□束缚带 □束缚床 □束缚椅 □束缚衣

续表

使用理由及具体依据	呈报人：	年　月　日
大队意见	负责人：	年　月　日
分所意见	负责人：	年　月　日

实训任务 7：请根据案例信息，以民警黄某某的身份填写戒毒人员张三的《广东省司法行政强制隔离戒毒诊断评估手册》。

戒毒人员张三，男，31 岁，1989 年 10 月出生，公民身份号码为 440000196912×××
×××，戒毒人员编号为 4401012021××××××，无业，现住址广东省茂名××区××镇××村
某号，户籍所在地广东省茂名××区××镇××村××号，户籍所在地派出所锦和派出所。

戒毒人员张三 2008 年 5 月份开始学会吸食毒品，于 2021 年 3 月 24 日因吸食阿片
类毒品被湛江××县公安分局××派出所抓获后行政拘留十五日，后送公安机关强制隔离
戒毒所执行强制隔离戒毒（期限 2021 年 3 月 24 日至 2021 年 11 月 30 日止），2021 年 7
月 1 日送广东省三水强制隔离戒毒所执行强制隔离戒毒（期限至 2023 年 3 月 23 日
止）。期间经综合诊断评估，行为表现、生理脱毒、身心康复考核合格，社会环境与适
应能力良好，掌握一定的就业谋生技能项目。建议提前解除剩余强制隔离戒毒期限
（建议提前解除强制隔离戒毒期限为 2023 年 2 月 23 日）。

根据××县公安强制隔离戒毒所关于张三《强制隔离戒毒人员行为矫治评估移交
表》中的考核情况，戒毒人员张三在公安机关强制隔离戒毒所期间第 1 个月至第 3 个
月考核分数分别为 60、60、60 分，前 3 个月的月考核计分共计 180 分，奖励累计计分
为 0 分。送广东省三水强制隔离戒毒所后，该员行为表现评估考核情况为第 3 个月入
所考核 42 分，第 4 个月至第 20 个月的考核情况分别为 60 、60 、60 、60 、60 、60 、
60 、65 、66 、66 、67 、68 、69 、68 、65 、65 分，月考核计分为 1241 分，特殊奖
励计分为 0 分。

2022 年 11 月 1 日，管教民警黄××为其申请填报《广东省司法行政强制隔离戒毒诊
断评估手册》。

广东省司法行政强制隔离戒毒
诊断评估手册

戒毒人员姓名：＿＿＿＿＿＿＿＿＿＿

戒毒人员编号：＿＿＿＿＿＿＿＿＿＿

决 定 机 关：＿＿＿＿＿＿＿＿

启动评估场所：＿＿＿＿＿＿＿

启动评估时间：＿＿＿年＿＿月＿＿日

提前解除/延长强制隔离戒毒期限意见书

粤司（　　）戒意见字〔　　　〕号

姓名			戒毒人员编号	
性　别		民　族	出生年月	
公民身份号码			单位及所属大队	
户籍所在地			现住址	
决定机关			强戒决定文书编号	
公安戒毒所转所日期			启动综合诊断评估日期	

戒毒次数			强制隔离 戒毒期限	自　　年　　月　　日起 至　　年　　月　　日止

提前解除/延长强制隔离戒毒期限意见：

该员经综合诊断评估，符合《广东省司法行政强制隔离戒毒诊断评估实施细则》第　　条第　　款情形，建议：

□提前解除剩余强制隔离戒毒期限（提前　　　　天）

□延长强制隔离戒毒期限（延长　　　　天）

经审批后，于　　年　　月　　日解除强制隔离戒毒期限。

强制隔离戒毒所意见：	强制隔离戒毒决定机关意见：
负责人签名： 　　　　　　　　　　（公章） 　　　　　　　年　月　日	负责人签名： 　　　　　　　　　　（公章） 　　　　　　　年　月　日

按期解除强制隔离戒毒审批表

粤司（　　）戒决字〔　　　〕　　　号

姓名			戒毒人员编号	
性别		民族	出生年月	
公民身份号码			单位及所属大队	
户籍所在地			现住址	
决定机关			强戒决定文书编号	
公安戒毒所 转所日期			启动综合诊断 评估日期	
戒毒次数			强制隔离 戒毒期限	自　　年　　月　　日起 至　　年　　月　　日止
解除理由	该员经综合诊断评估，符合《广东省司法行政强制隔离戒毒诊断评估实施细则》第　　条第　　款情形，予以办理按期解除强制隔离戒毒期限。			

续表

大队（分所）意见	负责人签名：	年　月　日
所政管理部门意见	负责人签名：	年　月　日
所诊断评估办公室审核意见	负责人签名：	年　月　日
戒毒所审批意见	负责人签名：	（公章） 年　月　日
备注		

戒毒人员综合诊断评估鉴定表

姓名		戒毒人员编号		出生年月	
公民身份号码			单位及所属大队		
户籍所在地			启动综合诊断评估日期		
决定机关			入所时间		
强制隔离戒毒期限	自　年　月　日起 至　年　月　日止		戒毒次数		
综合诊断评估情况	行为表现评估		合格□　　不合格□		
	生理脱毒评估		合格□　　不合格□		
	身心康复评估		合格□　　不合格□		
	认知能力评估		合格□　　不合格□		
	社会环境与适应能力评估		良好□　　一般□		
	该员提前　天启动综合诊断评估，且具有右边情形：		□无违纪； □罚分累计不超20分； □罚分累计超过20分； □受过表扬、嘉奖、记功、特别奖励		

235

鉴定结果	经综合诊断评估，该员符合《广东省司法行政强制隔离戒毒诊断评估实施细则》第　　条第　　款第　　点情形，建议： □提前解除剩余强制隔离戒毒期限（提前_____天） □按期解除强制隔离戒毒期限 □延长强制隔离戒毒期限（延长_____天）
戒毒人员 本人确认	本人已阅读以上内容，经确认，鉴定结果无误。本人无异议。 戒毒人员签名（按指纹）：　　　　　　　　　　　　　　年　月　日
诊断评估 中心意见	 负责人签名：　　　　　　　　　　　　　　　　　　　　年　月　日

戒毒人员行为表现评估考核积分表

姓名		单位及所属大队		性别		民族	
戒毒人员 编号		公民身份号码		入所 时间		戒毒 次数	

行为表现 评估考核 情况	公安戒毒所移交行为表现考核分数			
	月序	司法戒毒所月考核分数	月序	司法戒毒所月考核分数
	第1个月		第13个月	
	第2个月		第14个月	
	第3个月		第15个月	
	第4个月		第16个月	
	第5个月		第17个月	
	第6个月		第18个月	
	第7个月		第19个月	
	第8个月		第20个月	
	第9个月		第21个月	
	第10个月		第22个月	
	第11个月		第23个月	
	第12个月		第24个月	
	月考核积分		行为表现 累计积分	
	特别奖励 积分			

续表

行为表现评估 考核合格标准	分	行为表现 评估结果	□合格　　□不合格
戒毒人员本人确认	本人已阅读以上内容，经确认，考核结果无误。本人无异议。 戒毒人员签名（按指纹）：　　　　　　　　　年　月　日		
大队行为表现评估责任 干警意见	责任干警签名：　　　　　　　　　　　　　　年　月　日		
大队（分所）行为表现 评估小组意见	责任人签名：　　　　　　　　　　　　　　　年　月　日		
所行为表现评估意见	责任人签名：　　　　　　　　　　　　　　　年　月　日		

戒毒人员生理脱毒评估表

姓名		公民身份号码	
单位及所属大队		入所日期	
评估内容		是	否
毒品检测结果呈阴性			
停止使用控制或缓解戒断症状药物			
急性戒断症状完全消除			
未出现明显稽延性戒断症状			
未出现因吸毒导致的明显精神症状或 者原有精神障碍得到有效控制			
生理脱毒入所 评估	□合格　　□不合格 评估负责人签名：　　　　　　　　　　　　　年　月　日		

一年后评估	□合格　　□不合格 评估负责人签名：　　　　　　　　　　　　　年　月　日
期满前评估	□合格　　□不合格 评估负责人签名：　　　　　　　　　　　　　年　月　日

戒毒人员身心康复评估表

姓名		公民身份号码	
单位及所属大队		入所日期	
评估内容	是		否
身体机能有所改善			
体能测试有所提高			
戒毒动机明确，信心增强，掌握防止复吸的方法			
未出现严重心理问题或者精神症状			
有改善家庭与社会关系的愿望和行动			
一年后身心康复评估	□合格　　□不合格 评估负责人签名：　　年　月　日		
期满前身心康复评估	□合格　　□不合格 评估负责人签名：　　年　月　日		

注：公安戒毒所向司法戒毒所转送戒毒人员时，应当移交本表，司法戒毒所继续使用本表。

戒毒人员社会环境与适应能力评估表

姓名		公民身份号码	
单位及所属大队		入所日期	
评估内容	是		否
签订帮教协议、戒毒康复协议或者有明确意向			
家属或者所在社区支持配合其戒毒			
有主动接受社会监督和援助的意愿			
掌握一定的就业谋生技能			
有稳定生活来源或者固定住所			
一年后评估结果	□良好　　□一般 评估负责人签名：　　　　　年　月　日		
期满前评估结果	□良好　　□一般 评估负责人签名：　　　　　年　月　日		

责令社区康复建议书

姓名		性别		出生年月	
公民身份号码		戒毒人员编号			
单位及所属大队		决定机关			
现住址					
强制隔离戒毒期限	自　年　月　日起至　午　月　日止				

解除强制隔离 戒毒日期		年　月　日
责令社区康复的 理由		
	负责人签名：	年　月　日
所管理部门 审核意见		
	负责人签名：	年　月　日
戒毒所意见		（公章）
	负责人签名：	年　月　日
强制隔离戒毒 决定机关审批 意见		（公章）
	负责人签名：	年　月　日

实训任务 8：请根据案例信息，以戒毒所管理部门的身份填写戒毒人员李××的《解除强制隔离戒毒证明书》。

李××，广东省三水强制隔离戒毒所戒毒人员，男，1969 年 12 月 10 日出生，公民身份号码为 440000196912×××××，户籍所在地及现住址均为广东省茂名市×区×镇×村×号，该员因吸食毒品于 2021 年 2 月 3 日被茂名市公安局×分局×派出所查获，并决定执行强制隔离戒毒所，强制隔离戒毒期限为 2021 年 2 月 3 日至 2023 年 2 月 2 日止，强制隔离戒毒决定书文号为茂公×强戒〔2023〕00001 号。证明书文号为粤三水戒解戒字〔2023〕第 00001 号。该员经诊断评估，因期满于 2023 年 2 月 2 日解除强制隔离戒毒。

广东省三水强制隔离戒毒所
解除强制隔离戒毒证明书

粤三水戒解戒字〔20　〕第　　号

被强制隔离戒毒人员：_____；性别：___；

出生日期：_____年___月___日；　公民身份号码：_____；

户籍所在地：_____；

现住地：_____；

强制隔离戒毒决定书文号：_____；

强制隔离戒毒期限：自_____年___月___日起至_____年___月___日止。

经诊断评估，公安局批准其减少（延长）强制隔离戒毒期限___个月___天。

因期满于_____年___月___日解除强制隔离戒毒。

（公章）

年　月　日

被强制隔离戒毒人员（签名）：

年　月　日

实训任务9：请根据案例信息，以戒毒所管理部门的身份填写戒毒人员李××的《解除强制隔离戒毒通知书》。

李××，广东省三水强制隔离戒毒所戒毒人员，男，1969年12月10日出生，公民身份号码为440000196912××××××，户籍所在地及现住址均为广东省茂名市×区×镇×村×号，该员因吸食毒品于2021年2月3日被茂名市公安局×分局×派出所查获，并决定执行强制隔离戒毒，强制隔离戒毒期限为2021年2月3日至2023年2月2日止，强制隔离戒毒决定书文号为茂公×强戒〔2023〕00001号，通知书文号为粤三水解强戒通字〔2023〕第00001号。该员经诊断评估，因期满于2023年2月2日解除强制隔离戒毒。

广东省三水强制隔离戒毒所
解除强制隔离戒毒通知书

解强戒通字〔20   〕第   号

被强制隔离戒毒人：_____，性别：___，出生日期：_____年___月___日

公民身份号码：_____；

户籍所在地：_____；

现住址：_____；

强制隔离戒毒决定书文号：_____；

强制隔离戒毒期限：自_____年___月___日起至_____年___月___日止。

经诊断评估：被_____公安局批准对其减少（延长）戒毒期限个月天；于_____年___月___日期满解除强制隔离戒毒。根据《司法行政机关强制隔离戒毒管理工作规定》（司发通〔2016〕14号）第五十二条规定，请于_____年___月___日来所接回被执行强制隔离戒毒人。

执行场所地址：

（公章）

年 月 日

被强制隔离戒毒人员签名：

年 月 日

实训任务10：请根据案例信息，以干警的身份填写戒毒人员朱×的《所外就医材料》。

　　一分所一大队戒毒人员朱×，男，1986年11月10日出生，汉族，小学文化，未婚，无业，公民身份号码为440000198611××××××，籍贯为广东茂名，户籍地及居住地为广东省茂名市×区×镇×村×号，家属联系人为父亲朱××（联系电话为159×××××××××）。该员因吸毒被茂名市公安局××分局决定强制隔离戒毒2年，期限自2021年2月25日起至2023年2月24日止，于2021年5月19日送广东省三水强制隔离戒毒所执行强制隔离戒毒。该员自投队以来表现行为异常，与其谈心谈话发现其思想混乱，精神状况不稳定，情绪易激动，较为暴躁，出现攻击其他戒毒人员的行为，存在幻觉的情况。2021年7月19日送至肇庆市××医院检查，该员表现神志清晰，接触被动，检查欠合作；思维松弛，存幻听、情绪不稳定，情绪反应不协调，行为易冲动，意志增强。记

忆力、计算力、理解判断及一般常识尚可，无自知力。神经系统检查无病理征。根据肇庆市某医院法医精神病司法鉴定所鉴定为："1. 精神活性物质所致精神障碍，目前处于发病期；2. 目前无行为能力。"2021 年 7 月 29 日经戒毒所医院疾病诊断鉴定小组集体讨论，认为该患者"1. 精神活性物质所致精神障碍，目前处于发病期；2. 目前无行为能力"，根据《司法行政机关强制隔离戒毒工作规定》第三十七条之规定，建议给予该员办理所外就医。经戒毒管理局 2021 年 8 月 9 日审批，所外就医时间自 2021 年 8 月 9 日起至 2021 年 8 月 11 日止。

所外就医材料

广东省三水强制隔离戒毒所

强制隔离戒毒人员所外就医审批表

单位：广东省三水强制隔离戒毒所分所大队　　　　　　编号：

姓名		性别		出生年月		民族	
曾用名		职业		文化程度		婚否	
户籍所在地			现住址			决定机关	
公民身份号码				入所时间		年　月　日	
强制隔离 戒毒期限	自　年　月　日起 至　年　月　日止			所外就医 到期时间		自　年　月　日起 至　年　月　日止	

家庭主要成员	
所外就医理由	
大（中）队意见	
	负责人：　　　　　　　　　　　　　　　　　　　　年　月　日
审核意见所医务部门	
	负责人：　　　　　　　　　　　　　　　　　　　年　月　日（公章）
分所意见	
	负责人：　　　　　　　　　　　　　　　　　　　年　月　日（公章）
审核意见所管理部门	
	负责人：　　　　　　　　　　　　　　　　　　　年　月　日（公章）

续表

所审核意见 强制隔离戒毒	负责人：　　　　　　　　　　　　　　　　　年　月　日（公章）
（市戒毒局） 业务部门意见 省戒毒管理局 或市司法局	负责人：　　　　　　　　　　　　　　　　　年　月　日（公章）
（市戒毒局） 审批意见省 戒毒管理局 或市司法局	负责人：　　　　　　　　　　　　　　　　　年　月　日（公章）
备注	

说明："所外就医起止时间"一栏经省局批复后由强制隔离戒毒所填写具体的起止时间。

广东省三水强制隔离戒毒所
戒毒人员所外就医证明书

××××外医字〔2023〕第××××号

被强制隔离戒毒人员：　　　　　，性别：　　　；

出生日期：　　　年　　月　　日，公民身份号码：　　　　　　　　　　　；

户籍所在地：　　　　　　　　　　　　。

　　　　年　　月　　日至　　　年　　月　　日被　　　　　　公安局决定强制隔离戒毒贰年，于　　　年　　月　　日送我所执行强制隔离戒毒。

　　现因疾病，根据《司法行政机关强制隔离戒毒工作规定》（中华人民共和国司法部令第 127 号）第五章第三十七条之规定，经广东省戒毒局/司法局批准同意予以办理所外就医。所外就医时间自_____年___月___日起至_____年___月___日止。

特此证明。

（公章）

年　月　日

广东省三水强制隔离戒毒所
强制隔离戒毒人员所外就医通知书

粤三水外医字〔2023〕第 0075 号

被强制隔离戒毒人员：_____；性别：___，

出生日期：_____年___月___日，公民身份号码：_____；

户籍所在地：_____；

于_____年___月___日被两年，于_____年___月___日送我所执行强制隔离戒毒。

现因该员_____。查体：_____，P：___次/分，BP：____mmhg。××医院诊断为：_____。建议上级医院进一步治疗。_____年___月___日我所医院会诊诊断为"_____"。鉴于_____，因我所医疗条件有限，根据《司法行政机关强制隔离戒毒工作规定》（中华人民共和国司法部令第 127 号）第五章第三十七条之规定，建议给予该员办理所外就医。经所内医院疾病诊断鉴定小组集体讨论，认为该患者诊断"_____"明确，根据《广东省司法行政戒毒所戒毒人员所外就医（社区戒毒）疾病范围指引》（粤戒毒办〔2019〕217 号）第十条第一款的规定，建议办理所外就医。根据《司法行政机关强制隔离戒毒工作规定》（中华人民共和国司法部令第 127 号）第五章第三十七条之规定，建议给予该员办理所外就医，_____年___月___日经广东省戒毒管理局批准，同意给予该员办理所外就医，特发此通知书。

（公章）

年　月　日

被强制隔离戒毒人员本人签名：

被强制隔离戒毒人员家属／（近亲）签名：

年　月　日

此件一式四份：强制隔离戒毒人员本人、决定机关、户籍地公安机关、强制隔离戒毒所各执一份。

实训任务 11：请根据案例信息，以干警的身份填写戒毒人员张三的《变更社区戒毒审批表》。

一分所一大队戒毒人员张三，男，1989 年 6 月出生，汉族，小学文化，戒毒人员编码为 440101202200××××，户籍所在地为广东梅州，公民身份号码为 44000019890606 ××××，现住所为广东省梅州市梅县梅江三路××号，决定机关为梅州市公安局××分局，强制隔离戒毒期限为 2023 年 1 月 2 日–2025 年 1 月 1 日。戒毒人员张三于 2024 年 1 月 1 日因昏迷送至佛山市××医院检查，该员经所外就医后，其身体健康状况仍不适宜回所执行强制隔离戒毒剩余期限，根据《司法行政机关强制隔离戒毒工作规定》第三十八条等相关规定，建议将该员变更戒毒措施为社区戒毒。

变更社区戒毒审批表

姓名		性别		出生年月		民族	
单位及 所属大队		文化 程度		戒毒人员 编号			
户籍所在地			公民身份号码				
现住址			决定机关				
强制隔离 戒毒期限	自　　年　月　日起至　　年　月　日止						
类型	□所外就医期间变更 □其他变更		批准所外 就医时间		年　　月　　日		
变更社区戒毒 理由及建议	负责人签名：　　　　　　　　　　　　　　　　年　月　日						

续表

所管理部门 审核意见	
	负责人签名：　　　　　　　　　　　　　　　　　年　月　日
戒毒所意见	
	（公章） 负责人签名：　　　　　　　　　　　　　　　　　年　月　日
省（市）业务 部门审核 意见	
	负责人签名：　　　　　　　　　　　　　　　　　年　月　日
省（市）戒毒 局、司法局 意见	
	（公章） 负责人签名：　　　　　　　　　　　　　　　　　年　月　日
强制隔离戒 毒决定机关 审批意见	
	（公章） 负责人签名：　　　　　　　　　　　　　　　　　年　月　日

注：所外就医期间办理变更社区戒毒的，由戒毒场所自行审核后报决定机关审批。相关材料附后。

☞ ［参考答案］

☞ ［你我身边的法律人］

单 元 七

律师实务文书

知识结构图

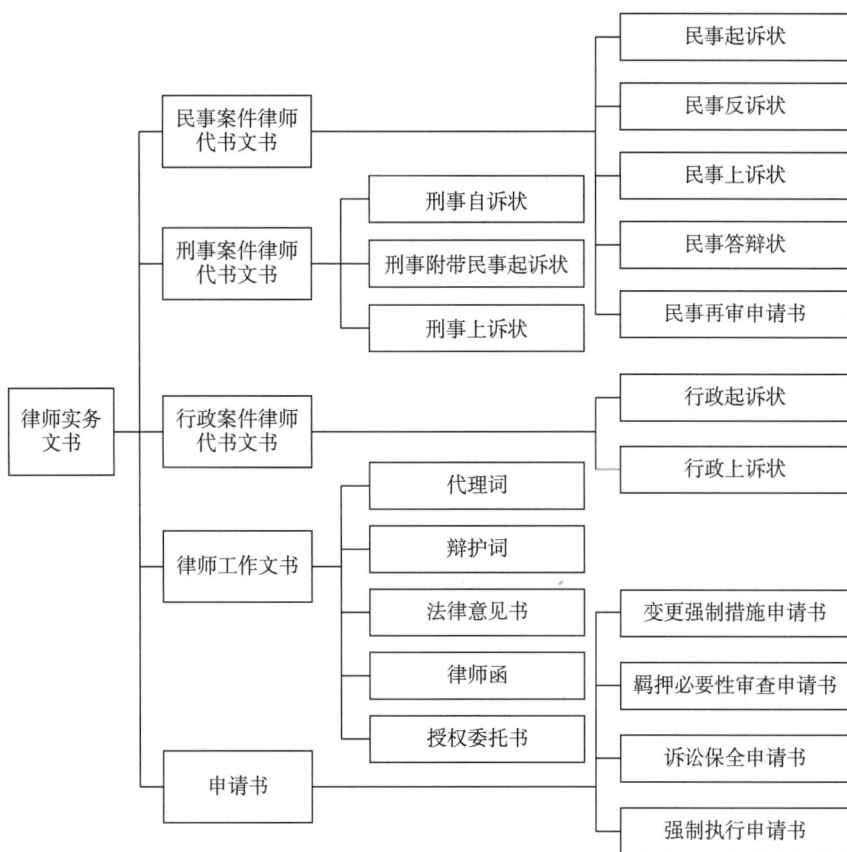

学习目标

知识目标：认识律师实务文书。

能力目标：学会制作民事起诉状、律师函。

律师实务文书，是律师在为当事人提供法律服务的执业过程中所制作的文书总称，从属于律师办理业务的需要[1]。律师实务文书系在处理诉讼案件以及非诉讼案件过程中形成和使用的、具有法律效力或法律意义的非规范性文件。

根据律师法的规定，律师的业务范围主要包括通过律师事务所依法接受公民、法人和其他组织的聘请，担任法律顾问；接受民事案件、行政案件当事人的委托，担任代理人参加诉讼；接受刑事案件犯罪嫌疑人的聘请，为其提供法律咨询，代理申诉、控告，申请取保候审；接受犯罪嫌疑人、被告人的委托或人民法院的指定，担任辩护人；代理各类案件的申诉；接受非诉讼法律事务当事人的委托，提供法律服务；解答有关法律咨询，代写诉讼文书和有关法律事务的其他文书等。

律师实务文书是律师实务的重要组成部分，更是律师从事代理、辩护等工作的主要工作成果体现。

律师实务文书范围广泛，种类繁多，内容也各不相同，根据不同的标准，可以进行不同的分类。主要有以下两种分类：

（一）按性质划分

根据文书的性质，可分为诉讼文书和非诉讼文书。诉讼文书是指律师参加诉讼活动而制作的法律文书，如各类起诉状、答辩状、代理词、辩护词等。非诉讼法律文书是律师在提供除诉讼法律事务活动外的其他法律服务过程中所制作的法律文书，如法律意见书、见证书、合同、章程等。

（二）按制作主体划分

根据文书的制作主体，可分为律师代书的文书和律师自用的文书。代书文书是律师根据委托人的委托，代替委托人制作的法律文书，如起诉状、上诉状、答辩状、申请书等，其制作主体为委托人。律师自用文书是律师接受当事人的委托，作为代理人或辩护人参加诉讼而以律师名义制作的法律文书，如辩护词、代理词等，其制作主体为律师。

项目一　制作民事案件律师代书文书

任务一　制作民事起诉状

一、民事起诉状的概念

民事起诉状，是指公民、法人和其他组织为维护自身的民事权益，将诉求及事实

---

[1]　高金波主编：《中国律师实务文书》，法律出版社2008年版，序言。

理由以一定的格式要求列出后提交给人民法院，用于请求人民法院支持其诉求的法律文书。

当事人起诉是启动民事诉讼程序的重要前提，也是人民法院对民事诉讼案件予以立案、受理的依据，更是原告行使起诉权、维护自身合法权益的工具，是公民请求国家司法救济的途径，有利于公民实体权利得到合法有效的保护。起诉状固定了原告的诉求，可以使其他诉讼参加人了解原告的诉讼请求、事实和理由，便于案件审理。

2016 年 8 月 1 日，最高人民法院施行《民事诉讼文书样式》，旨在进一步规范和统一民事裁判文书写作标准，提高民事诉讼文书质量。

二、民事起诉状的格式

（一）公民提起民事诉讼用

民事起诉状[1]

原告：×××，男/女，××××年××月××日生，×族，……（写明工作单位和职业），住……联系电话：……

法定代理人/指定代理人：×××……

委托诉讼代理人：×××……

被告：×××……

……

（以上写明当事人和其他诉讼参加人的姓名或者名称等基本信息）

诉讼请求：

……

事实和理由：

……

证据和证据来源，证人姓名和住所：

……

此致

××××人民法院

附：本起诉状副本×份

起诉人（签名）：

××××年××月××日

---

〔1〕《民事起诉状（公民提起民事诉讼用）》，载 https://www.court.gov.cn/susongyangshi/xiangqing-181.html，最后访问日期：2023 年 4 月 20 日。

（二）法人或者其他组织提起民事诉讼用

民事起诉状[1]

原告：×××，住所……

法定代表人/主要负责人：×××，……（写明职务），联系电话：……

委托诉讼代理人：×××，……

被告：×××，……

……

（以上写明当事人和其他诉讼参加人的姓名或者名称等基本信息）

诉讼请求：

……

事实和理由：

……

证据和证据来源，证人姓名和住所：

……

此致

××××人民法院

附：本起诉状副本×份

起诉人（公章和签名）：

××××年××月××日

三、范例

（一）公民提起民事诉讼

民事起诉状

原告：张××，男，19××年××月××日生，汉族，住××市××区××路××号，公民身份号码：××××××××，联系电话：××××。

被告：陈××，男，19××年××月××日生，汉族，住××市××区××路××号，公民身份号码：××××××××，联系电话：××××。

诉讼请求：

1. 判令被告返还借款人民币 100 000 元及直至清偿全部借款之日止的利息（以借

---

［1］《民事起诉状（法人或者其他组织提起民事诉讼用）》，载 https://www.court.gov.cn/susongyangshi-xiangqing-187.html，最后访问日期：2023 年 4 月 20 日。

款本金100 000元为基数，按全国银行间同业拆借中心公布的贷款市场报价利率，自2019年8月20日起暂计至2023年××月××日为20 000元)；

2. 判令被告承担本案的全部诉讼费用。

以上金额暂计：120 000元。

事实与理由：

2018年10月××日、××日，被告数次向原告提出借款100 000元并承诺偿还。原告禁不住被告的请求，遂同意向被告借出款项。

2018年11月××日，原告安排配偶赵××代为向被告在××银行开设的名下账户转账出借人民币100 000元。原告配偶赵××按照原告的指示，先后于2018年11月××日及2018年11月××日分别向被告前述银行账户各转账人民币50 000元，共计实际转账出借人民币100 000元。

出借款项时，原告出于对被告的信任，没有要求被告出具借条。但此后被告并未偿还款项，原告每次向被告索要款项时，被告均以各种理由推托。

至20××年××月××日，被告在电话中应允立刻偿还借款，并要求原告提供收款账户。不料原告提供收款账户给被告后，被告却再次失信，未兑现还款承诺。

20××年××月××日，被告面对原告的多次催讨，推说"尽快归还，已筹款"云云。但实际上，截至原告起诉之日，被告仍未偿还前述借款，对原告的催讨不闻不问。

原告认为，被告逾期清偿借款的行为已构成违约，依法应当足额清偿并支付相应利息。现提起诉讼维权，请判如所请。

此致

××市××区人民法院

附：1. 本起诉状副本×份

　　2. 证据清单及证据×份

具状人：张××

二〇××年××月××日

（二）法人提起民事诉讼

民事起诉状

原告：广州市××有限公司，住所广州市××区××路××号。

法定代表人：李××，经理，联系方式：135××××××××。

被告：广东××股份有限公司，住所××市××区××路××号。

法定代表人：赵××，经理，联系电话：××××。

诉讼请求：

1. 判令被告向原告支付货款 100 000 元及逾期付款利息（以 100 000 元为基数，按同期全国银行间同业拆借中心公布的贷款市场报价利率计算，自 2021 年××月××日起计至实际清偿全部款项之日止，暂计至 2023 年××月××日的利息为 20 000 元）；

2. 判令被告向原告支付为实现债权而产生的律师费 10 000 元；

3. 判令被告承担本案的全部诉讼费用。

以上金额暂合计：130 000 元。

事实与理由：

20××年××月××日，原告与被告订立编号为××××的《购销合同》约定：

1. 原告向被告"××运动场项目"提供水泥；

2. 被告应支付的合同价款为 150 000 元，因被告原因未按合同约定按时支付款项的，应承担违约责任。

《购销合同》签订后，原告依约发货，但被告并未按时支付合同价款。为此，原告先后多次向被告催讨，但均遭拒绝。

至 2021 年年中，被告在与被告协商支付货款的过程中，确认仍欠付货款本金 100 000 元。被告允诺在 2021 年××月××日前结清前述余款，但之后被告未信守承诺按时付款，拖欠至今。

原告认为，被告违反合同约定拖欠货款，依法应当偿付货款并依约承担违约责任。为维护原告合法权益，特提起诉讼，请判如所请。

此致
广州市××区人民法院

附：1. 本起诉状副本×份
　　2. 证据清单及证据×份

具状人：广州市××有限公司

法定代表人：李××

二〇××年××月××日

四、制作要求及注意事项

任务二 制作民事反诉状

一、民事反诉状的概念

民事反诉状，是指民事案件的被告为吞并原告的全部或部分诉讼请求，向受诉人民法院提交的列明被告向原告主张诉讼请求、并由受诉法院适用同一诉讼程序与原告的起诉（即本诉）合并审理之诉讼法律文书。被告主张的诉讼请求与本诉应存在事实及法律上的内在联系。

根据《中华人民共和国民事诉讼法》第 54 条规定，被告有权提起反诉。第 143 条规定："原告增加诉讼请求，被告提出反诉，第三人提出与本案有关的诉讼请求，可以合并审理。"提起反诉须符合 3 个前提：①只能由被告在本案中提出；②反诉的事实及理由应与本案有关，源自同一法律关系；③只能向本案的受理法院提出。

二、民事反诉状的格式

（一）公民提起民事反诉用

民事反诉状 [1]

反诉原告（本诉被告）：×××，男/女，××××年××月××日生，×族，……（写明工作单位和职务或职业），住……联系方式：……

法定代理人/指定代理人：×××，……

委托诉讼代理人：×××，……

反诉被告（本诉原告）：×××，……

……

（以上写明当事人和其他诉讼参加人的姓名或者名称等基本信息）

反诉请求：

……

事实和理由：

……

证据和证据来源，证人姓名和住所：

……

此致

××××人民法院

---

〔1〕《民事反诉状（公民提起民事反诉用）》，载 https://www.court.gov.cn/susongyangshi/xiangqing/196.html，最后访问日期：2023 年 4 月 20 日。

附：本反诉状副本×份

反诉人（签名）

××××年××月××日

（二）法人或者其他组织提起民事反诉用

民事反诉状[1]

反诉原告（本诉被告）：×××，住所地……

法定代表人/主要负责人：×××，……（写明职务），联系方式：……

委托诉讼代理人：×××，……

反诉被告（本诉原告）：×××，……

……

（以上写明当事人和其他诉讼参加人的姓名或者名称等基本信息）

反诉请求：

……

事实和理由：

……

证据和证据来源，证人姓名和住所：

……

此致

××××人民法院

附：本反诉状副本×份

反诉人（公章和签名）

××××年××月××日

三、范例

民事反诉状

本诉案号：（20××）××民初××号

反诉原告（本诉被告）：甲公司，住所地××市××区××路××号××房。

法定代表人：×××，总经理，联系电话：×××××××××××。

---

〔1〕《民事反诉状（法人或者其他组织提起民事反诉用）》，载 https://www.court.gov.cn/susongyangshi/xiangqing/203.html，最后访问日期：2023 年 4 月 20 日。

256

反诉被告（本诉原告）：乙公司，住所地××市××区××路××号××房。

法定代表人：×××，总经理，联系电话：××××××××××。

反诉请求：

1. 请求判令反诉被告乙公司立即赔偿反诉原告甲公司的经济损失××万元及利息（利息以××万元为本金，按照××标准，自20××年××月××日起计至付清全部款项之日止）；

2. 请求判令反诉被告乙公司承担本案的全部诉讼费用。

以上金额暂合计：××万元。

事实与理由：

20××年××月××日，反诉原告甲公司与反诉被告乙公司订立《采购合同书》约定：

1. 由乙公司作为供方向甲公司出售××产品；

2. 乙公司提供××吨产品，单价为××元/公斤；

3. 货到甲公司现场或甲公司在使用过程中如有质量问题，造成损失由乙公司负责全额赔偿。20××年××月××日，甲公司依约定支付了相应货款××万元。

此后，甲公司、乙公司又分别于20××年××月××日及××月××日订立了《采购合同书二》《采购合同书三》，约定的内容除供货数量及计价金额有所不同外，其余包括产品型号及乙公司的质量保证条款等约定，均与此前《采购合同书》内容一致。

至20××年××月××日，甲公司在使用乙公司产品的过程中，发现乙公司产品在使用时存在严重的质量问题。原告遂立即联系乙公司说明情况，要求跟进处理。此后，甲公司又多次联系乙公司沟通说明产品存在质量问题的情况，寻求解决方案，但均遭拒绝。

由于乙公司提供的产品质量严重不合格，导致甲公司无法继续使用，为此所支出的返工材料款、补送材料运费、返工施工费、运费等各项经济损失，合计金额高达××万元。但乙公司至今并未依约作出任何赔偿，导致甲公司的合法权益受到严重损害。

原告认为，乙公司违反合同约定，应承担向甲公司赔偿全部经济损失的责任。甲公司为维护自身合法权益，特具此状，望判如所请。

此致

××市××区人民法院

附：1. 本反诉状副本×份

　　2. 证据清单及证据×份

反诉人（盖章）：甲公司

法定代表人：×××

二〇××年××月××日

四、制作要求与注意事项

任务三 制作民事上诉状

一、民事上诉状的概念

民事上诉状，是指民事案件当事人或其法定代理人不服第一审的判决或裁定，在上诉期限依法向上一级人民法院提交的、提请重新审理案件的诉讼文书。

☞［**相关法律规定**］

二、民事上诉状的格式

民事上诉状[1]

上诉人（注明原审诉讼地位）：×××，男/女，××××年××月××日出生，×族，……（写明工作单位和职务或者职业），住……联系方式：……

法定代理人/指定代理人：×××，……

委托诉讼代理人：×××，……

被上诉人（原审诉讼地位）×××，……

……

（以上写明当事人和其他诉讼参加人的姓名或者名称等基本信息）

×××因与×××……（写明案由）一案，不服××××人民法院××××年××月××日作出的（××××）……号民事判决/裁定，现提起上诉。

---

〔1〕《民事上诉状（当事人提起上诉用）》，载 https://www.court.gov.cn/susongyangshi/xiangqing/379.html，最后访问日期：2023 年 4 月 20 日。

上诉请求：

......

上诉理由：

......

此致

××××人民法院

附：本上诉状副本×份

上诉人（签名或者盖章）

××××年××月××日

三、范例

民事上诉状

原审案号：（20××）粤××民初××号

上诉人（原审被告）：张三，男，19××年××月××日生，汉族，住××市××区××路××号，公民身份号码：×××××××。联系电话：××××。

被上诉人（原审原告）：李四，男，19××年××月××日生，汉族，住××市××区××路××号，公民身份号码：×××××××。联系电话：××××。

原审被告：王五，男，19××年××月××日生，汉族，住××市××区××路××号，公民身份号码：×××××××。联系电话：××××。

原审被告：赵六，男，19××年××月××日生，汉族，住××市××区××路××号，公民身份号码：×××××××。联系电话：××××。

上诉人张三不服××市××区人民法院作出的（20××）粤××民初××号《民事判决书》，现提出上诉。

上诉请求：

1. 撤销原审第一、二、三项判决，并裁定发回重审；或是改判上诉人需偿还被上诉人借款本金为 120 000 元，改判上诉人无需偿还利息及改判原审被告赵六无需就案涉款项承担连带清偿责任；

2. 改判由被上诉人承担本案的全部诉讼费用。

事实及理由：

一、原审程序严重错误，在上诉人已对不予受理反诉的口头裁定提出上诉的情况下，未先行处理程序问题便匆忙作出实体判决，违背程序正义，严重损害上诉人的合法权益，系一起审理事故。

原审案件于20××年××月××日第二次开庭时，被上诉人当庭补充提交证据材料，并为原审合议庭接纳，在庭审过程中，上诉人于辩论终结前当庭提出反诉请求并记录在案，合议庭随即作出不予受理上诉人反诉请求的口头裁定，并应上诉人要求，当庭向上诉人释明上诉人有权在10日内就该不予受理反诉的口头裁定提出上诉。

20××年××月××日，上诉人就不服不予受理反诉的口头裁定一事，向原审法院提出书面上诉。原审法院于20××年××月××日收悉该书面上诉文书，此后上诉人也与原审经办法官电话沟通并得到已收到该书面上诉文书的确认答复。但是，原审法院并未依法定程序向上一级人民法院报送处理上诉人提出的该项不服口头裁定的上诉，而是匆忙作出原审判决。

原审法院的做法违反法律规定，在本应就程序问题先行作出处理的情况下未依法进行审查，使得上诉人无法在本案中提出反诉，非但增加诉累、损害上诉人的合法权益，还使得本案的审理程序不符合法律规定，违背"程序正义"的诉讼原则。

二、原审法院在第二次庭审过程中"未审先判"，当庭表示合议庭"认定案涉本金为240 000元"，并要求上诉人围绕该合议庭"认定本金金额"发表意见，有违客观公正。

20××年××月××日第二次开庭过程中、辩论终结之前，合议庭当庭表明合议庭"认定"案涉借款本金为240 000元。但此时，案件仍在审理之中，上诉人也自始至终从未表示认可案涉本金为"240 000元"。但原审法院罔顾上诉人提交的转账证据材料，在庭审过程中要求上诉人围绕"240 000元"发表意见，是变相要求上诉人认可、接受借款本金为"240 000元"，有"诱导"之嫌，对上诉人极其不公，有违审判中立原则。原审法院在庭审过程中的该"认定"，也反映出原审法院对案件客观事实存在先入为主、"未审先判"的不当情形。

上诉人与被上诉人素来互有经济款项往来，自20××年××月××日以来，上诉人多次以银行、微信转账及委托他人代付款项等形式，共向被上诉人支付了××元。被上诉人提供的证据中包括的20××年××月××日"××万元"的转账记录就是最好例证。

被上诉人更是一再主张被上诉人主张的本金缺乏事实依据，但原审法院对客观证据视而不见，并最终作出错误判决。对于原审法院在程序上及实体上的不当做法及错误判决，应予纠正。

三、原审查明事实不清，错误认定案涉借款本金数额为"240 000元"及应支付利息。实际上，案涉的本金数额应以扣减了20××年××月××日起上诉人多次偿付款项（合计××元）后所得金额为准，而且不应计算利息。

（一）案涉的《借款合同》（20××年××月××日签订）只是被上诉人与上诉人多次

往来经济往来中的一份法律文书，不是被上诉人与上诉人双方对全部经济往来款项的总结归纳。

该《借款合同》中并无任何关于双方就此前经济往来情况的对账梳理，也无任何关于以该《借款合同》作为唯一结算依据的说明，况且被上诉人在庭审中也确认其与上诉人之间互有经济往来，并不仅仅限于该《借款合同》。

（二）现有转账凭证反映，被上诉人在20××年××月××日出借的款项仅有××元，不是《借款合同》中所列的××元，被上诉人主张该差额部分是利息及现金支付，缺乏事实及法律依据，不应采信。本案中，被上诉人主张有××元是通过现金方式交付，但其并无上诉人出具的收条，因此其主张不能成立；至于被上诉人主张的金额中还包含事先支付利息，更是不符合法律规定，应不予采信。

上诉人提交的多份转账记录均显示，自20××年××月××日起，其多次向被上诉人出借款项，合计达××元。被上诉人并未结清该等款项，反而起诉要求上诉人偿还款项，因此上诉人有权要求被上诉人同时清偿欠付的款项，双方的经济往来款项应当一并相互抵扣。

原审法院在认定出借金额时，在无对应凭证佐证的情况下，仅以《借款合同》约定就认定本金为××元，不符合法律事实评价标准，导致错判。

（三）上诉人无需偿还20××年××月××日前的利息，此后如需计息的，应按××%的标准计算。被上诉人在《民事起诉状》中自认截至20××年××月××日的逾期利息已付清，即截至20××年××月××日止，上诉人已无需偿还利息。退一步讲，即便按被上诉人主张以240 000元为基数计算逾期利息的，也应以扣减上诉人已付款项××元后的余款为基数进行计算。

即便上诉人需按照××%的利息支付利息，上诉人后期所支付的每一笔款实际均高于每期应偿付的利息，因此该多偿付的差额部分应用于抵扣剩余的本金。因此，原审判决第×项中计算利息的基数全程不变，是错误的，应予改判。

综上所述，被上诉人的诉讼请求缺乏事实及法律依据，恳请贵院撤销原审第一、二、三项判决，并裁定发回重审；或是改判上诉人需偿还被上诉人借款本金为120 000元、改判上诉人无需偿还利息。

此致
××市中级人民法院

附：1. 本上诉状副本×份
　　2. 证据清单及证据×份

上诉人：张三

二〇××年××月××日

四、制作要求与注意事项

任务四 制作民事答辩状

一、民事答辩状的概念

民事答辩状，是指民事案件的被告人或被上诉人针对原告的起诉或上诉人的上诉，作出回应的法律文书。所谓"答辩"，顾名思义就是"回答、辩解"，其内容主要是被告或被上诉人围绕原告或上诉人提出的主张，向人民法院阐述自己主张的事实及理由，一般表现为对诉讼请求或上诉请求作出针锋相对的抗辩或反驳。

☞ ［**相关法律规定**］

撰写答辩状，是被告、被上诉人向人民法院及原告、上诉人陈述自己观点的方式，目的在于说服人民法院采信答辩人的意见，从而摒弃对原告、上诉人主张的支持。答辩状与起诉状/上诉状是相互"对立"的，答辩状是诉讼过程中常见的法律文书。一般来说，答辩状应当在答辩期内提交，但不提交书面答辩状并不会影响案件的审理，在司法实践中也会出现被告、被上诉人当庭提交或是直接口头答辩的情形。但就诉讼案件而言，事先制作好答辩状并提交给人民法院，有利于人民法院提前了解被告/被上诉人的抗辩意见，从而正确归纳争议焦点，推进庭审进度。

被告、被上诉人申请延期答辩的，由人民法院决定是否准许。

二、民事答辩状的格式

（一）公民对民事起诉提出答辩用

<h3 style="text-align:center">民事答辩状[1]</h3>

答辩人：×××，男/女，××××年××月××日生，×族，……（写明工作单位和职务或职业），住……。联系方式：……

法定代理人/指定代理人：×××，……

委托诉讼代理人：×××，……

（以上写明答辩人和其他诉讼参加人的姓名或者名称等基本信息）

对××××人民法院（××××）……民初……号……（写明当事人和案由）一案的起诉，答辩如下：

……（写明答辩意见）。

证据和证据来源，证人姓名和住所：

……

此致

××××人民法院

附：本答辩状副本×份

答辩人（签名）
××××年××月××日

（二）法人或者其他组织对民事起诉提出答辩用

<h3 style="text-align:center">民事答辩状[2]</h3>

答辩人：×××，住所地……

法定代表人/主要负责人：×××，……（写明职务），联系方式：……

委托诉讼代理人：×××，……

（以上写明答辩人和其他诉讼参加人的姓名或者名称等基本信息）

---

〔1〕《民事答辩状（公民对民事起诉提出答辩）》，载 https://www.court.gov.cn/susongyangshi/xiangqing/216.html，最后访问日期：2023 年 4 月 26 日。

〔2〕《民事答辩状（法人或者其他组织对民事起诉提出答辩用）》，载 https://www.court.gov.cn/susongyangshi/xiangqing/224.html，最后访问日期：2023 年 4 月 26 日。

对××××人民法院（××××）……民初……号……（写明当事人和案由）一案的起诉，答辩如下：

……（写明答辩意见）。

证据和证据来源，证人姓名和住所：

……

此致

××××人民法院

附：本答辩状副本×份

答辩人（公章和签名）

××××年××月××日

三、范例

二审民事答辩状

原审案号：（20××）粤××民初××号

答辩人（原审被告、二审被上诉人）：××有限公司

被答辩人（原审原告、二审上诉人）：陈××

答辩人××有限公司不同意题述案号中被答辩人陈××提出的全部上诉请求，现答辩如下：

一、原审判决查明事实清楚，适用法律正确，应予维持；被答辩人的上诉请求缺乏事实及法律依据，不应采信。

二、答辩人已超额发放被答辩人在职期间包括固定加班工资、补贴等在内的各项工资报酬，被答辩人在职期间及办理离职手续时对工资数额均未提出过异议；即便折算被答辩人每月工资，其数额也不低于当地最低工资标准。

被答辩人每月实收工资8000元，包括了基本工资、固定加班工资、岗位津贴、绩效考核、补贴等项目。双方签订的《××市劳动合同》约定，被答辩人对工资有异议的，应及时提出，但被答辩人从未提出过异议。因此，被答辩人的诉请完全缺乏事实及法律依据。

三、即便按被答辩人主张的加班时长来计算，被答辩人所主张的加班工资金额也仅为5000元，远低于答辩人已发放的10 000元固定加班工资及补贴数额，被答辩人的权益丝毫未受损害。

四、答辩人无需支付被答辩人任何未休年休假工资，一是因被答辩人入职时间不满12个月，二是因被答辩人自认已享受5天年休假，故其关于支付未休年休假工资的

主张缺乏事实及法律依据。

综上所述，被答辩人的上诉请求缺乏事实及法律依据，恳请贵院驳回其全部上诉请求。

此致

××市中级人民法院

　　附：1. 本答辩状副本×份

　　　　2. 证据清单及证据×份

答辩人：××有限公司

二○××年××月××日

四、制作要求与注意事项

任务五　制作民事再审申请书

一、民事再审申请书的概念

民事再审申请书，是指当事人及其法定代理人认为已经发生法律效力的裁判、调解书有错误，在法定期限内向人民法院提交的，请求变更或者撤销原裁判、调解书，并对案件进行重新审理的法律文书。

☞［相关法律规定］

我国实行"两审终审制"，但在终审裁判后赋予当事人申请再审救济的权利。申请人应当在法定期限内提交再审申请书，对符合法定条件的，人民法院应启动再审程序对案件进行重新审理。

二、民事再审申请书的格式

再审申请书[1]

再审申请人（一、二审诉讼地位）：×××，男/女，××××年××月××日出生，×族，……（写明工作单位和职务或者职业），住……联系方式：……

法定代理人/指定代理人：×××，……

委托诉讼代理人：×××，……

被申请人（一、二审诉讼地位）：×××，……

……

原审原告/被告/第三人（一审诉讼地位）：×××，……

……

（以上写明当事人和其他诉讼参加人的姓名或者名称等基本信息）

再审申请人×××因与×××……（写明案由）一案，不服××××人民法院（写明原审人民法院的名称）××××年××月××日作出的（××××）……号民事判决/民事裁定/民事调解书，现根据《中华人民共和国民事诉讼法》第二百零一十条第×项的规定，提出再审申请。

再审请求：

……

事实和理由：

……（写明申请再审的法定情形及事实和理由）。

此致

××××人民法院

附：本民事再审申请书副本×份

再审申请人（签名或者盖章）

××××年××月××日

三、范例

民事再审申请书

一审案号：（20××）粤××民初××号

二审案号：（20××）粤××民终××号

再审申请人（一审被告、二审上诉人）：张三，男，19××年××月××日生，汉族，

---

[1]《民事再审申请书（申请再审用）》，载 https://www.court.gov.cn/susongyangshi/xiangqing/613.html，最后访问日期：2023年4月26日。

住××市××区××路××号。联系电话：××××。

被申请人（一审原告、二审被上诉人）：李四，男，19××年××月××日生，汉族，住××市××区××路××号。联系电话：××××。

再审申请人张三不服××市××区人民法院（20××）粤××民初××号民事判决书以及××市中级人民法院（20××）粤××民终××号民事判决书，现提出如下再审申请。

再审诉讼请求：

1. 撤销××市××区人民法院（20××）粤××民初××号民事判决书以及××市中级人民法院（20××）粤××民终××号民事判决书，改判驳回被申请人的全部诉讼请求或发回重审；

2. 判被申请人承担本案一、二审的全部诉讼费及诉讼保全费。

事实与理由：

一、第一、二审法院认定事实错误，被申请人不具备涉案土地承包人的资格

（一）再审申请人张三从未将涉案土地发包给被申请人，双方从未就涉案土地订立任何形式的协议

《土地租用协议书》（以下简称《协议书》）明确列明"甲方"是××经济社，但落款处既无"××经济社"的公章，也无再审申请人张三签名。由此，足见再审申请人张三既非《协议书》的缔约方，更非实际的签署人。根据合同的相对性原则，再审申请人张三与被申请人之间从未就涉案承包土地达成过任何形式的约定，再审申请人张三从未将涉案土地发包给被申请人。此外，根据一般生活常识，若再审申请人张三确实有意将涉案承包土地出租给被申请人，那么《协议书》的一方必然应是再审申请人张三。可见，该《协议书》与再审申请人张三乃至于本案，均无任何关联。凡此种种，均说明了《协议书》既与再审申请人张三无任何关联，也从未发生效力。

然而，一审法院却以所谓"根据农村习惯，被告张三的妻子可以代表被告张三处分家庭财产"为由，认定再审申请人张三"授权"其妻子处理案涉土地的出租事宜。

且不论被申请人所提交的该《协议书》真实性如何，一份如此缺乏必要成立要件、不符合缔约常理的文件，却被一、二审法院作为判决再审申请人张三应承担败诉后果的依据，实在是令人难以信服。

（二）再审申请人张三对《协议书》的真实性提出了诸多质疑，但一、二审法院在未对《协议书》的真实性进行鉴定的情况下，便错误认定其真实有效

再审被申请人提交的《协议书》共3页，但仅第3页有所谓"签名"，第1页、第2页与第3页之间均无再审申请人张三所作的任何形式之"骑缝签名"或盖章。

据知情村民告知，被申请人当时仅是让村民们在一张白纸上签名，白纸上并无任何文字，现被申请人提供的《协议书》及其印刷内容，系被申请人在村民们签名后自行打印的，其相关条款（尤其是有关青苗补偿的约定）并未与包括再审申请人张三在内的村民们充分磋商。

第一、二审法院在未对《协议书》的真实性及所谓"签名"进行鉴定的情况下，便匆忙认定《协议书》的真实性，是极其错误的。

（三）再审申请人张三对涉案土地的使用，不能被认定是"承包"关系。况且，被申请人长期拖欠支付租金，其早已丧失了继续使用的权利

《最高人民法院关于审理涉及农村土地承包纠纷案件适用法律问题的解释》第二十二条第二款规定的适用，应当满足《协议书》真实存在、《协议书》内容确为再审申请人张三的真实意思表示，以及再审申请人张三与被申请人之间的土地承包流转行为合法有效三个前提条件。

但是，如前所述，再审申请人张三与被申请人之间并未签订《协议书》，被申请人在本案中提交的《协议书》是无效的。基于无效合同的违法性，被申请人李四主张的补偿依法不属于法律保护的范围。

此外，被申请人使用涉案承包土地至今，仅支付了4期田租，总金额不过1 000余元，被申请人早已失去了继续使用涉案承包土地的正当性及权利。

二、第一、二审法院适用法律错误，被申请人无权获得青苗补偿款

（一）案涉土地未经发包方备案，被申请人并未依法取得案涉土地的承租权，故无权要求取得青苗补偿款

《中华人民共和国农村土地承包法》第四十条第一款规定："土地经营权流转，当事人双方应当签订书面流转合同。"

本案中，再审申请人张三并未与被申请人就出租案涉土地一事签订书面合同，因此再审被申请人并没有取得该块土地的承包经营权。相反，再审申请人张三作为合法的承包方，即该块土地的合法使用权人，青苗补偿费应依法支付给再审申请人张三。

（二）《协议书》因其未经发包方备案，违反了国家强制性法律规定而属无效，不得约束再审申请人张三

《中华人民共和国农村土地承包法》第三十六条规定："承包方可以自主决定依法采取出租（转包）、入股或者其他方式向他人流转土地经营权，并向发包方备案。"

再审申请人张三提交作为证据的、加盖有"××市××区××镇××村××经济合作社"公章的《××镇××村××经济××合作社"三资"清查表之集体资产经营（出租）合同情况登记表》中，并无前述《协议书》的记载，也无任何有关再审申请人张三与被申请人之间订立的相关土地承包经营权出租的记载。

如前所述，《协议书》中"甲方"（即"××经济合作社"）并未加盖公章及骑缝章。此外，负有法定举证责任的被申请人也无法提供证据证明该《协议书》业经发包

方备案。因此，足以否定《协议书》的合法性。

（三）第一、二审法院在错误认定事实的情况下，错误适用《最高人民法院关于审理涉及农村土地承包纠纷案件适用法律问题的解释》（已修改）第二十二条第二款的规定作出判决

《最高人民法院关于审理涉及农村土地承包纠纷案件适用法律问题的解释》（已修改）第二十二条第二款规定适用的前提条件是：再审申请人张三与再审被申请人之间的土地承包流转行为是合法有效的。

但如前所述，再审申请人张三与再审被申请人之间并未签订《协议书》，再审被申请人在本案中提交的《协议书》是无效的，不符合《最高人民法院关于审理涉及农村土地承包纠纷案件适用法律问题的解释》（已修改）第二十二条第二款规定的适用前提。因此，一、二审法院的判决是错误的。

三、第一、二审判决结果有违公平合理原则，依法应当予以改判

（一）被申请人李四早在20××年初便未再支付租金给再审申请人张三，但却持续使用案涉土地至今。由此，一审法院判令被申请人有权取得青苗补偿，显然对再审申请人张三不公，有违公平合理原则

案涉土地是再审申请人张三的口粮田，是再审申请人张三的经济来源。但被申请人却早在20××年初便未再支付租金给再审申请人张三，且一直持续使用涉案土地至今。在此情况下，二审法院理应秉承"公平合理"原则，保护再审申请人张三的合法权益。

（二）被申请人持续使用涉案土地至今，仅支付了4期租金给再审申请人张三，对再审申请人张三而言显失公平。即便法院最终不采纳再审申请人张三的抗辩意见，而判令被申请人有权取得青苗补偿的，亦应当对该畸高的补偿数额予以核减，以维护公平合理原则

案涉土地是再审申请人张三的口粮田，是再审申请人张三的最主要经济来源。但被申请人至今仅支付了4期租金，金额总计不过1 000余元，但却持续使用涉案土地至今，且要求取得近30 000元的补偿款。在此情况下，一审法院理应秉承"公平合理"原则，对该畸高的补偿数额予以核减，以平衡再审申请人张三与被申请人之间的权益。但是，一审及二审法院却并未考虑再审申请人张三的实际情况，在再审申请人张三收益回报极低的情况下，仍判令要求再审申请人张三付出高昂的代价，有违公平合理原则。

综上所述，一、二审判决认定事实有误，适用法律错误，应予改判。再审申请人张三现依据《中华人民共和国民事诉讼法》的相关规定，向贵院申请再审，请求贵院依法维护再审申请人张三的合法权益。

此致
××省高级人民法院

附：1. 本民事再审申请书副本×份

2. 证据清单及证据×份

再审申请人：张三

二○××年××月××日

四、制作要求及注意事项

项目二　制作刑事案件律师代书文书

任务一　制作刑事自诉状

一、刑事自诉状的概念

刑事自诉状，是指刑事自诉案件的被害人或者其法定代理人，为追究被告人刑事责任，直接向人民法院提起诉讼时制作并使用的法律文书。提起刑事自诉的条件包括：①刑事案件的被害人告诉的；②有明确的被告人，具体的诉讼请求和能证明被告人犯罪事实的证据；③属于刑事自诉的受案范围；④属于受诉法院管辖的（刑事案件由犯罪地人民法院管辖）。

刑事自诉的受案范围是：①告诉才处理的案件，包括：侮辱、诽谤罪；暴力干涉婚姻自由案；虐待案；侵占案；②人民检察院没有提起公诉，被害人有证据证明的轻微刑事案件，包括：故意伤害罪；非法侵入住宅案；侵犯通信自由案；重婚案；遗弃罪；生产、销售伪劣商品案；侵犯知识产权案；属于刑法分则第四章、第五章规定的，对被告人可能判处三年有期徒刑以下刑罚的案件；③被害人有证据证明对被告人侵犯自己人身、财产权利的行为应当依法追究刑事责任，而公安机关或者人民检察院不予追究被告人刑事责任的案件。

二、刑事自诉状的格式

刑事自诉状[1]

自诉人：×××，男/女，××××年××月××日出生，×族，……（写明工作单位和职务

---

〔1〕《刑事自诉须知》，载 https://www.court.gov.cn/fuwu-xiangqing-78692.html，最后访问日期：2023 年 4 月 30 日。

或者职业)，住……。联系方式：……。

被告人：×××，男/女，××××年××月××日出生（出生年月日不详者，可写其年龄），×族，……（写明工作单位和职务或者职业)，住……。联系方式：……。

案由：被告人被控告的罪名。

诉讼请求：

（写明具体的诉讼请求）

事实与理由：

（写明被告人犯罪的时间、地点、侵害的客体、动机、目的、情节、手段及造成的后果，理由应阐明被告人构成犯罪的罪名和法律依据。）

证据和证据来源，证人姓名和住址：

（写明主要证据及其来源，证人姓名和住址。如证据、证人在事实部分已经写明，此处只需点明证据名称、证人详细地址等。）

此致

××××人民法院

附：本起诉状副本×份

自诉人（签名或者盖章）

××××年××月××日

三、范例

<h2 align="center">刑事自诉状</h2>

自诉人：蔡××，男，19××年××月××日出生，××族，住×市××区××路×号×栋××房。

被告人：丁×，女，19××年××月××日出生，××族，住×市××区××路×号×栋××房，系自诉人配偶。

案由和诉讼请求：

被告人丁×犯遗弃罪，请依法追究其刑事责任。

事实及理由：

20××年初，自诉人与被告人丁×经人介绍认识后相恋。双方于20××年××月××日登记结婚，婚后未生育子女。

至20××年××月，自诉人因交通事故导致下肢瘫痪。自诉人因此住院治疗一年，自出院后返回家中休养至今亦已有半年。在此一年多期间，被告人丁×很少归家，从未对自诉人尽过照顾责任，更未支付过任何扶养费。自诉人及双方父母多次联系、劝导被告人，希望其担负起扶养义务，回归家庭。但被告人丁×不听劝告，对自诉人不管不问。自诉人因无法工作，导致无经济来源，日常生活全靠父母接济及照顾。自诉人的父母及邻居，均可作证。

自诉人认为：根据《中华人民共和国刑法》第××条的规定，被告人丁×的行为已构成遗弃罪，故诉请法院维护公民的合法权益，依法追究被告人丁×遗弃罪的刑事责任。

此致

××市××区人民法院

附：1. 本起诉书副本×份

2. 证据清单及证据×份

自诉人：蔡××

二○××年××月××日

四、制作要求及注意事项

任务二　制作刑事附带民事起诉状

一、刑事附带民事起诉状的概念

刑事附带民事起诉状，是指刑事案件中的被害人及其法定代理人，在刑事诉讼过程中，依法向人民法院递交的要求刑事被告人等致害人给予民事赔偿的书状。

附带民事起诉状要求人民法院在依法追究被告人的刑事责任的同时，附带解决被害人由于被告人的犯罪行为而遭受的物质损失。人民法院根据不告不理原则，只对刑事附带民事诉状中所记载的内容和所提起的诉讼请求进行审理和判决。

二、刑事附带民事起诉状的格式

刑事附带民事起诉状

附带民事诉讼原告人：×××，男/女，××××年××月××日生，×族，……（写明工作单位和职务或职业），住……，联系方式：……。

法定代理人/指定代理人：×××，……。

委托诉讼代理人：×××，……。

附带民事诉讼被告人：×××，男/女，××××年××月××日生，×族，……（写明工作单位和职务或职业），住……，联系方式：……。

（以上写明当事人和其他诉讼参加人的姓名或者名称等基本信息）

案由：

诉讼请求：

……（比如：追究刑事责任、要求民事赔偿。）

事实与理由：

……

证据和证据来源，证人姓名和住所：

……

此致

××人民法院

附：本诉状副本××份

原告人（签名）

××××年××月××日

三、范例

刑事附带民事起诉状

附带民事诉讼原告人：张三，男，19××年××月××日生，×族，住××市××区××路××号，公民身份号码：×××××××××××××××××，联系电话：××××。

附带民事诉讼被告人：李四，男，19××年××月××日生，×族，住××市××区××路××号，公民身份号码：×××××××××××××××××，联系电话：××××。

案由：人身损害赔偿

诉讼请求：

判令被告人连带赔偿附带民事诉讼原告人残疾赔偿金、医疗费、误工费、护理费、住院伙食补助费、营养费、交通费、鉴定费损失共计××元。

事实与理由：

20××年××月××日晚，被告人李四伙同两人来到原告人合法经营的××饭店消费。消费后，三人无故拒付费用，并叫来多人在饭店门口闹事。被告人李四不由分说，对原告人张三拳打脚踢，导致原告人"鼻骨骨折，断端稍塌陷"，为此住院治疗××天。

经法医鉴定，原告人构成轻伤，达到九级伤残等级。被告人的犯罪行为致使原告人经济及精神上均遭受巨大损失，原告人为治疗伤情已花费×万元。

原告人认为：被告人故意伤害原告人，导致原告人轻伤，原告人由此遭受的所有损失应由被告人承担赔偿责任。经核算，被告人应赔偿残疾赔偿金××元、医疗费××元、误工费××元、护理费××元、住院伙食补助费××元、营养费××元、交通费××元、鉴定费××元共计××元。

综上所述，依据《中华人民共和国刑事诉讼法》第××条之规定，被害人由于被告人的犯罪行为而遭受物质损失的，在刑事诉讼过程中，有权提起附带民事诉讼。现原告人作为受害人，为维护自身合法权益，特依法提起诉讼，请判如诉请。

此致
××市中级人民法院

附：1. 本起诉书副本×份
　　2. 证据清单及证据×份

原告人：张三
二○××年××月××日

四、制作要求及注意事项

任务三　制作刑事上诉状

一、刑事上诉状的概念

刑事上诉状，是刑事诉讼中享有上诉权的人员不服人民法院第一审未生效的判决或裁定，依照法定程序和期限，请求上一级人民法院依法撤销、变更原裁判的书状。

上诉是法律赋予公民的一项重要诉讼权利。刑事上诉状是人民法院进行刑事案件二审程序的书面依据。

二、刑事上诉状的格式

刑事上诉状

上诉人（注明原审诉讼地位）：×××，男/女，××××年××月××日出生，×族，……

（写明工作单位和职务或者职业），住……，联系方式：……。

　　法定代理人/指定代理人：×××，……。

　　委托诉讼代理人：×××，……。

　　被上诉人（原审诉讼地位）×××，……。

　　（以上写明当事人和其他诉讼参加人的姓名或者名称等基本信息）

　　上诉人因涉嫌××一案，不服××人民法院于××××年××月××日作出的（20××）××号刑事判决书/裁定书，现提起上诉。

　　上诉请求：

　　……

　　上诉理由：

　　……

　　（对一审判决或裁定不服的具体内容，阐明上诉的理由和法律依据。）

　　此致

××××人民法院

　　附：本上诉状副本×份

上诉人（签名）

××××年××月××日

三、范例

刑事上诉状

原审案号：（20××）×01 刑初××号

　　上诉人：张三，男，×族，19××年××月××日出生，公民身份号码：××，户籍地××市××路××单元××房，住××市××区××房。因本案于20××年××月××日被羁押，同日被刑事拘留，同年××月××日被逮捕。现羁押于××市××区看守所。

　　上诉人张三因不服××市××人民法院（20××）×01 刑初××号刑事判决书的量刑，现提出上诉。

　　上诉请求：

　　1. 撤销××市××人民法院（20××）×01 刑初××号刑事判决书；

　　2. 改判为有期徒刑×年以下。

　　事实与理由：

　　原审判决对上诉人张三量刑过重，未充分考虑上诉人已取得被害人代理人出具的《谅解书》，具有应当减轻刑罚的情节。

在原审过程中，上诉人家属根据上诉人的要求，筹措赔偿款××元支付给被害人，并取得被害人出具的《谅解书》。该《谅解书》在审理期间已提交原审法院，辩护人及上诉人在庭审过程中也数次明确提出该项事实，但原审判决对该《谅解书》一事并未提及，显然是有所遗漏。

上诉人自归案后，不但一直配合公安、检察机关的侦查讯问工作，而且在庭审过程中真诚悔过、认罪态度良好，理应罪当其罚。原审量刑过重，应予改判。

据此，上诉人特提出上诉，请求改判为×年以下有期徒刑。

此致

××市中级人民法院

上诉人：张三

二○××年××月××日

四、刑事上诉状的内容与制作要求

项目三 制作行政案件律师代书文书

任务一 制作行政起诉状

一、行政起诉状的概念

行政起诉状，是公民、法人或者其他组织认为行政机关或其工作人员作出的行政行为不当或者依法应当履行其法定职责而不作为，侵犯公民、法人或者其他组织的合法权益，依法向人民法院提起诉讼的法律文书。

二、行政起诉状的格式

行政起诉状

原告：×××，男/女，××××年××月××日生，×族，……（写明工作单位和职务或职业），住……，联系电话：……。

法定代理人/指定代理人：×××，……。

委托诉讼代理人：×××，……。

被告：×××，……。

……

（以上写明当事人和其他诉讼参加人的姓名或者名称等基本信息）

诉讼请求：

……

事实和理由：

……

证据和证据来源，证人姓名和住所：

……

此致

××××人民法院

附：本起诉状副本×份

起诉人（签名）

××××年××月××日

三、范例

行政起诉状

原告：李四，男，19××年××月××日生，汉族，住××市××区××路××号，公民身份号码：××××××××，联系电话：××××。

被告一：××市卫生健康委员会，住所××市××区××路××号。

法定代表人：××，职务：××。

电话：××××××。

被告二：××市人民政府，住所××市××区××路××号。

法定代表人：××，职务：市长。

电话：××××××。

诉讼请求：

1. 判令撤销被告一××市卫生健康委员会20××年××月××日作出的编号××××《政府信息公开申请答复书》；

2. 判令撤销被告二××市人民政府20××年××月××日作出的编号××××《行政复议决定书》；

3. 判令被告一对原告申请信息公开事项重新作出处理；

4. 判令被告一及被告二共同承担本案诉讼费用。

事实与理由：

一、基本案情

20××年××月××日午，原告到××医院看病，期间与工作人员发生口角。在争论过程中，工作人员动手打了原告两下，原告当时已将该情形用手机拍摄下来。工作人员见状将被告的手机抢走，并删除了手机中所拍摄的内容。

原告立即拨打报警电话求救，处警民警告知前述情况属民事纠纷，建议原告与××医院协商解决。故原告先后于20××年××月××日、××月××日及××月××日到××医院等处反映问题，要求纠错及赔偿。但××医院等均置若罔闻，不理不睬，且每次均如临大敌般对待手无寸铁的年迈原告。

与此同时，有自称是医务社工的人员先后于20××年××月××日、××月××日及××月××日联系原告，假意对原告多番询问，但却未如实记录原告所述情况，反而妄断原告是"医闹"。

由于原告不满××医院等的上述错误做法，为依法维权而提起诉讼，需要取得上述投诉举报及错误记录所形成的材料，遂于20××年××月××日向被告一××市卫生健康委员会申请公开"××医院于20××年××月××日、××月××日及××月××日的相关记录"，但遭被告一无理拒绝。原告无奈向被告二××市人民政府申请复议，被告二于20××年××月××日作出维持被告一所作答复的行政复议决定书，原告依然不服。

二、被告一拒绝信息公开违反法律法规规定，被告二维持被告一的错误决定亦属不当，相关行政行为均应予以撤销。被告一应当重新作出行政行为，对原告申请信息公开事项全部予以公开

（一）两被告曲解法律规定，其拒绝信息公开的理由不成立

被告一作为政府工作部门，具有对本行政机关的政府信息当事人的申请依法进行答复的法定责任。本案中，原告申请被告一公开的当日记录信息，不属于《政府信息公开申请答复书》所称的"执法案卷"，不属于内部管理信息，亦不属于处于讨论、研究或者审查中的过程性信息，故该信息应当由负责制作或者保存该信息的行政机关依法公开。

现被告一、被告二错误认为原告申请内容系行政机关履行行政管理职能过程中形成的政府信息，被告一在此基础上作出的编号××××《政府信息公开申请答复书》及被告二作出的编号××××《行政复议决定书》属适用法律错误，应予撤销。

（二）退一万步讲，医务社工不是"执法主体"，其所形成的记录不属于"行政执法案卷"

本案中，医务社工与原告联系并从原告处获取信息，其信息是原告自身原发的，不涉及第三人，原告自然有权了解记录内容是否属实。如果未如实记录，原告有权要

求更正，如恶意歪曲，原告有权追究相应人员的法律责任。

被告一在20××年××月××日作出的编号××××《关于李四同志所提事项的答复函》中，称其"主动联系医务社工介入，协助了解情况，调解矛盾"。从该句表述可见医务社工的角色是"了解情况、调解矛盾"，其无法律法规规定的相应"执法"权限，又何来的"执法案卷"？

三、被告一虽然拒绝信息公开，但却允许原告于20×年×月×日"查阅"申请公开的信息

《中华人民共和国政府信息公开条例》第十六条第二款规定，"行政机关在履行行政管理职能过程中形成的讨论记录、过程稿、磋商信函、请示报告等过程性信息以及行政执法案卷信息，可以不予公开。法律、法规、规章规定上述信息应当公开的，从其规定。"

据此可知，原告所申请的信息并非不能公开，否则被告一答应让原告"查阅"的做法，便是违反法律法规的行为。也由此，更加证明了被告一、被告二拒绝信息公开的依据不足，系错误适用法律，应予纠正。

综上所述，原告为依法维权，特诉至贵院，请判如所请。

此致
××法院

附：1. 本起诉书副本×份
　　2. 证据清单及证据×份

原告：李四
二〇××年××月××日

四、制作要求及注意事项

任务二　制作行政上诉状

一、行政上诉状的概念

行政上诉状，是指行政诉讼当事人不服人民法院第一审判决、裁定，在法定期限内，向上一级人民法院提出上诉，要求上一级人民法院撤销、变更一审判决、裁定的书状。

当事人不服人民法院第一审判决、裁定的，有权在法定期限内向上一级人民法院提出上诉。行政诉讼当事人提起上诉应当提交行政上诉状。依法提交的上诉状是人民法院对该案启动二审程序的依据，不仅有助于人民法院及时发现并纠正原审裁判中可能存在的错误，提高审判效率，也有助于维护当事人合法权益。

二、行政上诉状的格式

行政上诉状

上诉人（注明原审诉讼地位）：×××，男/女，××××年××月××日出生，×族，……（写明工作单位和职务或者职业），住……。联系方式：……。

法定代理人/指定代理人：×××，……。

委托诉讼代理人：×××，……。

被上诉人（原审诉讼地位）×××，……。

……

（以上写明当事人和其他诉讼参加人的姓名或者名称等基本信息）

×××因与×××……（写明案由）一案，不服××××人民法院××××年××月××日作出的（××××）……号民事判决/裁定，现提起上诉。

上诉请求：

……

上诉理由：

……

此致

××××人民法院

附：本上诉状副本×份

上诉人（签名或者盖章）

××××年××月××日

三、范例

行政上诉状

原审案号：（20××）××行初××号

上诉人（原审原告）：陈小女，女，20××年××月××日生，汉族，住××市××区××路××号，公民身份号码：×××××××，联系电话：××××。

法定代理人（系上诉人母亲）：陈大娘，女，19××年××月××日生，汉族，住××市

××区××路××号，公民身份号码：×××××××××××××××××，联系电话：××××。

委托代理人：张××，××律师事务所律师。

被上诉人（原审被告）：××市公安局××区分局××派出所，住所地××市××区××路××号。

法定代表人：王××，职务：教导员。

上诉人因不服××法院的（20××）××行初××号《行政判决书》，现提出上诉。

上诉请求：

1. 判令撤销××法院的（20××）××行初××号《行政判决书》第二项判决，改判支持上诉人的全部诉讼请求；

2. 判令被上诉人承担本案的全部诉讼费用。

事实与理由：

一、上诉人多次报警要求立案查处不法行为，却屡遭被上诉人推诿拒绝，被上诉人系严重的行政不作为。被上诉人不但存在原审认定的超过法定期限履行职责之违法行为，还存在对上诉人20××年××月××日报案不予立案的行政不作为之违法情形

《中华人民共和国人民警察法》第二十一条第一款规定："人民警察遇到公民人身、财产安全受到侵犯或者处于其他危难情形，应当立即救助；对公民提出解决纠纷的要求，应当给予帮助；对公民的报警案件，应当及时查处。"被上诉人作为负有依法保护公民人身免受侵害法定职责的政府派出机构，应及时就上诉人人身受到不法侵害的行为进行查处。

本案中，上诉人因遭到加害人虐待、侵害其人身权事宜，由其母陈大娘于20××年××月××日向被上诉人报案，请求立案对上诉人给予保护、制止加害人的行为并对该行为进行查处。但被上诉人未履行制止侵害、立案查处的法定职责，而是迟至20××年××月××日才调取相关视频录像资料，迟至20××年××月××日才对上诉人法定代理人陈大娘作有关20××年××月××日报警事项的询问并制作笔录，更是迟至20××年××月××日，才向与上诉人曾共同居住人员进行询问，严重耽误查处进度。

依据前述法律规定，被上诉人负有依法保护上诉人人身免受进一步侵犯的义务，应依法立案并履行就相关情况制作笔录、现场勘查、提取并固定证据等必要的初步调查职责。但是被上诉人接到报警后，却以各种"理由"拒绝甚至阻挠上诉人报警，未依法进行调查处理，未及时收集、固定加害人的违法犯罪证据，且未在法定办理治安案件的期限内将最终的调查处理结果依法告知上诉人，违反了《中华人民共和国人民警察法》第二十一条及《中华人民共和国治安管理处罚法》第九十九条相关规定，应确认其行为违法。

因此，上诉人认为，原审法院除作出原审第一项判决认定外，还应当认定被上诉人20××年××月××日报案不予立案系行政不作为，确认被上诉人该行为违法。

二、原审判决认定事实错误、适用法律依据错误，导致未支持上诉人的赔偿要求，应改判被上诉人须承担行政赔偿责任。被上诉人接到上诉人报警求助后，未及时立案查处制止，是导致上诉人继续受到加害人不法侵害的原因，故上诉人应承担相应的行政赔偿责任

《中华人民共和国行政诉讼法》第七十六条规定："人民法院判决确认违法或者无效的，可以同时判决责令被告采取补救措施；给原告造成损失的，依法判决被告承担赔偿责任。"《最高人民法院关于公安机关不履行法定行政职责是否承担行政赔偿责任问题的批复》（已失效）规定："由于公安机关不履行法定行政职责，致使公民、法人和其他组织的合法权益遭受损害的，应当承担行政赔偿责任。在确定赔偿的数额时，应当考虑该不履行法定职责的行为在损害发生过程和结果中所起的作用等因素。"

本案中，正是由于被上诉人对上诉人于20××年××月××日报警不予立案的行政不作为，导致上诉人后来在20××年××月至××月间又遭加害人打伤。原审认定被上诉人的行政行为与被上诉人遭受损害之间没有因果关系是错误的（原审判决书第××页倒数第××自然段）。

上诉人认为，上诉人受到的人身侵害固然是由加害人直接造成的，但是正是由于不法侵害发生后，被上诉人不履行立案查处职责而使得加害人的侵权行为继续得逞，使得上诉人继续受到不法侵害，被上诉人实质上已间接侵犯了上诉人的人身安全保障权，故其责任形式属侵权责任。

由此，足见被上诉人系严重的行政不作为，加之上诉人受到实际损害的事实确实存在，故理应采信并支持上诉人的赔偿诉求。

三、原审法院在认定被上诉人超过法定期限履行职责行为违法以及确认被上诉人行政不作为违法的同时，还应判令被上诉人在一定期限内纠错，及时履行立案查处职责

《中华人民共和国行政诉讼法》第七十二条规定："人民法院经过审理，查明被告不履行法定职责的，判决被告在一定期限内履行。"

本案中，被上诉人虽然已作出《终止案件调查决定书》，但该决定书所陈述的终止理由显然与事实不符，尚不足以构成作出终止案件调查决定的依据。该决定书的内容，更是进一步反映了被上诉人存在明显的行政不作为过错。现被上诉人未能举证证明其不予立案的"行政不作为"无过错。

因此，被上诉人负有履行法定职责的义务（即，对上诉人的报警事项予以立案），以及承担赔偿责任的义务。

四、结束语

综上所述，恳请贵院判令撤销××法院的（20××）××行初××号《行政判决书》第

二项判决，改判支持上诉人的全部诉讼请求。

　　此致

××市中级人民法院

　　附：1. 本起诉书副本×份

　　　　2. 证据清单及证据×份

具状人：陈小女

法定代理人：陈大娘

二〇××年××月××日

四、制作要求及注意事项

项目四　制作律师工作文书

任务一　制作代理词

一、代理词的概念

　　代理词，是指当事人的诉讼代理人为维护被代理人的合法权益，在法庭辩论阶段依据事实和法律所发表的陈述己方意见、反驳对方观点的演说词。代理词既是对诉讼委托人主张的事实进行的全面而又系统的论述，又是对对方当事人所主张的事实和理由进行的全面而又系统的反驳，是代理律师维护委托人合法权益的重要诉讼文书。代理词对诉讼的进行具有重要意义，可以帮助当事人分清是非，认清合法与非法的界限，促成和解，为当事人接受人民法院裁判奠定基础；也有利于人民法院客观、全面地了解案情，认清是非责任，作出公正、合理的裁判。

二、代理词的格式

一审民事代理词

案号：（20××）××民初××号

审判长（审判员、人民陪审员）：

　　××律师事务所接受原告××的委托，指派×××律师担任原告××诉被告××的××纠纷一案一审代理人。代理人审阅了全案案卷，参加了庭审，对全案案情有全面了解。现提供如下代理意见，供贵院研究、采信。

　　……

　　（此部分阐述代理人对案件的观点）

　　综上所述，原告××的诉讼请求合法有据，被告××的抗辩理由不能成立，恳请贵院采信原告××的主张，判决支持原告的全部诉讼请求。

　　此致

××市××区人民法院

代理人：×××

二〇××年××月××日

三、范例

一审民事代理词

案号：（20××）××民初××号

审判长、审判员：

　　××律师事务所×××律师，接受题述案号中第三被告小明的委托，担任小明与原告甲公司等的计算机软件著作权许可使用合同纠纷案一审代理人。代理人审阅了全案案卷，参加了庭审，对全案有全面了解。现提供如下代理意见，供贵院研究、采信。

　　一、针对小明的诉请，原告系主体不适格

　　原告与第一被告乙公司订立案涉协议时，小明不是被告一股东，与案涉协议毫无关联，应驳回原告的起诉。

　　20××年××月××日，小明分别将名下各自持有的全部乙公司股权转让给本案第二被告小红。该转让行为系基于当事各方真实意思表示的商业行为，并不损害第一被告及其他第三人的合法权益，更遑论"损害"当时尚未与第一被告订立案涉协议的原告。

　　20××年××月××日，小明办妥了相关工商变更登记手续后，相关的股东权利义务均由第二被告小红承继，小明此后与第一被告再无瓜葛。

　　原告迟至20××年××月××日才与第一被告订立案涉协议，然而此时小明已非第一被告股东。原告显属主体不适格，应驳回其起诉。

　　二、原告要求与案涉法律关系无关的小明先承担责任，被告公司股东小红后承担法律责任系对法律理解错误

　　根据合同相对性原则，原告的任何主张仅限于其与第二被告小红之间。原告对法律认识错误，逻辑立论混乱不堪，其将自身过错转嫁到小明身上是滥诉表现，应对其此举作否定性评价。

如前所述，原告与第一被告订立案涉协议时，第一被告的股东不是小明，而是第二被告小红。若原告认为第一被告股东未实际出资导致其权益受损的，其诉请对象应当是订立案涉协议时的股东即第二被告小红，而非小明。

现原告不但错误地起诉小明，而且"颠倒"次序，居然反过来要求退股在前的小明"先承担责任"，要求退股在后的第二被告小红"后承担责任"，令人费解。

按照原告的该等荒唐逻辑，则其还应起诉小明的"前手"股东——即第一被告的创始股东才是。可见，原告的逻辑立论混乱。

三、小明"股东责任"已被阻却，原告要求小明承担责任缺乏法律及事实依据

第二被告小红当庭确认其已对第一被告实缴出资，因此不存在第一被告"股东未出资"的情形，原告无论如何都不能要求小明承担责任。

第一被告系有限责任公司，股东依法以出资为限对第一被告承担法律责任。庭审中，第二被告小红明确其已经完成对第一被告的出资。因此，原告向时任第一被告股东的第二被告小红主张的"未履行出资义务"与实际不符。

就算小明未对第一被告出资，也不影响第二被告小红的已出资行为从事实及法律上彻底"阻却"了包括小明在内的第一被告各股东之"股东责任"。

也由此，原告要求小明在"未出资本息范围内"承担所谓的"补充赔偿责任"，缺乏事实及法律依据。原告滥诉小明的主张不应得到支持。

四、小明无须承担"补充赔偿"责任

2019 年的《全国法院民商事审判工作会议纪要》（以下简称《九民纪要》）规定"在注册资本认缴制下，股东依法享有期限利益。"故，即便小明在担任第一被告股东期间未实缴出资，但小明基于所享有的期限利益，也无需承担所谓"补充赔偿责任"。

根据 20××年××月××日（即小明担任第一被告股东后）制订的第一被告公司章程第××条规定可知，第一被告全体股东认缴的注册资本总额为人民币××万元，小明的认缴出资额为××万元，出资比例为××%；公司章程第××条还规定股东认缴出资额由股东根据公司实际经营需要决定出资计划。

《九民纪要》第二条"关于公司纠纷案件的审理"项下"6. 股东出资应否加速到期"规定："在注册资本认缴制下，股东依法享有期限利益。债权人以公司不能清偿到期债务为由，请求未届出资期限的股东在未出资范围内对公司不能清偿的债务承担补充赔偿责任的，人民法院不予支持。但是，下列情形除外：（1）公司作为被执行人的案件，人民法院穷尽执行措施无财产可供执行，已具备破产原因，但不申请破产的；（2）在公司债务产生后，公司股东（大）会决议或以其他方式延长股东出资期限的。"

如前所述，小明自 20××年××月××日后不再担任第一被告股东，退出其经营管理活动。原告与第一被告是在此后的 20××年××月××日才建立联系，才有可能形成债权债务关系。在第一被告不存在"已具备破产原因，但不申请破产"及"公司债务产生后，决议延长股东出资期限"的情形下，对于原告自诩为"债权人"并以公司不能清偿到

期债务为由，请求小明承担补充赔偿责任的诉讼请求，应不予支持。

综上所述，原告针对小明的诉讼请求缺乏事实及法律依据，恳请贵院采信小明的抗辩意见，裁定驳回原告的起诉或判决驳回其相关诉讼请求。

此致

××市××区人民法院

代理人：×××律师

二〇××年××月××日

四、制作要求及注意事项

任务二　制作辩护词

一、辩护词的概念

辩护词是辩护人为了维护刑事被告人的合法权益，在法庭辩论阶段，根据事实和法律，说明被告人无罪、罪轻或者应当予以减轻、免除其刑事责任的发言。

犯罪嫌疑人、被告人可以委托一至二人作为辩护人。辩护人的责任是根据事实和法律，提出证明犯罪嫌疑人、被告人无罪、罪轻或者应当予以减轻、免除其刑事责任的材料和意见，维护犯罪嫌疑人、被告人的合法权益。二审案件不开庭审理的，律师应向法庭提交书面辩护意见。

二、辩护词的格式

一审辩护词

案号：（20××）××刑初××号

审判长、审判员：

××律师事务所××律师接受被告人××的委托，担任其一审辩护人。辩护人接受委托后，已完成阅卷并依法会见了被告人张三，听取了被告人的辩解意见，现综合全案证据及被告人辩解，依法发表辩护意见如下，供贵院研究、采信。

（主要三项内容：一是申明辩护人的合法地位；二是讲明辩护人在出庭前进行了哪

些工作；三是讲明辩护人对全案的基本看法。）

……（主文部分）

（该部分是辩护词的核心内容，是辩护人为维护被告人的合法权益所要阐明的主旨，应该从被告人的行为事实出发，对照有关的法律规定，论证被告人无罪、罪轻或应该予以减轻甚至免除其刑事责任的意见和根据，通常是要围绕被告人是否构成犯罪，属于何种罪名，有无从轻的法定条件以及诉讼程序是否合法等问题展开辩论和论述。）

……（结束语）

（该部分是对辩护词的归纳和小结。一般讲两个内容：一是辩护词的中心观点；二是向法庭提出对被告人的处理建议。）

此致

××市××区人民法院

辩护人：××
二○××年××月××日

三、范例

二审辩护词

原神案号：（20××）××刑初××号
二审案号：（20××）××刑终××号

××市中级人民法院：

××律师事务所接受题述案号中第二被告人张三的委托，指派××律师（以下简称辩护人）担任张三涉嫌××一案的二审辩护人。辩护人接受委托后，已依法阅卷并会见了被告人张三，听取了被告人的辩解意见，对案情有全面了解。辩护人现综合全案证据及被告人辩解，依法发表辩护意见如下，供贵院研究、采信。

一、原审判决对于被告人张三罪名定性有误，应改判认定张三仅构成组织卖淫罪

原审判决主要将"被害人出具欠条"一事作为认定被告人张三构成"强迫"被害人卖淫的事实依据。但辩护人认为，该认定的查证既不充分，也不严密。

首先，原审判决并未查明何人提出强迫被害人出具"欠条"的要求，仅是笼统表述为"四名被告人"提出，但四名被告人均未曾对此作出供述。其次，原审判决对四名被告人如何"强迫"被害人出具"欠条"的经过语焉不详，未查明在被害人出具"欠条"的过程，仅表述为四名被告人采取"语言威胁"方式。最后，对于被告人张三在被害人出具"欠条"过程中充当何种角色、处于何种地位，原审判决亦未查明，此系对被告人张三的严重不公。

不可否认，被告人张三是期待被害人能够最终从事卖淫活动的，但其所持态度的恶性程度乃至于其在本案中对被害人所施加的影响，仅限于"组织卖淫"，而远远不构

成"强迫"卖淫。原审认定被告人张三构成强迫卖淫罪，属定性错误。

二、被告人张三未对被害人实施"强迫"行为，不应构成强迫卖淫罪

（一）现有证据显示，参与卖淫的被害人共三名（李某某、王某某、孙某某）。被告人张三与该三人从未发生身体接触，说明被告人张三从未采取过暴力手段

原审所认定的"语言威胁"仅有被害人的陈述，所谓的"威胁说如果不做就回老家搞死我们"是否张三亲口所述，原审语焉不详；况且，该内容是否能够达到迫使三名被害人恐惧、继而听命于各被告人的程度，也严重存疑。

原审查明三名被害人案发时均是不满十四周岁的未成年人，但现有在案照片反映出三名被害人当日的妆容装束明显老成于同龄孩童，可推定不论是心智抑或是认知，其均有别于同龄人。因此，人民法院在评价被害人是否形成"恐惧"心理、被迫卖淫时，应充分考虑该特殊情节。

（二）各被害人均陈述出具"欠条"当晚还有万某某、刘某某两名女子在场，她们同时受到"胁迫"

但是，万某某、刘某某由于不同意卖淫，在既未出具"欠条"也未"偿还车费、食宿费用"的情况下，就离开了现场，此后亦未涉案。辩护人认为，当晚有无言语攻击已不可考，纵有言语攻击，亦不见得达到足以"强迫"三名被害人的程度。因为如果被告人张三已充分达到"强迫"程度的话，则万某某、刘某某必不可能轻易脱身离开。对于该情节，原审判决未予以重视，但恰恰是此情节，再次印证被告人张三不构成"强迫卖淫罪"。

由此，出具"欠条"的行为与"受到胁迫"之间并不必然划上等号，原审以"欠条"作为认定被告人张三"强迫"被害人卖淫的事实依据，存在重大疑点。基于此，不应认定张三构成强迫卖淫罪。

三、被告人张三在本案中的定位是负责记账的后勤身份，有别于领头带队的其他被告人，其恶性程度相对较低，应罪当其罚

从各被害人供述看，各人从事卖淫时，均系自由行动，并无被告人在旁看管；各人所接到的卖淫指令，也均不是被告人张三作出的。甚至于，在本案第一被告人李四及第三被告人王五内证后，被害人自行"选边站队"。另据被告人张三陈述，其与各被害人并不熟悉，只是偶尔一群人一起吃饭。

被告人张三在被害人事实"卖淫"的过程中未参与，在被告人内部也不是首要分子，其只是辅助人员，所起到的作用也仅是记账辅助。故应认定其为从犯，而非主犯。

四、被告人张三在原审中一再表示对检察机关指控构成组织卖淫罪一事认罪认罚，因此应酌情予以减轻或从轻处罚。原审判决对其量刑过重，应予减轻

无论如何，对各被害人所遭受的苦难痛楚，被告人张三负有不可推卸的责任。其在知悉犯罪行为时，采取放任甚至乐见其成的心态，才导致了各被害人转变成失足妇女。

但是，被告人张三在三名被害人的身份转变过程中，并未真正起到"强迫"的作

用，其不具备起到真正强迫被害人的能力，也未真正实施"强迫"行为。

被告人张三出生于 2000 年，案发时也才刚刚成年不久，与三名被害人的年龄相仿，与第一被告人李四的年龄相距较大，甚至比第三被告人王五还小一岁。因此，人民法院在对被告人张三定罪量刑时，理应对其与第一被告人李四、第三被告人王五有所区分，对被告人张三予以从轻处理，使其罪刑相适应。

综上所述，恳请贵院改判认定被告人张三不构成强迫卖淫罪，仅构成组织卖淫罪，并对其从轻量刑。

此致

××市中级人民法院

辩护人：××

二〇××年××月××日

四、制作要求及注意事项

任务三　制作法律意见书

一、法律意见书的概念

法律意见书是律师就当事人进行的法律活动中的有关法律问题，向当事人提交具有建设性的意见，并解答当事人咨询的法律文书。作为指导当事人法律行为的书面意见，法律意见书不同于法院生效判决和仲裁庭裁定，它本身并不具有任何法律效力，而只是律师以其法律知识为当事人提供的法律参考意见。

二、法律意见书的格式

法律意见书

编号：××××

致：×××

××律师事务所接受贵方委托，指派本所×××律师及×××律师（以下简称经办律师）

就贵司咨询的×××一事出具本法律意见书，供贵司参考、决策：

一、贵方提供的文件

……（列明当事人提供的相关资料）

二、基本情况归纳

……（结合已有相关资料，对当事人介绍的案情作出简要归纳）

三、法律分析

……（根据法律法规规定，对当事人关切事项进行法律分析，判断其是否合法有效等）

四、处置方案

……（在前述分析的基础上，提供可行性法律意见）

五、权利保留

以上法律意见，仅供贵方参考，不得用作任何其他目的。同时，本所保留根据基本变化，进一步补充及修改本法律意见书的权利。

本法律意见书一式×份，经本所经办律师签字并加盖本所公章后生效。

××律师事务所

律师：×××

二○××年××月××日

三、范例

（一）范例1

关于《××房地产开发公司的公司制改制实施方案》之法律意见书

编号：（20××）第××号

第一部分　引言

根据××律师事务所（以下简称本所）与××房地产开发公司签订的《专项委托代理协议》，本所受托并指派律师就《××房地产开发公司的公司制改制实施方案》（以下简称《改制方案》）出具法律意见书。

本法律意见书是在××房地产开发公司提供给本所律师出具法律意见书所需的书面材料、口头陈述、所有签名/印章均真实有效的基础上作出的，仅供××房地产开发公司公司制改制方案报批之目的使用，不得用作任何其他目的。

本所律师根据《××法》《××暂行办法》《关于××改制工作的意见》《关于××的实施方案》等法律、法规的规定，对改制方案进行了审查，具体法律意见如下：

第二部分　正文

一、改制方案制订主体适格，但应完善有关手续一般而言，改制方案可由国有产权持有单位或企业主管部门制订，也可由其委托中介机构或改制企业制订。××房地产开发公司的产权持有单位/企业主管部门为××省集团有限公司。因此正常情况下，《改制方案》的制订主体应为××省集团有限公司，或由其委托××房地产开发公司制订。

现××房地产开发公司根据××省集团有限公司的统一要求和安排，制订《改制方案》并上报××省集团有限公司批准，并无重大不妥。但是，××省集团有限公司应出具书面文件，同意由××房地产开发公司自行制订《改制方案》并上报××省集团有限公司。

二、改制方案内容完整，符合有关法律、法规、行政规章和政策的规定

改制方案内容应包括：改制企业的基本情况、改制的必要性和可行性、基本思路、主要内容、具体方式；改制的操作程序、财务审计/资产评估等中介机构的选择，以及改制工作的组织领导；改制后企业的业务/股权设置、法人治理结构、企业的债权、债务处理方案、职工安置方案等。

改制的具体形式应为：在保证国有资产保值增值、防止国有资产流失、妥善安置全部职工、落实企业的债权债务的原则下，××房地产开发公司由全民所有制改制为有限责任公司，整体变更为法人独资的有限责任公司；改制后的新公司承继××房地产开发公司权利义务和所持有的相关业务资质。

本所律师认为，××房地产开发公司的公司制改制方案内容完整，无重大遗漏，符合《××的实施意见》等文件的要求，未发现其改制内容和形式有违国家有关法律、法规、国务院国有资产监督管理委员会、××省国有资产监督管理委员会等部门的政策禁止性规定之处。

三、结论意见

根据以上事实和法律分析，本所律师认为，《改制方案》符合《××法》《关于××改制工作的意见》《关于××的实施方案》等法律、法规和文件的规定，内容完整，无重大遗漏。《改制方案》经国有产权持有单位或企业主管部门履行决定或批准程序后，即可实施。

以上法律意见，仅供参考。同时，本所保留进一步补充及修改本法律意见书的权利。

本法律意见书一式×份，经本所经办律师签字并加盖本所公章后生效。

（以下无正文）

××律师事务所
律师．×××
二〇××年××月××日

（二）范例 2

关于《关于共同出资设立甲公司的协议书》及《甲公司有限公司章程》的法律意见书

编号：（20××）第××号

致：××投资有限公司

××律师事务所接受贵司委托，指派本所律师就题述文件进行审阅，并出具本法律意见书，供贵司参考、决策：

一、经本所律师适当查询，截至本法律意见书出具之日，全国企业商事登记信息网的商事登记基本信息查询系统显示，题述文件的相对方"乙公司"及"丙公司"均有效存续。

二、据贵司介绍及本所律师对题述文件所作审阅，《关于共同出资设立甲公司的协议书》主要涉及贵司拟与前述两个相对方共同发起设立"甲公司（暂定名）"，对各方的权利义务作出安排约定的事宜。

《甲公司有限公司章程》则系设立"甲公司（暂定名）"的商事登记所需配套文件，暂未发现其约定内容与《关于共同出资设立甲公司的协议书》的主旨相悖。

基于贵司陈述，题述文件约定内容系各相对方真实意思表示，暂未发现题述文件约定的内容违反法律法规规定。

三、本所律师已对题述文件的其他内容提出相关审阅修订意见，具体详见随附的题述文件之审阅修订版。

以上，供参考。

需要说明的是，对于题述文件涉及商务决策及商务风险的，应由贵司自行把关。本所律师保留进一步补充修订的权利。

附：1.《关于共同出资设立甲公司的协议书》修订版

2.《甲公司有限公司章程》修订版

××律师事务所

律师：×××

二○××年××月××日

四、制作要求及注意事项

任务四　制作律师函

一、律师函的概念

指依法执业的律师接受自然人、法人或其他组织的委托，以律师身份签发的、就特定法律事项代为向特定对象发出的书面文件。

二、律师函的格式

律师函[1]

（20××）××律函字第××号

××公司：

　　××律师事务所（以下简称本所）系经许可在中国从事法律服务的机构。本所受××公司的委托/本所作为××公司的常年法律顾问，指派××律师、××律师就贵公司××一事，依据《××法》《××法》及相关法律法规规定致函如下：

　　一、委托人陈述的事实概述

　　××年××月××日，……

　　二、法律分析及法律后果

　　根据××公司向本所提供的上述事实及证据，我们认为：贵公司××行为的性质或将承担……的法律责任。

　　三、解决问题的方法及建议

　　为弥补××公司的损失，妥善解决上述纠纷，避免诉累，请贵公司在收到本函之日起3日内履行……义务：……如贵公司不愿接受××公司的要求，可能会导致双方分歧及误会加深，促使××公司通过诉讼等法律途径维护其合法权益，故请贵公司慎重考虑本律师意见。

　　本律师函所依据的事实及证据系由委托人提供，且委托人已承诺对其真实性、完整性、准确性负责，但并不排除贵公司与××公司对客观事实的认知有所出入的可能。贵公司如对本律师函涉及事实有所异议，或者对问题的解决有其他合理建议，请直接与本律师/或者××公司联系沟通。

　　（提示：律师出具律师函时，无须照搬上述一、二、三点所列纲要语句，只需按上述结构要求表述即可。）

　　特此函告律师联系方式：……

---

　　〔1〕　摘录自《广东省律师出具律师函业务操作指引》（粤律协〔2023〕12号）。

委托人联系方式：……

委托人已阅读并完全知悉此律师函中的内容，同意××律师事务所、××律师按上述内容向××发出律师函。

委托人：（签字或者盖章）

（备注：上方加下划线部分内容用于律师函工作底稿）

××律师事务所

律师：（签名）

二〇××年××月××日

确认声明

兹确认并同意××律师事务所为声明人拟定的（20××）××律函字第××号《律师函》全部内容，由××律师事务所送达给××。因本《律师函》的全部或者部分内容或者相应证据材料而引起的一切经济或者法律责任，概由本声明人承担。

送达地址：……

收件人：……

电话：……

特此确认

声明人（签名或者盖章）：

二〇××年××月××日

三、范例

律师函

编号：（20××）律师函第××号

致：甲公司

××律师事务所（以下简称本所）系经许可在中国从事法律服务的机构，本所作为乙公司的常年法律顾问，指派×××律师就贵司拖欠乙公司相关工程款一事，依据《中华人民共和国民法典》及相关法律法规致函如下：

据乙公司提供的资料及陈述显示：

1. 20××年××月××日，乙公司与贵司就贵司委托乙公司实施"××展览馆"项目签订编号为××××的《××展览馆项目合同》（以下简称案涉合同）。案涉合同约定：合同总金额为××万元，由贵司分期支付；其中，贵司应在影片制作出初稿样片后3日内向乙公司支付相当于合同总金额×%的款项××万元，并应在展馆项目验收完成后3日内再向乙公司支付相当于总金额×%的款项××万元，且须在质保期满后3个工作日内再支付相当于总金额××%的质保金××万元。

2. 乙公司已向贵司交付了案涉合同约定的全部工作成果，贵司亦已于20××年××月××日对整个展馆项目验收合格。据此，贵司依约理应在20××年××月××日前再向乙公司支付××万元，但贵司仅再支付了××万元。

此后，经乙公司多次催讨，贵司始终以各种理由拒绝支付。截至20××年××月××日，贵司仍欠付案涉合同的该期应付款项本金××万元（大写：××万元整）。

根据乙公司向本所提供的上述事实及证据，本律师认为：贵司与乙公司就展馆项目订立的案涉合同系双方真实意思表示，其约定合法有效，双方理应信守。根据案涉合同约定，贵司至迟应在20××年××月××日前（即展馆项目验收完成后3日内）向乙公司付清该期款项××万元。现贵司逾期付款的行为，涉嫌严重违约，极有可能须承担违约责任。

为弥补乙公司的损失，妥善解决上述纠纷，避免诉累，请贵司在收到本律师函后3日内履行付清该期本金余款人民币××万元（大写：××万元整）的合同义务。如贵司不愿接受乙公司的要求，可能会导致双方分歧及误会加深，促使乙公司通过诉讼等法律途径维护其合法权益。一旦乙公司被迫提起诉讼维权，其为保障债权得以实现将有权依法申请诉前/诉讼保全，申请人民法院冻结、查封、扣押贵司账户、不动产等贵司名下财产。若此，当乙公司的诉请获得人民法院支持后，贵司除须如数支付余款、违约金及诉讼费用等各项费用外，或还将因案件裁判文书信息公开而使自身商誉受损，故请贵司慎重考虑本律师的意见。

本律师函所依据的事实及证据系由乙公司提供，且乙公司已承诺对其真实性、完整性、准确性负责，但不排除贵司与乙公司对客观事实的认知有所出入的可能。贵司如对本律师函涉及事实有所异议，或者对问题的解决有其他合理建议，可直接与乙公司（联系方式：××××）联系沟通。

特此函告

××律师事务所
×××律师
二〇××年××月××日

四、制作要求及注意事项

任务五　制作授权委托书

一、授权委托书的概念

授权委托书，是当事人及其法定代理人，委托律师代为办理诉讼或非诉讼法律事务时，出具的明确律师代理权限的法律文书。

犯罪嫌疑人、被告人、被害人有权委托辩护人、诉讼代理人代为辩护、代理诉讼。授权委托书是委托人实施授权行为的凭证，也是律师辩护权、代理权产生的直接根据，还是人民法院确认律师刑事诉讼辩护人、民事诉讼代理人资格的依据。

二、授权委托书的格式

（一）格式1

授权委托书

委托人：×××公司

住所：××市××区××路××房

法定代表人：×××

受委托人：×××　　　　　　　　联系电话：××××××

工作单位：×××律师事务所　　　职务：律师

受委托人：×××　　　　　　　　联系电话：××××××

工作单位：×××律师事务所　　　职务：律师

现委托上述委托人在与×××的×××纠纷一案中，作为我方的一审诉讼代理人。

代理权限为特别授权，包括：……

（写明具体的委托事项，比如：1. 代为提出起诉、应诉、答辩、上诉、申诉、反诉及进行和解；2. 代为承认、变更诉讼请求；3. 代为申请公证、诉前/诉讼保全；4. 签署、签收有关法律文件；5. 代为申请查询、查阅、复制相关文书信息及文件材料；6. 代为处理与本案有关的其他事务。）

本委托自委托之日起生效，至案件一审裁判之日时终止。

委托人：×××公司

法定代表人：×××

二〇××年××月××日

（二）格式2

刑事委托书

委托人：×××　　性别：男/女　　年龄：×岁　　民族：×

公民身份号码：×××××××××××××××××

受托人：×××　律师　　　　　单位：×××律师事务所

地址：××市××区××路××号

邮编：×××　　　　　电话：×××

受托人：×××　律师　　　　　单位：×××律师事务所

地址：××市××区××路××号

邮编：×××　　　　　电话：×××

现委托上列受托人在×××涉嫌×××罪一案中，代理委托人处理如下事项：

为委托人在本案侦查阶段提供法律咨询、调查取证、申请取保候审、刑事辩护。

本委托书有效期自签发之日起至本案终结之日止。

（以下无正文）

委托人：×××

二○××年××月××日

三、范例

授权委托书

委托人：××公司

地址：××市××区××路××号。

法定代表人：×××

受委托人：×××　　　　　　联系电话：××××××

工作单位：××律师事务所　　　职　务：律师

受委托人：×××　　　　　　联系电话：××××××

工作单位：××律师事务所　　　职　务：律师

现委托上述委托人在与张三的×××纠纷（案号：××××号）一案中，作为我方的一审诉讼代理人。

代理权限为特别授权，包括：1. 代为提出起诉、应诉、答辩、上诉、申诉、反诉及进行和解；2. 代为承认、变更诉讼请求；3. 代为申请公证、诉前/诉讼保全；4. 签署、签收有关法律文件；5. 代为申请查询、查阅、复制相关文书信息及文件材料；6. 代为处理与本案有关的其他事务。

本委托自委托之日起生效，至案件一审裁判之日时终止。

委托人：××公司

法定代表人：×××

二○××年××月××日

四、制作要求及注意事项

项目五　制作申请书

任务一　制作变更强制措施申请书

一、变更强制措施申请书的概念

申请变更强制措施，通常指申请取保候审，是被羁押的犯罪嫌疑人、被告人及其法定代理人、近亲属向人民法院、人民检察院或公安机关提出的，对被告人、犯罪嫌疑人从羁押型强制措施变更为非羁押型强制措施的申请。被羁押的被告人、犯罪嫌疑人及其法定代理人、近亲属有权申请取保候审。取保候审申请书是人民法院、人民检察院、公安机关决定对符合条件的被告人、犯罪嫌疑人进行取保候审的前提和书面依据。

二、变更强制措施申请书的格式

变更强制措施申请书

申请人：×××，系××律师事务所律师

联系电话：××××××

通信地址：××市××区××路××号

申请事项：

　　申请为犯罪嫌疑人×××（公民身份号码：××××××××××××××××××）办理变更强制措施。

　　申请事实及理由：

　　××律师事务所接受×××的委托，指派申请人担任犯罪嫌疑人×××因涉嫌×××罪一案侦查阶段辩护人，申请人已依法会见了×××并了解了案件的部分情况。犯罪嫌疑人×××于20××年××月××日经贵局刑事拘留，目前羁押在××看守所。

　　……（列明具体理由）

　　鉴于此，根据×××的委托，申请人特为其提出变更强制措施申请，恳请予以批准。

　　此致

××公安局

申请人：×××

二○××年××月××日

三、范例

变更强制措施申请书

　　申请人：×××，系××律师事务所律师

　　联系电话：××××××

　　通信地址：××市××区××路××号

　　申请事项：

　　申请为犯罪嫌疑人×××（公民身份号码：××××××××××××××××××）办理变更强制措施。

　　申请事实及理由：

　　××律师事务所接受×××的委托，指派申请人担任犯罪嫌疑人×××因涉嫌×××罪一案侦查阶段辩护人，申请人已依法会见了×××并了解了案件的部分情况。犯罪嫌疑人×××于20××年××月××日经贵局刑事拘留，目前羁押在××看守所。

　　据初步了解，×××平时表现良好，羁押期间亦表现良好，积极配合贵局查清案件，因此对其采取取保候审，不致发生社会危险，其亦明白逃避侦查带来的严重后果。

　　鉴于此，根据×××的委托，申请人特为其提出变更强制措施申请。

　　×××的家属将作为变更强制措施的保证人，履行保证人监督和报告等义务，保证×××在变更强制措施期间能随传随到，积极配合司法机关侦查，绝不出现任何有碍侦查，逃避侦查等行为。

　　为此，依照《中华人民共和国刑事诉讼法》第××条及第××条的有关变更强制措施的法律规定，申请人特向贵局提出申请，为犯罪嫌疑人×××申请变更强制措施，恳请贵局予以批准。

　　此致
×××市公安局

申请人：×××

二〇××年××月××日

四、制作要求及注意事项

任务二　制作羁押必要性审查申请书

一、羁押必要性审查申请书的概念

　　律师在办理刑事案件过程中，基于犯罪嫌疑人、被告人已被逮捕且处于羁押状态的前提，依法就解除犯罪嫌疑人、被告人的羁押而向人民检察院提交申请文书。人民检察院设置的羁押必要性审查制度是专门为被逮捕的犯罪嫌疑人、被告人设计的，该文书基于人民检察院的羁押必要性审查制度而产生。

　　申请羁押必要性审查与申请变更强制措施之间具有紧密的联系，在申请目的与条件上也有重合与近似之处，容易混淆。两者的区别主要是：

　　1. 基本含义和申请事项不同。申请变更强制措施是申请将强制力度大的强制措施变更为强制力度小的强制措施；而羁押必要性审查的申请事项是要求检察机关对犯罪嫌疑人、被告人是否有"继续羁押的必要"进行审查。

　　2. 受理申请的机关范围不同。变更强制措施可根据案件处于刑事诉讼程序的不同阶段，分别向公安机关、人民检察院和人民法院申请；而羁押必要性审查只能向人民检察院申请。

　　3. 申请期间与顺序不同。只要当事人在刑事诉讼程序中被羁押，辩护人都可以为其申请变更强制措施；而羁押必要性审查只能在当事人被逮捕后向人民检察院申请。

　　4. 申请理由不同。辩护人在申请变更强制措施时，应当对照《中华人民共和国刑事诉讼法》第67条、第74条的相应款项提出当事人符合变更为该种强制措施的条件和理由；而申请羁押必要性审查，应当以《人民检察院、公安机关羁押必要性审查、

300

评估工作规定》中相应条款列明的情形作为主要申请理由。

5. 审查程序和期限不同。变更强制措施的审查程序简单，期限较短。公检法机关在收到变更强制措施的申请后，均应当在 3 日以内作出决定；而羁押必要性审查的程序复杂，期限相对较长。一般情况下，羁押必要性审查案件从受理到作出决定，最多需要 10 日（审查起诉阶段为 3 日）。

6. 受理机关作出决定的法律效果不同。从法律效果来看，受理机关对于是否同意变更强制措施有决定权；而对于羁押必要性审查的申请，在检察机关认为没有继续羁押必要的情况下，检察机关所作出的建议对办案机关没有法定的约束力，办案机关有权根据自己对案件的判断自行决定是否采纳。

二、羁押必要性审查申请书的格式

羁押必要性审查申请书

申请人：……（写明申请人的姓名、工作单位）

犯罪嫌疑人基本信息：

……（写明姓名、性别、被刑事拘留日期、被执行逮捕日期、当前羁押场所等。）

申请事项：

……（写明案由及诉求。）

事实与理由：

……（围绕犯罪嫌疑人符合取保候审的情形及法律规定进行阐述。）

综上所述，申请人基于上述理由恳请贵院依法对×××进行羁押必要性审查，并建议侦查机关变更×××的强制措施为取保候审，或作出不予批准逮捕的决定。

此致

××市××区人民检察院

申请人：×××

20××年××月××日

三、范例

羁押必要性审查申请书

申请人：×××，系××律师事务所律师

通信地址：××市××区××路××号

联系电话：×××××××××××

犯罪嫌疑人基本信息：

××，男，×族，19××年××月××日出生，公民身份号码：×××××××××××××××××××，

于20××年××月××日被刑事拘留，于20××年××月××日被执行逮捕，现羁押于××市××区看守所。

申请事项：

对涉嫌掩饰、隐瞒犯罪所得罪一案的××进行羁押必要性审查。

事实与理由：

犯罪嫌疑人××因涉嫌掩饰、隐瞒犯罪所得罪一案，于20××年××月××日被××市公安局××分局（以下简称侦查机关）刑事拘留，于20××年××月××日被执行逮捕，现羁押于××市××区看守所。

申请人受××委托，在该案中担任其辩护人。现根据《中华人民共和国刑事诉讼法》《人民检察院、公安机关羁押必要性审查、评估工作规定》等相关规定，恳请贵院考虑辩护人提出的如下理由，依法对××进行羁押必要性审查。

一、××并无犯罪意图，主观恶性极小。其对于有关文本的来源情况并不了解，对方也从未提及其来源非法，导致××不明就里

据××陈述，其系通过微信方式，添加、联系了微信号并得到了有关文本，其对于有关文本的来源情况毫不知情。加之××联系并得到文本的次数并不多，且几乎无任何交流，因此××并不清楚有关文本"系经由不法行为所取得"，××自始至终都无任何从事不法行为的主观意图。

××称其添加李×微信号后，很少与其联系；且取得文件后，仅限于自身了解，未作再次传播。据××陈述，其有时取得的有关文本，并不涉及公民身份号码等信息，××也从未将文本作进一步转售，更未从中获得任何利益。

因此，对于侦查机关指控××涉嫌掩饰、隐瞒犯罪所得的罪名能否成立，侦查机关所掌握的证据是否充足，目前仍存有疑问。

二、××在到案后，能够如实陈述案件事实，积极配合侦查机关的侦查工作

即便侦查机关指控××的罪名最终成立，但由于其在本案中并非首要分子，属于最终可能判处缓刑的人，因此变更其强制措施为取保候审亦不存在法律上的障碍，无需对其进行羁押。

三、侦查机关已至少五次讯问了××，本案主要证据势必已予以固定，加上××在本地有固定居所，也无实施新的犯罪等需要继续羁押的社会危险性，其完全符合取保候审的条件

四、侦查机关指控的罪名属非暴力犯罪；采取取保候审不致发生社会危险性的；符合取保候审情形

据××称，其平日也热心公益活动，从无前科劣迹，其行为也不存在任何人身危险性，且其始终配合侦查机关的刑侦需要。因此，即便××最终可能被判处有期徒刑以上刑罚，但因对其采取取保候审不致发生社会危险性，符合《中华人民共和国刑事诉讼法》第××条第××项规定可以适用取保候审的情形，无需继续对其羁押。

五、对××适用的刑罚有可能为单处罚金，符合取保候审情形

根据《中华人民共和国刑法》的相关规定，即便最终查证××与指控罪名有关联，则对××适用的刑罚也有可能仅为单处罚金或是管制。此情形符合《中华人民共和国刑事诉讼法》第××条第××项规定可以适用取保候审的情形。

××自述也从未因任何不法行为而遭到司法部门的处罚。因此，若侦查机关认为确需××协助配合调查案件的，对其采取边境控制措施足以确保其配合侦查。××本人也明确表示，其愿意配合侦查机关的调查询问。是故，无需对其进行羁押。

综上所述，申请人基于上述理由恳请贵院依法对××进行羁押必要性审查，并建议侦查机关变更××的强制措施为取保候审，或作出不予批准逮捕的决定。

此致

××市××区人民检察院

律师：×××

20××年××月××日

四、制作要求

任务三　制作诉讼保全申请书

一、诉讼保全申请书的概念

诉讼保全是指人民法院在受理诉讼前或者诉讼过程中，根据当事人或利害关系人提出的申请，或者依职权对当事人的财产或争议标的物作出的强制性保护措施，以保证将来作出的判决能够得到有效执行。根据申请提出时间的不同，财产保全可分为诉前财产保全和诉讼财产保全两种。诉讼保全申请书，是指申请人在诉讼前或诉讼过程中，向人民法院提交的，请求对被申请人的财产或双方争议的标的物采取保全措施，以保证将来判决得到执行、维护自身合法权益的法律文书。

二、诉讼财产保全申请书的格式

申请书

申请人：×××，男/女，××××年××月××日出生，×族，……（写明工作单位和职务

或者职业），住……。联系方式：……。

    法定代理人/指定代理人：×××，……。

    委托诉讼代理人：×××，……。

    被申请人：×××，……。

    ……

    （以上写明当事人和其他诉讼参加人的姓名或者名称等基本信息）

    请求事项：

    查封/扣押/冻结被申请人×××的……（写明保全财产的名称、性质、数量、数额、所在地等），期限为……年/月/日（写明保全的期限）。

    事实和理由：

    （××××）……号……（写明当事人和案由）一案，……（写明申请诉讼财产保全的事实和理由）。

    申请人提供……（写明担保财产的名称、性质、数量、数额、所在地等）作为担保。

    此致

××××人民法院

申请人（签名或者盖章）

二〇××年××月××日

三、范例

申请书

    申请人：张三，男，××××年××月××日出生，×族，职业：××，住 A 市××区××路××号，联系方式：××××××××。

    被申请人：李四，男，××××年××月××日出生，×族，职业：××，住 B 市××区××路××号，联系方式：××××××××。

    请求事项：

    查封/被申请人李四名下坐落于 C 市××区××路××号房屋（不动产登记编号：××××××××），期限为三年（自20××年××月××日起计）。

    事实和理由：

    （××××）粤××××民初××号申请人诉被申请人商品房买卖合同价纠纷一案，申请人向被申请人购买被申请人名下坐落于 C 市××区××路××号房屋（不动产登记编号：×××××××××），申请人已付清全部购房款，但被申请人违约，未办妥将该房屋转移登记至申请人名下的产权变更登记手续。故申请人诉至贵院。鉴于该房屋仍登记在被申请人名下，为防止被申请人转移该房屋，导致申请人胜诉后无法执行该房屋，特根据《中华人民共和国民事诉讼法》的相关规定，向贵院申请采取诉讼保全措施，请求贵院对被申请人名下的财产进行保全。申请人愿意承担由此而引起的一切法律责任。

申请人提供该房产相同价值的货币 200 万元作为担保。

此致

××××人民法院

附：被申请人的财产线索

申请人：张三

二〇××年××月××日

四、制作要求及注意事项

任务四　制作强制执行申请书

一、强制执行申请书的概念

强制执行申请书是指生效法律文书中的实体权利人，在实体义务人不履行法律文书确定的其应承担的义务时，在法定期限内向人民法院提交的，请求强制义务人履行义务，以实现自己权利的法律文书。

发生法律效力的民事判决、裁定，当事人必须履行。一方拒绝履行的，对方当事人可以向人民法院申请执行，也可以由审判员移送执行员执行。调解书和其他应当由人民法院执行的法律文书，当事人必须履行。一方拒绝履行的，对方当事人可以向人民法院申请强制执行。强制执行申请书是民事纠纷实体权利人请求人民法院强制执行的工具，当事人提交强制执行申请书是人民法院启动强制执行程序的前提，对于实现民事诉讼法的目的，保护当事人的合法权益，维护国家法律尊严和人民法院威信，维护社会经济秩序，保障社会主义现代化建设，具有重要意义。

二、强制执行申请书的格式

申请执行书

申请执行人：×××，男/女，××××年××月××日出生，×族，……（写明工作单位和职务或者职业），住……。联系方式：……。

法定代理人/指定代理人：×××，……。

委托诉讼代理人：×××，……。

被执行人：×××，……。

……

（以上写明申请执行人、被执行人和其他诉讼参加人的姓名或者名称等基本信息）

申请执行人×××与被执行人×××……（写明案由）一案，××××人民法院（或其他生效法律文书的作出机关）（××××）……号民事判决（或其他生效法律文书）已发生法律效力。被执行人×××未履行/未全部履行生效法律文书确定的给付义务，特向你院申请强制执行。

请求事项

……（写明请求执行的内容）。

此致

××××人民法院

附：生效法律文书×份

申请执行人（签名或盖章）

××××年××月××日

三、范例

申请执行书

申请执行人：张三，男，××××年××月××日出生，×族，职业：××，住甲市××区××路××号，联系方式：××××××××。

委托诉讼代理人：赵六，系××××律师事务所律师。

被执行人：李四，男，××××年××月××日出生，×族，职业：××，住乙市××区××路××号，联系方式：××××××××。

申请执行人张三与被执行人李四租赁合同纠纷一案，现××××人民法院××号民事判决已发生法律效力，但被执行人李四至今未履行确定的给付义务，特向你院申请强制执行。

请求事项：

1. 被执行人李四向申请执行人张三支付租赁本金2万元及利息（以2万元为本金，自20××年××月××日起至借款实际清偿之日止按年利率××%计算，暂计至20××年××月××日为××万元）；并支付迟延履行期间的债务利息××万元；

2. 本案全部执行费用由被执行人承担。

此致

××××人民法院

附：生效法律文书×份

申请执行人：张三

××××年××月××日

四、制作要求及注意事项

实训任务清单

实训任务1：根据案情制作民事起诉书。

基本案情：

2022年1月1日，乙公司与丙公司签订《座椅租赁协议》，约定：1. 乙公司向丙公司出租座椅10 000张，用于丙公司举办商业会议之用；2. 丙公司应向乙公司支付每张座椅的租金标准为每月10元；3. 租赁期限为6个月，自丙公司收到乙公司的座椅之日起算；4. 租赁期内，丙公司不得将座椅再次出租。

2022年2月1日，乙公司与丙公司签订《〈座椅租赁协议〉补充协议》，约定乙公司向丙公司追加出租座椅8000张，丙公司向乙公司支付100 000元作为座椅租赁的押金，其余约定不变。

2022年2月10日，甲公司与乙公司签订《保证金协议书》，约定：1. 甲公司向乙公司支付100 000元，作为乙公司要求丙公司支付的租赁座椅押金；2. 待乙公司与丙公司的座椅租赁期限届满时，乙公司与丙公司清点座椅数量、结清租赁费用，如无损坏和丢失的，由乙公司在结算完成后3日内向甲公司退回100 000元押金。同日，甲公司向乙公司账户转账100 000元，并注明是押金。

2023年3月1日，乙公司与丙公司就租赁座椅事宜完成结算，双方签订《确认书》明确两份租赁协议履行完毕，双方对租赁数量、结算租金无争议。随后，甲公司通过书面、口头等方式要求乙公司退回100 000元押金，但遭乙公司拒绝且乙公司未说明具体原因。此后，甲公司多次联系乙公司，均未能收回押金。

2023年5月1日，甲公司为维护自身合法权益，诉至法院。

民事起诉状

原告：甲公司

实训任务 2：根据案情，以 A 公司法律顾问的身份，制作律师函。

1. A 公司向甲律师陈述的案情：

2022 年 1 月 1 日，B 公司委托 A 公司实施电梯安装项目，双方签订了《电梯安装合同》，合同总价是 100 万元。之后 A 公司进场施工安装电梯，B 公司也陆续支付了各个阶段的合同款。2022 年 3 月 31 日，A 公司完成了安装工作，B 公司验收合格。在此之后，B 公司依约应支付至 95 万元，但是 B 公司合计只支付 80 万元。扣除 5 万元的质保金不计，B 公司应再支付 15 万元。

在这期间，A 公司一直通过书面、电话等方式催 B 公司支付余款，但 B 公司依然拒绝支付。此后，1 年的质保期届满时，B 公司还是没有支付剩余合同价款；在质保期间，B 公司也提出要求质保的工作要求。到目前为止，B 公司一共应支付合同余款 20 万元。

2. A 公司向甲律师提供了如下材料：

（1）A 公司与 B 公司签订的《电梯安装合同》，合同编号：××××××，签订日期：2022 年 1 月 1 日。《电梯安装合同》约定：合同总金额为 100 万元，由 B 公司分四期支付，第一期 30 万元的支付时间为双方签订案涉合同当天；第二期 35 万元的支付时间为电梯设备运到 B 公司当天；第三期 35 万元的支付时间为 A 公司完成安装工作，B 公司验收合格当天；第四期 5 万元的支付时间为质保期（自验收合格之日起 1 年）届满当天。

（2）B 公司向 A 公司出具的《电梯安装验收合格确认书》，出具日期：2022 年 3 月 31 日。

（3）2022 年 4 月至 2023 年 5 月期间，A 公司先后向 B 公司出具的 3 份《催款函》，主要内容是要求 B 公司支付合同款项。

律师函

_____
_____
_____
_____
_____
_____
_____

☞［参考答案］

☞［你我身边的法律人］

单 元 八

仲裁文书

知识结构图

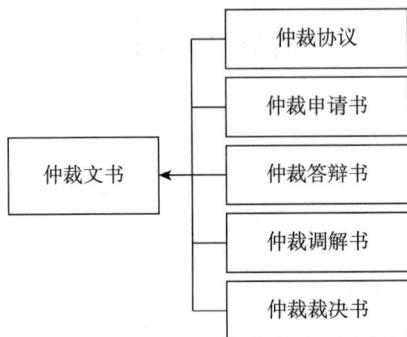

学习目标

知识目标：认识仲裁文书。

能力目标：学会制作仲裁申请书、仲裁裁决书。

任务一　认识仲裁文书

一、仲裁制度概述

仲裁制度，是指民（商）事争议的双方当事人达成协议，自愿将争议提交选定的第三方根据公正原则和一定程序规则作出裁决，并有义务履行裁决的一种法律制度。本文所述"仲裁"，特指民（商）事仲裁，不包括劳动仲裁。

仲裁是当今国际上公认并广泛采用的解决争议的重要方式之一。仲裁通常为行业性的民间活动，是一种私行为，即民间裁判行为，而非国家裁判行为，它与和解、调解、诉讼并列为解决民（商）事争议的方式。但仲裁依法受国家监督。国家通过人民法院对仲裁协议的效力、仲裁程序以及仲裁裁决的执行（自愿或强制执行）按照法律所规定的范围进行干预。因此，仲裁活动具有司法性，是中国司法制度的一个重要组成部分。

1994 年 8 月 31 日公布的《中华人民共和国仲裁法》统一了全国的仲裁制度，采用国际上通行的基本原则、基本制度和习惯作法，使我国的仲裁制度与国际仲裁制度接轨。

二、仲裁文书的概念

仲裁文书，是仲裁机构根据当事人的申请，按照仲裁程序规则，处理争议、厘清权利义务关系所制作和使用的文书。

仲裁文书的种类有仲裁申请书、仲裁答辩书、仲裁调解书、仲裁裁决书等。

任务二　制作仲裁协议

一、仲裁协议的概念

仲裁协议，是指当事人在合同中约定的或事后达成的将争议提交仲裁的书面协议。仲裁协议独立于合同存在，不因合同的终止、无效而终止或无效。

根据《中华人民共和国仲裁法》的规定，仲裁必须经当事人双方的意思表示一致，而且要有书面的仲裁协议，明确的仲裁事项和机构，仲裁机构才能受理。因此，仲裁协议必须具备以下三个方面的内容才是合法有效的：一是当事人双方必须有仲裁的意思表示；二是必须有明确仲裁的事项；三是应有明确的仲裁机构。如果协议中明确两个仲裁机构，则该协议无效，当事人应重新约定；如果协议中未明确具体的仲裁机构，则该仲裁协议同样无效。

因此，作为仲裁的前提，仲裁协议应当由当事人向仲裁机构提供。当事人在合同中增加仲裁条款的，仲裁机构也可以依据仲裁条款受理。

根据《中华人民共和国仲裁法》第 22 条规定，当事人申请仲裁，应当向仲裁委员会递交仲裁协议、仲裁申请书及副本。仲裁协议、仲裁申请必须采取书面形式，份数按规定办理。

二、仲裁协议的格式

（一）单独的仲裁协议

仲裁协议

甲方：×××（姓名或者名称、住址）

乙方：×××（姓名或者名称、住址）

甲乙双方达成仲裁协议如下：

对因×××合同引起的或与该合同有关的任何争议，双方自愿将其提交×××仲裁院/仲裁委员会仲裁，仲裁裁决对双方均有约束力。

本协议一式三份，甲乙双方各执一份，×××仲裁院/仲裁委员会一份。

本协议自双方签字之日起生效。

甲方：×××（签字、盖章）　　　　　　　乙方：×××（签字、盖章）

　　年　月　日　　　　　　　　　　　　　　年　月　日

（二）合同中的仲裁条款

凡因本合同引起的或与本合同有关的任何争议，均应提交×××仲裁院/仲裁委员会仲裁。

注：当事人可以在仲裁条款中就仲裁庭组成方式、开庭地点、仲裁地点、仲裁语言、适用法律等事项进行约定。

三、范例

仲裁协议

甲方：×××有限公司

法定代表人：牛××，董事长

乙方：×××股份有限公司

法定代表人：南××，总经理

甲乙双方达成仲裁协议如下：

对因《×××投资合作协议》引起的或与该合同有关的任何争议，双方自愿将其提交×××仲裁院/仲裁委员会仲裁，仲裁裁决对双方均有约束力。

本协议一式三份，甲乙双方各执一份，×××仲裁院/仲裁委员会一份。

本协议自双方签字之日起生效。

甲方：×××有限公司　　　　　　　　　乙方：×××股份有限公司

法定代表人：牛××　　　　　　　　　　法定代表人：南××

20××年×月×日　　　　　　　　　　　20××年×月×日

四、制作要求及注意事项

任务三 制作仲裁申请书

一、仲裁申请书的概念

仲裁申请书，是指民（商）事纠纷的当事人，为维护其合法权益，根据事前或事后达成的仲裁协议，依法向约定的仲裁机构提请仲裁、解决纠纷的书面请求。

根据《中华人民共和国仲裁法》规定，发生争议的双方当事人要求通过仲裁机构解决争议，必须由其中一方向仲裁机构提交书面的仲裁申请。因此，仲裁申请书既是仲裁机构受理争议案件的书面依据，也是仲裁程序启动的前提条件和法定手续。

平等主体的公民、法人和其他组织之间发生争议后，当事人双方在合同中立有仲裁条款或争议发生后达成书面仲裁协议的，必须向仲裁机构申请仲裁，不能向人民法院起诉。仲裁申请书制作和提交即标志着仲裁程序的开始。

二、仲裁申请书的格式

仲裁申请书

申请人：

（自然人格式）公民身份号码：

（法人或其他组织格式）统一社会信用代码：

住所：　　　　　　　　　　　电话：

（法人或其他组织格式）法定代表人/负责人：　　　　　　　　职务：

被申请人：

（自然人格式）公民身份号码：

（法人或其他组织格式）统一社会信用代码：

住所：电话：

（法人或其他组织格式）法定代表人/负责人：职务：

（提示：如有两个以上的申请人或被申请人，请按照上述格式分列第一申请人、第二申请人，第一被申请人、第二被申请人依此类推）

仲裁依据：

1.《××合同》（20××年×月×日）：第×条……

2.……

（应写明仲裁协议名称或仲裁条款所属合同名称、签订时间、仲裁条款的具体内容，多个仲裁条款请依次列明。涉外案件未就仲裁地、仲裁语言达成协议的，申请人可以提出有关建议。）

仲裁请求：（多个仲裁请求请依次列明）

一、……

二、……

事实与理由：

……

（此部分应写明争议合同的签订情况、与仲裁请求有关的条款内容、双方履行合同的事实及依据、提出仲裁请求的合同依据及法律依据等。）

此致
××仲裁院/仲裁委员会

申请人：（签字或盖章）

年 月 日

三、范例

仲裁申请书

申请人：×××有限公司

统一社会信用代码：×××

地址：×××　电话：×××

法定代表人：牛××，董事长

委托代理人：×××　电话：×××

被申请人：×××股份有限公司

统一社会信用代码：×××

地址：×××　电话：×××

法定代表人：南××，总经理

仲裁依据：《×××投资合作协议》第××条：凡因本合同引起的或与本合同有关的任何争议，均应提交××仲裁院/仲裁委员会仲裁。

请求事项：

一、解除《×××投资合作协议》

二、被申请人向申请人返还投资款人民币×万元

三、本案仲裁费由被申请人承担

事实与理由：

20××年×月×日，申请人与被申请人签订《×××投资合作协议》，约定双方共同投资合作建设……。《×××投资合作协议》第×条规定："……"。申请人已按约投资人民币×万元，被申请人至今未按约出资，构成根本违约。为了维护申请人自身的合法权益，特向贵院/委提出仲裁申请，请求依法裁决。

此致

×××仲裁院/仲裁委员会

申请人：×××有限公司（印）

20××年×月×日

四、制作要求及注意事项

任务四　制作仲裁答辩书

一、仲裁答辩书的概念

仲裁答辩书，是指在仲裁过程中，被申请人针对申请人提交的《仲裁申请书》中提出的仲裁请求及其所依据的事实和理由进行答对、辩解和反驳的文书。制作并提交答辩书，是被申请人的一项重要权利。它可以明确、充分地阐述被申请人的观点和主张，反驳申请人错误或不当之处，使纠纷的主要问题越辩越明，从而为被申请人在仲裁活动中获胜创造有利条件。

如果申请人认为被申请人所持观点和主张确实持之有故、言之成理，而自己的主张多有偏颇和疏漏，则可以主动要求和解，或者撤回仲裁申请，从而解除不必要的争议，及早终止仲裁。被申请人实事求是地答辩，也有利于仲裁庭查明事实真相，分清是非责任，公正合理地作出裁决，以维护当事人的合法权益。

《中华人民共和国仲裁法》第25条第2款规定："……被申请人未提交答辩书的，不影响仲裁程序的进行。"

二、仲裁答辩书的格式

仲裁答辩书

答辩人：

（自然人格式）公民身份号码：

（法人或其他组织格式）统一社会信用代码：

住所：电话：

（法人或其他组织格式）法定代表人/负责人：职务：

委托代理人：姓名：＿＿＿＿＿＿＿电话：＿＿＿＿＿＿＿＿＿＿＿

申请人因＿＿＿＿＿＿＿＿＿＿提请仲裁一案，现提出答辩意见如下：

＿＿＿＿＿＿＿＿＿＿＿＿＿＿＿＿＿＿＿＿＿＿＿＿＿＿＿＿＿＿＿＿＿＿＿＿＿＿

＿＿＿＿＿＿＿＿＿＿＿＿＿＿＿＿＿＿＿＿＿＿＿＿＿＿＿＿＿＿＿＿＿＿＿＿＿＿

此致

＿＿＿＿＿＿＿仲裁院/仲裁委员会

答辩人：＿＿＿＿＿＿＿（盖章）

法定代表人：＿＿＿＿＿＿＿（签章）

＿＿＿＿＿年＿＿＿月＿＿＿日

三、范例

仲裁答辩书

答辩人：×××股份有限公司

统一社会信用代码：×××

地址：××× 电话：×××

法定代表人：南××，总经理

关于答辩人（被申请人）和申请人之间于20××年×月×日签订的《×××投资合作协议》产生的争议，答辩人现就仲裁申请答辩如下：

20××年×月×日，申请人与被申请人签订《×××投资合作协议》，约定双方共同投资合作建设……。《×××投资合作协议》第×条规定："……"。被申请人未出资是因为……。因此，涉案合同没有继续履行并非答辩人过错，仲裁费应当由申请人自行承担。

综上，申请人的请求理由不能成立。答辩人请求仲裁庭驳回申请人的全部仲裁请求。

此致

×××仲裁院/仲裁委员会

答辩人：×××股份有限公司

20××年×月×日

四、制作要求及注意事项

任务五　制作仲裁调解书

一、仲裁调解书的概念

仲裁调解书，是指在仲裁庭的主持下，双方当事人自愿达成协议，由仲裁庭制作的记载协议内容的具有法律效力的法律文书。

《中华人民共和国仲裁法》第51条第1款规定："仲裁庭在作出裁决前，可以先行调解。当事人自愿调解的，仲裁庭应当调解……"这是制作仲裁调解书的法律依据。

调解是我国解决民商事纠纷的一种优良传统和重要方式，它分为人民调解、商事调解、行政调解等多种形式。仲裁调解书和仲裁裁决书一样，都具有法律强制执行力。

二、范例

××××仲裁院/仲裁委员会

调解书

（20××）调字第×号

申请人：×××

统一社会信用代码：×××

法定代表人：×××

住所：×××

代理人：×××

被申请人：×××

统一社会信用代码：×××

法定代表人：×××

住所：×××

代理人：×××

×× 仲裁院/仲裁委员会根据申请人与被申请人于×年×月×日签订的《××协议》中的仲裁条款以及申请人于×年×月×日向仲裁院/仲裁委员会提交的仲裁申请，受理了本案。本案受案号为（×××××）受字第××号。

本案仲裁程序适用自×年×月×日施行的《×××仲裁院仲裁规则》。

×年×月×日，仲裁院向被申请人发出《仲裁通知》《仲裁规则》《仲裁员名册》《关于指定仲裁员的函》以及申请人提交的仲裁申请书及所附证据材料，相关文件也一并向申请人发送。

申请人指定×作为本案仲裁员；被申请人指定×作为本案仲裁员；双方当事人共同指定×作为本案首席仲裁员。上述仲裁员于×年×月×日组成仲裁庭审理本案。

×年×月×日，仲裁庭对本案进行了开庭审理，双方当事人均委派代理人出席了庭审，发表了意见，并表示对本案已进行的全部仲裁程序没有异议。

×年×月×日，申请人和被申请人经协商达成和解协议，要求仲裁庭根据该协议制作调解书。

本案所有仲裁文书，包括但不限于仲裁院发出的《仲裁通知》《仲裁庭组成及开庭通知》以及转递的双方当事人提交的仲裁文书及证明材料，均已依照《仲裁规则》第×条之规定送达。

本案现已审理终结。仲裁庭根据《仲裁规则》第×条的规定，依照和解协议作出调解书。现将案情、和解协议、仲裁庭意见以及调解内容分述如下（如无特别注明，本调解书所涉币种均为人民币）。

一、案情

申请人称：

……

据此，申请人提出如下仲裁请求：

（一）……

（二）……

……

二、和解协议

×年×月×日，申请人与被申请人签订和解协议，其主要内容如下：

……

三、仲裁庭意见及确认的调解内容

经查阅本案案卷材料以及双方达成的和解协议，仲裁庭提出以下意见：

（一）仲裁庭查明及认定事实（一般情况下可不予写明案情查明，但民间借贷案件、涉及大额标的案件、以物抵债案件、涉嫌虚假仲裁案件及仲裁庭合理怀疑的案件，

均应写明案情查明部分)

（二）关于和解协议

经审查，本案和解协议有事实基础和事实依据，是双方当事人经过平等协商而自愿达成的，是双方当事人的真实意思表示，在不违反国家法律和行政法规的强制性规定以及不损害其他案外第三方合法权益的前提下，和解协议的内容属于双方依法有权可以自由处分的民事权利义务范畴，仲裁庭对该和解协议的效力依法予以确认。依据《中华人民共和国民法典》第四百六十五条、第五百零二条和第五百零九条规定，依法成立的合同，受法律保护，对当事人具有法律约束力，当事人应当按照约定全面履行自己的义务。

（三）仲裁庭对和解内容的调整（如有必要）

仲裁庭注意到，双方当事人在和解协议中约定的……，由于……（如该约定违反法律的强制性规定等），仲裁庭对此无法确认。仲裁庭决定确认该和解协议的以下内容：

……

（四）关于本案仲裁费用的承担

本案仲裁费人民币××元，由申请人/被申请人承担。

本调解书与裁决书具有同等法律效力，自双方当事人签收之日起生效。

首席仲裁员：

仲裁员：

仲裁员：

落款日期（盖章）

仲裁庭秘书：

三、仲裁调解书的制作要求

任务六　制作仲裁裁决书

一、仲裁裁决书的概念

仲裁裁决书，是指仲裁庭依照仲裁程序，在查清事实的基础上，基于法律规定，对当事人提交仲裁的争议案件作出处理决定所制作的文书。

仲裁裁决书的法律依据是《中华人民共和国仲裁法》第49条规定："当事人申请仲裁后，可以自行和解。达成和解协议的，可以请求仲裁庭根据和解协议作出裁决书……"第51条规定："……调解不成的，应当及时作出裁决。调解达成协议的，仲裁应当制作调解书或者根据协议的结果制作裁决书……"第54条规定："裁决书应当写明仲裁请求、争议事实、裁决理由、裁决结果、仲裁费用的负担和裁决日期。当事人协议不愿写明争议事实和裁决理由的，可以不写。裁决书由仲裁员签名，加盖仲裁委员会印章。对裁决持不同意见的仲裁员，可以签名，也可以不签名。"

仲裁裁决书是仲裁机构处理争议案件的最终书面结果，是当事人享有实体权利、承担义务的书面依据。它对保护当事人合法权益，维护社会经济秩序具有重要的意义。

二、范例

××××仲裁院/仲裁委员会
裁决书

（20××）裁字第×号

申请人：×××

统一社会信用代码：×××

法定代表人：×××

住所：×××

代理人：×××

被申请人：×××

统一社会信用代码：×××

法定代表人：×××

住所：×××

代理人：×××

××仲裁院/仲裁委员会根据申请人与被申请人于×年×月×日签订的《××协议》中的仲裁条款以及申请人于×年×月×日向仲裁院/仲裁委员会提交的仲裁申请，受理了本案。本案受案号为（××××）受字第××号。

本案仲裁程序适用自×年×月×日施行的《×××仲裁院仲裁规则》。

×年×月×日，仲裁院向被申请人发出《仲裁通知》《仲裁规则》《仲裁员名册》《关于指定仲裁员的函》以及申请人提交的仲裁申请书及所附证据材料。相关文件也一并向申请人发送。

申请人指定×作为本案仲裁员；被申请人指定×作为本案仲裁员；双方当事人共同指定×作为本案首席仲裁员。上述仲裁员于×年×月×日组成仲裁庭审理本案。

×年×月×日，仲裁庭对本案进行了开庭审理，双方当事人均委派代理人出席了庭审，发表了意见，并表示对本案已进行的全部仲裁程序没有异议。

本案所有仲裁文书，包括但不限于仲裁院发出的《仲裁通知》《仲裁庭组成及开庭通知》以及转递的双方当事人提交的仲裁文书及证明材料，均已依照《仲裁规则》第×条之规定送达。

本案已审理终结，仲裁庭根据庭审情况以及现有书面材料，依法作出本裁决。现将本案案情、仲裁庭意见以及裁决内容分述如下（如无特别说明，本裁决书所涉币种均为人民币）。

一、案情

（一）申请人的仲裁请求、事实及理由

申请人称：

……

据此，申请人提出如下仲裁请求：

（一）……

（二）……

……

（二）被申请人的主要答辩意见

被申请人称：

……

二、仲裁庭意见

依据现有书面材料及庭审调查，仲裁庭对本案作如下分析和认定。

（一）仲裁庭查明及认定的事实

……

（二）关于本案合同的效力

仲裁庭认为，本案申请人与被申请人于×年×月×日签订《××协议》是双方当事人自愿协商签订的，是双方当事人的真实意思表示，不违反中国的法律和行政法规的强制性规定，应属合法有效，并对本案双方当事人具有约束力。

（三）关于本案的争议焦点（如果焦点明确，可归纳分析于此，否则建议按照请求逐一分析）

1.……

（1）……

（四）关于申请人的仲裁请求（逐项分析认定）

……

（五）被申请人缺席的法律后果（适用于缺席情况）

被申请人经合法通知无正当理由未到庭，亦未提交任何书面答辩意见或证据，视为自行放弃抗辩的权利，应自行承担由此引起的法律后果。

三、裁决

综上，仲裁庭对本案作出裁决如下：

（一）……

（二）……

（三）本案仲裁费人民币××元由××承担

（四）驳回申请人的其他仲裁请求

以上确定的各项应付款项/应履行义务，××应在本裁决作出之日起×日内支付完毕/履行完毕。

本裁决为终局裁决，自作出之日起发生法律效力。

首席仲裁员：

仲裁员：

仲裁员：

落款日期（盖章）

仲裁庭秘书：

三、制作要求及注意事项

实训任务清单

实训任务：请根据案情制作仲裁申请书和仲裁裁决书。

案情：

2021 年 10 月 1 日，A 国际货运代理公司（作为乙方）与 B 物流公司（作为甲方）签订《货运代理协议》，约定 A 公司代理 B 公司办理货物运输业务。核心条款包括：第二条，代理期限：自 2021 年 10 月 25 日起至 2022 年 10 月 25 日止，共计 12 个月；第三条，甲方的义务；第四条，乙方的义务；第五条，费用结算：月结；第六条，争议解决：双方在履行本协议过程中如发生争议，双方同意提交×仲裁院根据其现行《仲裁规则》进行仲裁，仲裁裁决是终局的，对双方均有约束力。协议生效后，A 公司履行了货物运输代理义务，确认 B 公司应于 2022 年 8 月 1 日前付 A 公司 2022 年 5 月、6 月期间的货物运输代理费用合计 182 831.28 元。由于 A 公司在疫情期间无法去香港索要货物运输代理费，导致本案货款仅支付 1 万元，剩余部分未按时支付。A 公司遂申请仲裁主张 B 公司交付本金、利息及相关费用。

仲裁申请书

_____

_____

_____

_____

_____

_____

仲裁裁决书

_____

_____

_____

_____

_____

_____

☞ ［参考答案］

☞ ［你我身边的法律人］

———— 单 元 九 ————

公证文书

📖 **知识结构图**

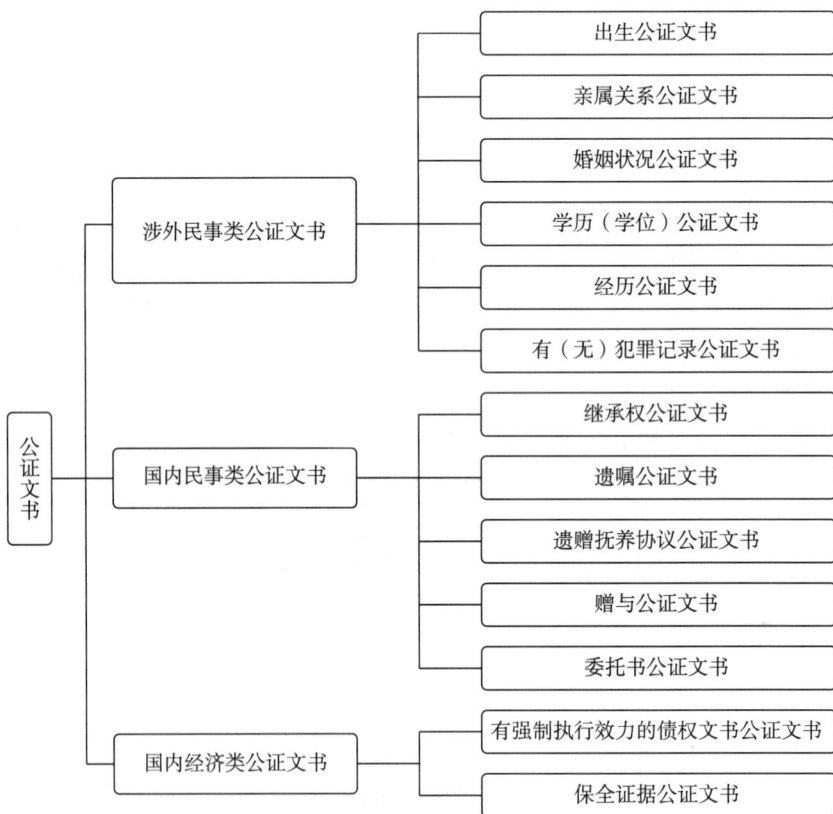

✦ **学习目标**

知识目标：认识公证文书。

能力目标：学会制作出生公证书、无犯罪记录公证书、继承权公证书、赋予债权文书强制执行效力公证书和执行证书。

项目一 认识公证文书

一、公证文书的概念

公证文书，是指公证机构依当事人申请，根据事实和法律，按照法定程序及格式要求制作的、具有特殊法律效力的司法证明文书的总称。

公证文书具有较强的证明力，在司法活动中具有其他任何书证无法代替和比拟的效力，是具有权威性的特殊证据。根据法律规定，除有相反证据足以推翻外，人民法院、仲裁机构等应当将公证书作为认定事实的根据。

公证文书具有强制执行效力，公证机构依法赋予强制执行效力的债权文书，一方当事人不履行或不完全履行的，对方当事人可以不经诉讼或仲裁，直接向公证机构申请出具执行证书，向有管辖权的人民法院申请强制执行，受申请的人民法院应当依法执行。

公证文书具有法律行为成立要件效力，法律、行政法规规定应当公证的事项，当事人应当向公证机构申请办理公证，未经公证该法律行为不成立（生效）。

公证文书具有域外效力，一国的涉外公证文书经使用国领事认证后，在该国境内可以得到承认并有效使用。公证是国际通行的司法制度，世界各国为了便利相互间的文书往来而在实践中逐渐形成了领事认证的国际惯例。这使得公证文书在国际上得到广泛的承认和使用，成为跨境民商事交往、经贸往来不可或缺的重要法律文书。

此外，公证提存还具有债务清偿、履约担保、资金监管等法律效力。

公证制度是我国社会主义法律制度的重要组成部分，是预防性司法证明制度，具有服务、沟通、证明、监督等功能，是社会纠纷多元化解决的基础性司法资源。公证，是公证机构根据自然人、法人或者非法人组织的申请，依照法定程序对民事法律行为、有法律意义的事实和文书的真实性、合法性予以证明的活动。公证机构除开展证明活动外，还可以依法提供咨询、代书、提存、保管、翻译、代办、调解等非讼法律服务，参与人民法院司法辅助事务、行政机关执法辅助事务等。

公证具有专属性，只能由依法设立的公证机构进行，其他任何单位和个人未经依法授权不得开展公证活动。公证具有被动性，依公证当事人申请而启动，一般不依职权主动开展。公证具有严格的程序性，公证机构的活动要按照公证程序规范进行。公证具有预防性，通过证明对象的真实性、合法性来保护当事人的合法权益，预防纠纷发生，传递信任，降低经济社会交往、交易成本。

由于公证书的特殊性，公证管理部门历来十分重视公证文书的规范化问题。分别在 1956 年、1981 年、1992 年制定和修订统一的公证文书格式，2000 年 3 月 11 日，司法部公布施行了《司法部关于保全证据等三类公证书试行要素式格式的通知》，推行使用要素式公证书格式，要求在国内使用的保全证据、现场监督、合同（协议）3 类公证书均试行要素式公证书格式。2008 年 12 月 30 日，司法部公布《司法部关于推行继承类强制执行类要素式公证书和法律意见书格式的通知》，进一步扩大要素式公证书的使用范围，在全国范围内推行继承类、强制执行类要素式公证书和法律意见书格式。2011 年 3 月 11 日，司法部发布《司法部关于推行新的定式公证书格式的通知》，进一步完善公证文书制度，从格式类别、内容要素到形式结构对原公证文书格式进行了全面修订，并颁布了新的定式《公证书格式》（2011 年版），共计定式公证书格式 35 式49 种。2021 年 6 月 21 日，司法部发布《公证书制作规范》（SF/T 0038-2021），对公证书制作形式要求和主要技术指标进行了统一规范，形成了我国公证行业标准。该行业标准也适用于公证事务证书、公证书译文以及公证机构出具的其他公证文书的制作。

目前，除保全证据、现场监督、合同协议、继承、强制执行等公证采用要素式公证书格式外，其他公证事项均使用新定式公证书格式。

定式公证书，是指公证机构按照司法部规定的固定格式语言，结合公证事项的具体情况填充其中变量而撰写的公证书格式。定式公证书由首部、正文（证词）和尾部三部分组成。首部由公证书标题、公证书编号、公证申请人信息、所申办公证事项等组成；尾部则由承办公证机构名称、承办公证员签名或签名章、公证书出具日期、公证机构印章等组成，部分公证事项（如出生公证、婚姻状况公证）还粘贴当事人的照片等。定式公证书的格式、内容、适用范围等相对固定、统一，公证机构在制作公证文书时不得擅自变更。

要素式公证书，是指公证书内容由规定的要素构成，文字、措辞、语序、结构等由公证员酌情撰写的公证文书。要素式公证书同样由首部、正文（证词、要素）和尾部三部分组成。[1] 要素式公证书的证词内容包括必备要素和选择要素两部分。"必备要素"为公证书证词中必备内容；"选择要素"为根据公证证明的实际需要或当事人的要求，酌情在公证书证词中写明的内容。要素式公证书的实行，有利于人民法院把公证书直接作为独立的证据使用，与人民法院的民事审判制度改革相呼应。

二、公证文书的分类

（一）根据公证的对象来划分

从公证对象的角度看，公证机构的业务范围可以分为两类，一类是公证事项，另一类是公证事务。相应的，主要公证文书也可以分为两类：第一类是公证书，第二类是公证证书、公证意见书或其他文书。

1. 公证书。公证书，是公证机构办理公证事项时出具的证明类公证文书。一般来说，自然人、法人或者非法人组织自愿向公证机构申请办理的真实、合法的事项都可

---

〔1〕 参见熊选国主编：《公证理论与实务》，法律出版社 2018 年版，第 101~102 页。

以作为公证事项，纳入公证业务范围。《公证书格式》（2011年版）规定的35式49种定式公证书以及保全证据、现场监督、合同协议、继承、强制执行五类要素式公证书均属于证明类公证文书。

我国公证机构的证明类公证业务范围主要包括以下几类：

（1）证明法律行为。证明法律行为是公证机构最基本、最主要的一项业务。常见的法律行为主要有以下几种：①各种经济合同。主要包括房屋买卖合同、租赁合同、承包合同、贷款合同、抵押合同、质押合同、保证合同、典当合同、融资租赁合同、保理合同、股权转让协议、发起人协议、技术转让合同、商标转让合同等；②各种民事协议。如赠与、财产分割、婚前财产约定、夫妻财产约定、离婚、赔偿、赡养、遗赠抚养、意定监护、劳动（聘用）、出国留学等协议；③收养和认领亲子；④继承、受遗赠；⑤各种单方法律行为。如遗嘱、委托、赠与、声明、承诺、保函等；⑥各类现场监督。包括招标投标、拍卖、抽签、摇号、抽奖等特定和不特定多数人参加的现场活动。

（2）证明有法律意义的事实。公证机构所证明的有法律意义的事实主要有：①法律事件。如出生、死亡、不可抗力、自然灾害、意外事件等；②其他法律事实。如亲属关系、身份关系、婚姻状况、学历、经历、身份、曾用名、住所地（居住地）、生存、职称、有（无）犯罪记录等。

（3）证明有法律意义的文书。公证机构所证明的法律文书主要有：身份证、户口簿、出生证、结（离）婚证、学历证、学位证、成绩单、驾驶证、纳税证明、疫苗接种证明、体检证明、营业执照、经营许可证、专利注册证书、商标注册证书、公司章程等。

（4）赋予债权文书强制执行效力。按照《中华人民共和国民事诉讼法》《中华人民共和国公证法》等有关规定，公证机构可对以给付为内容，债权债务关系明确，并载有债务人不履行或不适当履行义务时愿意接受强制执行意思表示的债权文书，赋予强制执行效力。当债务人不履行债务文书中所规定的义务或履行义务不适当时，债权人可以单方向公证机构申请出具执行证书，并凭公证债权文书和执行证书直接向有管辖权的人民法院申请强制执行。

（5）保全证据。

2. 公证证书、公证意见书或其他文书。公证证书、公证意见书或其他文书是公证机构办理公证事务，即非证明类公证业务时出具的事务类公证文书，如提存证书、保管证书、登记证书、执行证书、法律意见书等。公证机构开展公证事务能更好满足社会多元化公证需求，更有利于发挥公证职能以参与社会治理。公证事务是公证机构的新兴业务领域，也是一个具有广阔发展空间的公证业务领域。公证机构在开展公证事务时，一般无需出具证明类公证书，有些公证事务如一般性咨询、代书、代办等，也可能无需出具公证证书或公证意见书等其他公证文书。

根据《中华人民共和国公证法》的规定，我国公证机构的事务类公证业务范围主要包括以下几类：

（1）提存。1995年，司法部公布施行《提存公证规则》，根据提存目的不同将公证提存区分为两类：一是清偿性提存，以债务清偿为目的，即债务已到清偿期限，由于债权人方面的原因而使债务人无法履行其给付义务时，债务人将给付标的物提交于公证机构，而后由公证机构转交于债权人的行为；二是担保性提存，以担保债务履行为目的，如须具备一定条件，债务人才给付标的物时，当事人可以约定，预先将给付标的物的全部或一部分提存到公证机构，待条件具备时，再由公证机构将给付标的物交付债权人。清偿性公证提存具有债的消灭和债之标的物风险责任转移的法律效力；担保性公证提存具有保证债务履行和替代其他担保形式的法律效力。

随着经济社会发展，公证提存的功能日趋丰富，应用领域日益广泛。例如在商品房预售资金监管方面，政府为防止楼盘烂尾，通过引入公证提存的方式保障商品房预售资金专款专用，产生了良好社会效果，资金监管类公证提存应运而生。此外，公证提存在法院执行、假释保证金或诉讼担保金缴交、司法救助金监管、轻微刑事案件赔偿保证金交付、政府征收征用、棚改旧改拆迁、破产管理、信托管理、遗产管理、知识产权保护等领域也得到了广泛应用。

（2）登记。公证机构可以依据法律、行政法规规定，根据当事人申请，对有关权利、财产、生产资料、生活资料等进行登记，并依法产生法律、行政法规规定的法律效力。原《中华人民共和国担保法》（已失效）第43条规定，当事人以其他财产抵押的，可以自愿办理抵押登记……当事人未办理抵押物登记的，不得对抗第三人。当事人办理抵押物登记的，登记部门为抵押人所在地的公证部门。2002年，司法部公布施行《公证机构办理抵押登记办法》，对公证抵押登记做了系统规范。根据该办法规定，公证机构办理抵押登记的范围主要包括：①个人、事业单位、社会团体和其他非企业组织所有的机械设备、牲畜等生产资料；②位于农村的个人私有房产；③个人所有的家具、家用电器、金银珠宝及其制品等生活资料。

随着我国不动产统一登记制度和动产、权利担保统一登记制度的实施，缺少上位法和实体法支撑、全国统一公证登记系统平台建设滞后的公证抵押登记日渐式微。2007年，随着《中华人民共和国物权法》的公布施行，我国建立不动产统一登记制度。2020年，国务院公布《国务院关于实施动产和权利担保统一登记的决定》，对动产和权利担保实行统一登记制度，由人民银行征信中心统一登记公示。目前，仅有部分地方公证机构可以在个人工程机械、集体建设用地使用权/房屋（构筑物）所有权等领域开展公证抵押登记，也有个别地方县级人民政府规定当地公证机构为房产抵押登记部门。

公证作为公共法律服务，覆盖面广且深入基层、直面群众，公证登记仍然具有独特的优势和价值。2014年，中国公证协会建立全国公证遗嘱备案查询平台，对全国公证机构所办理的公证遗嘱以及公证机构保管的自书、代书遗嘱进行备案登记，形成了数量庞大的遗嘱数据库，并且，数量还在每年攀升，这极大方便了人民群众订立遗嘱，能有效保障人民群众通过遗嘱方式促进家庭和谐、实现财富传承。各地公证机构不断在新的领域探索公证登记制度价值，有地方公证机构尝试通过地方性公证信息系统平台对民间借贷进行登记，以规范民间借贷行为，提高民间借贷真实性、有效性，促进借贷双方资金安全、合规。此外，在民事信托公证登记等领域，公证行业也在进行积极的探索。

（3）保管。根据当事人自愿申请，公证机构可以保管遗嘱、遗产或者其他与公证事项有关的财产、物品、文书。保管事务是公证机构对公证事项的延伸服务。目前，公证机构普遍开展的保管事务主要包括遗嘱保管、电子证据存管等。2016年，中国公证协会印发《办理遗嘱保管事务的指导意见》，指导公证机构规范开展遗嘱保管事务。公证机构依据遗嘱人的申请，在充分告知遗嘱人有关遗嘱的法律意义、法律后果、形式和内容要求等后，对遗嘱人提交的自书遗嘱、代书遗嘱进行密封保管，并登记造册、信息备案，同时跟踪服务，根据当事人或其指定人员的实际需求和申请，持续提供所保管的遗嘱的取回、开启、领取等一系列服务。公证机构在开展遗嘱保管事务时，根据当事人需要，可以向遗嘱人出具《遗嘱保管证书》，简要载明相关信息，在保障遗嘱内容保密的同时，为后续遗嘱查询检索、落地执行等提供便利。

随着电子数据证据形式的广泛应用，公证行业在知识产权保护等领域积极开展电子证据存管服务。当事人通过在公证机构网站、App、小程序等进行实名注册、登录，可随时随地通过公证系统取证、存证，并在需要时向公证机构申请出具证据保全公证书。这不仅极大地解决了电子证据取证难、取证慢等问题，而且使电子证据公证保管得到了广泛的应用。同时，越来越多的公证机构通过区块链与法院、仲裁机构等在线系统联网，对公证机构存证的电子数据提供区块链核验或跨链校验，进一步丰富了电子证据的公证保管功能。

（4）法院司法辅助。在我国，公证与诉讼同根同源。1946年，在解放区，哈尔滨法院率先设立非诉科，办理公证事务。1951年，《中华人民共和国人民法院暂行组织条例》（已失效）规定公证事项为非讼事件，由人民法院管辖办理。1954年，《中华人民共和国法院组织法》（已失效）规定公证由法院移交司法行政机关管理，各地开始设立公证处。后又经反复并最终形成目前由司法行政机关归口管理的现状。脱胎于法院非讼事务的公证具有承接人民法院司法辅助事务的基因和优势，公证员也被称为"非讼法官"。2017年，最高人民法院、司法部联合发布《最高人民法院、司法部关于开展公证参与人民法院司法辅助事务试点工作的通知》，2019年，又联合发布进一步扩大试点的通知。各地公证机构积极与法院联系对接，签署合作协议，组建司法辅助团队，开展司法辅助事务。公证参与的法院司法辅助事项主要集中在调解、调查取证、送达、保全、摇珠、执行、终本等领域。

（5）行政执法辅助。2019年，广东省司法厅公布施行《广东省司法厅关于开展公证参与行政执法事务的指导意见》，强调要发挥公证制度在推行行政执法全过程记录制度中的职能作用，指导公证机构开展参与行政执法辅助事务。公证机构主要在查封扣押财产、强制拆除等直接涉及生命健康、重大财产权益的现场执法活动，留置送达、公告送达等容易引发争议的行政执法活动，实施国有土地或者房屋征收的执法过程以及其他现场检查、调查取证、证据保全、举行听证、强制执行等行政执法活动中，通过现场监督、证据保全、财产清单等，对行政执法全过程进行客观记录，避免行政执法争议，推进法治政府建设。此外，各地公证机构还在海关、税务、城管、交警等执法领域积极开展辅助事务。

（6）遗嘱检认。遗嘱检认是指公证机构依据遗嘱继承人、受遗赠人、遗嘱执行人或遗产管理人申请，对被继承人生前所立的遗嘱是否最终有效以及遗嘱执行、遗产管理有关事项、权限进行确认的综合性财富传承法律服务。随着《中华人民共和国民法典》的生效实施，我国遗嘱规则出现大的调整，新增了打印遗嘱和录像遗嘱两种遗嘱形式，并且删除了公证遗嘱效力优先的有关规定，立遗嘱人生前立有多份遗嘱的，如果内容存在冲突，以最后一份有效遗嘱为准。由于我国尚未建立遗嘱统一登记平台和鉴定规则，实务中如何确认某份遗嘱是立遗嘱人生前最后一份有效遗嘱存在多方面困难。公证机构在总结几十年遗嘱继承家事公证服务经验的基础上，积极探索开展遗嘱检认公证事务，从遗嘱形式、内容是否合法，是否存在遗嘱无效、撤回、变更情形、是否存在不发生或迟延发生继承效力的情况等进行检定，并根据检定情况出具遗嘱检认法律意见书。深圳、昆明等地公证协会纷纷出台了相关业务指引。

（7）其他公证事务。公证实务中，公证机构还可以开展咨询、代书、代办等公证事务。

咨询，一般是当事人申办公证事项的前置性延伸服务。公证机构就相关公证的法律意义、法律后果等，对当事人进行充分的告知和释明，并结合当事人的公证目的针对相应的公证方案设置提供意见建议。根据当事人需要和申请，公证机构也可以就咨询事项出具公证法律意见。

代书，是公证机构根据当事人申请提供的基本服务之一。公证制度肇始于代书。拉丁文公证谚语称："公证人书写的是法律"。可以说，代书是公证员的基本功。公证机构根据当事人的申请，可以起草、修改与公证事项有关的法律文书，如委托书、声明书、合同协议等。

代办，是公证机构对公证事项的后置性延伸服务。在完成相关公证事项后，公证机构可以根据当事人的申请和委托，代为办理申请减免税、纳税、查册、过户、抵押、认证等事务。公证机构也可以作为遗嘱执行人、遗产管理人或信托遗嘱受托人为当事人处理继承人会议召集、遗嘱宣读、遗嘱执行、遗产分配等家庭财富传承事务。

此外，根据当事人申请，公证机构还可以对发往域外使用的公证文书附加公证译文文书。

（二）根据公证文书的用途划分

根据公证文书的申请人身份、公证证明对象、使用地等因素，公证实务中一般将公证业务分为国内民事公证、国内经济公证、涉外民事公证、涉外经济公证、涉港澳公证和涉台公证。

1. 涉外公证。涉外公证须有涉外公证业务资质的公证机构和公证员承办，公证文书所用纸张为公证专用水印纸。涉外公证文书一般根据使用地不同会附相应的外文译文。个别国家对涉外公证文书会有特殊要求，如发往阿根廷使用的涉外公证文书落款需承办公证员手写签名，不能加盖公证员签名章等。未取得涉外业务资质的公证机构、公证员不得办理涉外公证业务。

（1）涉外民事公证。自然人个人申请的、公证文书发往境外（不含港澳台地区）使用的公证一般称为涉外民事公证，主要包括个人出国留学、定居、探亲等所需办理的公证，包括出生公证、亲属关系公证、婚姻状况公证、学历（学位）公证、经历公证、有（无）犯罪记录公证等。

（2）涉外经济公证。法人或非法人组织申请的、公证文书发往境外（不含港澳台地区）使用的公证一般称为涉外经济公证，主要包括法人营业执照、公司章程、派遣函、在职证明、资质证书以及企业授权书、声明书等公证。

2. 国内公证。

（1）国内民事公证。自然人个人申请的、公证文书在境内（不含港澳台地区）使用的公证一般称为国内民事公证，主要有委托书公证、继承权公证、遗嘱公证、遗赠公证、赠与公证、婚前（夫妻）财产协议公证、析产协议公证等。

（2）国内经济公证。法人或非法人组织申请的、公证文书在境内（不含港澳台地区）使用的公证一般称为涉外经济公证，主要有贷款（担保）合同公证、股权转让协议公证、有强制执行效力的债权文书公证、证据保全公证、现场监督公证等。

3. 涉港澳台公证。公证文书发往港澳地区使用的，一般称为涉港澳公证，发往中国台湾地区使用的，一般称为涉台公证。涉港澳台公证参照涉外公证办理，承办公证机构、公证员应当具有涉外公证业务资质，公证文书用纸为公证专用水印纸。公证文书涉及地域的，涉港澳公证、涉台公证与涉外公证的表述略有不同，如无犯罪记录公证，涉外公证表述为"在中华人民共和国居住期间无犯罪记录"，涉港澳公证表述为"在中国内地居住期间无犯罪记录"，涉台公证则表述为"在中国大陆居住期间无犯罪记录"，又如在婚姻状况公证中，涉及婚姻登记地的，涉外公证表述为"在中华人民共和国民政部门"，涉港澳公证表述为"在中国内地民政部门"，涉台公证则表述为"在中国大陆民政部门"。涉港澳台公证文书一般无需附外文译文。

三、公证文书的内容和制作要求

根据2020年10月20日司法部修正的《公证程序规则》第42条第1款的规定，公证书中应包括以下内容：①公证书编号；②当事人及其代理人的基本情况；③公证证词；④承办公证员的签名（签名章）、公证机构印章；⑤出具日期。

公证书一般包括三个部分：

（一）首部

1. 文书名称。在文书的上部正中写"公证书"，字体为 2 号仿宋。

2. 文书编号。在"公证书"的下方空两行居右用阿拉伯数字写年度的全称并用全角圆括号括入，接着写公证机构简称和数字编号，数字编号前加"证字第"，数字编号后加"号"，数字编号不列虚位。如："（202×）××证字第 1 号"。文书编号中的汉字为 3 号仿宋字体，阿拉伯数字为 3 号 Times New Roman 字体。

3. 当事人信息。当事人是自然人的，一般写当事人的姓名、性别、公民身份号码等基本情况，也可以根据公证的内容增加出生日期、住址、联系方式等信息，发往域外使用的公证书应当注明出生日期；当事人是港澳居民的，应当写明港澳居民来往内地通行证（俗称"回乡证"）号码，并可根据情况增加港澳公民身份号码；当事人是台湾居民的，应当写明台湾居民来往大陆通行证（俗称"台胞证"）号码；当事人是外国人的，应当写明外国当事人的国籍和护照号码，外国当事人在华申领了《中华人民共和国外国人永久居留身份证》的，也可以写外国人永久居留身份证号码；当事人是法人或者非法人组织的，一般写组织名称、登记注册地址等基本情况，同时，另起一行注明法定代表人或者负责人的姓名、性别、公民身份号码。无论当事人是自然人还是法人或非法人组织，如果由代理人代为申办公证的，一般应当在当事人基本情况后另起一行注明代理人的姓名、性别、公民身份号码。

（二）正文

正文也叫证词，是公证书的核心部分，由公证事项和公证证词共同构成。

1. 公证事项。正文首先简明扼要地写明公证证明的事项类型。公证事项经由概况提炼而成，类似诉讼中的案由。承办公证员根据公证事项不同援引不同的定式公证书格式或要素式公证书参考模板。公证机构根据公证事项分类立卷归档。一般表述为："公证事项：委托""公证事项：出生""公证事项：文本相符""公证事项：法定继承"等。

2. 公证证词。定式公证书中，公证证词一般表述为"兹证明……"，直接写明公证证明结论。以最常见的委托公证为例，公证证词表述为："兹证明×××于××××年×月×日来到我处，在本公证员的面前，在前面的委托书上签名，并表示知悉委托的法律意义和法律后果。×××的委托行为符合《中华人民共和国民法典》第一百四十三条的规定。"要素式公证中，公证证词包括必备要素和选择要素，必备要素一般包括申请人、申请日期、申办事项、所提供材料和申办相关公证法律意义和法律后果的告知、公证查明事实、公证证明结论等内容。选择要素一般是根据公证事项具体情况增加的一些补充性内容。每类要素式公证书的必备要素和选择要素不尽相同。要素式公证书还可以在证明结论下面添加公证书附件。

（三）尾部

公证书的尾部一般为出具该公证书的公证机构落款，包括公证机构名称、承办公证员、公证书出具日期。

1. 公证机构名称。写出具公证书的公证机构名称，一般冠以"中华人民共和国"字样，表述为"中华人民共和国××省××市（县）××公证处"，"公证处"三个字前面的"××"为该公证机构的字号。

2. 文书签署人的签名。先写"公证员"，然后加盖公证员签名章或公证员亲笔手签。

3. 文书出具的日期。文书的落款日期为审批日期，用阿拉伯数字将年月日写全，月和日不列虚位，并加盖公证机构公章，公章位置一般是骑年盖月。

项目二　制作涉外民事类公证文书

我国公民出国留学、定居、探亲、谋职，须根据所前往的国家和出国的目的不同，办理相应公证。用于出国的公证书主要有以下几种：出生公证、亲属关系公证、婚姻状况公证、学历（学位）公证、经历公证、有（无）犯罪记录公证等。

任务一　制作出生公证文书

一、出生公证文书的概念

出生公证文书，是指公证机构根据当事人的申请，依法对其在我国境内（不含港澳台地区）出生的法律事实（包括父母的基本情况）予以证明的公证书。申办出生公证的当事人可以是我国公民，也可以是外国公民或无国籍人，但需要出生的事实发生在我国境内（不含港澳台地区）。我国公民在境外出生的，应在我国驻外使领馆或当地公证机构申办出生公证。

二、出生公证文书的格式

公证书

（　　）××字第××号

申请人：×××（基本情况）

公证事项：出生

兹证明×××（申请人）于××××年×月×日在××省××市（县）出生。×××（申请人）的父亲是×××（公民身份号码：×××），×××（申请人）的母亲是×××（公民身份号码：×××）。

中华人民共和国××省××市（县）××公证处

公证员：（签名或签名章）

××××年×月×日

三、范例

公证书

（2023）××证字第 1 号

申请人：张×，男，1999 年 2 月 18 日出生，公民身份号码：440301×××××××× ××。

公证事项：出生

兹证明张×于 1999 年 2 月 18 日在广东省深圳市出生。张×的父亲是张××（公民身份号码：440301××××××××××），张×的母亲是李×（公民身份号码：430426×××××× ××××××）。

中华人民共和国广东省深圳市××公证处

公证员：（签名或签名章）

2023 年 1 月 1 日

四、制作要求及注意事项

任务二　制作亲属关系公证文书

一、亲属关系公证文书的概念

亲属关系公证文书，是指公证机构根据当事人的申请，依法对当事人之间、当事人与关系人之间因姻亲、血缘或者收养而产生的亲属关系事实的真实性予以证明的公证书。

亲属关系公证书有两类，一类是普通亲属关系公证书，主要用于出入境签证，我国公民到国外定居、探亲、留学、申请劳工伤亡赔偿、领取抚恤金等事项。普通亲属关系公证书仅证明申请人与关系人彼此之间的亲属关系；另外一类是用于继承的亲属关系公证书，按照国内继承法律或公证书使用地法律列明全体继承人范围内的亲属关系，证明内容一般表述为："兹证明×××（关系人）的××亲属共有以下×人：配偶×××，（基本情况）；父亲：×××，（基本情况）；母亲：×××，（基本情况）；儿子：×××，（基本情况）；女儿：×××，（基本情况）。"该公证书格式仅用于当事人到国外、港澳台地区办理财产继承事宜。

二、亲属关系公证文书的格式

（一）普通亲属关系公证文书格式

公证书

（　　）××字第××号

申请人：×××（基本情况）

关系人：×××（基本情况）

公证事项：亲属关系

兹证明×××（申请人）是×××（关系人）的××（关系称谓）；×××（关系人）是×××（申请人）的××（关系称谓）。

中华人民共和国××省××市（县）××公证处

公证员：（签名或签名章）

××××年×月×日

（二）用于继承的亲属关系公证文书格式

公证书

（　　）××字第××号

申请人：×××（基本情况）

关系人：×××（基本情况）

公证事项：亲属关系

兹证明×××（关系人）的××亲属共有以下×人：

配偶：×××，（基本情况）；

父亲：×××，（基本情况）；

母亲：×××，（基本情况）；

儿子：×××，（基本情况）；

女儿：×××，（基本情况）。

中华人民共和国××省××市（县）××公证处

公证员：（签名或签名章）

××××年×月×日

三、范例

公证书

（2023）××证字第 100 号

申请人：王××，男，1964 年 10 月 20 日出生，公民身份号码：××××××，现住××省××市××街××号。

关系人：刘×，女，1933 年 3 月 16 日出生，公民身份号码：×××××××，现住××省××市××街××号。

公证事项：亲属关系

兹证明王××是刘×的外甥；刘×是王××的××姨妈。

中华人民共和国广东省深圳市××公证处
公证员：（签名或签名章）
2023 年 1 月 10 日

四、制作要求及注意事项

任务三　制作婚姻状况公证文书

一、婚姻状况公证文书的概念

婚姻状况公证文书，是指公证机构对申请人现在实际存在的婚姻状况这一民事法律事实的真实性、合法性等给予证明的公证书。主要用于我国公民申请到国外探亲、定居、留学、办理结婚、继承等法律手续。

婚姻状况公证的种类包括未婚公证、已婚（初婚、再婚）公证、离婚或丧偶（未再婚）公证等。公证实务中，根据公证书使用地要求和当事人申请，公证机构一般对涉及当事人婚姻状况的结（离）婚证等证照文书或（无）婚姻登记记录证明办理证照文书或文本相符公证，通过对证照文书的真实性公证从而间接证明当事人的婚姻状况。2015 年 8 月 27 日，民政部公布《民政部关于进一步规范（无）婚姻登记记录证明相关工作的通知》（民函〔2015〕266 号），规定除涉台公证和涉哈萨克

336

斯坦、芬兰、奥地利、荷兰、德国、阿根廷、乌拉圭、墨西哥、波兰等9个国家的公证事项外，民政部门不再对任何部门和个人出具（无）婚姻登记记录证明。除涉台和前述9个国家的涉外公证外，公证机构对于有关婚姻状况的其他涉外、涉港澳公证一般按照司法部定式公证书格式第21式出具实体公证或对已婚、离婚且持有结（离）婚证的当事人办理结（离）婚证公证或对未（再）婚的当事人办理未婚或未再婚声明书公证。

二、婚姻状况公证文书的格式

（一）格式一

公证书

（　　）××字第××号

申请人：×××（基本情况）

关系人：×××（基本情况）

公证事项：已婚（初婚）

兹证明×××（申请人）与×××（关系人）于××××年×月×日在中华人民共和国××省××市（县）××部门登记结婚。

中华人民共和国××省××市（县）公证处

公证员：×××（签名）

××××年××月××日

（二）格式二

公证书

（　　）××字第××号

申请人：×××（基本情况）

关系人：×××（基本情况）

公证事项：已婚（再婚）

兹证明×××（申请人）于××××年离婚（丧偶），于××××年×月×日与×××（关系人）在中华人民共和国××省××市（县）××部门登记结婚。

中华人民共和国××省××市（县）公证处

公证员：×××（签名）

××××年××月××日

（三）格式三

公证书

（　　）××字第××号

申请人：×××（基本情况）

公证事项：离婚或者丧偶（未再婚）

兹证明×××（申请人）于××××年×月×日离婚（丧偶），至××××年×月×日未再次在中华人民共和国民政部门登记结婚。

中华人民共和国××省××市（县）公证处

公证员：×××（签名）

××××年××月××日

（四）格式四

公证书

（　　）××字第××号

申请人：×××（基本情况）

公证事项：未婚

兹证明×××（申请人）至××××年×月×日未曾在中华人民共和国民政部门登记结婚。

中华人民共和国××省××市（县）公证处

公证员：×××（签名）

××××年××月××日

三、范例

公证书

（2023）××证字第101号

申请人：林××，男，1961年10月18日出生，公民身份号码：×××××××，现住广东省深圳市。

关系人：张××，女，1964年11月12日出生，公民身份号码：×××××××，现住广东省深圳市。

公证事项：已婚

兹证明林××与张××于1991年5月28日在中华人民共和国广东省深圳市××区民政

局登记结婚。

中华人民共和国广东省深圳市××公证处

公证员：李××（签名或签名章）

2023 年 1 月 28 日

四、制作要求及注意事项

任务四 制作学历（学位）公证文书

一、学历（学位）公证文书的概念

学历（学位）公证文书，是指公证机构对当事人的学习经历、所取得学位情况或毕业（或结业、肄业）证、学位证书等的真实性、合法性给予证明的公证书。

公证实务中，学历（学位）公证有两种公证书格式，一种是按司法部定式公证书第 15 式（学历）、第 16 式（学位）公证书格式直接证明学历（学位）情况；另一种是按司法部定式公证书第 33 式（证照文书类）对当事人所取得的学历（学位）证书进行证明，间接证明其学历（学位）情况，后者居多。

二、学历（学位）公证文书的格式

（一）格式一

公证书

（ ）××字第××号

申请人：×××（基本情况）

公证事项：学历

兹证明×××（申请人）于××××年×月至××××年×月在×××××××，于××××年×月毕业（结业、肄业）。

中华人民共和国××省××市（县）××公证处

公证员：×××（签名或签名章）

××××年××月××日

（二）格式二

公证书

（　）××字第××号

申请人：×××（基本情况）

公证事项：学位

兹证明×××（申请人）于××××年×月×日被××大学（××科研机构）授予×学××学位。

中华人民共和国××省××市（县）××公证处

公证员：×××（签名或签名章）

××××年××月××日

三、范例

公证书

（2023）××证字第 106 号

申请人：吴××，男，1986 年 12 月 8 日出生，公民身份号码：××××××××××，现住广东省深圳市。

公证事项：本科学历

兹证明吴××于 2005 年 9 月至 2009 年 7 月在××××大学法学院本科法律专业学习，学制 4 年，于 2009 年 7 月毕业。

中华人民共和国广东省深圳市××公证处

公证员：刘××（签名章）

2023 年 1 月 30 日

四、制作要求及注意事项

任务五　制作经历公证文书

一、经历公证文书的概念

经历公证文书，是指公证机构出具的证明申请人在某段时间、某个单位从事某项工作或学习经历的真实性的公证书，一般用于取得前往国入境签证或在国（境）外谋取职业等目的。经历公证包括自然人经历公证和法人经历公证两类。

二、经历公证文书的格式

（一）格式一

公证书

（　　）××字第××号

申请人：×××（基本情况）

公证事项：经历

　　兹证明×××（申请人）于××××年×月至××××年×月在××省（或市、县）××××（单位全称）从事××××工作。

中华人民共和国××省××市（县）××公证处

公证员：×××（签名或签名章）

××××年××月××日

（二）格式二

公证书

（　　）××字第××号

申请人：×××（基本情况）

公证事项：经历

　　兹证明×××（申请人）于××××年×月至××××年×月在××省（或市、县）××××（单位全称）从事了××××活动（如承建了某项工程）。

中华人民共和国××省××市（县）××公证处

公证员：×××（签名或签名章）

××××年××月××日

三、范例

公证书

（2023）××证字第1008号

　　申请人：钱××，男，1971年8月19日出生，公民身份号码：×××××××××，现住广东省深圳市。

　　公证事项：经历

兹证明钱××于 2005 年 7 月至 2022 年 4 月在广东省佛山市顺德区××××大酒店从事厨师工作。

中华人民共和国××省××市××公证处

公证员：何××（签名章）

2023 年 2 月 14 日

四、制作要求及注意事项

任务六　制作有（无）犯罪记录公证文书

一、有（无）犯罪记录公证文书的概念

有（无）犯罪记录公证文书，是指公证机构对我国公民（或外国公民）在我国境内（港澳台地区除外）居住期间是否被我国司法机关认定为犯罪以及是否受过刑罚处罚的法律事实予以证明而出具的公证书。注意，当事人是否受到过拘留等行政处罚或被采取其他强制措施，不属于该公证事项的范围。

有（无）犯罪记录公证文书主要用于当事人出国定居、入籍、移民、结婚、收养子女及劳务输出等事项。

二、有（无）犯罪记录公证文书的格式

（一）格式一（无犯罪记录公证书格式）

公证书

（　　）××字第××号

申请人：×××（基本情况）

公证事项：无犯罪记录

兹证明×××（申请人）从××××年×月×日至××××年×月×日在中华人民共和国居住期间无犯罪记录。

中华人民共和国××省××市（县）××公证处

公证员：×××（签名或签名章）

××××年××月××日

（二）格式二（有犯罪记录公证书格式）

公证书

（　　）××字第××号

申请人：×××（基本情况）

公证事项：有犯罪记录

兹证明×××（申请人）于××××年×月×日被××人民法院判处犯有××罪，并处以××××、××××（主刑与附加刑）。

中华人民共和国××省××市（县）××公证处

公证员：×××（签名或签名章）

××××年××月××日

三、范例

公证书

（2023）××证字第 168 号

申请人：彭××，男，2000 年 7 月 9 日出生，公民身份号码：××××××，现住广东省深圳市。

公证事项：无犯罪记录

兹证明彭××至 2023 年 1 月 12 日在中华人民共和国居住期间无犯罪记录。

中华人民共和国××省××市××公证处

公证员：和××（签名章）

2023 年 1 月 30 日

公证书

（2022）××证字第 21171 号

申请人：李××，女，1980 年 8 月 18 日出生，公民身份号码：××××××，现住广东省深圳市。

公证事项：有犯罪记录

兹证明李××于 2016 年 5 月 6 日被广东省深圳市人民法院判处犯有走私国家禁止进出口的货物罪，并处以有期徒刑五年、并处罚金人民币三十万元。

中华人民共和国××省××市（县）××公证处

公证员：×××（签名或签名章）

××××年××月××日

四、制作要求及注意事项

项目三　制作国内民事类公证文书

任务一　制作继承权公证文书

一、继承权公证文书的概念

继承权公证文书，是指国家公证机构根据公民的申请，依法证明公民具有继承死者遗留的个人合法财产和其他财产权益权利真实性、合法性的公证书。办理继承权公证，应遵循权利义务相一致，互谅互让，男女平等，养老育幼，照顾病残，有利于家庭团结和睦的原则。

继承权公证包括法定继承公证、遗嘱继承公证、受遗赠公证等，当事人一般还会同时配套办理放弃继承权声明公证、遗产分割协议公证等。继承公证特别是法定继承公证，是公证机构办理的一项复杂的非讼事件，涉及多方面的事实查明和法律适用。公证机构最终出具具有继承权确认效力的公证书，应载明被继承人生前遗产的所有权归属或比例分配。2016 年，中国公证协会印发《办理小额遗产继承公证的指导意见》，对于申请继承单笔数额不超过人民币 5 万元遗产的继承案件，公证机构可以适用小额遗产继承公证模式办理，简化当事人申请继承公证的手续和证明材料提供要求，方便人民群众申办小额存款等财产的继承公证。

继承权公证书是要素式公证书，包括必备要素和选择要素。

二、继承类要素式公证文书通用格式

公证书

（　　）××字第××号

申请人：×××基本情况[1]

委托/法定代理人：×××（基本情况）[2]

被继承人：×××基本情况[3]

公证事项：继承

证词内容

一、必备要素

1. 继承人姓名、申请日期、申请事项。

2. 当事人提供的证明材料，以及当事人承诺、确认相关事实的真实性、合法性并承担相应法律责任的内容。[4]

3. 公证机构向当事人告知了继承公证的法律意义和可能产生的法律后果，以及当事人表示知悉的情况。

4. 公证机构查明（审查核实）的事实，包括：

（1）被继承人的死亡时间、地点；

（2）继承人申请继承被继承人的遗产的情况；[5]

（3）经向所有继承人核实，被继承人生前是否立有遗嘱、遗赠扶养协议；[6]

（4）被继承人的全体继承人，有无死亡的继承人；继承人与被继承人的亲属关系[7]；代位继承、转继承情况及其他继承人；[8]

（5）继承人中有无丧失继承权的情况；[9]

（6）有无放弃继承权的情况。[10]

5. 公证结论

（1）法律事实、理由；[11]

（2）被继承人遗留的个人财产为合法财产；

（3）被继承人的合法继承人；[12]

（4）被继承人的遗产由何人继承、如何继承。[13]

二、选择要素

1. 被继承人的死亡原因。[14]

2. 继承人提供的主要证据材料的真实性、合法性。

3. 适用遗嘱继承的，当事人是否了解遗嘱的内容。所有继承人对最后一份生效遗嘱予以确认并对承担相应法律责任（包括侵权责任）进行承诺。[15]

4. 对遗嘱见证人、执行人、遗产的管理人、使用人、保管人等事项的说明。

5. 根据遗嘱信托办理继承公证的，应当根据遗嘱的内容，列明受托人应当承担的义务。

6. 根据《中华人民共和国公司法》《中华人民共和国保险法》《中华人民共和国合伙企业法》《中华人民共和国个人独资企业法》等有关继承的特别法的规定办理继承公证的，写明特别法的具体适用。

7. 被继承人生前未缴纳的税款和债务情况，继承人对此所作的意思表示。

8. 公证员认为需要告知的有关继承的其他法律规定。

9. 公证员认为需要说明的其他事实或情节。

中华人民共和国×× 省××市××公证处

公证员：（签名或签名章）

××××年××月××日

三、范例

（一）法定继承公证书

公证书

（2023）××证字第178 号

申请人：龙×，女，1944 年12 月20 日出生，公民身份号码：××××，现住×××。

被继承人：杨×，男，1944 年12 月24 日出生，生前持有公民身份号码：××××，生前住×××。

公证事项：法定继承

申请人龙×因继承被继承人杨×的遗产，于××××年××月××日向本处申请办理继承权公证，并提供了身份证、户口本、亲属关系证明、死亡证明、财产权利凭证等证明材料。

根据《中华人民共和国公证法》的规定，本处向申请人告知了继承公证的法律意义和可能产生的法律后果，以及申办公证过程中享有的权利、承担的义务。申请人承诺所提供的证明材料及其证明的事实真实合法，如有虚假，对他人造成损失的，愿意承担相应的法律责任。本处对申请人提交的权利证明及相关证据材料进行了审查核实，并对申请人及有关人员进行了询问，现查明如下事实：

一、被继承人杨×于××××年××月××日在××因病死亡。

二、继承人龙×向本处申请继承被继承人杨×生前与其共有的夫妻共同财产：位于广东省深圳市××××××的房屋1 座（《不动产权证》编号：深房地字第××××号）。

三、经询问，被继承人杨×的所有继承人一致声称，被继承人杨×生前无遗嘱，亦未与他人签订遗赠扶养协议。经查司法部公证行政管理和行业管理系统，未发现被继承人杨×生前立有公证遗嘱。截至本公证书出具之日亦未有他人向本处提出异议。

四、被继承人杨×的妻子是龙×；杨×的子女共有1 人，为杨×衫；杨×的父亲是杨×康（已于××××年××月××日先于被继承人杨×死亡），杨×的母亲是穆×慈（已于××××年

346

××月××日先于被继承人杨×死亡)。

五、经询问，申请人龙×声称，被继承人生前无生活有特殊困难又缺乏劳动能力的继承人。

六、现龙×表示要求继承被继承人杨×的遗产，杨×衫表示放弃对被继承人杨×的遗产继承权。

根据上述事实并依据《中华人民共和国民法典》第一千一百二十二条、第一千一百五十三条的规定，上述夫妻财产的一半为死者杨×的遗产（另一半为申请人龙×的个人财产）。根据《中华人民共和国民法典》第一千一百二十三条、第一千一百二十四条、第一千一百二十七条的规定，被继承人的遗产应由其配偶、子女、父母共同继承，因被继承人杨×的父亲、母亲均已先于其死亡，子女杨×衫表示放弃对被继承人杨×的上述遗产继承权，因此，兹证明被继承人杨×的上述遗产由其妻子龙×一人继承。

继承结束后，申请人龙×将取得上述房产 100% 产权。

中华人民共和国××省××市××公证处

公证员：吴××（签名章）

2023 年 2 月 1 日

（二）遗嘱继承公证书

公证书

（2023）××证字第 200 号

申请人：郭×，女，1999 年 10 月 24 日出生，公民身份号码：××××，现住×××。

被继承人：郭×侠，男，1950 年 12 月 5 日出生，生前持有公民身份号码：××××，生前住×××。

公证事项：遗嘱继承

申请人郭×因继承被继承人郭×侠的遗产，于××××年××月××日向本处申请办理继承权公证，并提供了身份证、户口本、亲属关系证明、死亡证明、车辆权利凭证、遗嘱公证书等证明材料。

根据《中华人民共和国公证法》的规定，本处向申请人告知了继承公证的法律意义和可能产生的法律后果，以及申办公证过程中享有的权利、承担的义务。申请人承诺所提供的证明材料及其证明的事实真实合法，如有虚假，对他人造成损失的，愿意承担相应的法律责任。本处对申请人提交的权利证明及相关证据材料进行了审查核实，并对申请人及有关人员进行了询问，现查明如下事实：

一、被继承人郭×侠于××××年××月××日在××××死亡。

二、继承人郭×向本处申请继承被继承人郭×侠生前个人财产：宝马牌小型轿车 1 辆（机动车登机编号：××××，车辆识别代号/车架号：××××）。

三、被继承人郭×侠于××××年××月××日在××××公证处立有 1 份公证遗嘱。根据上述公证遗嘱，郭×侠表示将其个人所有的上述财产遗留给其二女儿郭×个人所有，作为其个人财产而不作为夫妻共同财产。经查司法部公证行政管理和行业管理系统，未发现被继承人郭×侠生前立有其他公证遗嘱。经询问了解，被继承人郭×侠的所有继承人一致称，被继承人郭×侠生前未与他人签订遗赠扶养协议，也未订立其他形式的遗嘱，上述公证遗嘱为被继承人郭×侠生前所立的最后一份有效遗嘱。截至本公证书出具之日亦未有他人向本处提出异议。

四、被继承人郭×侠的妻子是黄×；郭×侠的子女共有 3 人，分别是郭×芙、郭×、郭×鲁；郭×侠的父亲是郭×天（已于××××年××月××日死亡），郭×侠的母亲是李×萍（已于××××年××月××日死亡）。

五、经询问，申请人郭×声称，被继承人生前无缺乏劳动能力又没有生活来源的继承人。

六、申请人郭×具有民事权利能力和民事行为能力，并表示愿意继承被继承人郭×侠的上述遗产。

兹证明被继承人郭×侠生前所立遗嘱未违反《中华人民共和国民法典》第六编的规定，遗嘱是真实、有效的。根据郭×侠的遗嘱，郭×侠死亡时遗留的上述遗产由郭×一人继承。

中华人民共和国××省××市××公证处

公证员：高××（签名章）

2023 年 2 月 5 日

（三）小额遗产继承公证书

公证书

（2023）××证字第××号

申请人：×××，女，××××年××月××日出生，公民身份号码：××××，现住×××。

被继承人：×××，男，××××年××月××日出生，生前持有公民身份号码：××××，生前住×××。

公证事项：继承权（继承资格、遗产提取与保管）

申请人×××于××××年××月××日向本处申请办理继承权公证。申请人提交了身份证、户口簿、被继承人的死亡证明、遗产凭证……等资料。

经审查：

1. 被继承人×××于××××年××月××日在××××死亡，生前遗留如下（个人）财产：××××。

2. 申请人×××是被继承人的配偶/父亲/母亲/儿子/女儿。

3. 申请人×××已在我处发表书面承诺，其领取上述存款后，依法负保管责任并承诺依法分配给被继承人×××的其他法定继承人。

4. 经查司法部公证行政管理和行业管理系统，未发现被继承人×××生前立有公证遗嘱或遗嘱保管登记信息。申请人亦承诺被继承人生前未订立任何形式遗嘱或与任何人签订遗赠扶养协议。

根据以上事实，依据《中华人民共和国民法典》第一千零六十二条、《最高人民法院关于适用〈中华人民共和国婚姻法〉若干问题的解释（一）》（已失效）第十七条、《中华人民共和国民法典》第三百条、第一千一百二十一条、第一千一百二十二条、第一千一百二十七条、第一千一百五十一条规定，兹证明：申请人×××是被继承人×××的配偶（或父亲/母亲/儿子/女儿），是被继承人×××的法定第一顺序继承人之一，对被继承人×××遗留的上述遗产享有合法继承权，并对该遗产依法享有继承和保管的资格，其有权领取上述遗产，并依法负担妥善保管的法定义务。申请人领取遗产后，应依法在全体继承人之间进行妥善分配，不得独占和私自挪用。

中华人民共和国××省××市（县）××公证处

公证员：×××（签名或签名章）

××××年××月××日

四、制作要求及注意事项

任务二　制作遗嘱公证文书

一、遗嘱公证文书的概念

遗嘱公证文书，是指公证机构根据遗嘱人的申请，依法定程序证明其立遗嘱的行为真实、合法的公证书。

《中华人民共和国民法典》在遗嘱规定方面做了较大调整：一是增加了打印、录像遗嘱形式。目前，我国合法有效的遗嘱形式有：自书遗嘱、代书遗嘱、打印遗嘱、录音录像遗嘱、口头遗嘱、公证遗嘱。二是改变了遗嘱效力规则。遗嘱人可以撤回、变更自己所立的遗嘱。遗嘱人立有数份遗嘱，内容相抵触的，以最后的遗嘱为准。公证遗嘱虽然不再具有优先效力，但公证遗嘱作为最严格的遗嘱方式，公信力强，定分止争效能突出，仍然是人民群众首选的遗嘱形式。

二、遗嘱公证文书的格式

公证书

（　　）××字第××号

申请人：×××（基本情况）

公证事项：遗嘱

兹证明×××（申请人）于××××年×月×日来到我处，在本公证员和本处工作人员×××的面前，在前面的遗嘱上签名、捺指印，并表示知悉遗嘱的法律意义和法律后果。

×××（申请人）的遗嘱行为符合《中华人民共和国民法典》第一百四十三条、第一千一百三十九条规定。

中华人民共和国××省××市（县）××公证处

公证员：×××（签名、签名章）

××××年××月××日

三、范例

公证书

（××××）×证字第××号

申请人：姜×清，男，1945年4月21日出生，现住××省××市××区××街178号503房

公证事项：遗嘱

兹证明姜×清于××××年×月×日来到我处，在本公证员和本处工作人员彭×明的面前，在前面的遗嘱上签名、捺指印，并表示知悉遗嘱的法律意义和法律后果。

姜×清的遗嘱行为符合《中华人民共和国民法典》第一百四十三条、第一千一百三十九条规定。

中华人民共和国××省××市××公证处

公证员：×××（签名章）

××××年×月××日

四、制作要求及注意事项

任务三　制作遗赠扶养协议公证文书

一、遗赠扶养协议公证文书的概念

遗赠扶养协议公证文书，是指公证机构依法证明遗赠人与受赠人（扶养人）达成的在遗赠人死亡后将其财产赠送给受赠人，受赠人负责遗赠人生养死葬或者其他附带条件的协议真实性、合法性的公证书。

遗赠扶养协议是双务合同，通常用于在无生活来源的人与社会组织之间设立互助扶养关系。扶养人应当是法定继承人以外的公民或组织，并应当具备完全民事行为能力，能够履行扶养义务。

二、遗赠扶养协议公证文书的格式

公证书

（　　）字××第××号

申请人：

甲方（遗赠人）：×××，男/女，××××年××月××日出生，公民身份号码：××××，现住×××。

乙方（扶养人、受遗赠人）：×××，男/女，××××年××月××日出生，公民身份号码：××××，现住×××。

公证事项：遗赠扶养协议

甲乙双方于××××年××月××日向本处申请办理前面的《【协议名称】》公证，并提交了身份证、户口簿、财产权利凭证、遗赠扶养协议文本等资料。根据《中华人民共和国公证法》的规定，本处向申请人告知了遗赠扶养协议公证的法律意义和法律后果，以及申办公证过程中享有的权利、承担的义务。申请人承诺所提供的证明材料及其证明的事实真实合法，如有虚假，对他人造成损失的，愿意承担相应的法律责任。

经审查，双方经协商一致订立了前面的《【协议名称】》。双方当事人在订立该协议时均具有法律规定的民事权利能力和民事行为能力；协议内容是双方当事人的真实意思表示。

依据上述事实，兹证明甲方×××与乙方×××于××××年××月××日在【签署地点】签署了前面的《【协议名称】》，双方当事人的签约行为及协议内容符合《中华人民共和国民法典》第一百四十三条、《中华人民共和国民法典》第六编的有关规定，协议上双方当事人的【签名/指印/印鉴】均属实。

中华人民共和国××省××市（县）××公证处

公证员：×××（签名或签名章）

××××年××月××日

三、范例

公证书

（××××）××证字第××号

申请人：

甲方（遗赠人）：杨××，女，1966年11月8日出生，公民身份号码：××××，现住广东省深圳市。

乙方（扶养人、受遗赠人）：朱××，女，1995年2月20日出生，公民身份号码：××××，现住广东省深圳市。

公证事项：遗赠扶养协议

甲乙双方于2022年10月18日向本处申请办理前面的《遗赠扶养协议》公证，并提交了身份证、户口簿、财产权利凭证、遗赠扶养协议文本等资料。根据《中华人民共和国公证法》的规定，本处向申请人告知了遗赠扶养协议公证的法律意义和法律后果，以及申办公证过程中享有的权利、承担的义务。申请人承诺所提供的证明材料及其证明的事实真实合法，如有虚假，对他人造成损失的，愿意承担相应的法律责任。

经审查，双方经协商一致订立了前面的《遗赠扶养协议》。双方当事人在订立该协议时均具有法律规定的民事权利能力和民事行为能力；协议内容是双方当事人的真实意思表示。

依据上述事实，兹证明甲方杨××与乙方朱××于2022年10月18日在深圳市签署了前面的《遗赠扶养协议》，双方当事人的签约行为及协议内容符合《中华人民共和国民法典》第一百四十三条、《中华人民共和国民法典》第六编的有关规定，协议上双方当事人的签名、指印均属实。

中华人民共和国××省××市××公证处

公证员：雷×（签名章）

××××年××月××日

四、注意事项

任务四　制作赠与公证文书

一、赠与公证文书的概念

赠与公证文书，是指公证机构根据当事人的申请，依法证明财产所有人将个人所有的财产，无偿赠送给他人的行为真实性、合法性的公证书。

办理赠与公证，可采取证明赠与人的赠与书、受赠人的受赠书或赠与合同的形式。赠与可以附义务，受赠人应当履行所附义务。

根据《中华人民共和国民法典》第 658 条、第 663 条的规定，赠与人在赠与财产的权利转移前，享有任意撤销权，可以撤销赠与。但是，经过公证的赠与合同或依法不得撤销的具有救灾、扶贫、助残等公益、道德义务性质的赠与合同，赠与人不得任意撤销赠与，赠与人不交付赠与的财产的，受赠人可以要求交付。在下列情况下，赠与人享有法定撤销权：①受赠人严重侵害赠与人或赠与人近亲属的合法权益；②受赠人对赠与人有扶养义务而不履行；③赠与人不履行赠与合同约定的义务。

二、赠与公证文书的格式

公证书

（　　）××字第××号

申请人：

甲方（赠与人）：×××，男/女，××××年××月××日出生，公民身份号码：××××，现住×××。

乙方（受赠人）：×××，男/女，××××年××月××日出生，公民身份号码：××××，现住×××。

公证事项：赠与合同

甲、乙双方于××××年××月××日向本处申请办理前面的《××××》（合同名称）公证。

经查，甲、乙双方经协商一致订立了前面的《××××》（合同名称）。甲、乙双方在订立合同时具有法律规定的民事权利能力和民事行为能力，双方签订《赠与合同》的意思表示真实。

根据《××××》（合同名称）约定，甲方×××自愿将其合法拥有的×××（财产）无偿赠与给乙方×××个人所有，乙方×××表示愿意接受赠与。

依据上述事实，兹证明甲方×××与乙方×××于××××年××月××日在深圳市，签订了前面的《××××》（合同名称），双方的签约行为符合《中华人民共和国民法典》第一百四十三条的规定，合同内容符合《中华人民共和国民法典》第三编的有关规定，合同上双方当事人的签字及按右手食指印均属实。

中华人民共和国××省××市××公证处

公证员：×××（签名或签名章）

××××年××月××日

公证书

（　　）××字第××号

申请人：×××，男/女，××××年××月××日出生，公民身份号码：××××，现住×××。

公证事项：赠与

兹证明×××（申请人）于××××年×月×日来到我处，在本公证员的面前，在前面的《赠与书》上签名、捺右手食指指印，并表示知悉赠与的法律意义和法律后果，愿意将本人所有的××××（财产或者权利名称）赠与×××（受赠人）。

×××（申请人）的赠与行为符合《中华人民共和国民法典》第一百四十三条的规定。

中华人民共和国××省××市××公证处

公证员：×××（签名或签名章）

××××年××月××日

公证书

（　　）××字第××号

申请人：×××，男/女，××××年××月××日出生，公民身份号码：××××，现住×××。

公证事项：受赠

兹证明×××（申请人）于××××年×月×日来到我处，在本公证员的面前，在前面的《受赠书》上签名、捺右手食指指印，并表示知悉受赠的法律意义和法律后果，愿意接受×××（赠与人）赠与的××××（财产或者权利名称）。

中华人民共和国××省××市××公证处

公证员：×××（签名或签名章）

××××年××月××日

三、范例

公证书

（××××）××证字第××号

申请人：

甲方（赠与人）：张××，女，1955年2月2日出生，公民身份号码：××××，现住广东省深圳市。

乙方（受赠人）：郑××，男，1979 年 12 月 7 日出生，公民身份号码：××××，现住广东省深圳市。

公证事项：赠与合同

甲、乙双方于 2023 年 1 月 11 日向本处申请办理前面的《赠与合同》公证。

经查，甲、乙双方经协商一致订立了前面的《赠与合同》。甲、乙双方在订立合同时具有法律规定的民事权利能力和民事行为能力，双方签订《赠与合同》的意思表示真实。

根据《赠与合同》约定，赠与人张××自愿将其合法拥有的一辆丰田牌小型轿车（车辆识别代号：××××，机动车登记编号：粤 B××××）50% 产权份额无偿赠与给受赠人郑××个人所有，受赠人郑××表示愿意接受赠与。

依据上述事实，兹证明甲方张××与乙方郑××于 2023 年 2 月 11 日在深圳市，签订了前面的《赠与合同》，双方的签约行为符合《中华人民共和国民法典》第一百四十三条的规定，合同内容符合《中华人民共和国民法典》第三编的有关规定，合同上双方当事人的签字及按右手食指印均属实。

中华人民共和国××省××市××公证处

公证员：×××（签名章）

××××年××月××日

四、注意事项

<h1 align="center">任务五　委托公证</h1>

一、委托公证文书的概念

委托公证文书，是指公证机构依申请，对当事人委托授权的单方法律行为的真实性、合法性予以证明的公证书。

委托书包括：委托办理继承手续、委托管理、处分房屋、委托诉讼等种类。但是，遗嘱、遗赠扶养协议、赠与、认领亲子、收养、解除收养、委托、声明书、生存及其他与当事人的人身有密切关系的公证事项，不得委托他人代办。

二、委托公证文书的格式

公证书

（　　）××字第××号

申请人：×××（基本情况）

公证事项：委托

兹证明×××（申请人）于××××年×月×日来到我处［或在××××（地点名称）］，在本公证员的面前，在前面的委托书上签名/捺指印/盖章，并表示知悉委托的法律意义和法律后果。

×××（申请人）的委托行为符合《中华人民共和国民法典》第一百四十三条的规定。

中华人民共和国××省××市（县）××公证处

公证员：×××（签名或签名章）

××××年××月××日

三、范例

公证书

（××××）××证字第××号

申请人：方××，男，1986年12月18日出生，公民身份号码：××××，住址：广东省深圳市。

公证事项：委托

兹证明方××于2023年2月9日来到我处，在本公证员的面前，在前面的《委托书》上签名、捺右手食指指印，并表示知悉委托的法律意义和法律后果。

方××的委托行为符合《中华人民共和国民法典》第一百四十三条的规定。

中华人民共和国××省××市××公证处

公证员：陈×（签名章）

××××年××月××日

公证书

（××××）××证字第1019号

申请人：深圳市××××有限公司，住所：深圳市南山区××号新能源大厦××座××。

法定代表人：××××，国籍：新加坡，护照号码：××××，中华人民共和国外国人永久居留身份证号码：×××××××。

公证事项：委托

兹证明深圳市××××有限公司的法定代表人××××于 2023 年 2 月 9 日来到我处，在本公证员的面前，在前面的《委托书》上签名、盖章，并表示知悉委托的法律意义和法律后果。

深圳市××××有限公司的委托行为符合《中华人民共和国民法典》第一百四十三条的规定。

中华人民共和国××省××市××公证处

公证员：王××（签名章）

××××年××月××日

四、注意事项

项目四　制作国内经济类公证文书

任务一　制作有强制执行效力债权文书公证文书

一、有强制执行效力债权文书公证文书的概念

有强制执行效力债权文书公证文书，通常简称"赋强公证文书"，是指以给付为内容并载明债务人愿意作出强制执行承诺的债权文书（含担保协议），经公证机构公证赋予强制执行效力的公证书。如债务人不履行或者不适当履行债权文书约定义务的，债权人无需经诉讼或仲裁，即可单方向公证机构申请出具执行证书，并凭借公证债权文书及执行证书，向有管辖权的人民法院申请强制执行。

☞［**赋强公证概述**］

二、有强制执行效力的债权文书公证文书的格式

(一)格式一：具有强制执行效力的债权文书公证书通用格式[1]

公证书

（　）××字第××号

申请人：甲（基本情况）[2]

乙（基本情况）

丙（基本情况）

公证事项：赋予×合同/协议强制执行效力[3]

证词内容：

一、必备要素

1. 申请人名称或姓名、申请日期及申请公证事项。

2. 公证机构查明的事实，包括：

（1）当事人的身份及签订债权文书的民事权利能力与民事行为能力；

（2）代理人的身份及代理权限；

（3）担保人的身份及民事权利能力和民事行为能力；[4]

（4）债权文书所附担保合同标的物的权属情况及相关权利人的意思表示；[5]

（5）债权文书主要条款是否完备，内容是否明确、具体；[6]

（6）当事人签订债权文书的意思表示是否真实、是否对所有条款达成了一致意见；

（7）当事人是否了解、确认了债权文书的全部内容；[7]

（8）是否履行了法律规定的批准、许可或登记手续；[8]

（9）公证机构对强制执行公证的法律意义和可能产生的法律后果的告知；[9]

（10）债权文书当事人对强制执行的约定及债务人/担保人自愿直接接受强制执行的意思表示；[10]

（11）债权文书当事人就《执行证书》出具前公证机构核查内容、方式达成的在先约定，或者债务人、担保人的单方承诺。[11]

3. 公证结论：

（1）当事人签订债权文书的日期、地点等；

（2）当事人签订债权文书行为的合法性；

（3）债权文书内容的合法性；

（4）当事人在债权文书上签字、盖章行为的真实性；

（5）债权文书的权利义务主体、给付内容的确认；[12]

（6）赋予该债权文书强制执行效力；[13]

（7）债权文书生效日期、条件等。[14]

二、选择要素

1. 双方当事人向公证机构提交的证据材料。[15]

2. 当事人对债权文书的重要解释或说明。

3. 公证员认为需要告知的相关法律规定、需要说明的其他情况。[16]

4. 附件。[17]

中华人民共和国××省××市（县）××公证处

公证员：（签名或签名章）

××××年×月×日

☞ ［注释］

（二）格式二：执行证书通用格式

<h1 style="text-align:center">执行证书[1]</h1>

（　　）××执字第××号

申请执行人：×××（基本情况）

被申请执行人：×××（基本情况）[2]

证词内容：

一、必备要素

1. 申请执行人和被申请执行人的名称或姓名、申请日期、申请事项及申请出具执行证书的理由。[3]

2. 申请执行人申请执行所提交的证据材料。

3. 公证机构受理申请及告知出具执行证书的法律意义和法律后果的情况。[4]

4. 公证机构查明的事实，包括：

（1）申请执行人与被申请执行人订立债权文书经公证并赋予强制执行效力的情况；[5]

（2）申请执行人履行、被申请执行人不履行或履行不适当的事实；[6]

（3）申请执行人与被申请执行人在债权文书中就公证机构核查内容、方式所作的在先约定，或者被申请执行人有关核实方式的在先单方承诺书；[7]

（4）公证机构签发本证书前进行核查的过程；[8]

（5）被申请执行人、第三人对申请出具本证书是否提出过异议，有无主张公证债权文书载明的民事权利义务关系与事实不符，经公证的债权文书具有法律规定的无效、可撤销等情形，公证债权文书载明的债权存在因清偿、提存、抵销、免除等原因全部或者部分消灭的情形。

5. 公证结论：

（1）被执行人；[9]

（2）具体执行标的；[10]

（3）申请执行的期限。[11]

二、选择要素

1. 申请执行时效是否存在中断、中止的情况。[12]

2. 抵押物/质物的登记情况。[13]

3. 可供执行标的物。[14]

4. 有管辖权的人民法院。[15]

5. 公证员认为需要说明的其他情况。[16]

6. 附件。[17]

中华人民共和国××省××市（县）××公证处

公证员：（签名或签名章）

××××年×月×日

☞［注释］

（三）格式三：不予出具执行证书决定书

不予出具执行证书决定书[1]

（　　）××执决字第××号

申请执行人：×××（基本情况）

被申请执行人：×××（基本情况）[2]

决定内容：

一、必备要素

1. 申请执行人和被申请执行人的名称或姓名、申请日期、申请事项。

2. 公证机构查明的事实，包括：

（1）经公证赋予强制执行效力的债权文书订立和公证情况；[3]

（2）申请执行人申请签发执行证书的事实和理由；[4]

（3）经审查，该公证债权文书存在不符合签发执行证书条件的主要事实和情形。[5]

3. 结论：

（1）根据不予出具执行证书的事实和法律法规依据，决定不予签发执行证书；

（2）不予出具执行证书的公证债权文书当事人救济途径。[6]

二、选择要素

1. 申请执行人、被申请执行人、第三人提交的证据材料可以在决定中列明。

2. 公证机构认为需要说明的其他内容。

3. 附件。[7]

中华人民共和国××省××市（县）××公证处

公证员：（签名或签名章）

××××年×月×日

☞［注释］

三、范例

公证书

（××××）××证字××号

申请人：

债权人：××××银行股份有限公司深圳分行

负责人：李××

债务人（受信人/借款人）：曾××，男，1990 年 08 月 18 日出生，公民身份号码：××××××××××××××××，现住广东省深圳市××××。

担保人（抵押人）：杨××，女，1988 年 12 月 15 日出生，公民身份号码：××××××××××××××××，现住广东省深圳市××××。

公证事项：赋予《个人授信合同》《最高额抵押合同》强制执行效力

上述申请人各方于 2023 年 1 月 12 日向本处申请办理前面的《个人授信合同》《最

高额抵押合同》及《强制执行公证补充协议》公证并对合同项下的债权赋予强制执行效力。本公证员向申请人告知了上述合同赋予强制执行效力公证的法律意义和可能产生的法律后果。

经审查，申请人各方协商一致订立了前面的《个人授信合同》《最高额抵押合同》及《强制执行公证补充协议》。各方当事人在签约时均具有法律规定的民事权利能力和民事行为能力，合同内容是各方当事人的真实意思表示，各方对合同内容均已理解，无异议。

债务人自愿按上述合同的约定向债权人给付包括但不限于借款本金人民币 2000 万元及利息、罚息、违约金以及合同约定的其他费用。抵押人自愿在主合同债务人不履行主合同项下给付义务时按照合同的约定以抵押物的价值为限向债权人履行抵押担保义务，担保范围包括但不限于给付借款本金人民币 2000 万元及利息、罚息、违约金以及合同约定的其他费用。

各方在《强制执行公证补充协议》中特别约定，各方一致同意向本处申请办理合同公证并赋予其强制执行效力。债务人、担保人承诺：当债务人不履行或者不完全履行合同项下的还款义务或者出现法律法规规定、合同约定的债权人实现债权、担保权的情形时，债权人有权直接向公证机构申请出具执行证书，并凭债权文书、执行证书及有关材料向有管辖权的人民法院申请强制执行。债务人、担保人无条件自愿放弃诉权及抗辩权，自愿直接接受人民法院的强制执行。

各方在《强制执行公证补充协议》中特别约定，公证机构受理债权人出具执行证书的申请后，根据债权文书（含本补充协议、赋予强制执行效力公证申请文件）中预留的联系地址向债务人、担保人等寄送有关核实函、资料或者根据上述文书中预留的联系方式采用电话、传真、电子邮件、微信、QQ、手机短信或其他方式进行债务人履约情况的核实。具体采用何种核实方式，由公证机构酌情确定，任何一种方式均为有效。债权人应当配合公证机构向债务人、担保人等核实履约情况。债务人、担保人同意：债权人向债务人、担保人等寄送有关宣布提前到期函、催告函、核实函、资料或者采用电话、传真、电子邮件、手机短信或其他方式进行债务人违约事实通知、催告、核实等，该过程由公证机构监督并进行证据保全的，视同公证机构同步开展违约核实程序。

依据上述事实及经申请人各方确认，兹证明债权人××××银行股份有限公司深圳分行的负责人李××与债务人曾××、杨××于 2023 年 1 月 11 日签订了前面的《个人授信合同》《最高额抵押合同》及《强制执行公证补充协议》。各方当事人的签约行为和合同内容符合《中华人民共和国民法典》的有关规定，合同上各方当事人的签字、印章均属实。

根据《中华人民共和国民法典》的规定，前面合同中所涉及的抵押物应当在相关部门办理抵押登记手续，抵押权自抵押登记时设立。

根据《中华人民共和国民事诉讼法》《中华人民共和国公证法》《公证程序规则》相关规定及各方在合同中的约定，自《个人授信合同》《最高额抵押合同》及《强制执行公证补充协议》生效及债权债务形成之日起，本公证书具有强制执行效力。在合同约定的违约条件出现的情况下，债权人可以持本公证书及相关证据材料在法律规定的执行期限内向本公证处申请出具执行证书，向有管辖权的人民法院申请强制执行。

中华人民共和国××省××市××公证处

公证员：高××（签名章）

四、注意事项

任务二　制作保全证据公证文书

一、保全证据公证文书的概念

保全证据公证文书，是指公证机构根据当事人申请，依法对与申请人有利害关系的证据加以提取、固定、收存、描述或者对申请人的取证行为、取证过程及取证结果的真实性予以证明的公证书。

证据保全就是对证据采取措施加以收取和固定。证据保全的有效办法之一就是办理证据保全公证。根据《中华人民共和国民事诉讼法》第72条、《中华人民共和国公证法》第36条规定，经过法定程序公证证明的民事法律行为、法律事实和文书，除有相反证据足以推翻公证证明外，人民法院应当作为认定事实的根据。证据保全公证广泛应用于民商事矛盾预防与纠纷处理、知识产权保护等领域。《司法部、国家版权局关于在查处著作权侵权案件中发挥公证作用的联合通知》指出，公证可以保证证据的客观真实性，有利于查处侵犯著作权行为的顺利进行，有效地打击侵权行为，保护著作权人的合法权益。对于公证机构出具的有关证据保全的公证文书，著作权行政管理部门应当作为查处侵权案件时认定事实的根据。

可以向公证机构提请证据保全的对象有：证人证言、书证、物证、视听资料，鉴定结论、勘验笔录、财产清点记录、合同中约定的标准样品、市场抽样调查情况、电子证据、现场情况等。

二、保全证据公证文书的格式

（一）保全证人证言或当事人陈述公证文书格式[1]

公证书

（　　）××字第××号

申请人：×××（基本情况）[2]

关系人：×××（基本情况）[3]

公证事项：保全证人证言（当事人陈述）

证词内容

一、必备要素

1. 申请人姓名或全称[4]、申请日期及申请事项。

2. 证人的基本情况及行为能力。[5]

3. 保全证人证言或当事人陈述的时间、地点。

4. 保全的方式方法。包括：自书、他人代书、公证人员记录、录音、录像等方式，后四种方式的制作人等。

5. 保全证据的关键过程：

（1）参与保全的人员。包括：承办公证人员及在场的见证人、翻译人员等的人数、姓名；

（2）告知证人（当事人）的权利和义务；

（3）公证人员保全过程中所做的主要工作。如就重要问题对何人进行了询问，对取得的证据履行了提示义务等；[6]

（4）通过保全活动取得的证据数量、种类、形式；

（5）证人（当事人）对取得的证据予以确认的方式和过程。

6. 公证结论。应包括以下内容：证人（当事人）的主体资格是否合法，意思表示是否真实，取得证据的数量、种类、日期，是否向证人宣读和经证人阅示，证人（当事人）在证据上的签名（或盖章或捺指印）是否属实等。

二、选择要素

1. 申请保全证据的原因、用途。

2. 办理该项公证的法律依据。

3. 对所取得的证据的保全方式及存放地点。

4. 公证书所证明范围的说明。[7]

5. 公证书的正本和副本。

6. 附件。[8]

中华人民共和国××省××市（县）××公证处

公证员：（签名或签名章）

××××年×月×日[9]

☞ [注释]
·····················

（二）保全物证、书证公证文书格式[1]

公证书

（ ）××字第××号

申请人：×××（基本情况）[2]

关系人：×××（基本情况）[3]

公证事项：保全物证（书证）

证词内容

一、必备要素

1. 申请人姓名或全称[4]、申请日期及申请事项。

2. 保全标的的基本状况。包括：物证的名称、数量、表状特征等。书证的数量、名称、页数、标题、形成时间等。[5]

3. 保全物证或书证的时间、地点。

4. 保全的方式方法。包括：申请人提交、公证人员提取、公证人员记录、现场勘验、照相录像、技术鉴定等。

5. 保全证据的关键过程：

（1）参与保全的人员。包括：承办公证人员及在场的相关人员的人数、姓名；[6]

（2）公证人员保全过程中所做的主要工作。如对重要事实进行了现场勘验、询问，对取得的证据履行了提示义务等；[7]

（3）物证（书证）取得的时间、方式，或物证的存在方式、地点、现状等；

（4）取得的证据数量、种类、形式、存放处所等。当事人对取得的证据予以确认的方式和过程。

6. 公证结论。应包括以下内容：保全证据的方式、方法、程序是否真实、合法，对用于作证的书面文件（如发票、产地证明等），要同时证明这些书证的真实性，取得证据的数量、种类、日期，取得证据的存放方式及存放地点等。

二、选择要素

1. 申请保全证据的原因、用途。

2. 办理该项公证的法律依据。

3. 有书证能够证明物的来源或存在的，应写明书证的名称。

4. 保全拆迁房屋时，要写明与该房屋有关的所有权人或使用权人、代管人等。

5. 物品难以长期保存的，在结论中应写明保存期限。已采取变通保存措施的，结论中也应一并写明。

6. 公证书的正本和副本。

7. 附件。[8]

中华人民共和国××省××市（县）××公证处

公证员：（签名或签名章）

××××年×月×日[9]

☞［注释］
- - - - - - - - - - - - - - - - - -

（三）保全视听资料、软件公证文书格式[1]

公证书

（　　）××字第××号

申请人：×××（基本情况）[2]

关系人：×××（基本情况）[3]

公证事项：保全视听资料（软件）

证词内容

一、必备要素

1. 申请人姓名或全称[4]、申请日期及申请事项。

2. 保全标的的基本情况。包括：保全视听资料、软件的名称、数量、表状特征，所有人或使用人、经营人、传播者、实验者的名称，视听资料或软件的播放、销售、使用、制作、运行的地点等。[5]

3. 保全视听资料、软件的时间、地点。

4. 保全的方式方法。包括：申请人提交、公证人员提取、现场实验记录、技术鉴定、录音、录像、复制、下载等其他能够固定并再现证据的方式。

5. 保全证据的关键过程：

（1）参与保全的人员。包括：承办公证人员及在场的相关人员的人数、姓名。[6]

（2）公证人员保全过程中所做的主要工作。如购买、拷贝、下载、复制、发送视听资料、软件的过程，对取得的证据履行了提示义务等；[7]

（3）取得视听资料、软件的时间、地点、方式等；

（4）取得的证据数量、种类、形式、封存方式、存放处所等。当事人对取得的证据予以确认的方式和过程。

6. 公证结论。应包括以下内容：保全证据的方式、方法、程序是否真实、合法，对用于作证的书面文件（如发票、产地证明等），要同时证明这些书证的真实性，取得证据的数量、种类、日期，取得证据的存放方式及存放地点。

二、选择要素

1. 申请保全证据的原因、用途或目的。

2. 办理该项公证的法律依据。

3. 有书证能够证明视听资料、软件的来源或存在的，应写明书证的名称。

4. 对所使用的计算机、手机等终端设备和移动硬盘等存储介质进行的必要的清洁性检查。

5. 重要的保全工作记录文书的名称。

6. 公证书的正本和副本。

7. 附件。[8]

中华人民共和国××省××市（县）××公证处

公证员：（签名或签名章）

××××年×月×日[9]

☞ ［注释］

（四）保全行为公证文书格式[1]

公证书

（　　）××字第××号

申请人：×××（基本情况）[2]

关系人：×××（基本情况）[3]

公证事项：保全行为

证词内容

一、必备要素

1. 申请人姓名或全称[4]、申请日期及申请事项。

2. 保全标的的基本状况。包括：活动的名称、参与人的数量、姓名（名称），活动的起止时间、地点及内容等。

3. 保全的时间、地点。

4. 保全的方式方法。包括：现场记录、照相录像等。

5. 保全证据的关键过程：

（1）保全时的在场人员。包括：承办公证人员及在场的相关人员的人数、姓名；[5]

（2）公证人员对行为时间、地点、方式、关键过程及行为结果进行客观记述；[6]

（3）取得的证据数量、种类、形式、存放处所等。行为当事人对取得的证据予以确认的方式和过程。

6. 公证结论。应包括以下内容：行为人的资格及行为能力，行为的内容和结果是否真实，取得证据的数量、种类、日期，取得证据的存放方式及存放地点，保全证据的方式、方法、程序是否真实、合法。

二、选择要素

1. 申请保全证据的原因、用途及目的。

2. 办理该项公证的法律依据。

3. 行为的性质及法律意义。

4. 有书证、物证能够证明行为根据的，应写明书证、物证的名称。

5. 公证书的正本和副本。

6. 附件。[7]

中华人民共和国××省××市（县）××公证处

公证员：（签名或签名章）

××××年×月×日[8]

☞ ［注释］
···

三、范例

公证书

（××××）××证字第××号

申请人：×××，男，1978 年 6 月 6 日出生，公民身份号码：××××××，现住广东省深圳市××××××××号房。

公证事项：保全证人证言

2023 年 2 月 21 日下午，申请人×××来到我处，申请对其作为证人所做出的证人证言予以保全公证。

根据《中华人民共和国公证法》的规定，本处指派本公证员受理此项公证申请，指派公证人员×××协助办理。本公证员依法向申请人×××告知有关公证的法律意义和法律后果，告知其作为证人享有的权利和应负担的义务，并特别告知如下内容：1. 凡是知道案件情况的单位和个人，都有义务出庭作证；不能正确表达意思的人，不能作证；证人的权利依法受到保护。因确有困难不能出庭作证而提供证人证言的，应当申请人民法院准许。2. 根据《中华人民共和国民事诉讼法》（2023 年修正）第 76 条规定，证人在公证机构办理证人证言保全公证，不能免去证人出庭作证的义务，如有需要，法庭依然可以传唤证人出庭作证。3. 证人应当如实陈述事实，有意作伪证或者隐匿罪证要承担相应的法律责任。4. 证人应当客观陈述其亲身感知的事实，作证时不得使用猜测、推断或者评论性语言。5. 根据《最高人民法院关于民事诉讼证据的若干规定》第 68 条第 3 款规定，无正当理由未出庭的证人以书面等方式提供的证言，不得作为认定案件事实的根据。6. 证人在公证机构所做的证人证言，公证机构不保障该证人证言必然会被法院作为定案证据被采纳。7. 公证书仅证明证人证言的形成过程，不对证言内容的真实性进行审查和作出证明。

兹证明：申请人×××于 2023 年 2 月 21 日下午，来到本处，经本公证员依法告知后，自愿在本公证员及本处工作人员×××的面前，亲笔书写前面的《证人证言》，并在其上面签字、捺右手食指指印。

本公证书仅对前面的《证人证言》形成过程及上面申请人×××的签字、捺指印行为进行保全，证言内容的真实性由申请人×××自己负责，本公证书不作审查和证明。

中华人民共和国××省××市（县）××公证处

公证员：谢××（签名章）

2023 年 2 月 21 日

四、注意事项

实训任务清单

实训任务 1：根据案例及题目要求制作出生公证书。

案例：张××（公民身份号码：440301××××××××××）与李××（公民身份号码：440301××××××××××）于 2006 年 2 月 14 日在广东省深圳市登记结婚。二人婚后在东莞市生育一女张××（公民身份号码：440303××××××××××），一家三口在深圳居住和生活。张××现就读于深圳某中学高中部，打算近期去英国读书。为此，张××向公证处代为申请办理张××的出生公证。

如果你是承办公证员，请出具一份符合司法部定式公证书格式要求的出生公证书。

公证书

_____

_____

_____

_____

_____

_____

_____

实训任务 2：根据案例及题目要求制作无犯罪记录公证书。

案例：Adam Smith（化名），英国籍，1980 年 5 月 5 日出生，于 2005 年 3 月 1 日来广州市荔湾区工作，持护照（号码：123456）申领了外国专家证书，并在辖区派出所办理了居住证明。2020 年 5 月 8 日，Adam Smith 向美国申请了新的工作岗位并准备赴美工作，为此，他向居住地辖区公安机关申请出具无犯罪记录证明。公安机关经审查依法出具了 Adam Smith 的无犯罪记录证明，载明其截至 2020 年 5 月 12 日在中华人民共和国境内无犯罪记录。现 Adam Smith 向居住地公证机构申请办理无犯罪记录公证。

如果你是承办公证员，请撰写一份无犯罪记录公证书。

公证书

实训任务 3：根据案例及题目要求制作继承权公证书。

案例：李×（公民身份号码：1101101×××××××××××）与张×（公民身份号码110101×××××××××××）于 20 世纪 60 年代在北京登记结婚，并生育了儿子李××（公民身份号码：110101×××××××××××）、女儿李××（公民身份号码：110101××××××××××）。后，李×因工作调动到深圳，妻子张×也随迁来到了深圳工作。李×单位为其夫妇分配了一套住房，位于深圳市福田区××新村××栋 909 房。随着时间推移，两个子女先后考上了大学并在外地成家立业，生活优渥。李×夫妇退休后过着悠闲的生活，可观的退休工资也让两位老人衣食无忧。后来，李×父母李××、安××先后于 1999 年、2003 年去世，在处理父母遗产继承的过程中，李×夫妇深深感到订立遗嘱的必要性。于是，2005 年 3 月 15 日，李×夫妇来到深圳某公证处，就单位分配的这套住房，分别订立了公证遗嘱。李×在遗嘱中指定儿子李××个人继承属于其所有的产权份额，张×则在遗嘱中指定女儿李××个人继承属于其所有的产权份额。2022 年 12 月 5 日，李×因病在深圳过世。2023 年 1 月 31 日，李××向公证处申请办理上述房产继承公证。

如果你是承办公证员，请根据上述信息，撰写一份继承权公证书。

公证书

实训任务 4：根据案例及题目要求制作赋予债权文书强制执行效力公证书和执行证书。

案例：2020 年 5 月 1 日，斯巴达（公民身份号码：370602×××××××××××）自天堂地产有限公司（开发商）处按揭购买了一套位于广州市天河区××住宅楼 1008 号房产，并向×××银行股份有限公司广州分行按揭贷款人民币 500 万元，用所购房产作抵押担保，担保范围包括借款本金人民币 500 万元及利息、罚息、债权实现费用等合同约定的费用。贷期 10 年，年化利率 4%，先息后本，按月计息，如逾期还款，按利率上浮 50%计收罚息，罚息按日计算（一年按 365 天计）。斯巴达与该行负责人詹小斯签署了《个人住房（按揭）抵押贷款合同》。合同特别约定：双方一致同意向××公证处申请办理合同公证并赋予其强制执行效力。斯巴达承诺：当债务人不履行或者不完全履行合同项下的还款义务或者出现法律法规规定、合同约定的债权人实现债权、担保权的情形时，债权人有权直接向公证机构申请出具执行证书，并凭债权文书、执行证书及有关材料向有管辖权的人民法院申请强制执行。债务人/担保人承诺无条件自愿放弃诉权及抗辩权，自愿直接接受人民法院的强制执行。双方在合同中还约定了违约核实方式：债务人逾期【10】日未履行债务，或者出现合同约定的债权人有权宣布贷款提前到期情形的，贷款人应当向公证机构提交其已完全履行合同的证据、《借款人未履行合同的情况说明》或《关于宣布贷款提前到期的通知》、经过公证的抵押借款合同及其补充协议原件（如有），以及银行《对账单基本信息》等资料。由公证机构在核实后监督贷款人向借款人寄送《借款人未履行合同的情况说明》或《关于宣布贷款提前到期的通知》，进行违约事实的核实。核实过程由公证机构进行证据保全，该过程视同公证机构同步开展违约核实程序。借款人应当在收到《借款人未履行合同的情况说明》或《关于宣布贷款提前到期的通知》后【5】日内回复公证机构和贷款人，并提出借款人履行了或部分履行了债务的证据。借款人未在约定的期限内回复，或者回复时未提出充分的证据，视为认可《借款人未履行合同的情况说明》或《关于宣布贷款提前到期的通知》，公证机构有权依据赋予强制执行效力的公证书，【债权人】提交的申请和《借款人未履行合同的情况说明》或《关于宣布贷款提前到期的通知》出具执行证书，由贷款人直接向人民法院申请对借款人的强制执行。前款约定的函件寄送均应当采用中国邮政特快专递方式，寄送的地址和收件人以合同载明的为准。当事人如变更通讯地址或收件人，应书面通知对方当事人和公证机构。借款人未将变更的通讯地址或者收件人及时通知贷款人和公证机构，致使公证机构、贷款人无法向借款人核实违约事实，或者借款人拒绝接受核实的函件或拒绝书面回复的，视为借款人对贷款人提交的《借款人未履行合同的情况说明》没有异议。在此情况下，借款人自愿放弃对贷款人及公证处所负通知义务的抗辩权，并承诺无条件接受公证处根据贷款人单方面提供的证明确认的债务数额。

该合同于 2020 年 5 月 20 日签署并办理公证后，2020 年 6 月 1 日，银行依合同约定向开发商足额放款人民币 500 万元，自 2020 年 7 月 1 日起，斯巴达开始每月向银行还款利息人民币 16 666 元。后，由于斯巴达经营公司不善，收入来源锐减，供楼出现经济困难，并于 2022 年 12 月份开始断供。在经历 3 个月沟通催贷无果后，银行于 2023 年 3 月 30 日来到公证处，按照约定向斯巴达寄送了《关于宣布贷款提前到期的通知》，宣布贷款于寄送次日提前到期，要求斯巴达归还全部本息，并向公证机构申请出具执行证书。

如果你是承办公证员，请根据上述事实情况撰写一份赋予债权文书强制执行效力公证书和一份执行证书。

公证书

_____
_____
_____
_____
_____
_____
_____

执行证书

_____
_____
_____
_____
_____
_____
_____

☞ ［参考答案］

☞ ［你我身边的法律人］